城镇化研究成果综述与评析

主　编　胡玉鸿
副主编　吴　琪

苏州大学出版社

图书在版编目(CIP)数据

城镇化研究成果综述与评价/胡玉鸿主编. —苏州：苏州大学出版社，2016.12
 ISBN 978-7-5672-1732-4

Ⅰ.①城… Ⅱ.①胡… Ⅲ.①城市化-研究-中国 Ⅳ.①F299.21

中国版本图书馆 CIP 数据核字（2016）第 128698 号

书　　名	城镇化研究成果综述与评析
主　　编	胡玉鸿
副 主 编	吴　琪
策　　划	周建国
责任编辑	周建国
装帧设计	吴　钰
出版发行	苏州大学出版社（Soochow University Press）
社　　址	苏州市十梓街1号　邮编：215006
印　　装	宜兴市盛世文化印刷有限公司
网　　址	www.sudapress.com
邮购热线	0512-67480030
销售热线	0512-65225020
开　　本	700mm×1000mm　1/16　印张：29.5　字数：490千
版　　次	2016年12月第1版
印　　次	2016年12月第1次印刷
书　　号	ISBN 978-7-5672-1732-4
定　　价	65.00元

凡购本社图书发现印装错误，请与本社联调换。服务热线：0512-65225020

导 言

本书是教育部人文社会科学重点研究基地苏州大学中国特色城镇化研究中心的课题研究成果。2013年5月,为了加强对城镇化建设与推进的基础理论和前沿问题的研究,苏州大学中国特色城镇化研究中心在征求学者意见的基础上,推出了一批研究课题。本来,作为中心的主任,应当就城镇化建设的重点、难点问题进行示范式的研究,然而,考虑到城镇化建设与城镇化研究已进行多年,相关的成果还需要进一步总结,因而,我只申报了《城镇化研究成果综述与评析》课题,意在对学界多年的研究现状进行梳理,以明确未来的研究路径与研究方向。

城镇化作为现代化事业的重要组成部分,是由传统的农业国转向现代的工业国的必由之路。正因如此,西方发达国家都经历了城镇化的转型,并由此出现了许多理论研究成果。从西方的学术研究来看,城镇化(或曰城市化)的研究达到了极高的水准,而我们国内学术界围绕中国特色城镇化问题,也出现了许多优秀的科研成果。大致说来,国内外学术界围绕城镇化问题主要开展了以下几个方面的研究:一是有关城镇化内涵与标准的分析,通过经济指标、人口比例、居住环境、生活条件等各方面来测量是否达到城镇化以及城镇化的发展程度;二是有关城镇化历史的分析,着重从城市的起源、城市的功能以及城市的发展等各方面揭示城镇化的发展脉络,例如在《城市化》(2009年)一书中,美国学者诺克斯等人就以欧美为例,探讨了城市的起源及发展以及美国城市体系的发展基础,特别是就现代社会中城市体系的转型作了极为有益的探讨;三是有关城镇化功能的分析,对学者所揭示的城镇化带来的政治、经济、文化、教育等方面的制度变迁与社会繁荣等进行梳理,为城镇化的正当性寻找理论依据;四是有关城镇化的模式比较,这方面的代表作有美国学者贝利的《比较城市化》

(2008年)一书,作者特别指出,尽管城镇化具有许多共性的内容,但由于文化背景及发展阶段的不同,城镇化的模式也存在较大的差异,并由此产生出多样的社会后果;五是在现代社会中城镇化存在的问题,如人口迁移带来的政治、经济和文化社会等问题,城镇化进程中有关农民权利保护的问题等。特别是在当代中国,由于城镇化尚处于初期阶段,社会矛盾与社会问题相对较为集中,学者们大多就此进行了有意义、有深度的理论分析,值得认真挖掘。当然,由于学者的立论背景不同,研究路径各异,由此也造成了一定意义上的混乱,例如城镇化研究主要的内容与范围、城镇化本体研究与相关研究的区别等,亟须在理论上予以澄清。

作为一部全面评述现有理论研究成果的专著,本书的价值和意义主要体现在:

第一,总结以往的学术研究成果,寻找城镇化理论研究的新范式。学术的生命在于创造,而创造的前提在于积累。因此,从研究的角度说,对已有的理论研究成果进行全面而有深度的总结分析,是学术发展的必由之路。本课题拟对重要的国内外城镇化研究的重要文献进行认真解读,评述其理论的主要贡献,并指出各种理论流派之间在城镇化研究上存在的差异,从而为寻求城镇化研究的新范式而努力。一方面,这可以为后续的研究者提供较为完整的参考文献,明确以往研究上的主要议题及理论得失;另一方面,则是在评析、比较中,寻求解构城镇化研究的可行范式与主要路径,形成更为扎实的理论研究成果。

第二,全面展示城镇化研究的主要内容与主要范围,确立城镇化研究的整体理论框架。通过对学者们研究成果的解读,本课题将进一步厘清城镇化研究的主要内容与主要范围,区分城镇化的本体研究、相关研究以及延伸研究的不同内容,划定城镇化研究的核心区域,明确主要研究对象与研究内容;同时,通过对理论成果的综述与评析,在国内形成较为系统的城镇化研究的理论框架,以此成为国内城镇化研究的样本。特别是在城镇化的本体研究方面,课题将通过主要理论著述的研究框架,确立城镇化的基础研究范围,以此来推进中国特色城镇化研究全面而深入地展开,服务于国家战略与地方经济文化建设。

第三,立足中国的现实国情,探寻中国城镇化研究的可行战略。理论家们业已分析了城镇化进程中的各种不同发展模式,并就不同模式的背景、特征、价值取向、成功经验与失败之处等方面进行了详细的比较,这对于当代中国所推行的城镇化战略而言,具有极为重要的理论借鉴意义。中国向来依赖政府主导型的城镇化推动,其有利的一面是统筹规范、效果立竿见影,但不利之处也可能

导言

是过于强调行政效率,忽视农民的权利及其创业能力的培养,因而,在理论界所揭示的不同国家城镇化模式的学术研究基础之上,寻求符合中国国情的城镇化发展道路,正是本课题研究的目的所在,也是其意义所在。

本着这一初衷,以苏州大学王健法学院法学理论研究生为主体,广泛搜集相关材料,力求反映国内研究城镇化问题的主要著述,介绍其研究成果,评价其理论得失,并在相关的评介中融入个人的理论观点。当然,由于资料过于丰富,而有关城镇化本身需要探讨的问题又非常之多,因而择取的资料不可避免地会有所遗漏,相关评价也未必精准。这些,都需要在以后的修订中进一步补充、完善。

通过对相关研究成果的梳理,我们认为,城镇化特别是新型城镇化建设,仍然有许多需要进一步探讨和分析的问题。在此,笔者结合新型城镇化的法治保障问题,对相关问题提出如下看法:

第一,如何正确地理解新型城镇化的法治保障?对于新型城镇化的法治保障的理解,当下中国学术界往往从农民进城所带来的身份转变和土地权利再分配的角度进行诠释。有的学者强调身份的因素,即农民身份的市民化以及由此而带来的相应城镇公共服务资源的平等获取;有的学者强调土地权利再分配的因素,从而进一步将城镇化建设与现行宪法和民法中有关土地权利的规范进行再诠释,以期对城镇化进程中的农民土地权利进行有效保护。课题组认为,对新型城镇化的法治保障的理解,不应简单地从新型城镇化过程中所出现的具体问题的角度去探讨,而应从整体上去把握新型城镇化建设对法治保障所提出的新任务、新要求。过于关注新型城镇化过程中具体问题的法律解决,可能会无视或遮蔽其他法治保障问题的呈现、理解和解决。因此,对于新型城镇化的内涵的界定应从普遍抽象的城镇社会的形成以及这一形成过程中所关涉的主体、客体以及制度等视角对法治问题进行理论上的再解释。对城镇社会的性质与结构的正确认识是我们寻找到新型城镇化的法治保障路径的关键所在。就目前所暴露出的问题来看,指导思想的空洞、主体资格的缺失、法律权能的限制、法律体系的单薄以及程序功能的不明等,就是法治在城镇化建设中发挥保障作用的路径所在。

第二,如何准确界定市民权的内涵和功能?市民权是在城镇化建设和推进过程中所出现的新型权利类型,是城市权利最典型的体现。市民权的获得和享有既是工业化所推动的城镇化的主要成就,又是城镇化带动工业化的推动力量。如何准确界定市民权的内涵及其功能,是新型城镇化建设的法治保障能否顺利推进的关键。与公民权和人权不同，市民权是一种地方性权利，要准确界定这一地方性权利的内涵，需要深入探讨空间属性对权利性质的影响，厘清全球空间、国家空间和城市空间彼此的不同，确定它们各自的边界，最终确定市民权的准确内涵。在界定市民权内涵的前提下，课题将进一步探讨市民权所具有的各种功能。市民权的功能探讨是一个纯粹的实践问题，需要在不同地区和不同水平的城镇进行实证考察，以此揭示市民权在不同的城镇所产生的功能分化。而基于实践所产生的诸种功能及其相互关系需要通过相关的调研数据来厘清并确定，从而类别化各种不同的城镇所需要保障的市民权的不同类型。

第三，如何正确理解城镇市民的平等主体资格？在新型城镇化建设的过程中，城镇市民的平等主体资格问题需要重新加以理解。以往对于平等主体资格的理解往往局限在权利的视角，将之视为一种平等权加以保障。但是，这种研究忽视了平等主体资格的根本属性及其地位。平等主体资格的享有与获得不是一种权利，而是昭示着城镇市民在国家和他者面前所享有的地位，在城镇化建设中，也就是进城农民与原住居民所享有的主体资格的平等。正因如此，本课题将着重指出，城镇市民的平等主体资格表征着市民的基本地位，是城镇市民其他权利的基础和来源。基于此，国家、社会和他人都对这一地位的获得、保障与实现承担相应的义务。只有从地位的角度，我们才能够正确理解平等所要求的可用性、可接近性、可接受性和可适应性的基本内容，才能够从权利的基础和本质的角度对平等身份进行有效的解释。

第四，在法律赋权的过程中，如何正确处理其与尊重义务之间的矛盾？在新型城镇化建设过程中，市民的平等身份和相应权利有可能受到褫夺，这一方面要求国家采取必要措施对权利的褫夺与侵害进行保护，另一方面也要求国家启动法律赋权程序，对被褫夺的权利进行恢复、促进与实现。当国家启动法律赋权程序时，其本身的角色就会发生转变，因为法律赋权程序要求国家采取积极的方法和手段来恢复、保护并实现城镇市民的权利。这与国家所负的尊重义务之间有可能发生冲突，因为尊重的义务要求国家尽可能以消极不作为的姿态来实现对权利的保护。如何处理尊重义务和法律赋权之间所可能存在的冲突，是课题组必须面对和着力解决的重要问题。课题组认为，在尊重义务与法律赋权发冲突时，尊重义务具有优先性。但在特殊情况下，如果不对城镇市民加以赋权就会导致其权利被国家权力、资本运作和他人意志等任意地加以褫夺的话，那么此种赋权就会优先于尊重的义务。当然，如果某种权利的褫夺是由于预算的限制、人类行为的不可预期以及权利人的自我放弃时，赋权程序就不能

导言

优先于尊重义务。

第五,如何实现城镇规划的科学化与城镇治理的法治化的协调?城市规划在新型城镇化的推进过程中具有基础性地位,因为城镇规划从根本上决定了城镇的规模、基础设施建设、公共空间分配、人口的聚居、流动、扩展和物的聚集、流通与分配,进而决定了城镇治理的结构与方法。科学的城镇规划并不一定导致治理的法治化。如何在科学的城镇规划中考虑法治的要求是新型城镇化建设中的难题。更重要的是,在一项科学、合理的城镇规划中,如果要具体落实城镇治理的法治化要求,可能涉及对于城镇规划的修订和更改,那么如何通过何种法治化的手段或方式对于原本被认为是科学、合理的城镇规划进行修改呢?是可以全部推翻重做?抑或只能是进行局部调整?判断的标准是由法律来确定,还是由科学加以保留?法治治理中对于人的主体性和异质性的尊重是否可以反哺城镇规划,重新塑造其科学、合理的观念与实践?这些问题都需要我们对于中国现实的城镇化建设进行全方位的摸底调研,方能对两者的互动与协调给出合理的建议方案。

第六,城镇作为中间权力与权利的主体对于法治中国的建设有何重要意义?新型城镇化建设在国家的纵向权力体系内塑造了一种新型的权力主体,这一新型权力主体可以被形象地称为中间权力主体,其存在打破了传统的"政治国家—市民社会"的二元结构,形成了"政治国家—城镇—市民社会"的三元结构。与此同时,城镇不仅是一个中间权力主体,还是一个独立权利主体,这使得城镇具备特定意义上的法人资格,有助于城镇在横向层面实现联合与协作。基于此,本课题突出城镇在法治中国建设中的突出作用与功能。以新型城镇化建设为契机,一方面拓展纵向分权的范围与领域,促成国家权力在社会治理层面的碎片化;另一方面,通过城镇之间的联合与协作打造一种不同于市民社会的城镇共同体类型,培育城镇及其主体的自治能力。

第七,城镇资源如何分配才能为弱势群体提供基本的公共服务与生活保障?资源的分配原则是正义理论关注的核心。传统的正义理论着重于保护弱势群体的权利,明确资源分配的正义原则应是有利于社会生活中的最不利者,但是其理论基点是城镇资源的私有化,换句话说,弱势群体只能在资源的二次分配中获得倾斜。课题组认为,在新型城镇化建设的过程中,城市资源的分配必须坚持资源的共享性原理,强调所有资源应当为所有具备城镇居民身份资格的人所共有。这就要求,城镇资源在获得、占有、使用和收益的一次分配层面就应贯彻弱者保护的倾斜原则,为弱者提供实质的保护。与此同时,由于城镇化是逐步推进的过程,所以,资源的分配应与资源的增值相互关联起来,对于资源增值部分的分配可参照二次分配原则,也即以资源增值贡献的多寡在不同主体间进行分配。这就颠倒了传统分配正义原则的次序,也符合城镇化发展的逻辑和目标:即人的城镇化首要关注的是有尊严的生活的获得,其次才是考虑到个人的禀赋及其贡献。对于这一问题的研究,还需要课题组在收集实证材料的基础上对分配原则进行进一步的细化和修正。

第八,法律程序的规制在新型城镇化建设的国家调控中如何体现其独特作用?新型城镇化建设的国家主导和推进模式使得国家权力在城镇化建设与推进过程中具有根本性的作用,如何对国家权力在城镇化事务中的获得、享有和运作进行规范,是新型城镇化建设法治保障的重要内容。由于国家权力的获得、享有和运作缘起于城镇发展的宏观调控过程,因此,对于国家宏观调控过程的规制与约束能够达到城镇化过程中控权和限权的目标。课题组认为,发挥法律程序在城镇化建设与国家调控中的独特作用,有助于我们事先对国家权力加以控制与规范的目的。如果国家调控能够采取尊重法律程序的思维方式,那么就会在运用国家权力时充分尊重城市自身权力的自主性,并对社会权力要素介入城镇化进程中采取一种开放的态度,而不会将城市建设的根本性权力集中于自身。同样,如果程序性的方式和手段能够被采用,那么城镇居民对于城镇化建设和推进的自主参与程度也将会大大增加,这就能够落实城市权利的集体属性。因此,国家宏观调控这一法律手段的运用,实质是鼓励国家在纵向的层面上放权和分权,在横向的权利获得和拥有上以集体权利为其目标。

上述问题的提炼与解答,自然还非城镇化研究问题中的全部,但这至少说明,学术的探讨是无止境的,我们需要在前人研究的基础上,进一步深化和拓展已有的研究范围,以服务于国家的新型城镇化建设。在本书的编写过程中,主编拟定了编写提纲和编写思路,吴琪主持了研究的全部进程和负责主要的校对工作,刘建文、武彩霞、董税涛、王春雷、李文婷、王勇、李强等密切合作,保证了成果的顺利完成。本书的出版,得到了苏州大学田晓明副校长、苏州大学人文社会科学院徐维英副院长的大力协助,苏州大学出版社的周建国副编审更是为此付出了大量的心血,在此一并表示谢意!

目 录
CONTENTS

第一部分 城镇化研究的基础理论综述

第一章 城镇化概念的语源与发展综述 / 3
第一节 城镇化概念的语源及其早期用法 / 3
第二节 "城镇化"一词在权威学者与官方机构间的不同用法 / 9
第三节 结语 / 22

第二章 城镇化的内涵与评价指标体系综述 / 25
第一节 城镇化的定义与特征 / 25
第二节 城镇化的具体内涵 / 29
第三节 城镇化评价指标体系 / 38

第三章 城镇化正当性论证综述
——以社会结构为视角 / 50
第一节 社会结构的涵义 / 50
第二节 城镇化与宏观视野下的社会结构 / 54
第三节 城镇化与微观视野下的社会结构 / 67

第四章 城镇化的条件分析综述 / 72
第一节 城镇化的经济条件 / 72
第二节 城镇化的政治条件 / 81
第三节 城镇化的社会条件 / 88
第四节 城镇化的文化条件 / 94

第五章　城镇化的模式比较综述 / 100
　　第一节　城镇化模式的概念、影响因素与类型 / 100
　　第二节　各国城镇化模式的选择及其产生的影响 / 108
　　第三节　国外城镇化模式对中国城镇化模式选择的启示 / 123

第六章　城镇化的功能研究综述 / 128
　　第一节　城镇化的积极影响 / 128
　　第二节　城镇化进程中的"城市病" / 136

第二部分　中国城镇化之路的探索研究综述

第七章　中国城镇化历史进程的研究综述 / 151
　　第一节　古代城市的起源与发展 / 151
　　第二节　城镇化的自发形式与政府推动模式 / 165
　　第三节　学者关于中国当代城镇化现状的描述 / 168
　　第四节　结语 / 181

第八章　中国共产党人城镇化政策的历史演进 / 183
　　第一节　改革开放以前的城镇化 / 183
　　第二节　改革开放之后的城镇化 / 185

第九章　中国当代社会城镇化问题的法律推进
　　　　——《城乡规划法》纵横分析研究综述 / 196
　　第一节　从"一法一条例"到一法统筹 / 196
　　第二节　《城乡规划法》与《物权法》的衔接 / 200
　　第三节　《城乡规划法》文本的理论评述 / 204
　　第四节　《城乡规划法》实施实效分析 / 222
　　第五节　法治视角下《城乡规划法》的完善思路 / 229
　　第六节　结语 / 234

第十章　中国当代城镇化模式的研究综述 / 235

    第一节　关于城镇化模式概念的研究 / 235

    第二节　中国当代城镇化模式分析 / 236

    第三节　区域视角下中国城镇化模式研究 / 248

第十一章　中国城镇化的发展方向研究综述 / 261

    第一节　十八大以来城镇化战略的领导设想 / 261

    第二节　国家政策 / 268

    第三节　学界建议 / 271

第三部分　城镇化发展中的社会问题研究综述

第十二章　城镇化发展中的农民问题研究综述 / 279

    第一节　农民身份 / 279

    第二节　农民权利 / 283

    第三节　农民社会地位 / 289

    第四节　失地农民的就业与保障 / 292

第十三章　城镇化发展中的土地问题研究综述 / 299

    第一节　土地制度的历史沿革、现实特征以及与城镇化的关系 / 299

    第二节　农村集体土地所有权制度相关研究 / 301

    第三节　集体土地使用权问题研究 / 315

    第四节　农村集体土地征收问题研究 / 322

    第五节　结语 / 326

第十四章　城镇化发展中的权利问题研究综述 / 327

    第一节　农民权利的内容 / 327

    第二节　城镇化进程中的农民失权问题 / 330

    第三节　城镇化应当保障农民实现的权利 / 334

    第四节　农民失权问题的影响 / 341

第五节　城镇化进程中农民失权的根源 / 342

　　第六节　失权农民的保护路径 / 345

　　第七节　结语 / 349

第十五章　城镇化发展中的新型社会关系研究综述 / 350

　　第一节　传统熟人社会与其社会关系 / 350

　　第二节　城镇化对传统社会关系的冲击和改变 / 354

　　第三节　构建新型社会关系的思路和对策 / 360

第十六章　城镇化问题的法律对策研究综述 / 371

　　第一节　法律是解决城镇化问题的主要手段 / 371

　　第二节　法律在应对经济变化中的对策建议 / 377

　　第三节　法律在应对人口变化中的对策建议 / 382

　　第四节　法律在应对社会变化中的对策建议 / 389

　　第五节　法律在应对文化变化中的对策建议 / 394

　　第六节　法律在应对政治变化中的对策建议 / 404

附录一 / 419

附录二 / 425

附录三 / 458

第一部分

城镇化研究的基础理论综述

第一章　城镇化概念的语源与发展综述

中国的现代化进程始于清末,所以同目前所使用的许多概念一样,"城市化"、"城镇化"等词也是舶来品。暂且不论"城镇化"与"城市化"是否为种属概念,还是同一概念的两种用法,抑或是翻译中的"一词两译"现象,本章仅从语源角度,综述城镇化概念的语源及其早期内涵,探讨这一语词在当代学者中的不同用法,明确这一概念在历史中的流变状况。

第一节　城镇化概念的语源及其早期用法

一、国外对"城镇化"一词的使用

从词源和词义来说,古汉语中"城"指的是围绕人群聚落修筑起来的环形墙壁,是一种防御性的构筑物,即《墨子·七患》所说的"城者,所以自守也"。"市"是交易的场所。遍查中国古籍,虽然有"城市"和"城镇"等词,但从未出现过"城市化"或"城镇化"这一概念,因而可以说"城市化"、"城镇化"是作为专业术语,由境外传入中国的。

(一) 西班牙语中的城市化

西班牙语中,与"城市化"对应的词语为"urbanizacón",它是来自于拉丁语"urbs"(城市)一词。1867 年,西班牙巴塞罗纳的城市规划师、建筑师兼工程师依勒德丰索·塞尔达(Ildefonso Cerda,1816—1876)发表了《城市化概论》(也译作《城市化原理》《城市化基本理论》)一书,试图创立一门新学科,即城市空间组织科学。他在书中写道:"我将把一种全新的、未接触过的处女研究奉献给读者。正是由于它是新的,我只好探索和发明一些新词汇,以便用来表达在任何辞书中都没有解释过的新的思想。"法国城市社会学家,法兰西城市规划学院教授弗朗索瓦·邵艾(Fransois Choay)据此指出:"实际上,塞尔达是历史上第一位赋予城市的建立与管理以科学地位并为其设计出一个独立学科的人。"城市化术语既是指我们今天法语所说的城市化过程,又是表示塞尔达想要推论的发展规律。根据文献,"城市化"一词是由塞尔达于1867年创造的,晚些时候传入法国。至于传入英、德、俄、日等语种可能会更晚些。①

(二)法语中的城市化

法国权威性辞书《大拉罗斯百科全书》1960年版记载,"城市化"一词出现于1900年,稍晚传到英语;1976版再次肯定"城市化"(urbanisation)在法语中首次出现约在1900年。而城市规划(urbanisme)首次出现是在1910年。②

(三)英语中的城市化

近代意义的"城市化"建设与工业革命息息相关,直接动因是工业革命推动资本主义工业发展。工业化对城镇化的推动作用主要表现在:一是它改变了生产方式,使得原有依靠自然因素(水力、风力等)的手工工场不再受地域限制,将大量的生产要素向城市集聚。二是工业发展使得大量劳动力进入城市,相应地也出现供给城市发展的郊区逐步城市化。正如《大不列颠百科全书》给"城市化"下的定义:城市化是人口集中到城市或城市地区的过程,这种过程有两种方式:第一是通过城市数量的增加;第二是通过每个城市地区人口的增加;第三是它改变了人们的生活方式。所以说,英国作为工业革命的发源地,理所应当地是"城镇化"建设的发源地。

至于"城市化"一词,究竟是英国本土自生还是从外国传入,以及出现的时间,已经无法考证,中文"城市化"对应的英文词是"urbanization",而英文"urbanization"是"urbanize"的派生词。据美国一部相当权威的英文词典记载,"urbanize"这个英文单词最早出现在1884年,"urbanization"最早出现在1888年。该词典对这两个词的解释分别是:

---

① 关于"城市化"一词最早出现于"西班牙巴塞罗纳的城市规划师、建筑师兼工程师依勒德丰索·塞尔达(Ildefonso Cerda,1816—1876)发表的《城市化概论》(1868年)"这一观点,最早由陈庭光先生提出。参见:陈庭光.再论汉译马克思著作中的"城市化"一词系误译[J].城市问题,1998(5).此后大部分学者基本都认同这一观点。不过也有人认为,"城市化"一词出自1859年《马克思的政治经济批判》一书,清华大学政治经济学研究中心特聘高级研究员高珮义先生认同后面这种说法。

② P. Merlin, F. Choay. Dictionnaire de l'urbanisme et de l'aménagement[M]. Paris: Presses Universitaires de France, 1988:683.

urbanize(1884)

1. to cause to take on urban characteristics 〈urbanized areas〉.

2. to impart an urban way of life to 〈migrants from rurual areas〉.

urbanization(1888)

the quality or state of being urbanized or the process of becomi urbanized.①

英国在推动"城市化"上起着重要作用：它不仅将"urbanization"传向了世界，更在殖民活动中传播着城市现代化的生活方式和价值观念。作为"城市化"的实践基地，为其他国家城市化的发展提供了学习的样本。

（四）德语中的城市化

在德文中，表示"城市化"的词为"urbanisierung"，这个词语保留了拉丁文的色彩，由此可以看到德语中"urbanisierung"与西班牙语的"urbanizacón"、法文的"urbanisation"及英文的"urbanization"都有传播和继承的关系。对"城市化"一词的使用，德文版的《马克思主义全集》中，"马克思用'verstadischung'（可译为'建立城市关系'），而不是现代德语的'urbanisierung'（城市化）。遍查德国新旧辞书，均未见收入此词。另外，大致与马克思同时代的德国辞书中，也没有收入现代常用的'verstadterung'（名词，意思是'城市化'）、'verstadtern'（动词，意思是'使城市化'等词）。遍查德国新旧辞书，均未收入该词……看来，'verstadischung'可能是马克思自己创造的。"②从王全民先生的论述来看，德文中"urbanisierung"（城市化）一词在马克思生活的年代已经存在，甚至要早于马克思的生活时代。

（五）日语中的城市化

日本在明治维新之后，彻底决定学习西方先进文化，为了"脱亚入欧"，日本在语言习惯和生活方式上改造国民性，建立了一套与西方接轨又能利用传统文化资源的语词体系，为减少文化带来的冲突，日本在词语引介和创制上，通过翻译创造了许多新词汇。在日本，一般用"都市化"（读作としか，tosik）一词描述。相比于"城市化"和"城镇化"，"都市化"一词更显古朴，也更具有东方文化的特色。

---

① Merrian-Webster'scollegiate Dictionary Tenth Edition[M].2000:1296.转引自：高珮义.城市化发展学原理[M].北京：中国财政经济出版社，2009:12.

② 王全民.关于马克思著作中"城市化"一词的译法——与陈庭光同志商榷[J].城市问题,1987(2).

(六) 苏联的城市化问题

根据陈庭光先生的研究,苏联对城市化的研究有过反复,大致可以归纳为"三个阶段"。第一阶段(20世纪20年代至30年代初):借用词语表达集体农业建设,把"城市化"一词看作是克服城乡对立的一个重要途径,重在将农业耕作技术提高到城市模式的技术水平;第二阶段(20世纪30年代中后期至60年代中期):在这一阶段,研究者认为城市化为西方资本主义国家所有,所以对"'城市化'是持批判态度的,认为是资本主义社会的产物,社会主义社会不存在'城市化'现象";第三阶段(20世纪60后期至80年代):"苏联于60年代末70年代初开始研究'发达社会主义条件下的城市化',至80年代,在苏联,经济地理学、人口学、社会学、政治学、城市规划学等学科都开展了'城市化'理论研究,提出了'自己的'城市化观点,特别是比较系统地提出了'社会主义条件下城市化的特点'的理论。"①

《苏联大百科全书》认为,城市化是指城市在社会发展中作用日益增大的历史过程。城市化影响人口的社会结构、就业结构、统计结构,人们的文化和生活方式,生产力的分配及居住模式。这是把城市化看作是系统工程的理论模式,所以在定义的时候采用了综合说,即城市化包括经济的城市化、人口的城市化、建设的城市化和文化的城市化。值得注意的是,这一观点影响到我国国内当前对城市化的研究——"五马分尸的城市研究"②。

二、国内对"城镇化"一词的使用

近代以来,中国在现代化过程中或被动或主动地摆脱了"天朝大国"的姿态,开始睁眼看自己,看周围,看世界。在"拜师学艺上",中国先后学习"日本、

---

① 陈庭光.再论汉译马克思著作中的"城市化"一词系误译[J].城市问题,1998(5).
② 北京大学郑也夫教授用"五马分尸"一词概括当前学界对城市化研究的现状,他说:"使用了这个很刺激很火爆的字眼,是因为我认为现在的城市研究处于被多学科分割的状态。大约五个学科在做城市研究,这是就世界学术范围而言,这五个学科是:建筑学、地理学、经济学、城市史学、社会学。"他对比了国内外的研究,得出:"(中国)现状的另一方面,就是搞城市研究的五个学科,老死不相往来。我们之间的沟通实在太少了。这样一种状况极大地影响了我们认识城市。不从姊妹学科丰富的成果当中获得营养,将局限自己认识城市的眼界。"为此,他在《城市社会学》一书的"杂食与博学"一节中强调城市社会学研究要博采众长,"虽然国外的学术生活有很强的专业分工,但是,另一方面,他们非常重视交流,非常重视借鉴姊妹学科的一些成果。我们现在在和世界接轨,开始建立自己的分工,在这一过程当中不要走向极端——门心思只看这两亩地,把别的姊妹学科一些成果全部忽略了。那样不好。"参见:郑也夫.城市社会学[M].北京:中国城市出版社,2002:76.

第一章 城镇化概念的语源与发展综述

英美、苏联和世界",在语言输入上存在交错的情况,所以究竟"城镇化"一词是由何种语言而来,需要做一番考证。

（一）清末

中国城市早期现代化运动发轫于晚清,至今经过了百余年的艰苦建设和曲折发展。由于通商口岸的开放,商业、洋务运动中创办的工业和早期资产阶级的实业开始推动中国的城市建设走向现代化。由于这种城市化进程多少带有些被动性,学者也没有自觉地去研究城市化的理论,所以未能检索到"城市化"或"城镇化"的词语。更为重要的是,近代学者多是研究国家的政治体制改革问题,着眼于宏观层面的国家制度构建,对于偏中观性、民间性和自我发展性的城市化建设理论尚未给予关注。

（二）民国时期

通过检索"中国国家图书馆民国书籍数据库"得知,民国时期出版的标题中直接包含"城市"一词的在库著作共12本。① 这些著作可以分为两类:一类是普通的城市研究著作;另一类是具有较强的政治色彩的著作,记载的是1949年前后,中国共产党的工作重心由"农村转向城市",开始对城市建设探索的历史。

此外,民国时期在文化界影响最大的两项运动"文化普及"和"乡村建设运动"也与城市化建设有直接关系。尤其是乡村建设运动,其中参与的知名学者有梁漱溟、晏阳初等人,他们既选择山东邹平、江苏无锡等地的几个乡村做实验,有总结理论,在城乡关系问题上有自己的看法,上述学者的著作虽然没有提及"城市化"等相关字眼,但已涉及与之相似的含义。

（三）建国后

新中国成立后,严峻的国际形势使我们倒向以苏联为首的社会主义阵营,国家实行高度集中的政治经济体制,思想上实现"社会主义思想改造",清除知识分子思想中"资本主义的残余"。城市化研究也受到苏联学术界的影响。很多政治词汇的来源作品,尤其是像《马克思恩格斯全集》这类著作在翻译的时

---

① 这12本书分别为:1930年的《城市教育行政及其问题》(南京书店);1934年的《城市计画学(商务印书馆);1935年的《城市秽水排泄法》(商务印书馆);1936年的《计画的城市》(商务印书馆);1940年的《明日之城市》(世界科学社);1941年的《城市科学》(中华书局发行所);1949年的《关于城市政策的几个文献》(华北新华书店);1949年的《关于城市接管工作的重要文献及经验介绍》(中共中央统一战线工作部);1949年的《论城乡关系》(读者书店);1949年的《人民城市》(新华书店);1949年的《城市政策》;1949年的《中国各重要城市零售物价指数专刊》(中国农民银行经济研究处)。

候,是以俄文版为主要参考版本。苏联虽然使用"城市化"一词,但在理论研究和实践中对"城市化"的态度有过曲折,尤其是在20世纪五六十年代,学术界认为"城市化为西方资本主义国家所有",所以对"城市化"是持批判态度的,认为其是资本主义社会的产物,社会主义社会不存在"城市化"现象。这也影响到中国学者对城镇化的研究,相关论述基本空白。

中国改革开放之后,人们的思想得到极大的解放,外国思想传入中国,供学者研究的信息来源也变得多元。但总体说来,改革开放之后形成的"城镇化"这一概念,其本源语言是英语中的"urbanization"。当时通行的翻译仍是"城市化"。1983年,中国城市规划设计研究院主持了名为"若干经济较发达地区城市化途径和发展小城镇的技术经济政策"的研究课题,该课题对"城市化"这一概念的内涵做了初步的权威界定。

此后,学者对这一概念又做过相关的讨论。因为"urbanization"的词根"urban"在中文里有两个意项:城市和城镇。学者们觉得城市化是全球的普遍趋势,但结合中国实际,"城镇化"概念更适合中国国情,甚至是具有中国特色的概念,彰显"城市化"进程中开辟了中国模式。可见,"城镇化"一词的出现要晚于"城市化",这是中国学者创造的一个新词汇,很多学者主张使用"城镇化"一词。比如费孝通先生、厦门大学许经勇教授就持这种观点。据考证,"城镇化"这一概念最早出现在1976年印度尼西亚 B. N. 詹发表的《马来西亚的阶级斗争和种族冲突》一文中,作者描述老人阿卜杜勒·拉扎克新政府给马来西亚城市建设带来的新发展,中国学者将其翻译为"乡村城镇化"。19世纪80年代以后,随着"小城镇发展模式"的提出,"城镇化"概念逐步被学界使用。① 1991年,辜胜阻在《非农化与城镇化研究》一书中使用并拓展了"城镇化"的概念。中共第十五届四中全会通过的《关于制定国民经济和社会发展第十个五年计划的建议》正式采用了"城镇化"一词。至此,"城镇化"作为正式的官方用语,频繁地见诸各种政策、文件之中,也逐步被报刊、学界所接受。②

所以,从整体上看,"城镇化"一词的出现要晚于"城市化";尽管学界对"城镇化""城市化""都市化"等概念仍存有争议,但在官方的正式文件中,"城镇化"成为通行概念。

---

① B. N. 詹. 马来西亚的阶级斗争和种族冲突[J]. 钱文宝,译. 南洋资料译丛,1976(4).
② 辜胜阻. 非农化与城镇化研究[M]. 杭州:浙江人民出版社,1991:22.

第二节 "城镇化"一词在学者与官方间的不同用法

由于观念不同,学者们在翻译"urbanization"时使用"城市化""城镇化""都市化"①三个版本,通过检索文献,我们发现:包含城市、城市化的论著要多于包含城镇和城镇化的论著。

一、学者中的用法

（一）城镇化=城市化

此种观点认为,"城镇化"与"城市化"完全同义。例如陈为邦先生认为,中国城市和城镇是相对于乡村的同义语的概念,因此,城市化和城镇化是同一概念,城镇化就是城市化。② 此外,1998年8月13日公布,1999年2月1日实施的《中华人民共和国国家标准城市规划术语》,也认为城市化"是人类生产和生活方式由乡村型向城市型转化的历史过程,表现为乡村人口向城市人口转化以及城市不断发展和完善的过程,又称城镇化、都市化"③。

（二）城镇化≈城市化

有的学者认为："'城镇化'即'城市化',只不过'城市化'更加通用一些。"④持此观点的有国家统计局中国城镇化战略研究课题组、周一星教授⑤和李秉仁教授等。

国家统计局中国城镇化战略研究课题组在《我国城镇化战略研究》一文中这样说城镇化与城市化的关系："城镇化是伴随着区域工业化、经济现代化必然

---

① 学界对"都市化"一词的使用很少,而"都市"一词一般也只出现在文艺作品中,以凸显文学的语言美感。就学界使用"都市"和"都市化"的情况来看,主要有三种情形:第一,海外人士喜欢用"都市化"这一用法,用词也相对来说古朴些;第二,国内魏津生先生提出将"城市化"改为"都市化",其含义与通用的城市化的定义基本相同,其主要观点是从中文使用的角度将古代city与现代city区分开来;第三,学界对都市的使用主要强调"城市化"的更高层次——"城市圈(带、群)"是一种大都市,是一种都市化的过程。
② 陈为邦.城市探索——陈为邦城市论述[M].北京:知识产权出版社,2004:1.
③ 宋俊岭.中国城镇化知识15讲[M].北京:中国城市出版社,2001:序言.
④ 潘孝军."URBANIZATION"之确切含义及中文译词选择[J].城市观察,2011(6).
⑤ 周一星认为"城市"是"泛指不同于乡村居民点的各种城镇居民点"。参见:周一星.关于我国城镇化的几个问题[J].经济地理,1984(2).

出现的社会发展趋势,它是一个自然形成过程,国际上的通用提法是城市化。在我国,城市系统包括市和镇两个部分,它们都是国家通过一定法律程序设置的行政单元。因此,城镇化、城市化在我国本质上是一致的。本报告在引述国外学者观点以及进行国际比较、使用别国资料时,沿用'城市化'名称;在论述我国情况时则采用'城镇化'的概念。"①

此外,一些学术会议试图推动"城市化"与"城镇化"两个概念的统一,例如1982年12月,中国城市与区域规划学的专家们在南京召开的"中国城镇化道路问题学术讨论会"上,明确"城市化"与"城镇化"是同义词,并建议由"城市化"的说法替代"城镇化"概念。②

这些学者的考察角度主要有四个方面:第一,从词源角度考察,中国"城镇化"一词主要来自于英文中的"urbanization",它通常的翻译是"城市化";第二,从学术研究角度讲,学者主张概念统一,例如周一星教授撰文《城市研究的第一科学问题是基本概念的正确性》重点申明概念统一的必要性;第三,从国际交流角度看,保持概念一致性是学术交流的前提,也有利于中国城市化研究与外国学术研究直接交往。周一星教授甚至以自己亲身经历做出说明:"早在1980年代,笔者有一篇关于城镇化的文章在美国翻译发表,其中介绍中国有'城镇化''城市化''都市化'等不同说法,难住了美方的翻译,后来他分别译成'urbanization''citification''metropolitanization'。"③第四,"城镇化"一词更确切,更符合中国国情。

"本来urban(城镇)是rural(乡村)的反义词,人类各种聚落类型除乡村居民外,就是城镇居民点。城镇居民点粗分包括不同规模尺度的城市(city)和镇(town)。这一推敲,'urbanization'直译为'城镇化'是比较准确的。"④"同时也不必把'城市化'理解为是国外片面发展大城市的道路,在很多情况下'城市化'和'城镇化'可以通用,没有必要人为将其复杂化。"⑤

总之,部分学者认为"城市化"与"城镇化"没有本质的区别,只是考虑到中国的实际情况,偏向使用"城镇化"。

---

① 国家统计局课题组.我国城镇化战略研究[J].经济研究参考,2002(35).
② 魏雪清.重庆城镇化发展差异与极化研究[D].重庆大学,2007.
③ 周一星.城市研究的第一科学问题是基本概念的正确性[J].城市规划学科,2006(1).
④ 周一星.城市地理学[M].商务印书馆,1995:59.
⑤ 周一星.城市研究的第一科学问题是基本概念的正确性[J].城市规划学科,2006(1).

（三）城镇化≠城市化

与前两种观点不同,大部分学者认为"城镇化"与"城市化"是两个不同的概念。很多使用"城镇化"这个用语的中国学者并不是仅仅从词义学出发的,而是认为"城镇化"是一个有中国特色的城市化用语,强调中国的城市化重在发展小城镇。金其铭先生在他的《农村聚落地理》一书中提出:"城市化"与"城镇化"不是完全等同的概念。① 这种观点又可细分为两种看法:

1. 城镇化＞城市化。"城镇"包括"城市"和"乡镇"。

一种观点认为"urbanization"应该翻译为"城镇化",而且"urbanization"一词中"urban"型的聚集除了"城市"(city)外,还有"镇"(town),而城市又可细分为一般的城市(city)和大城市(metropolis)。因此,不宜简单地将"urbanization"译为"城市化"。该观点特别指出,中国是一个人口大国,镇的规模一般都很大,差不多相当于甚至大于外国的小城市,同时,中国的城市化进程不仅是人口向城市(city)集中,而且还要向大量的城镇(city and town)转移和聚集,所以,用"城市化"或者"都市化"都不太准确,不能概括中国的城市和镇的"转移、集中与聚集"的整个过程内容,适宜的选择是用"城镇化"一词较妥当,更能反映中国的实际状况。②

同样持此观点的济南大学俞宪忠教授,从词典翻译和《中华人民共和国城市规划法》中城市、城镇的解释上得出:"'城镇'的'镇'或'城镇化'的'镇',其确切内涵绝不是指'城市化'性质的'重镇'的'镇',而是农村化性质'乡镇'的'镇','城镇化'的'城'字毫无疑问指的是城市,'城镇化'的'镇'字毫无疑问指的是乡镇,'城镇化'模型的基本结构是:'城镇化'='城市化'+'乡镇化'。'城镇化'不仅包含了城市化的主张,也极其明显地道出了'乡镇化'的导向。"③此外,他提醒人们注意概念使用不正确可能会导致的危险:"'城镇化'的呼声不仅包含了城市化的主张,也极其明显地道出了'乡镇化'的导向。主张'城镇化'的人们可能并不反对城市化,但主张城市化的人们却很可能反对'城镇化'当中所包含和提倡的'乡镇化'。"④

---

① 金其铭.农村聚落地理[M].北京:科学出版社,1988.
② 成德宁.城镇化与经济发展[D].武汉大学博士学位论文,2000.
③ 俞宪忠.是"城市化"还是"城镇"化——一个新型城市化道路的战略发展框架[J].中国人口·资源与环境,2004(5).
④ 俞宪忠.是城市化还是城镇化[EB/OL].新浪网.http://finance.sina.com.cn/economist/jingjixueren/20070810/18513872228.shtml.

2. 城镇化＜城市化。"城市化"突出(大)城市,"城镇化"突出(小)城镇,而"城镇化"更适合中国国情。

持此观点的学者主要有费孝通先生、厦门大学许经勇教授等老一辈学者,以及辜胜阻、张奎燕、冯兰瑞、冯子标、焦斌龙、赵春音等中青年学者。我国著名社会学家费孝通先生提出"小城镇,大问题"①,被认为是中国特色城市化道路最早的倡导者。厦门大学许经勇教授是我国农业经济界的前辈,他的看法可以代表一批老学者。他认为:"从理论上说,城镇化与城市化的提法并没有本质上的区别。十六大报告之所以采用'城镇化'的提法,主要是考虑内涵上更符合我国的国情。我国农村需要向外转移的人口数量之多,仅仅依靠大中城市是不够的,必须采取'两条腿走路'的方针,坚持大中小城市和小城镇协调发展,走中国的特色的城镇化道路。"②赵春音认为:"城镇化道路是中国在计划经济和计划经济体制解体过程中走出来的道路,它产生于社会转型时期,常被认为具有中国特色。事实上,城镇化是特殊历史阶段的产物,是我国城市化历史进程中的一种过渡模式,或者说,城镇化是我国城市化的起始阶段。"③

作为在中国最早提出并致力于推广"城镇化"概念的学者,辜胜阻教授认为:"根据中国特点研究城镇化有必要使用四种概念:①城市化。这主要观察城市的发展和市人口增长在城镇化中的作用。②社会城镇化。这主要看市镇人口增长对全社会城镇化的作用。③农村城镇化。这里的着眼点是镇人口在非都市人口中的比重。④城镇农村化。这主要是看市镇中的乡村人口的发展变化。"④

张奎燕指出"城市化是指人口向城市的集中过程,农村城镇化是农村人口向县域范围内的城镇集中的过程",并且由于农民工给城市带来的一系列社会问题,中国应走"发展中小城镇和农村非农产业"的道路(即"离土不离乡模式")。⑤南京大学洪银兴教授提出一个"城镇城市化"的概念,他认为:"中国的城市化没有采取农民进入城市的途径,而是在发展乡镇企业的同时发展小城

---

① 费孝通.论小城镇及其他[M].北京:群言出版社,2000.
② 许经勇."三农问题"与工业化城镇化道路的内在联系[J].广东社会科学,2003(5).
③ 赵春音.城市现代化:从城镇化到城市化[J].城市问题,2003(1).
④ 辜胜阻.当代中国人口流动与城镇化[M].武汉:武汉大学出版社,1994.
⑤ 张奎燕.关于我国城市化与城镇化问题的思考[J].城市问题,1995(1).

第一章 城镇化概念的语源与发展综述

镇,创造了城镇化的城市化道路,这是中国的一个创造。"①

由同济大学、上海市发展改革研究院、上海市郊区经济促进会三家单位联合组建的上海城镇化发展研究中心,主编了一套《上海绿色城镇化之路·上海实践》系列丛书。这套系列丛书邀请著名社会学家邓伟志先生写序,这篇名为"上海要进一步推进深度城镇化"的序表明了邓伟志先生对"城市化"和"城镇化"关系的看法,同样也是上海城镇化发展研究中心对"城市化"与"城镇化"的基本看法:"《中国绿色城镇化道路·上海实践》系列丛书在阐述城镇化这一重大课题时,既提倡'城',也重视'镇'。这是耐人寻味的。'镇'是'村'与'城'的'中间',是'村'向'城'的过渡。'镇'是'城'与'村'的桥梁和纽带。'镇'集'城'与'村'的优点于一身,从而又有着自己独有的特色。放眼世界,不论城市化程度多么高的国家,都保存大量的宜人宜居的美丽小镇。上海有很多历史悠久的古镇,它们既是珍贵的历史文化遗产,也是现代化的先行者;它们既是国际大都市的组成部分,也是国际大都市的卫星。它们还是共和国政权的基础,镇有人民代表大会这一根本制度的保证,这是镇与城市社会的不尽相同之处。"② 在实践中,上海也是这样理解"城市化"与"城镇化"关系的:"2001 年 1 月 5 日,上海市政府印发了《关于上海市促进城镇化发展的试点意见》,明确上海在'十五'期间重点发展'一城九镇',即松江新城和安亭、罗店、朱家角、枫泾、浦江、高桥、周浦、奉城、堡镇 9 个镇。2003 年上海市政府印发的《关于进一步加强城市建设规划管理、实施〈上海市城市总体规划(1999—2020 年)〉的 纲要》中提出上海市域城镇体系由中心城、新城、中心镇和一般镇组成。"③

此外,中国社科院田雪原研究员在《城镇化还是城市化》的文章里,虽然秉持着"城市化概念大于城镇化概念"的观点,但他认为:"'以小为主'的城镇化发展近 30 年,发挥了其应有的作用,输送过相当的正能量。目前我国的城市化已步入'以大为主'的第二阶段,如果继续沿用城镇化概念便脱离了现实,无论在理论层面还是实践层面上都会带来弊害。"当前中国的城市化发展水平已经超越了"城镇化"概念的范围,他从理论上证成城市化的发展规律,力陈沿用"城镇化"的危害,说明如何走出城镇化的误区,应当适时地转为使用"城市化"这一概念。④

---

① 洪银兴.城市功能意义的城市化及其产业支持[J].经济学家,2003(2).关于"城镇城市化"的观点,可参见:洪银兴,等.城市模式的新发展[J].经济研究,2000(12).
② 顾吾浩.城镇化历程[M].上海:同济大学出版社,2012:总序.
③ 顾吾浩.城镇化历程[M].上海:同济大学出版社,2012:32.
④ 田雪原.城镇化还是城市化[J].人口学刊,2013(6).

(三) 都市化

相比于"城市化"和"城镇化",学界对"都市化"的使用很少,也未能引起大的争论。虽然在大部分人不关注"都市化"这一词汇,但为了对"urbanization"的用法做详尽梳理,有必要做一些分析。

一般而言,"都市"一词多出现在文艺作品中,目的是为凸显文学的语言美感,在学术研究中则使用较少。即使如此,学界使用"都市"和"都市化"的情况主要有以下几种情况:第一,就使用主体和使用区域来看,相比于"城市化"和"城镇化"而言,"都市化"一词有很强的古汉语色彩,用词也较为古朴雅致,所以日本学者和海外人士偏好这一用法①;第二,从研究者的研究领域来看,城市文化学的研究者偏重从"都市文化"的角度来使用这一概念;第三,就国内而言,据我们检索到的资料,只有魏津生先生提倡将"城市化"改为"都市化",其含义与通用的城市化的定义基本相同,其主要观点是从中文的角度将古代 city 与现代 city 区分开来②;第四,就使用"都市"的目的来看,学者们主要把"都市化"看作"城市化"的更高层次:"城市圈(带、群)"是一种大都市,是一种都市化的过程。

(四) 非农化

在"城市化""城镇化""都市化"的三种正统概念外,有一位学者完全以一种批判性的眼光颠覆传统的城市化理论,他从经济发展角度,提出应该采用"非农化"概念来描述城市化的过程。持此观点的代表人物是中国人民大学顾海兵教授。他对"国内不少学者一直在主张中国经济发展及西部开发应走城市化之路"表示反对。③ 他认为,首先,城市化的城市边界并不像初看上去那样非常明确。其次,城市区域中有农业,而农村区域中城市经济成分。因此,城市化的内涵是不确定的,城市化不能准确说明产业结构的变动,不适合于说明已经城市化的国家的进一步发展之路。再次,城市化也并非越高越好,因为城市化已经引发城市病。因此,用城市化作为经济发展路径并不科学。相反,用非农化则较为适宜,因为非农化比城市化有更大的空间包容传统经济与新经济、城镇经济与乡村经济,反映产业的分化、细化、深化,体现各个区域国民经济的发展水

---

① 笔者用 Google 浏览器对"都市化"进行"检索分布区域"的了解,中国台湾地区、日本以及海外学者对这一词语的使用量明显高于中国大陆。

② 魏津生.应对古代城市与现代都市加以区别——都市化研究中一个值得注意的问题[J].人口与经济,1981(5).

③ 顾海兵.非主流经济学研究[M].天津:天津人民出版社,2002:93-94.

第一章 城镇化概念的语源与发展综述

平,①"也许有一天,传统农业不复存在,但乡村仍然广泛存在,这些现象用城市化就不如用非农业化更能科学地反映"②。

正如有的学者评价道:"(它)很是独特,而且也有一定的学术价值(但不一定正确)。虽然这种观点并不是直接关于'城市化还是城镇化'的讨论,但与'城市化'密切相关,所以这里不能不提。持这种观点的人认为,现代化、工业化、城市化,当然也包括城镇化、都市化等,都不恰当,因此,建议用'非农化'概念。"

虽然,在观念上学者之间有着这样或那样的争论,但"值得注意的是,这两种不同观点的主张者在其著述的行文中都是'城市化'与'城镇化'混用的"③,坚持用"城市化"学者有宋俊岭和高珮义,大部分学者偏好使用"城镇化"。当然,在这一过程中,国家政策也影响了学者的研究。

二、官方文件中的用法

学者们在讨论和使用不同概念或用语时自由度相对较大。然而,随着"城镇化"这个概念写进了党和政府的文件,就出现了某种导向性④,政府甚至是强调"'新型城镇化'这一概念,具有把城市化理论与中国实践相结合,形成有中国特色的城镇化理论"的意蕴,认为"……这是由'城市化'向'城镇化'思路的转变,确实是从中国城市化发展需要出发做重大战略性调整"⑤。

(一) 小城镇

党的十一届三中全会确定把党的工作中心转移到经济建设上来,推动农村和城市经济体制改革,再次开启了城镇化建设的新篇章。1978年3月,国务院召开第三次全国城市工作会议,提出"控制大城市规模,多搞小城镇"的方针。

1980年10月,全国城市规划工作会议召开,又提出"控制大城市规模,合理发展中等城市,积极发展小城市"作为我们的城市发展方针。

1984年1月和10月,党中央和国务院分别发布《中共中央关于一九八四年农村工作的通知》和《国务院关于农民进集镇落户的通知》,小城镇发展问题第一次受到

---

① 顾海兵.非主流经济学研究[M].天津:天津人民出版社,2002:93-94.
② 顾海兵.中国经济发展的路径:非农化[C]//王振中.展望21世纪中国经济[M].银川:宁夏人民出版社,2001:248-249.
③ 高珮义.城市化发展学原理[M].北京:中国财政经济出版社,2009:34.
④ 傅晨.城市化概念的辨析[J].南方经济,2005(4).
⑤ 于兴隆.加快推进城镇化建设问题的几点思考[R].在"中国21世纪城镇化发展战略论坛"上的发言提纲,2006-02-18.

中央政策的肯定与支持,确定了与乡镇企业发展相匹配的城镇化战略。

除了政策上的规定外,1984年1月颁布的《城市规划条例》,确定"优先发展小城镇"的城市发展方向,这是中国第一次以行政法规的形式确认城市发展方针。在1990年生效的《城市规划法》更是明文规定:"国家实行严格控制大城市规模、合理发展中等城市和小城市的方针,促进生产力和人口的合理布局。"对大城市的抑制达到顶峰,中小城市的发展也受到限制。

1998年10月,中共中央在《关于农业和农村工作若干重大问题的决定》中提及"城镇化"这个概念。这是"城镇化"第一次进入最高级别的文件,并且第一次提出了"小城镇大战略"的设想。时任全国人大常委会副委员长的费孝通先生影响了官方"小城镇大战略"的政策与提法,因为费老作为著名的社会学家,长期以来关注城乡关系。1983年间,费老先后在《瞭望》发表了四篇文章,即《小城镇　大问题》《小城镇　再探索》《小城镇　苏北初探》《小城镇　新开拓》(这四篇文章后来编成《小城镇四记》一书),提出"小城镇建设是发展农村经济、解决人口出路的一个大问题,'离土不离乡'和'离乡不背井'是解决我国人口问题的两条具体途径,其小城镇理论受到了广大农村基层干部、学术界和高层决策人士的普遍重视。"①

2000年6月,《中共中央国务院关于促进小城镇健康发展的若干意见》将"小城镇大战略"具体化,并且在党的十五届五中全会上把"积极稳妥地推进城镇化"列为当时及"十五"期间必须着重研究解决的战略问题,由此,中国的城镇化迈入一个新的发展阶段。当然,这一时期城镇化理论研究的突出特征是围绕着"农村改革""城市经济体制改革""建立社会主义市场经济体制"展开②,所以有学者尝试提出"农村城镇化"概念。

(二)城镇化

2001年3月,第九届全国人民代表大会第四次会议批准《国民经济和社会发展第十个五年计划纲要》,提出"推进城镇化要遵循客观规律……走符合我国国情、大中小城市和小城镇协调发展的多样化城镇化道路"。

2002年11月,党的十六大召开,江泽民同志在《全面建设小康社会,开创

---

① 费孝通.小城镇四记[M].北京:新华出版社,1985;论小城镇及其他[M].天津:天津人民出版社,1986;行行重行行(乡镇发展论述)[M].银川:宁夏人民出版社,1989;中国城镇化道路[M].呼和浩特:内蒙古人民出版社,2010.

② 姜爱林.城镇化、工业化与信息化协调发展研究[M].北京:中国大地出版社,2004:15.

第一章 城镇化概念的语源与发展综述

中国特色社会主义事业新局面》的报告中提出:"要逐步提高城镇化水平,坚持大中小城市和小城镇协调发展,走中国特色的城镇化道路。发展小城镇要以现有的县城和有条件的建制镇为基础,科学规划,合理布局,同发展乡镇企业和农村服务业结合起来。消除不利于城镇化发展的体制和政策障碍,引导农村劳动力合理有序流动。"① 至此,"城镇化"在我国成为一个带有官方性质的用语,也确定"城镇化"是"以小为主"的城市化发展模式。②

对于英文的"urbanization"一词,中国的官方文件使用"城镇化"而不是"城市化"与之对应。一定意义上,城镇化就是中国特色的城市化。城镇化概念的使用,内在地反映了中国在城镇化推进过程中中小城镇不可替代的地位,也反映了政府对城镇化体系布局的战略思想。中国政府在官方文件中,一直用"城镇化"而非"城市化"一词。背景主要有三:

一是中国自1949年以来,城乡之间实行不同的管理制度。不但城乡人口流动受到严格控制,且小城镇人口向中等城市或大城市流动也受到限制。这样一来,在西方国家普遍存在的农村人口直接流向大城市的城市化路径,在中国并不存在。因此,从实际的演进路径来说,"城镇化"一词比"城市化"更加贴切地反映了中国现实。

二是在中国特殊的城镇管理体制下,官方担心在政策文件里提出"城市化"一词,会导致城市对所辖小城镇和农村资源的过度攫取。中国官方强调使用"城镇化"一词,暗含着对保持小城镇独立性的高度警觉,即希望借助小城镇发展的力量拉动农村经济,为农村社会发展提供服务。

三是小城镇规模较小,体制机制束缚容易突破,因而成为中国推进城镇化改革的试验田。强调"镇",实则是中国渐进式改革思想在城镇化中的体现。

事实上,由于实行的是"城镇化",而非"城市化"政策,中国确实在一定程度上避免了部分拉美国家出现过的农村人口过度涌入少数城市的问题。各类小城镇成为吸纳人口并提供就业岗位的重要平台。城镇化就是具有中国特色的城市化。城镇化的概念暗含着对小城镇作用的重视,暗含着政府对城市布局

---

① 从十六大报告关于城镇化的表述看,走大中小城市和小城镇协调发展的城镇化道路,城镇化是包含城市化的。然而,也有人认为,城市化可以包括小城镇,但城镇化不能包括大中小城市,因为城镇化概念的本质就是强调小城镇。

② "新型城镇化"一词由来已有十余年,公认最早是伴随党的十六大"新型工业化战略"提出的,主要是依托产业融合推动城乡一体化。参见:李程骅.科学发展观指导下的新型城镇化战略[J].求是,2012(14).

体系、城市化路径的干预。①

(三) 新型城镇化

2012年5月3日,时任国务院副总理的李克强同志在布鲁塞尔出席"中欧城镇化战略伙伴关系高层会议"时,在开幕式上做了题为《开启中欧城镇化战略合作新进程》的讲话。此次讲话既使用了"城市化",也使用了"城镇化"(当然在英文版翻译中,为考虑理解的方便,统一用了"urbanization")。从使用次数上看,"城市化"使用6次,"城镇化"使用31次;从使用的对象来看,使用"城市化"一般用来表述欧洲或者全球的城市化进程,而使用"城镇化"一般强调它是具有中国特色的城市化新模式。

2012年10月,胡锦涛总书记在党的十八大上做了《坚定不移沿着中国特色社会主义道路前进 为全面建成小康社会而奋斗》的报告,提出:"坚持走中国特色新型工业化、信息化、城镇化、农业现代化道路,推动信息化和工业化深度融合、工业化和城镇化良性互动、城镇化和农业现代化相互协调,促进工业化、信息化、城镇化、农业现代化同步发展。""推进经济结构战略性调整。这是加快转变经济发展方式的主攻方向。必须以改善需求结构、优化产业结构、促进区域协调发展、推进城镇化为重点,着力解决制约经济持续健康发展的重大结构性问题。"由此确定中国新型城镇化的道路,并且把推进城镇化建设提升到以"扩大内需和调整经济结构"为核心的转变经济发展方式的高度。

此后,新型城镇化建设得到新一届党中央和国务院的高度关切,它不但作为社会主义和谐社会的一项重点建设工程得到推行和实施,而且它本身也增加了"人性化"的意涵。

2012年12月15至16日召开的中央经济工作会议,议题是聚焦新型城镇化发展,提出"积极稳妥推进城镇化,着力提高城镇化质量。城镇化是我国现代化建设的历史任务,也是扩大内需的最大潜力所在,要围绕提高城镇化质量,因势利导、趋利避害,积极引导城镇化健康发展。要构建科学合理的城市格局,大中小城市和小城镇、城市群要科学布局,与区域经济发展和产业布局紧密衔接,与资源环境承载能力相适应。要把有序推进农业转移人口市民化作为重要任务抓实抓好。要把生态文明理念和原则全面融入城镇化全过程,走集约、智能、绿色、低碳的新型城镇化道路。"

---

① 冯奎.中国城镇化转型研究[M].北京:中国发展出版社,2013:2-16.

第一章 城镇化概念的语源与发展综述

2013年7月25日,中共中央在中南海召开党外人士座谈会,就当前经济形势和下半年经济工作听取各民主派中央、全国工商联领导人和无党派人士的意见与建议。中共中央总书记习近平主持座谈会并发表重要讲话,指出:"积极稳妥推进城镇化,合理调节各类城市人口规模,提高中小城市对人口的吸引能力,始终节约用地,保护生态环境;城镇化要发展,农业现代化和新农村建设也要发展,同步发展才能相得益彰,要推进城乡一体化发展。"①

曾经有人指出:传统的城镇化,是城市优先发展的城镇化,而新型城镇化讲求城乡互补、协调发展;城乡一体化发展,绝对不能搞成"一样化"发展,不能把农村都变为城市,而是要走城乡协调发展的道路;推进新型城镇化,不能盲目克隆国外建筑,而是要传承自身的文脉,重塑自身的特色。没有自己的文脉,形不成自己的特色,自身优势就发挥不出来,就会千城一面。

新型城镇化不但成为社会主义现代化建设的一部分,而且被赋予一种新的更加人性化的提法,即"新型城镇化是一种'人的城镇化'"。比如2013年1月15日,中共中央政治局常委、时任国务院副总理李克强在国家粮食局科学研究院考察调研时指出,工业化、信息化、城镇化、农业现代化,是实现我国现代化的基本途径,这"新四化"相互联系、相互促进。统筹"新四化"发展,需要平衡多方面的关系。推进城镇化,核心是人的城镇化,关键是提高城镇化质量,目的是造福百姓和富裕农民。要走集约、节能、生态的新路子,着力提高城镇的内在承载力,不能人为"造城",要实现产业发展和城镇建设的融合,让农民工逐步融入城镇。要为农业现代化创造条件、提供市场,实现新型城镇化和农业现代化相辅相成。②

2013年7月9日,李克强总理在广西主持召开部分省区经济形势座谈会并做重要讲话。李克强说,要统筹"新四化"发展,促进工业化和信息化的深度融合,推进以人为核心的新型城镇化,以发展服务业、创新驱动、淘汰落后产能等为抓手,加大结构调整力度。加快行政管理、财税、金融、价格等重点领域和关键环节的改革步伐,更好地发挥市场机制的作用,更有效地调动民间投资积极性,更显著地增强市场活力。③

---

① 习近平.保护生态环境 积极稳妥推进城镇化[EB/OL].中国城市低碳经济网,http://www.cusdn.org.cn/news_detail.php?id=264271.
② 李克强45个月六次提城镇化:核心是人的城镇化[EB/OL].凤凰网,http://finance.ifeng.com/news/special/czhzls/20130302/7722647.shtml.
③ 李克强.推进以人为核心的新型城镇化[EB/OL].中国城市低碳经济网,http://www.cusdn.org.cn/news_detail.php?id=261173.

至此,从"小城镇"到"城镇化"再到"新型城镇化","新型城镇化"这一表述在官方文件中被固定下来。"新型城镇化"成为区别"传统城镇化",特别是西方城市化模式的新路子(2012年的中央经济工作会议首次提出"把生态文明理念和原则全面融入城镇化全过程,走集约、智能、绿色、低碳的新型城镇化道路"),它不但被确立为未来中国经济发展新的增长动力和扩大内需的重要手段,而且被纳入社会主义生态文明建设和实现社会主义和谐社会的体系之中。

"新型城镇化"是在"城镇化"概念的基础上进一步展开的,其在人口集聚、非农产业扩大、城镇空间扩张和城镇观念意识转化四个方面与"传统城镇化"概念并无显著差异,但在实现城镇化的内涵、目标、内容与方式上有所区别。所谓"新型城镇化",是指坚持以人为本,以新型工业化为动力,以统筹兼顾为原则,推动城市现代化、城市集群化、城市生态化、农村城镇化,全面提升城市化的质量和水平,走科学发展、集约高效、功能完善、环境友好、社会和谐、个性鲜明、城乡一体、大中小城市和小城镇协调发展的路子。① 它是以民生、可持续发展和质量为内涵,以追求平等、幸福、转型、绿色、健康和集约为核心目标,以实现区域统筹与协调一体、产业升级与低碳转型、生态文明和集约高效、制度改革和体制创新为重点内容的崭新的城镇化过程。推行新型城镇化是为了:积极应对国内外政治、经济发展的新形势;弥补长期以来高速城镇化带来的弊端和损失;最大限度地将改革开放成果惠及广大人民;促进未来中国城乡建设的可持续发展。"新型城镇化"强调民生、强调可持续发展和强调质量。② 新型城镇化的本质是用科学发展观来统领城镇化建设,核心是人的城镇化,要求是不断提升城镇化建设的质量内涵。③

表1-1 新型城镇化道路产生与发展历程

时间	发布部门	具体政策
1982	国务院	"控制大城市规模,合理发展中等城市,积极发展小城镇"
1998	国务院	"小城镇,大战略"方针

---

① 郭濂.中国新型城镇化的路径选择与金融支持[M].北京:中国金融出版社,2014:2.

② 关于"新型城镇化"的内涵,参见:单卓然,黄亚平.新型城镇化:概念、内涵、目标、内容、规划策略及认知误区解析[J].城市规划学刊,2013(2);袁建新,郭彩琴.新型城镇化:内涵、本质及其认识价值——十八大报告解读[J].苏州科技学院学报(社会科学版),2013(3).

③ 郭濂.中国新型城镇化的路径选择与金融支持[M].北京:中国金融出版社,2014:93.

续表

时间	发布部门	具体政策
2000.6.13	国务院	《中共中央、国务院关于促进小城镇健康发展的若干意见》
2000.8.30	建设部	《关于贯彻〈中共中央、国务院关于促进小城镇健康发展的若干意见〉的通知》
2000.11.30	国土资源部	《关于加强土地管理促进小城镇健康发展的通知》
2002.5.17	国家环境保护总局和建设部	《关于印发〈小城镇环境规划编制导则(试行)〉的通知》
2006.4.5	建设部和科技部	《小城镇建设技术政策》
2008.11.13	住房和城乡建设部	《中国西部小城镇环境基础设施技术政策》和《中国西部小城镇环境基础设施技术指南》
2010	国务院	《关于调整经济结构促进持续发展的几个问题》[1]
2011.6.3	财政部、住房和城乡建设部	《关于绿色重点小城镇试点示范的实施意见》
2012.9.20	国务院	李克强在省部级领导干部推进城镇化建设研讨班上的讲话:"城镇化不是简单的城市人口比例增加和面积扩张,而是要在产业支持、人居环境、社会保障、生活方式等方面实现由'乡'到'城'的转变。"
2012.12	党的十八大	坚持走中国特色新型工业化、信息化、城镇化、农业现代化道路
2012.12.16	中央经济工作会议	城镇化是我国现代化建设的历史任务,也是扩大内需的最大潜力所在,要积极引导城镇化健康发展
2013.3	全国"两会"主要观点	在城镇化进程中,地方政府要科学规划、量力而行,正确推进城乡发展一体化;重新反省城镇化道路,对"城镇化"进行再审视;推进城乡教育一体化发展,实现基本教育公共服务均等化
2013.3	发改委牵头,国土资源部、住房和城乡建设部等十多个部门参与	《全国促进城镇化健康发展规划(2011—2020年)》已上报国务院,全国"两会"后即将颁布实施

---

[1] 李克强.关于调整经济结构促进持续发展的几个问题[J].求是,2010(11):3-15.

第三节 结 语

总而言之,无论是坚持"城市化＝城镇化"的观点,还是赞同"城市化≠城镇化"的观点,这都只是学术界的争论,官方保持着统一的口径,即"城镇化"是具有中国特色的城市化模式。可争论归争论,但在学界的实际用语中,大部分人还是在使用"城镇化"一词。

我们认为,学界存在不同的观点,而在使用时却偏好"城镇化",原因有四:

1. 翻译问题

从词源角度考察,中国学者使用的"城市化"或"城镇化"一词源于英文中的"urbanization"。其词根是"urban",而在英国传统文化中,城镇(urban)是农村(rural)的反义词,除农村居民点以外,镇及镇以上的各级居民点都属于城镇地区(urban place),它既涵盖了英文中"city"的概念,也包括了"town"的概念。作为词语的意项,它既可以是"城市化",也可以是"城镇化"。当然,英文互译中也出现中文倒逼英文的现象,有的学者将"城镇化"译为"townization",只是未得到广泛的认同。在外国学术界里,"townization"一般都由中国学者使用,或者在描述中国现象时将其当作知识点予以介绍。①

2. 对西方"城市化"的想象

"城市化"一词代表西方文化输入中国,以及中国文化移植与接受的过程,在这一过程中发生了中西文化的交往。"在中西交往过程中,想象不仅是针对异邦的,而且是在异邦想象和本邦想象相互结合中展开的。在信息相对有限的情况下,尤其是在受众对异邦的信息极为缺乏的条件下,针对异邦而出现的想象,以及异邦想象和本邦想象的相互结合,也就是特别容易为那些说者在受众面前进行'想象陈述'展开自由运作的空间。"②事实上,我们对西方城市化的了解相对有限,所以我们对西方城市化有广阔的自我想象空间,当城市化理论引入中国之后,它就变成一种"想象的陈述",换言之,"城镇化"变为经中国学者改造后的西方城市化理论。

---

① 杜之枕.城镇化:"中国特色"术语的发迹史[EB/OL].[2014-09-01].新浪网,http://history.sina.com.cn/cul/zl/2014-08-27/153998817.shtml.

② 刘星.一种历史实践:近现代中西法概念理论比较研究[M].北京:中国政法大学出版社,2008:56.

第一章 城镇化概念的语源与发展综述

3. 中国实情的陈述与城市发展定位

金冠涛和刘青峰在《观念史研究：中国现代重要政治术语的形成》一书中，从观念的角度对意识形态形塑的政治术语做过考察，他们认为"如果思想史需要接受经验的检验，那么便只能以观念史作为自己的基础"①，类似于一种语言分析的方法，以探究用语变化背后的思想、观念的变迁。这一方法确实有一定的道理，正如两位先生所言"作为意识形态瓦解后的思想碎片不仅存在，而且其形态是相当稳定的，只是人们熟视无睹，习以为常罢了"②。官方和学术界就城市化与城镇化的使用变化，背后是观念的变迁，也是政策制定与实施标准的重要转变。因为从语言被引进国的实际情况来看，一种语言引进之后，要想在被引进国生根发芽，必须符合这个国家的实际，减少本体与外体的异体反应。中国的"城"与"镇"有严格的标准，前者必须符合建制市的标准，即建制市一般要求有10万非农业人口。由于中国长期推行"严格控制大城市规模，积极发展中等城市和小城市"的城市发展方针，对小城镇"情有独钟"，结果在舆论上"城市化"变异成了以发展大城市为主的"urbanization"；"城镇化"变异成了以发展小城镇为主的"urbanization"。

4. 作者的价值观

"信息有限，以及想象的自由，当然还有价值判断的轻易渗入，也为想象者在面对受众时可以适用一种想象结果去'压抑'另一种想象结果提供了背景可能。"③比如，运用中国城镇化实践的结果想象去压抑西方城市化实践的想象结果。具体而言，从翻译者的价值观来看，我们总是强调西方城市化进程中存在的种种弊端，而且中国人口太多，原有的大城市人口纷纷饱和，按照西方模式发展，必然重蹈覆辙。为了扭转这种局面，中国必须提出新的城市化发展战略，即走小城镇的模式，在原有的大城市之外，推动大量落后的农业地区发展为城镇。

5. 话语意识

"城市化"一词的翻译是中西文化交流、对接和碰撞的过程，用维特根斯坦的理论分析，在城市化话语演进过程中，不可避免地会发生话语领导权的争夺，这种争夺包括中国与西方的，也包括中国国内的，因此在翻译过程中以及微观的合作（中外学术交流与国内学者的合作研究等）中，存在着建立有利于"己方

---

① 金观涛,刘青峰.观念中研究:中国现代重要政治术语的形成[M].北京:法律出版社,2009:序言.
② 金观涛,刘青峰.观念中研究:中国现代重要政治术语的形成[M].北京:法律出版社,2009:366.
③ 刘星.一种历史实践:近现代中西法概念理论比较研究[M].北京:中国政法大学出版社,2008:56-57.

的话语结构"。所以,所谓"城镇化话语",是一种"知识状态",是一种环流于城市化实践之中"操纵"、"左右"人们言语的背景意识形态。

6. 政治意识

理论界权威学者关于"城镇化是世界城市化进程与中国实践结合的产物",或者说"新型城镇化"是"西方城市化"的理念和概念的"中国表达"。这一思路直接影响中央发展城市化的决策,因在政治层面得到广泛支持而被写入官方文件。

7. 政绩考量与统计问题

当前,中国城镇化的评价标准是单一的,指标是人口统计。随着城市的发展,一些边缘区域受到经济辐射,相应的城市配置逐渐完善,城市边界标准不断模糊。从 2000 年开始,为弥补 GDP 或人均 GDP 增长率考核的不足,城镇化率逐渐被纳入考核地方政绩的体系中。伴随着"扩大城区面积"和"精简机构"的行政改革,"合乡并镇"运动在全国展开,"乡"撤成"镇",乡人口也相应转变为镇人口。如果只有市、县人口被纳为"城市化"评定指标,那么增加城市化率的难度会非常大,但是,"城镇化"统计如果包含了乡、镇,那么工作开展的顺利程度便快速提高。① 由此,"城镇化"以政绩考量为利益出发点,被不断强化。

总而言之,针对学界对"城市化"与"城镇化"的争议,我们认为:第一,在特定的近代中西交往时期,参与交往主体对"城市化"或"城镇化"概念的使用,不可避免地是"策略性""目的性",而非"一般语言化",其背后的具体微观政治事件具有特别的操纵意义;第二,在这一特定时期,交往中的"城市化"或"城镇化"概念的含义表达是具体语境化的,而非中西对立化的;第三,我们也许应该注意这一时期"城市化"或"城镇化"概念使用的背后的"世界流通"意义,换言之,无论是中国的,还是西方的,其中"城市化"或"城镇化"概念的理解也许都是"世界理解的一个组成部分"。

所以,对于究竟是用世界普遍性的"城市化",还是用中国特色的"城镇化"来描述"城市化进程"这一问题,我们认为,"城市化"与"城镇化"二者没有本质的区别,至多是警惕大城市过度发展与偏重中小城镇的就地发展。城镇化既需要理论研究来指导方向,又需要通过实践来实现理论。所以,为了学术研究的便利,更与正在进行的社会主义新型城镇化建设的实践相结合,我们倡导统一使用"城镇化"这一概念。

---

① 李华芳.城镇化统计数据可能是一个数字繁荣[EB/OL].[2014-09-01].凤凰网, http://finance.ifeng.com/opinion/zjgc/20120203/5530750.shtml.

第二章　城镇化的内涵与评价指标体系综述

　　城镇化是当今世界最重要的社会、经济现象之一。因研究领域和研究角度的不同,学界及国际组织与不同国家政策对城镇化内涵有不同的定位,本章对这些内涵进行一一述评,进而归纳与论述城镇化的指标体系。

第一节　城镇化的定义与特征

一、城镇与城镇化

（一）城镇

　　城镇是人类社会生产力发展到一定阶段的产物,据考古显示,城镇距今已有9000多年的历史。它是人类社会进步的象征和文明的标志,社会生产力的发展,特别是人类社会三次大分工为城镇的产生提供了前提条件。城镇是以非农人口为主的从事工业、商业、运输业和服务业为主体的地域空间,一般也是更大区域范围,包括农村政治、经济、科学技术和文化教育的中心。它具有以下特点：

　　第一,非农业人口是城镇居民的主体。这是与农村是以农业人口即农民为主体相对应的。

　　第二,非农业生产,即工业、商业、运输业和服务行业是城镇居民从事的主体产业。这是与农村居民主要从事农业生产以及与农业有关的其他产业相对应的。

　　第三,城镇是一定区域范围内的政治、经济、科技和文化教育中心。这是与农村的分散孤立状态相对应的。①

（二）城镇化

"化"，是指事物朝着某种目标运行的变化向度、发展态势、变迁路径和演进趋向的动态过程。城镇化过程主要表现为人口、非农产业、资本、市场由分散向集中、由农村向城市聚集，城镇数量增加和城镇规模扩大的过程。在这一过程中，城镇物质文明和精神文明不断向周围扩散，由此形成区域产业结构的不断演化，衍生出崭新的空间形态和地理景观。② 城镇化的核心是促进农村人口向城镇转移，实现城镇基础设施和公共服务向农村的覆盖，优化城镇化空间布局。③

1. 不同学科视域下的"城镇化"

城镇化，也称城市化（urbanization），是当今世界上重要的社会、经济现象之一，各个学科对城镇化的理解不一。

经济学认为，城镇化是各种非农产业发展的经济要素向城镇集聚的过程，它不仅包括农村劳动力的转移，而且还包括非农产业投资、技术、生产能力向城镇的集聚。社会学认为，城镇化是一个城市生活方式的发展过程，它不仅意味着人们不断被吸引到城市并被纳入城市生活组织中去，而且还意味着随城市发展而出现的城市生活方式的不断强化。

人口学认为，城镇是有一定规模并以非农业人口为主的集居地，是聚落的一种特殊形式，城镇化就是农村人口逐步转变为城镇人口的过程。

地理学认为，城镇化是居民聚落和经济布局的空间区位的再分布，并呈现出日益集中化的过程。更具体地说，第二、第三产业在具备特定地理条件的地域空间集聚，并在此基础上形成消费地域，其他经济、生活用地也相应建立，多种经济用地和生活空间用地集聚的过程就是城镇化的过程。④

人类学主要从社会规范与生活方式的变化出发，强调城镇化是人类生活方式由乡村生活方式转为城市生活方式的过程；历史学主要从人类文明的发展历程出发，强调城镇化是人类从区域文明迈向世界文明的过程。

---

① 王克忠.城镇化路径[M].上海：同济大学出版社，2012：2-4.
② 刘传江，郑凌云.城镇化与城乡经济发展[M].北京：科学出版社，2004：7.
③ 中国城市和小城镇改革发展中心课题组.中国城镇化战略选择政策研究[M].北京：人民出版社，2013：2.
④ 万鹏龙.中国集约型城镇化研究[D].西南财经大学博士学位论文，2008.

2. 权威学者的"城镇化"定义

学者杨眉认为,城镇化是农村人口向城镇转移、集中以及由此引起的产业—就业结构非农化的一系列制度变迁的过程。在这个过程中,农业人口比重下降,工业、服务业人口比重上升,人口和产业向城市聚集;生产方式、交换方式向规模化、集约化、市场化发展;生活方式向多元化、社会化发展。城镇化可以定义为伴随工业化过程而出现的社会、经济结构的转换。这一过程主要表现为人口、非农产业、资本、市场由分散向集中、由农村向城市聚集,城镇数量增加和城镇规模扩大的过程。在这一过程中,城镇物质文明和精神文明不断向周围扩散,由此形成区域产业结构的不断演化,衍生出崭新的空间形态和地理景观。①

城镇化是指一种人口和其他生产要素由乡村向城镇转移,从而使城镇人口和生产要素增多或城镇规模扩大引起的生产方式、生活方式诸多方面发生深刻变化的过程。这个过程既有量的积聚,又有质的变迁。城镇化水平虽然一般主要用城镇人口比例来反映,但城镇化并不是简单等同于人口向城镇的迁移与聚集,而是一种城市文明的发展过程,是人类社会进步的外在体现。因此,衡量城镇化的水平,也就不单单是看城镇人口比例上升的问题,还必须衡量城镇化进程中难以度量的质的方面,如人的行为模式、观念的变化等。也就是说,城镇化的本质内涵应包括速度和质量两个方面。城镇化发展的速度主要表现在城镇人口的增加、城镇数量的增加和城镇规模的扩大等方面;城镇化发展的质量主要表现在城镇经济总量的增长、产业结构的调整、科技文化的发展、社会保障水平的提高、人们观念的转变等方面。可以说,城镇化的速度固然重要,但城镇化的质量更为重要。②

学者陈鸿彬认为,城镇化是由于工业化和科技进步所引起的人类生产方式、生活方式、居住方式由乡村型向城镇型转变的过程。表现为乡村人口向城镇人口转化以及城镇不断发展和完善的过程。由于人口向城镇集中或转移的过程,不仅包含了人口的迁移,还包含了经济、社会、空间等多方面的转换,因此,"城镇化"一词主要包含四个方面的含义:一是人口的转换,即农业人口向非农业人口的转换;二是地域的转换,即城镇数量增多、城镇规模扩大(包括城镇自身的不断发展和完善),农业用地向非农业用地转换;三是经济结构的转换,即生产要素特别是劳动力和资本等从农业向非农产业转换;四是生活方式的转

---

① 杨眉.城镇化的发展规律、原则及路径[J].城市问题,2012(8).
② 杨眉.城镇化的发展规律、原则及路径[J].城市问题,2012(8).

换,即由农村生活方式转变为城镇生活方式,包括农村的现代化过程。①

二、城镇化的发展特征

城镇化是社会经济结构转变过程中的城镇化发展状况及动力机制特征的总和。从城镇化与经济发展水平以及经济体制之间的关系来看,世界各国的城镇化有四种情形:

同步城镇化,即城镇化进程与经济发展同步协调、互相促进,城市规模和数量适度,城镇化速度与质量同步上升。它主要体现在西欧和北美地区的发达国家,其城镇化水平与经济发展比较协调,城镇化是在农业生产率不断提高的基础上,在工业、服务业等拉力因素作用下,带来人口的积聚,从而使城市规模扩大、城市数量增加。

过度城镇化,又称超前城镇化,是指城镇化水平明显超过工业化水平和经济发展水平的城镇化现象。一些国家城镇化速度大大超过工业化速度,超过了国家所能承受的能力和经济发展水平,它主要是依靠传统的第三产业来推动,甚至是无工业化的城镇化,大量农村人口在推力因素的作用下盲目向城市迁移,而城市却不能为居民提供就业机会和必要的生活条件,从而导致城市人口过快膨胀、城市失业问题严重、交通拥挤、环境与卫生状况恶化、城乡差别扩大,形成二元社会结构,"城市病"也随之产生。

滞后城镇化,即城镇化水平落后于工业化和经济发展水平。造成这种状况的原因是政府采取种种措施限制城镇化发展,使城市人口的实际增长速度低于城市工业生产发展所需要的人口增长速度,而农村大量的剩余劳动力没有出路,结果不仅使城市的聚集效益和规模效益得不到很好发挥,而且还引发了诸如工业分散化、农业副业化、离农人口"两栖化"和城市发展无序化等"农村病"现象。

逆城镇化,是指城市市区人口尤其是大城市市区人口郊区化、大城市外围卫星城镇布局分散化。大城市城区人口过于密集、就业困难、环境恶化、地价房租昂贵、生活质量下降,引起人口向环境优美、地价房租便宜的郊区或卫星城迁移;城市产业结构的调整和新兴产业的发展,带动了城区人口的外迁;而交通、通讯的现代化大大缩短了城市与郊区的时空距离等,更促使城市人口外迁。逆

---

① 陈鸿彬.农村城镇化研究、建设及管理[M].北京:中国环境科学出版社,2005:2.

城镇化的倾向主要发生在城镇化水平高的发达国家。①

第二节 城镇化的具体内涵

一、传统城镇化

(一) 传统城镇化理论

学者李从军认为,城市化主要包括以下三个方面的内涵:第一,人口城市化。其包括两个方面的含义:一方面是农业人口向非农业人口转移的过程,另一方面是非农产业人口向城市集中的过程。第二,空间城市化。城市化是指一定地域内的人口规模、产业结构、管理手段、服务设施、环境条件以及人们的生活水平和生活方式等要素由小到大、由粗到精、由分散到集中、由单一到复合的一种转换或重组的动态过程。第三,乡村城市化。强调乡村与城市(镇)的对立和差距,认为城市化就是变传统落后的乡村社会为现代先进的城市(镇)社会的自然历史过程。②

学者王修达、王鹏翔认为,城镇化的内涵主要包括四个方面:一是人口城镇化,指农村人口向城镇聚集,城镇人口数量不断增加、比重逐渐提高的过程;二是地域城镇化,指在地域空间上,农村地域逐渐转化为以人口的高度聚集为主要特征的城镇地域的过程;三是经济活动城镇化,指经济关系、经济活动在地理上聚集,以及生产方式日益趋向于城镇经济特征的过程;四是生活方式城镇化,指随着社会身份、职业、社会角色等的变化,人们在行为方式、思想观念、道德意识、社会交往、受教育程度、生活习惯、综合素质等方面发生更好的转变的过程。③

学者韩兆州、孔丽娜认为,城镇化是指由传统的农业社会向现代城市社会发展的历史过程,其具有四项基本内涵:一是经济城镇化。首先,经济规模庞大,易于形成一些跨区域的经济实体,城市经济发展水平总体上高于乡村。其次,经济部门门类齐全、功能完备,能最大限度满足经济发展的要求。再次,经济结构上以第二、第三产业为主,具备较发达的制造业、商业和服务业。二是人口城

---

① 李从军.迁徙风暴:城镇化建设启示录[M].北京:新华出版社,2013:13-15.
② 钟秀明,武雪萍.城市化动力[M].北京:中国经济出版社,2006:14.
③ 王修达,王鹏翔.国内外关于城镇化水平的衡量标准[J].北京农业职业学院学报,2012(1).

镇化。城乡人口分布结构的转换,越来越多的人口由农村向城镇集中,劳动力从第一产业向第二、第三产业转移,人类社会从传统的农业社会向工业社会转变。三是城市建设和生活环境城镇化。城镇空间形态的扩大;城镇规模和数量不断增多;新的城镇地域、城镇景观不断涌现;城镇生活环境变化、基础设施不断完善。四是人民生活水平城镇化。城市文明、生活方式和价值观念向农村地区渗透,乡村人民生活水平向城镇过渡,最终实现城乡一体化和"人"的城镇化。①

学者张友良认为,传统意义上的城镇化的内涵至少应包括以下五个方面:第一,人口城镇化。这是城镇化的核心,其实质是人口经济活动的转移过程。第二,经济城镇化。这是城镇化的动力,是指整个社会经济中城镇地域产出比重的上升状态,主要指经济总量的提高和经济结构的非农化。第三,社会城镇化。这是指人们的生产方式、行为习惯、社会组织关系乃至精神与价值观念会随着经济、人口、土地的城镇化而发生转变,城镇文化、生活方式、价值观念等由城市向乡村扩散的过程。第四,产业结构城镇化。其实质是指产业结构的升级换代,即第一、第二以及第三产业符合经济规律(比较利益、规模经济等)的演变、发展过程。第五,城市建设和生活环境城镇化。这是指城镇空间形态扩大,城镇规模和数量增多,新城镇地域、景观不断涌现,城镇生活环境变化、基础设施不断完善。②

学者刘雅静认为,广义的城镇化是指实现了人口、经济、环境、社会、城乡等要素协调发展,实现了外延与内涵协调发展的城镇比重不断上升的过程,其基本内涵包括以下五个方面:第一,经济城镇化。一方面,从城镇化的根本动力来分析,建立在经济发展基础上的工业化是城镇化的根本动力和直接推动因素,后工业化时代的第三产业是城镇化的后续动力,第三产业的兴起与兴旺是城镇向纵深拓进的表现。因此,离开经济发展这一基本因素谈城镇化,是无法得出城镇化发展是否可持续的结论。另一方面,城镇化的发展要求与经济发展水平相协调。衡量经济城镇化水平,以往的研究比较注重于经济规模指标,而广义城镇化水平的测度不仅应用经济规模这种外延型指标,还应更加注重经济结构、经济效率等内涵型指标。第二,人口城镇化。人口是衡量城镇化规模的主要因素,人口城镇化是城镇化的核心,也是经济城镇化的直接结果,表现为人口向工业区聚集,农业人口转化为非农业人口,从而使非农业人口占总人口的比

---

① 韩兆州,孔丽娜. 城镇化内涵及影响因素分析[J]. 南方农村,2005(1).
② 张友良. 深入理解城镇化内涵 推进新型城镇化建设[J]. 传承,2012(2).

重不断上升。同时,随着城镇化进程的深入和城镇规模的扩大,人口在不同产业间应有合理的分布。因此,人口城镇化的测度指标不应仅仅局限于城镇人口比例等规模性指标,还应包括人口就业结构的变化、人口素质的提高等质变过程。第三,社会城镇化。城市的本质是以人为核心,为人们的生产和生活提供更舒适方式的空间地域。在城镇化研究中,社会的城镇化不仅表现为城镇物质空间的扩展等外延型发展方面,更表现为城镇社会功能的增强,以及城镇社会服务水平、社会稳定程度等同步提高,以此来适应人们的生产方式、行为习惯、社会组织关系以及精神和价值观念的转变。第四,环境城镇化。在经济、人口、社会城镇化的过程中,必须要以良好的城镇环境为基础,城镇化是以经济、人口、社会、环境协调发展为本质特征的。第五,城乡协调发展。在提高城市社会、环境、文化等多方面协调发展的同时,也要把经济增长的成果惠及农村居民,使其生活水平得到提升,生存环境得到改善,真正实现城乡协调发展。

城镇化发展过程中的上述五个方面不是彼此割裂、互不相干的,而是相互联系、相互促进的。其中,经济城镇化的是城镇化发展的根本动力因素,人口城镇化是城镇化的直接表现,社会城镇化是城镇化可持续质的提升,环境城镇化是城镇化可持续发展的根本保障,而城乡协调发展则是城镇化的终极目标。①

学者卢海燕认为,从广义上说,城镇化是指一种人口由乡村向城镇,使城镇人口数增多或城镇规模扩大,因而引起社会行为、经济活动诸多方面发生改变的一种动态过程。其具体内容包括以下方面:第一,经济城镇化。经济城镇化是城镇化的动力,它主要指经济总量的提高和经济结构的非农化,其中工业化是直接推动因素,而第三产业的发展则是城镇化程度的表现。第二,产业结构城镇化。产业结构城镇化是城镇化的主线之一,其实质是指产业结构的升级换代,即第一、第二以及第三产业符合经济规律的演变、发展过程,是实现社会、经济、生态三效益最大化的过程,还是产业结构不断由低层次向高层次演进的伴生发展过程。第三,人口城镇化。人口城镇化是城镇化的核心,它是指农业人口进入城市转变为非农业人口,以及农村地区转变为城市地区所导致的变农业人口为非农业人口的过程,其实质应是人口经济活动的转移过程。第四,空间城镇化。空间城镇化是城镇化的载体,它是指经济、人口城镇化所带来的农村地域向城市地域的转变,农村景观向城市景观的转变过程。第五,生活方式城镇化。城镇化生活最突出的特点是生活现代化和服务社会化水平较高,生活更

---

① 刘雅静.城镇化发展水平综合评估指标体系研究[J].中共银川市委党校学报,2012(2).

加舒适、便利,快节奏,高效率,文化娱乐活动丰富,对外联络紧密,并且拥有较高的消费和较多的社会福利保障。①

学者付晓东认为,城镇化是传统的农业社会向现代社会发展的自然历史过程。它表现为人口向城市的集中、城市数量的增加、规模的扩大、城市现代化水平的提高,是社会经济结构发生根本性变革并获得巨大发展空间的表现。城镇化具有六方面的内涵:第一,城市人口比重不断提高。表现为大批乡村人口进入城市,城市人口在总人口中比重逐步提高。第二,产业结构转变。随着城市化的推进,原来从事第一产业的劳动力转向从事第三产业,产业结构逐步升级转换,国家创造财富的能力不断提高。第三,居民消费水平不断提高。城镇化使得大批低消费居民群体转变为高消费的居民群体,它是一个市场不断扩张、对投资者吸引力不断增强的过程,也是越来越多的国民在发展中享受到实惠的过程,还是中产阶级形成并占主体的过程。第四,城市文明不断发展并向广大农村渗透和传播。城镇化的过程是农村和农民的生产方式和生活方式文明程度不断提高、不断现代化的过程,也是城乡一体化的过程。第五,人的整体素质不断提高。人们的生活方式、价值观念随着城镇化的推进而发生重大变化,追求文明进步,崇尚开拓进取,自律、自尊、自强成为社会风尚。这是现代文明的灵魂,是城市社会的真正魅力之所在。第六,农村人口城镇化和城市现代化的统一。城镇化绝不仅仅是乡村人口进入城市,而是乡村人口城镇化和城镇现代化的统一,是经济发展和社会进步的综合表现。②

陈鸿彬把农村城镇化的基本内涵归结为:农村人口及非农产业不断聚集于某个区域,发育成具有城镇基本形态的社会经济单元,以及城镇规模不断扩大、质量不断提高的自然历史过程。其基本特征可以归结为以下三个方面:一是农村人口及非农产业逐步集中形成城镇,城镇数量不断增加;二是城镇的规模和质量不断提高,城镇的面积、聚集的人口、非农产业及城镇基础设施的完善程度、城镇文明的普及程度等随着农村城镇化的发展不断提高;三是绝大多数农村人口都享受到城镇文明,城乡差别、工农差别逐步缩小甚至消失。因此,城镇化的质量要从初始条件、过程和结果三个方面来综合研究。初始条件指的是城镇区域拥有的要素条件,过程指的是产业和人口向城镇集中的过程,结果指的是居民在城镇所享受到的公共产品服务。要素条件是城镇发展的基础条件,产

---

① 卢海燕.试论我国城镇化的内涵[J].辽宁教育行政学院学报,2005(9).
② 付晓东.中国城市化与可持续发展[M].北京:新华出版社,2005:4-5.

业和人口的集中过程是城镇发展的本质,居民在城镇享受到的公共产品服务这一结果是城镇发展的目标。只有从初始条件、过程和结果三个方面才能全面概括城镇化的质量。因此,城镇化的本质在于集约发展,只有集约发展才能达到质量水准,才能取得事半功倍之效,才是真正意义上的城镇化。①

(二) 对传统城镇化理论的评析

传统城镇化理论呈现综合化特点,一方面,城镇化是个社会变迁问题,包括自然景观、人口集聚、经济结构、城市建设、社会关系等方面的内容,这使得日益精细化的学科研究纷纷加入城镇化研究的行列;另一方面,改革开放后,学科建设以及相关的学术研究日益细化,学科之间研究方法的借鉴成为必然,学者们也日益从自然科学、人文科学和社会科学方面对城镇化进程加以观察。

学者们试图穷尽社会发展的各个角度以涵盖城镇化的方方面面。事实上,城镇化是"量"与"质"的统一,任何角度无非是从"量"与"质"上衡量其变化。如学者韩兆州、孔丽娜认为,城镇化不是单纯的农民进城,不是城市规模的盲目扩大。城镇化的内涵不仅涉及人口的聚集以及城市规模的变化,还涉及经济结构的变化、人民生活水平的提高、人口文化教育素质的提高、生活环境的改善、资源的优化配置,等等。城镇化是农村文明向城市文明的演变,是生活空间的转移,是经济增长方式的转变和产业结构的调整,是生活水平的变化和生活质量的提高,是大中小城市和小城镇协调有序地发展。② 学者刘雅静认为,城镇化的发展目标可简单理解为数量与质量两个方面。一般来说,城镇化数量主要表现在城镇人口比重的变化、城镇数量的增加、城镇规模的扩大以及城市经济的规模性增长等,其核心内容是农村人口向城镇的集聚,即地域转移;而质量则涉及整个区域的经济发展、社会进步、人们生活方式的改变、人口素质的提高、基础设施的完善、人居环境的改善以及城乡的统筹发展等。显而易见,前者只是城镇化的外在表现形式,后者才是其本质内容。③

陈鸿彬认为,城镇化不仅有城镇人口比重上升这一"量"的指标,而且有反映城镇化水平的"质"的指标。单凭城镇人口比重衡量城镇化水平是不完整的,是对城镇化概念的肤浅认识。根据城镇化的内涵,城镇化要突出人口流动转向强调功能提升,更突出其市场中心、信息中心、服务中心、文化教育中心的内涵,

---

① 陈鸿彬.农村城镇化研究、建设及管理[M].北京:中国环境科学出版社,2005:121.
② 韩兆州,孔丽娜.城镇化内涵及影响因素分析[J].南方农村,2005(1).
③ 刘雅静.城镇化发展水平综合评估指标体系研究[J].中共银川市委党校学报,2012(2).

特别关注其经济能量的聚集度和对整个区域的辐射力。具体应有反映市场化和社会分工程度的指标。城镇化要求突出城镇为生产服务的功能,其中包括市场功能、信息功能、金融、保险、通信等方面的服务功能。因此城镇建设不仅指居住环境建设,而且指市场建设和服务功能建设。①

二、新型城镇化

(一) 新型城镇化的内涵

中国传统意义上的城镇化是以 GDP 为导向的城镇化。因为城镇化是政府实现税收和 GDP 增长目标最便捷的方式,所以在各级政府的主导下,十年来中国的城镇数量和规模得到了空前发展。然而,这只能算是"土地城镇化"或"水泥城镇化",虽然这也是城镇化的内容之一,但它不是城镇化的根本目的。另一种扭曲的城镇化是统计学意义上的城镇人口大于真实意义上的城镇人口,有人称为"伪城镇化"。在中国市县规模升级、区划升级的热潮中,统计学意义上的城镇人口数量大增,但许多农民工没有城市户口,居住于生活条件极差的工棚或贫民区。他们不能像城市居民那样享受同等的义务教育、医疗保障、养老保障和其他隐形社会福利,他们只是生活和工作在城市里的非城镇人口。②

新型城镇化是体现以人为本,全面协调可持续发展的科学理念,以发展集约型经济与构建和谐社会为目标,以市场体制为主导,大中小城市规模适度、布局合理、结构协调、网络体系完善,与新型工业化、信息化和农业现代化互动,产业支撑能力强、就业机会充分、生态环境优美,实现城乡一体化发展的城镇化道路。

(二) 新型城镇化与传统城镇化理论的差别

新型城镇化与传统城镇化相比较,差别主要体现在:

首先,传统城镇化只注重城镇数量、规模的发展模式;新型城镇化注重城镇化质量、内涵的提升。

其次,传统城镇化过分依靠工业化带动发展的状况;新型城镇化强调工业化、农业现代化等各种作用力共同带动城镇化发展的模式。

再次,传统城镇化强调中心城市发展,而忽略县域、中心镇和农村的发展状况;新型城镇化强调完整城镇体系的构建和城乡统筹发展。③

---

① 陈鸿彬. 农村城镇化研究、建设及管理[M]. 北京:中国环境科学出版社,2005:122.
② 詹明云,田云飞. 传统城镇化和新型城镇化:量和质的差异[J]. 经济研究导刊,2013(27).
③ 孙雪,杨文香,何桂. 新型城镇化测评指标体系的建立研究[J]. 地下水,2012(2).

表 2-1 新型城市化与传统城市化比较

比较项目	传统城市化	新型城市化
城市化核心标志	以城市人口占总人口的比例大小为标志,农村不能充分享受国民待遇	以城乡统筹能力与城市一体化水平的高低为标志,全体社会成员实现共建共享
城市化动力机制	以农村的贫困和破产为代价,以城乡之间攫取财富能力和享受财富程度的巨大梯度为引力	以城乡享受公共服务均质化为中心,以城乡之间获取财富能力和享受财富程度的机会平等为追求
城市化哲学思考	在低发展水平条件下,区域:从同化走向异化,从均质走向差异,从和谐走向矛盾	在高发展水平条件下,区域:从异化走向同化,从差异走向均质,从矛盾走向和谐
城市化社会效应	城乡二元结构不断加剧,表现为贫富差异与区域差异越来越大,最终形成农村包围城市的对抗局面	逐步减缓和解消城乡二元结构,表现为贫富差异与区域差异越来越小,达到共同富裕,最终形成城乡一体的社会和谐
城市化关注重点	集中关注城市发展,产生城乡分离,城市自身单极放大,主要追求物质文明	集中关注区域发展,达到城乡融和联通农村在内的组团式城市群,共同追求物质文明、政治文明、精神文明和生态文明
城市化要素流动	人流、物流、信息流、货币流在城乡之间单向流动,城市化以集聚为主	人流、物流、信息流、货币流在城乡之间双向流动,城市化表现出集聚与扩散并重
城市化空间结构	以摊大饼的模式扩张,产生严重的城市病	以大中小城市与乡村协调的模式发展,克服城市病
城市化产业关系	第一、第二、第三产业的产业链简单,互不连接,界限分明,不利于获取发展红利	第一、第二、第三产业的产业链复杂,界限模糊并互相渗入,有利于获取发展红利
城市化演变趋势	城乡之间贫富悬殊逐步向城市内部贫富差距扩大	城市效应外溢,城市内部的富裕能力逐步向农村反哺
城市化地域关系	城际之间独立分离,产生严重同构化,形成恶性竞争	大中小城市协调发展,错位发展,形成区域互补与区域联盟
城市化发展路径	大量占有资源,大量消费资源,严重污染环境,不利于公众健康	走资源节约、环境友好之路,推行循环经济与低碳经济
城市化环境效应	城市污染集中,生存空间狭小,污染物向农村转移,忽视生态理论	城乡环境统一规划,共建绿色家园,实施生态补偿,达到生态文明

续表

比较项目	传统城市化	新型城市化
城市化生产方式	城市大工业与农村小农经济并存	城乡作为共同体实现区域的合理分工
城市化生活方式	趋向于奢华和占有的非理性消费,人居环境与生活质量下降	推崇简约和绿色的理性消费,人居环境与生活质量提升
城市化文化方式	削弱或消除文化多样性	保留乡村文化遗产,倡导文化多样性
城市化发展战略	不利于人与自然和谐,不利于人与人和谐,以自然系统、社会系统、人文系统的共同劣质化为内涵	走人与自然和谐,人与人和谐的可持续发展之路,统筹城乡发展,以人的全面提高和发展为基本宗旨

资料来源:牛文元.中国新型城市化报告2009[M].北京:科学出版社,2009:引论5-6.

新型城镇化之"新"是较之传统城镇化和国外城市化而言的,其科学内涵是以科学发展观为引领,发展集约化和生态化模式,增强多元的城镇功能,构建合理的城镇体系,最终实现城乡一体化发展。也就是说,新型城镇化是可持续发展的城镇化,是城乡统筹、城乡一体化的城镇化,是以人为本的城镇化。

首先,新型城镇化是指提高城镇发展水平的同时还要解决城乡发展中的一些其他问题,如社会问题、生态问题和环境问题等。新型城镇化也应当注重对生态环境的保护,建造宜居城市,同时要妥善解决居民住房、交通、垃圾围城问题等。其次,新型城镇化是城乡统筹、城乡一体的城镇化。再次,新型城镇化是以人为本的城镇化,"为民"是新型城镇化的出发点和落脚点,其目的在于服务于人民的安居乐业。新型城镇化中的一个重要问题是农民工问题,要解决好进城农民的就业问题与基本生活保障问题,同时处理好农村土地流转问题,使其进得来、留得住、住得下、过得好;也要使生活在农村的农民能享受到道路、供水等基础设施,教育、卫生等公共服务设施,以全面改善农民的生活。[①]

新型城镇化是科学发展观统领下的城镇化建设,它是指坚持以人为本,以新型工业化为动力,以统筹兼顾为原则,推动城市现代化、城市集群化、城市生态化、农村城镇化,全面提升城镇化质量和水平,走科学发展、集约高效、功能完善、环境友好、社会和谐、个性鲜明、城乡一体、大中小城市和小城镇协调发展的城镇化建设新路。新型城镇化的"新",就在于以提升城市文化、公共服务等内

---

① 王千,赵俊俊.城镇化理论的演进及新型城镇化的内涵[J].洛阳师范学院学报,2013(6).

涵为中心,不断提升城镇化建设的质量内涵,实现经济社会和谐与协调发展,统筹和规划一体化。①

三、绿色城镇化

绿色城镇化是指城镇发展与绿色发展紧密结合,城镇的社会和经济发展与其自身的资源供应能力及生态环境容量相协调,具有生态环境可持续性、人的发展文明性、城镇发展健康性等特征的城镇发展模式及路径。

从生态环境角度而言,绿色城镇化是对城镇化生态环境质量及效应予以极大关注的过程,对解决目前存在的城镇生态环境问题而言具有关键意义。基于生态环境的视角,绿色城镇化的基本特征应包括:健康性、生态型、和谐性。所谓健康性是指绿色城镇化应提供一个健康、安全的生态环境给城市市民,保证他们在整个生命过程中获得适宜的生存环境;生态型是指绿色城镇化的发展应在城镇发展的同时,不降低生态环境的质量;和谐性是指绿色城镇化为城市与周边地区、市民与农民、工业与农业、人与其他生物等创造共生共存的和谐环境和机制。可以发现,在绿色城镇化进程中,健康性是城镇化发展之本(基础)、生态型是城镇化发展的目标,而和谐型是城镇化发展的结果。以上三个方面共同构成基于生态环境角度的绿色城镇化的核心内涵。②

四、低度城镇化与深度城镇化

低度城镇化和过度城镇化是指区域经济社会发展水平与城镇化水平明显失衡的发展状态。低度城镇化是城镇化进程明显滞后于非农化进程,低于经济社会的发展速度、发展水平及发展需求。过度城镇化则是片面追求城镇化速度和城镇化率目标,人口向城镇集聚的速度、规模等明显超过城镇产业发展对人口的需求,超出城镇经济社会发展水平和支撑能力,超过城镇基础设施、公共资源、环境等的承载能力。

2009年中国科学院牛文元研究员提出,与传统城镇化不同,新型城镇化是坚持实现可持续发展战略目标,坚持实现人口、资源、环境和发展四位一体、互相协调,坚持实现农村与城市的统筹发展和城乡一体化,坚持实现城乡公共服务的均质化,以城乡之间和城市之间获取财富和分享财富的机会平等为标志,

---

① 张友良.深入理解城镇化内涵 推进新型城镇化建设[J].传承,2012(2).
② 沈清基,顾贤荣.绿色城镇化发展若干问题思考[J].建筑科技,2013(5).

逐步减缓和消解城乡二元结构,达到社会和谐的城镇化的目的。①

2010年上海社会科学院左学金研究员提出"浅度城镇化"概念,认为"浅度城镇化"可定义为我国新增城镇人口中越来越大的部分,由于各种制度障碍不能成为"市民",他们在城镇居住和工作,但只保持最低限度的消费,很多人把配偶和子女留在流出地,使他们成为非常态、不稳定的城镇人口,或称为"准城镇人口"。其界定侧重于人口市民化方面。②

中国社会科学院蔡昉研究员认为深度城镇化的含义就是把简单的城镇常住人口的增加改变为尽享城镇公共服务的市民的增加。换句话说,就是把进城农民工的身份转换为市民,并强调深度城镇化在与质量,核心在于公共服务惠及新移民。其界定主要强调城镇公共服务均等化,实现进城农民工身份和保障的城镇化,即人口城镇化。③

深度城镇化是从追求规模扩张向内涵提升的城镇化战略转变,是在科学发展理念下,以深度提升为目标,全面提高城镇化繁荣发展质量。深度城镇化应该是城镇区域布局合理、功能完善、经济繁荣、生活便利、环境优美、管理民主,居住在其中的常住人口享受城镇居民的基本公共服务和社会保障,城镇与周围乡村在经济、生态、社会等多方面融合互补、联动发展。④

第三节 城镇化评价指标体系

城镇化发展水平评价指标体系是指为完成一定研究目的而由若干个相互联系的城镇化发展指标组成的指标群。指标体系对系统评价有着至关重要的作用,具体到城镇化进程而言,其作用可以从以下几方面阐述:第一,从功能上,指标是对城镇化进程的一种刻画、描述和度量,是一种"尺度"和"标准"。第二,从内容上,指标体系是评价的基础。因而,城镇化指标体系应能够描述和表现某一时刻城镇化的各个方面(人口、经济、社会、开放、环境)的现状、变化趋势及协调程度。第三,从形式上,城镇化指标体系应具有一定的功能结构。由于城镇化是一个动态过程,所以城镇化评价指标体系应具有一定的功能结构,其

---

① 牛文元,李倩倩.中国新型城镇化战略的认识[J].社会对科学的影响,2010(1).
② 潘培坤,凌岩.城镇化探索[M].上海:同济大学出版社,2012:161.
③ 潘培坤,凌岩.城镇化探索[M].上海:同济大学出版社,2012:161-162.
④ 薛艳杰.深度城镇化内涵特征及实现路径思考[J].城市,2013(1).

内容是一个多属性、多层次、多变化的评价体系,它不是一组指标的独立体现,也不是一组指标的简单堆砌,而是多方面的测度指标有机结合形成的综合体系。①

一、基本构建原则

（一）学者关于城镇化评价指标体系基本构建原则的设想

城镇化评价指标体系基本构建原则是城镇化的宏观性指标体系,它从城镇化的内涵出发,旨在指导建立一套科学、规范、可操作的城镇化评价指标体系。

学者王琳认为,可以把人口增长、经济发展、城市建设、社会发展、居民生活和生态环境等几个方面作为城镇化的评价标准,应遵循以下几个原则:① 综合性原则,指标体系应全面反映城镇化发展的各个方面;② 代表性原则,选择具有代表性的因素指标,避免过多过乱;③ 可比性原则,科学地进行横向、纵向对比分析;④ 独立性原则,指标所包含的信息尽量不能重复和遗漏;⑤ 可操作性原则,选取客观、公正的评价指标,尽量避免过多的主观性和模糊性。②

学者刘雅静认为,城镇化发展水平综合评估指标体系的构建,必须遵循一些基本原则:第一,系统性原则。在建立城镇化发展水平评价指标体系时,要综合考虑各方面的关联性,对各个因素进行系统、综合考虑,对各个因素关系进行系统、综合的描述,使指标体系具有层次性和非重复性,从而能综合、全面反映城镇化发展的各个方面。第二,科学性原则。评价指标体系的设计必须客观真实地反映目标与指标之间的关系,力求科学合理地设计各个层级的指标,以避免信息遗漏和重复,力求数据的客观性,来源的可靠、准确性,指标的明确性,界定的清晰性,并具有理论依据。第三,可行性原则。要求所选取的各项评估指标必须含义明确,计算和计量范围口径一致,同时,要尽可能利用已有的信息资源和数据,保证数据的采集和实施途径畅通。第四,可比性原则。必须考虑到评估结果在地区间横向、时间上纵向以及目标与现状等之间的可比性。有些评价指标的口径不统一或时有变化,则不选取,而主要选取近年来我国统计部门稳定使用的指标。第五,层次性原则。评价指标体系中任何一项指标都必须能够与其他指标之间存在内在联系,并要合理确定其在指标体系中的层级与位置。第六,简要性原则。为避免增加数据采集的工作量和问题分析的复杂性,

---

① 黄升旗.我国城市化发展问题研究[M].长沙:湖南师范大学出版社,2010:137.
② 王琳.城镇化评价指标体系研究——以济南为例[J].价值工程,2011(4).

对于一些比较繁琐,计算起来不方便,也不具有代表性的指标应尽量抛弃。①

学者陈鸿彬认为,评价农村城镇化质量,要有比较科学的量化指标体系。而构建该指标体系,也必须具有能进行理论指导的构建原则。具体包括以下原则:第一,可比性原则。每一项指标,都能测度农村城镇化质量实现程度的某一个侧面,并且能够在各个地区之间进行横向对比。第二,整体性原则。指标体系应同时反映乡村社区和小城镇社区的特征,且研究的区域应具有一定的不变性。第三,以人为本和综合性原则。必须树立以人为本的评价思想,以较快地提高人们的生活质量作为评价的出发点和行动指南。而评价指标必须涉及经济、社会、科技、环境、文化、民主、政治等各个方面。第四,动态性原则。应制定出不同时期的质量达标标准,以期与时俱进、不断完善。第五,可操作性原则。质量指标体系应力争简明实用,便于收集和量化。②

(二)关于城镇化评价指标体系基本构建原则的概括

细加比较可知,学者对城镇化评价指标体系基本构建原则的设想主要是考察指标体系的科学性、系统性、人文性等。

1. 科学性原则

作为城镇化评价指标体系,必须能从量化的角度对城镇化质量指标做出衡量,这一标准自然要具备可比性、可行性,且能反映城镇化发展的动态过程,因而包含了学者们所提出的"可比性原则""可行性(可操作性)原则""动态性原则"。

2. 系统性原则

作为城镇化评价指标体系,首先,它必须综合全面,尽量涵盖所有评价的对象;其次,它必须有层次,明确指标的主次关系,在整体和部分之间的关联性;最后,它必须简明,避免因指标繁复零散而降低了评价的价值。

3. 人文性原则

正如前文所述,城镇化是一个系统工程,既是农村向城市的自然层面的演化,又包括生活方式和人际关系的精神层面的变迁。作为城镇化评价指标体系,它不仅应该是量化的、可操作的,而且应该加入人文性,体现人的价值,把生活质量、社会自由度等纳入考量标准,甚至应当以人文性统摄所有的评价原则。

---

① 刘雅静.城镇化发展水平综合评估指标体系研究[J].中共银川市委党校学报,2012(2).
② 陈鸿彬.农村城镇化研究、建设及管理[M].北京:中国环境科学出版社,2005:165-166.

二、具体指标体系

（一）典型性具体指标体系

学者们试图从城镇化包含的人口、城市面积、生活质量、经济指标等方面提出衡量城镇化发展的指标，进而制定一套综合评价指标体系。

1. 城镇化质量综合评价指标体系

根据评价指标体系的构建原则，可以将经过筛选的指标整合成经济发展、设施环境、人民生活、社会进步四个子系统，组成农村城镇化质量评价指标体系。

（1）经济发展系统。包括8项指标：人均GDP；城镇人均可支配收入；农民人均收入；非农产业增加值占GDP比重；非农业就业人口占就业总人口比重；非公有制企业产值占GDP比重；外贸出口依存度；每千人拥有的科技人员。

（2）设施环境系统。包括9项指标：公路网密度；城镇人均拥有铺路面积；城镇集中供热率；已通沥青（或水泥路面）的行政村比重；村庄路面硬化率；城镇绿化覆盖率；城镇污水排放达标率；城镇生活垃圾无害化处理率；城镇空气污染指数二级及好于二级的天数占全年天数的比重。

（3）人民生活系统。包括11项指标：恩格尔系数；上大学人数占适龄青年的比重；公共教育经费占GDP的比重；九年制义务教育普及率；人均住房面积；信息化综合指数；城镇燃气或用电做饭普及率；百人汽车拥有量；自来水普及率；人口平均预期寿命；人口自然增长率。

（4）社会进步系统。包括6项指标：基尼系数；城镇人口占总人口比重；社会保障覆盖率；每万人刑事案件立案数；每千人拥有医生数；农村各级政府直接选举率。[1]

此外，学者王琳以济南为例，构建了城镇化质量综合评价指标体系[2]（见表2-2）：

---

[1] 陈鸿彬. 农村城镇化研究、建设及管理[M]. 北京：中国环境科学出版社，2005：169-170.
[2] 王琳. 城镇化评价指标体系研究——以济南为例[J]. 价值工程，2011(4).

表2-2 城镇化综合评价指标体系

一级指标	二级指标	三级指标
综合评价指数	经济基础评价指数	固定资产投资
		实际利用外资额
		人均地区生产总值
		地方财政一般预算收入
		第三产业增加值占GDP的比重
	城镇化发展评价指数	建成区面积
		城镇人均可支配收入
		人均社会消费品零售额
		城镇居民人均住宅居住面积
		城镇登记失业率
		职工年平均工资
		万人拥有公交车辆数(标台)
		人均道路面积
		建成区绿化覆盖率
		人均公共绿地面积
		万人拥有互联网用户数
		普通高校在校人数
		专利授权量
		万人拥有床位数
	城乡协调发展评价指数	人口城镇化率
		城乡居民收入差异度
		城乡恩格尔系数比
		城乡居民人均储蓄存款金额

2. 衡量城乡统筹发展水平的指标体系

学者韩兆州、孔丽娜根据城镇化的三个内涵分别构建起城镇化评价指标体系：①经济城镇化，其影响因素主要有：人均GDP；工业化进程；非农产业增加值占GDP比重；城镇居民家庭可支配收入；城乡居民储蓄年末余额。②人口城镇化，其具体影响因素为：城镇人口比重；非农业从业人员占全部从业人员的比重。③城市建设和生活环境城镇化，其主要影响因素为：城镇面积比重；"五通"（即公路、电、电视、电话与安全卫生饮用水）率；每万人拥有的电(汽)车数。④居民生活城镇化的影响主要包括：恩格尔系数，即食物消费在收入支出中所占的比重；信息化综合指数，该指数可以采用城乡居民平均每百户拥有的电话（包括固定电话、移动电话）数、平均百户居民的电视拥有量、平均百户居民电脑拥有量、平均百户居民国际互联网用户量和每百人公共图书拥有量五个指标的加权综合而成；劳动力平均受教育年限；人居财政教育事业费支出；医疗水平总指数，采用每千人拥有医生数和每千人拥有的医疗床位数的加权平均计算；社会保障涵盖率。①

此外,学者孙雪、杨文香尝试性地建立了一个衡量新型城镇化发展水平的指标体系(见图2-1)。②

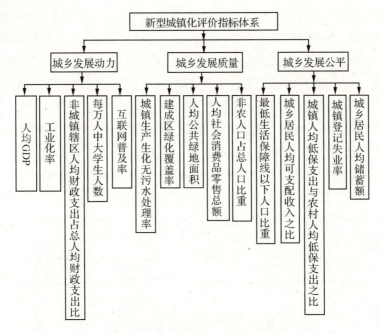

图 2-1　新型城镇化评价指标体系

3. 新型城镇化评价指标体系

一方面传统城镇化是以土地为核心的粗放型扩张模式,以物质资本大量消耗为驱动力,导致空间过度集中,环境严重污染,一些城市已经患上比较严重的"城市病";另一方面不少地方政府过度依赖土地财政,为了以地生财,有强烈的圈地建设冲动。新型城镇化要求重视质量、重视生态,尤其要重视农民利益的保护。

在此思路下,北京联合大学应用文理学院调研实践团队提出,新型城镇化评价指标可以参考以下内容:城镇化水平、人均 GDP、城镇工矿建设用地产出率、人均可支配收入、城镇道路网密度、用水普及率、燃气普及率、城镇每万人拥有公交车辆、互联网普及率、人均住房建筑面积、人均公共绿地面积、城镇建成区绿化覆盖率、城镇空气质量优良率、城镇污水处理率、城镇生活垃圾无害化处

---

① 韩兆州,孔丽娜.城镇化内涵及影响因素分析[J].南方农村,2005(1).
② 孙雪,杨文香,何佳.新型城镇化测评指标体系的建立研究[J].地下水,2012(2).

理率、万元GDP能耗、万元GDP用水量、城镇新建建筑节能标准实施率、社会保障覆盖率、基尼系数。①

依据指标体系的设计原则,参照国内外指标体系研究,在深刻剖析新型城镇化内涵的基础上,充分考虑指标的代表性、数据的可获取性及计算上的可操作性,将新型城镇化评价指标体系分为:总体层、系统层、目标层、指标层四个等级:①总体层:全面表达新型城镇化的发展程度。②系统层:依据城市系统理论以及城镇化逻辑关系,分为城镇化发展动力系统、城镇化发展质量系统和城镇化发展公平系统。③目标层:从目标导向着手,形成经济高效、水平提高、功能完善、环境友好、资源节约、城乡统筹、社会和谐、管理有序8个子目标层。④指标层:充分考虑指标的代表性、数据的可获取性及计算上的可操作性,选取45个指标,全面系统地对新型城镇化进行了定量的描述,构成指标体系最基层的要素。力求建立了一套客观、科学、综合反映新型城镇化内涵的评价指标体系。

新型城镇化评价指标体系共由3大系统,8项子目标,45个指标构成,其结构框架如图2-2所示。

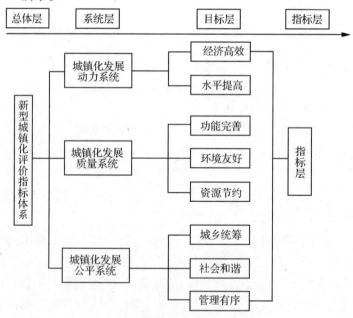

图2-2 新型城镇化评价指标体系

---

① 北京联合大学应用文理学院调研实践团队.农民利益保护视角下的新型城镇化评价指标体系研究[J].合作经济与科技,2013(21).

新型城镇化评价指标体系内含三大系统:城镇化发展动力系统、城镇化发展质量系统、城镇化发展公平系统。

城镇化发展动力系统的评价标准是经济高效和水平提高。

经济高效是城镇化发展的根本动力和基础。产业结构的不断优化和发展方式的转变,将为经济的发展提供日趋优良的宏观环境条件,从而推动新型城镇化建设。它主要反映与城镇化发展密切相关的经济发展实力、产业结构优化、产业创新能力等方面的内容。由7个指标构成:①人均GDP;②人均地方财政收入;③地方财政收入增长速度;④城镇工矿建设用地产出率;⑤第二、第三产业增加值占GDP的比重;⑥高新技术产业增长率;⑦恩格尔系数。

水平提高是城镇化发展的重要指标,能够直接体现城镇化发展水平和速度,反映城镇集聚发展水平。由5个指标构成:①城镇化水平;②城镇化增长速度;③城镇人口增长率;④城镇固定资产投资完成额占GDP比重;⑤第三产业从业人员比重。

城镇化发展质量系统以功能完善、环境友好和资源节约为评价指标。

功能完善是提升城镇综合竞争力的重要基础,是反映城镇承载能力的重要指标。由7个指标构成:①城镇居民人均道路面积;②每万人拥有公交车辆;③城镇用水普及率;④城镇燃气普及率;⑤互联网普及率;⑥人均市政基础设施投入;⑦城镇居民人均住房建筑面积。

生态环境是人类赖以生存和发展的基础。加强环境污染治理、保护生态环境,实现人与自然的和谐,是城镇健康发展的标志,是城镇化可持续发展的重要保障。由6个指标构成:①城市人均公共绿地面积;②城市建成区绿化覆盖率;③城市空气质量优良率;④城市污水处理率;⑤城市生活垃圾无害化处理率;⑥环保投入占GDP的比重。

资源是城镇发展的基础和保障,是城镇化可持续发展的基础条件。产业结构的优化、经济发展方式的转变,经济社会持续既好又快地发展,均需要我们在发展进程中注意资源的节约和合理利用。由5个指标构成:①万元GDP用水量;②万元GDP能耗;③资源环境效率;④城镇新建建筑节能标准实施率;⑤人均CO_2排放量年均值。

城镇化发展公平系统以城乡统筹、社会和谐和管理有序为评价指标。

城乡统筹协调是顺利推进新型城镇化的重要环节,是新型城镇化的核心内容,是综合反映提高农村生活质量、缩小城乡生活水平差距程度的重要指标。由5个指标构成:①城镇居民人均可支配收入;②农村居民人均纯收入;③城乡居民可支配收入比;④农村居民养老保险参保率;⑤农村新型合作医疗覆盖率。

社会和谐是城镇发展的理性选择,是城镇化建设的社会保障。主要反映社会服务、保障水平和社会文明程度的重要指标。由6个指标构成:①城镇居民养老保险参保率;②城镇医疗保险覆盖率;③高中教育毛入学率;④每万人高等学历数;⑤每千人拥有医护人员数;⑥城镇登记失业率。

管理有序是指城镇管理水平和制度创新程度,这是新型城镇化建设的重要内容。由5个指标构成:①规划编制完成情况;②规划管理执法情况;③城乡综合环境整治情况;④市政公用设施投资情况;⑤保障性住房建设情况。①

(二)现代化视域下的城镇化评价指标体系

学者章友德认为,城镇化发展过程所带来的各个方面的变化正是现代化建设所要求变革的内容,所以从城镇化引导的动力机制看,城镇化的本质就是城镇现代化。② 依此展开论述,城镇化的指标包含城镇人的现代化、城镇经济现代化、城镇基础设施现代化、城镇社会现代化、城镇生活方式现代化、城镇文化现代化、城镇教育现代化、城镇生态现代化、城镇政治现代化以及城市政府现代化。我们赞同这一观点,对此予以详细具体介绍:

1. 城镇人的现代化包括18个衡量指标,其中个体指标9个:①观念的现代化;②能力本位;③信任;④重视平等;⑤接受和适应社会变革;⑥心理健康;⑦社会责任感;⑧主体的独立;⑨理性的人际互动。另有作为群体的现代化指标9个:①同龄人上大学的比例;②每万人中科技人员数;③每万人中医生数;④人口自然增长率;⑤婴儿死亡率;⑥平均预期寿命;⑦性别结构;⑧年龄结构;⑨人口分布与规模。③

2. 城镇经济现代化包括18个衡量指标,其中工业化水平指标7个:①城镇人均GDP;②城镇第二产业占GDP的比重;③城镇第三产业占GDP的比重;④高新技术产业占GDP的比重;⑤城镇从事第二产业劳动者的比例;⑥城镇从事第三产业劳动者的比例;⑦城镇从事高新技术产业劳动者的比例。信息化水平指标3个:①信息产业产值占GDP的比例;②千人拥有的网络用户数;③每百户家庭拥有的电脑数。集约化水平指标5个:①万元GDP的能源消耗;②万元GDP的水资源消耗;③万元GDP的"三废"排放;④能源综合利用率;⑤社会全

---

① 田静.新型城镇化评价指标体系构建[J].四川建筑,2012(4).
② 章友德.城市现代化指标体系研究[M].北京:高等教育出版社,2006:8.
③ 章友德.城市现代化指标体系研究[M].北京:高等教育出版社,2006:33.

员劳动生产率。公平化指数3个:①基尼指数;②HDI(人文发展指数);③城市失业率。①

3. 城镇基础设施现代化包括15个衡量指标,其中道路、交通系统指标3个:①人均道路面积;②公共交通服务人数;③每万车事故率。公共设施指标4个:①燃气普及率;②人均生活用电量;③人均生活用水量;④生活污水处理率。邮电通信指标3个:①每万人电话装机容量;②每百人拥有电话机(其中每百人移动电话数);③互联网人数普及率。住宅设施指标2个:①人均使用建筑面积;②居民住宅成套率。城镇环境指数指标3个:①绿化覆盖率;②垃圾无害化处理率;③排水管道度。②

4. 城镇社会现代化包括15个衡量指标,其中社会价值观念指标2个:①现代价值观念;②对社会公正的评价。社会结构与社会流动指标2个:①第三产业就业人员所占比例;②不同社会阶层的人所占的比率。社会保障指标4个:①贫困人口比率;②失业率;③社会保障覆盖率;④城镇最低社会保障人口的比值。社会安定与稳定指标3个:①大案刑事案件立案率;②青少年犯罪率;③每万人人口警察数。城镇家庭规模指数指标4个:①城市家庭规模;②空巢家庭的数量;③单亲家庭的数量;④"丁克"家庭的数量。③

5. 城镇生活方式现代化包括13个衡量指标,其中生活水平指标7个:①城镇居民人均可支配收入;②消费水平及增长;③恩格尔系数;④人均教育文化娱乐支出;⑤人均年休闲天数;⑥私有住宅的比例;⑦城市居民人均储蓄存款余额。生活满意度指标6个:①对职业的满意度;②对收入与消费的满意度;③对住房的满意度;④对婚姻的满意度;⑤对社会环境的满意度;⑥对生态环境的满意度。④

6. 城镇文化现代化包括18个衡量指标,其中文化出版指标5个:①日报(每千人出版量);②期刊(每千人出版量);③书籍(每千人出版量);④音像制品(每千人发行量);⑤电子出版物(每千人发行量)。文化体育设施指标5个:①每千人公共图书馆数;②每千人文化体育场、馆数;③每千人博物馆数;④每千人影剧院数;⑤每千人音乐厅数。公共文化支出与文化产业指标5个:①政府文化总支出;②人均公共文化支出;③政府文化支出占财政支出的比例;④群

---

① 章友德.城市现代化指标体系研究[M].北京:高等教育出版社,2006:62.
② 章友德.城市现代化指标体系研究[M].北京:高等教育出版社,2006:91.
③ 章友德.城市现代化指标体系研究[M].北京:高等教育出版社,2006:121.
④ 章友德.城市现代化指标体系研究[M].北京:高等教育出版社,2006:161.

众性文化活动。文化消费指标3个：①文化消费占家庭支出比例；②家庭年购书籍、报纸杂志数；③人均其他文化休闲消费。①

7. 城镇教育现代化包括10个衡量指标，其中教育资源投入指标3个：①教育经费占GDP的比率；②生均教育经费；③教育费用占家庭收入比。教育规模与效益指标2个：①15岁以上人口的识字率；②平均预期受教育年限。教育信息化指标3个：①每台计算机负担的学生人数；②中小学教室接入互联网率；③使用互联网学生数比例。教育公平指标2个：①城镇与农村生均经费差异；②不同阶层学生所占的比例。②

8. 城镇生态现代化包括10个衡量指标，其中城镇环境指标5个：①二氧化碳排放量；②二氧化碳年日平均浓度；③悬浮物年日平均浓度；④城市大气污染综合指数；⑤噪声超标率。物质还原指标3个：①工业无害化处理率；②污水排放处理率；③工业废气处理率。城镇发展可持续性指标2个：①万元产值能耗；②环保投资占GDP比率。③

9. 城镇政治现代化包括3个衡量指标，其中政治活动参与指标2个：①参与人民代表选举的比例；②参与居民委员会选举比例。经济活动参与指标2个：①建立工会的经济组织数量；②职工参与工会活动的次数。社会事务参与指标3个：①城市非营利组织的数量；②居民参与社会组织活动；③志愿者活动的参与人数。④

10. 城镇政府现代化指标包括7个：①坚持以人为本的人民政府；②责任、服务型、法治化政府；③政府角色定位科学化、职能明确；④行政的高效化；⑤政府管理科学化、民主化、法治化；⑥现代公务员制度的建立；⑦完善的政府监督机制。⑤

此外，黄升旗将区域城镇化水平系统分为人口、经济、社会、开放和环境5个子系统。人口城镇化水平评价指标包括人口规模（城镇人口、城镇人口占总人口比重），就业结构（各产业就业人口、各产业就业人口比重），人口素质（人口平均预期寿命、每万人中在校大学生人数、14—45岁青壮年文盲率、高等教育毛入学率、高等教育人口占总人口比重）。经济城镇化水平评价指标包括经济

---

① 章友德. 城市现代化指标体系研究[M]. 北京：高等教育出版社，2006：197.
② 章友德. 城市现代化指标体系研究[M]. 北京：高等教育出版社，2006：228.
③ 章友德. 城市现代化指标体系研究[M]. 北京：高等教育出版社，2006：265.
④ 章友德. 城市现代化指标体系研究[M]. 北京：高等教育出版社，2006：292.
⑤ 章友德. 城市现代化指标体系研究[M]. 北京：高等教育出版社，2006：323.

总量(国内生产总值即 GDP),产业结构(各产业产值占 GDP 比重、各产业产值),经济效率(每万元 GDP 能源消耗率、全员劳动生产率)。社会城镇化评价指标包括基础设施水平(建成区面积、城镇人口密度、城镇居民人均居住面积、城镇人均道路面积、城镇用水普及率、城镇燃气普及率),城镇居民生活水平(城镇居民人均可支配收入、城镇登记失业率、城镇居民恩格尔指数),科技进步水平(科技经费、科技经费占国内生产总值的比重、百万人口科学家与工程师),卫生医疗及文化生活水平(每万人拥有医生数、广播人口覆盖率、电视人口覆盖了)。开放城镇化评价指标包括进出口(进出口总额、进出口额占 GDP 比重),利用外资(利用外资总额、直接利用外资投资额),通信水平(电话普及率、邮电业务总量)。环境城镇化评价指标包括城镇环境[建成区绿化覆盖率、人均公共绿地面积、城市生活垃圾量、总悬浮颗粒物(TSP)年均值、二氧化硫(SO_2)年均值、城镇生活污水排放量、区域噪音值]、污染控制(烟尘控制区面积、环境噪声达标区面积、城镇生活污水处理率、工业污水排放达标率、环境污染治理投资占 GDP 比重)。[①]

---

① 黄升旗.我国城市化发展问题研究[M].长沙:湖南师范大学出版社,2010:138-146.

第三章 城镇化正当性论证综述
——以社会结构为视角

法国学者斯宾格勒在《西方的没落》一书中说："如果我们不能理解到,逐渐自乡村的最终破产之中脱颖而出的城市,实在是高级历史所普遍遵行的历程和意义,我们便根本不可能了解人类的的政治史和经济史。""世界的历史,即城市的历史。"① 城镇化并非简单的人口由农村向城市的转移,而是涉及城乡之间的居民权益、生产要素、空间分布、产城关系等多方面的均衡关系。② 从"土地城镇化"和"人口城镇化"到"人的城镇化",新型城镇化着眼于"人",着力拆除城乡二元体制,推行基本公共服务均等化,构建起科学的城镇化发展体制与机制。毫无疑问,这是一种社会的历史变迁。本章以社会结构为视角,从宏观和微观角度论述发展城镇化在社会关系、产业结构、生活质量和政治联合等层面的正当性。

第一节 社会结构的涵义

"社会结构(social structure)"是社会科学研究中使用广泛,又极为混乱的一个概念。它不仅表现为人们常用不同的词语来表征社会结构,如社会关系、社会网络、社会系统、社会资本、社会分层、社会整合等,而且表现为同样是对"社会结构"一词作阐释时,不同的学者也会有不同的侧重点,其概念目标、解释路径和理论诉求也大相径庭。有关"社会结构"的学术研究,按照其发展脉络,大致可分为:

---

① 斯宾格勒.西方的没落[M].陈晓林,译.哈尔滨:黑龙江教育出版社,1988:353.
② 白国强.城镇化需要多元均衡协调发展[N].南方日报,2014-02-08.

一、早期的社会结构研究

对社会结构的研究最早可追溯到19世纪中期,而对其具体的研究则在20世纪中期之后。

社会学的创始人孔德认为,人类社会与生物有机体之间具有高度的相似性,都是由各种要素组成的整体。社会结构就是社会的细胞和组织的有机组合形式。之后的斯宾塞认为对应于生物有机体,社会是由支持、分配和调节三大系统组成的整体结构,他提出了总体规模、总体中的活动和次群体分化的程度关系、整合模式等问题,并通过区分结构与功能,试图用功能需求来解释各种社会结构的存在。① 涂尔干在《论社会分工》中,将社会结构划分为"机械团结"和"有机团结"两种不同的结构类型,"机械团结"的社会结构是以低度分工为基础,以一种强有力的原始制度(如扩大式家庭、地方宗教等)为纽带结成的社会关系整合形式;而"有机团结"的社会结构是以高度分工和相互依赖为基础结成的社会有机整体。② 涂尔干的观点后来成为结构功能主义的理论基础。

马克思对社会结构也有相关论述,他在《政治经济学批判·序言》中写道:"人们在自己生活的社会生产中发生一定的、必然的、不以他人的意志为转移的关系,即同他们的物质生产力的一定发展阶段相适应的生产关系。这些生产关系的总和构成社会经济结构,即有法律的和政治的上层建筑竖立其上,并有一定的社会意识形式与之相适应的现实基础,物质生活的生产方式制约着整个社会生活、政治生活和精神生活的过程。"③

二、近代的社会结构研究

第一个对社会结构进行作科学定义的是人类学家拉德克利夫·布朗,他认为,社会结构主要是指社会关系的网络,而且这种关系网络是可以从个人的行为活动中直接观察到的。④ 他还把社会结构分为两个基本类型:一类是可以被直接观察到的具体而真实的结构;另一类是被研究者所揭示和描述的隐含的结构形式。并且,布朗认为,为了达到科学研究的目的,我们所需要的是并不是直

---

① 赫伯特·斯宾塞.群学肄言[M].严复,译.北京:商务印书馆,1981.
② Durkheim,E. The Division of Labor in Society[M]. New York:Free Press,1964:26-33.
③ 马克思恩格斯文集(第二卷)[M].北京:人民出版社,2009:591.
④ Radcliffe-Brown, A. R. A Natural Science of Society[M]. New York:Free Press,1948:75.

接观察到的具体而真实的结构,而是经由经验事实归纳出来的各种结构形式。①

站在"功能分化"的角度,帕森斯认为,社会结构是具有不同基本功能的多层面的子系统所形成的一种"总体社会系统",具体地讲,包含执行"适应(adaptation)、目的达成(goal attainment)、整合(integration)和模式维护(latency)"四项基本功能的完整体系。社会结构实际上分为四个层次:首先是共同价值体系,表示社会成员所向往的理想;其次是制度形式,不同的制度形式表明存在着功能不同的行动单位;再次是各种特殊的社会组织形式;最后是不同的角色类型。这四个层次是同一个稳定的社会结构的组成部分。②

人类学家列维·斯特劳斯主张的是"无意识"的结构观,他把社会结构看成是"超越经验的实在","社会结构这个术语和经验的现实完全无关,而是与根据现实建立起来的模型相关"。列维·斯特劳斯认为,一切社会生活和社会活动都隐藏着一种内在的、支配表面现象的东西,这种东西就像人们语言中的深层结构一样,在时时刻刻无意识地发挥着作用。③

三、当代的社会结构研究

布劳早期提出了结构交换理论,后来又提出社会结构的宏观社会学理论,他把社会结构定义为:一定的人口按照决定异质性与不平等程度的类别参数和等级参数而形成的分布与分化程度。④ 布劳认为,社会生活的本质在于社会性,即人不能离群索居,他需要和其他人发生交往。人们的交往(相互之间反复进行的社会互动和信息传播)表现出的规则是人们的角色关系和社会位置的分化。⑤

与布劳相反,柯林斯认为,应该从社会微观过程方面去理解社会结构,这些微观过程聚集于时空以产生和维持结构。他把社会结构定义为"互动仪式链",它在时间上经由具体环境中的个人之间不断接触而得到伸展。个人之间不断地接触会导致社会结构的出现,当人们越来越多地参与社会际遇,社会结构就

---

① 包智明.论社会结构及其构成要素[J].社会科学辑刊,1996(5).
② 杜玉华.马克思社会结构理论与当代中国社会建设[M]上海:学林出版社,2012:31.
③ Levi-Strauss, C. "Social Structure", in A. Kroeber (ed.) Anthropology Today[M]. Chicago: University of Chicago Press, 1953:524–553.
④ Blau, P. M. Inequality and Heterogeneity: A Primitive Theory of Social Structure[M]. New York: Free Press, 1977:65.
⑤ 彼特·布劳.不平等和异质性[M].王春光,等,译.北京:中国社会科学出版社,1991:5.

变得更具有宏观性质。①

日本社会学家富永健一则直接给出了社会结构的定义,他认为:"所谓社会结构,可以定义为构成社会的如下要素间的相对恒常的结合。这些构成要素可以从接近个人行动层次(微观层次)到整个社会的层次(宏观层次)划分出若干阶段,按着微观到宏观的顺序可以排列为角色、制度、社会群体、社会、社会阶层、国民社会等。"②

至此,社会结构的概念及人们对其含义的理解已经越来越趋于多样化了,人们对社会结构的理解和分析也有多种视角与途径,人们可以从社会有机体的构成要素及人群共同体方面,即从地理、环境、人口、家庭、社区、民族、阶级、国家等方面来研究社会结构;也可以从构成社会有机体的各个子系统,即经济、政治、文化等子系统来研究社会结构;还可以从社会运行机制和社会发展的角度来研究社会结构。③

我国杜玉华教授将"社会结构"看作是社会体系各组成部分或诸要素之间的比较持久、稳定的相互联系模式,并将社会结构划分为宏观、中观和微观三个不同层次。宏观的社会结构要素主要包括人与自然。其中,人是作为类的概念,自然是指除去人类创造活动之外的天赋的客观存在。同时,根据人类活动的不同性质,将人类活动划分为政治活动、经济活动、文化活动和社会活动等领域,这些领域的活动分别满足了人的各种物质需求和精神需求。这样,人们在这些活动领域中所形成的各种关系结构便构成了中观层次的社会结构。而微观社会结构则主要是指人们在社会生产中逐步形成的各种具体的社会关系,它主要包括人口结构、家庭结构、群体结构、组织结构、城乡结构、社区结构、利益结构、就业结构、劳动力结构、阶级阶层结构等。(见图3-1)④

---

① 兰德尔·柯林斯.互动仪式链[M].林聚任,等,译.北京:商务印书馆,2009:32.
② 富永健一.社会结构与社会变迁[M].董新华,译.昆明:云南人民出版社,1988:245.
③ 钟金洪.马克思主义社会学思想[M].北京:中国审计出版社,2001:339.
④ 杜玉华.社会结构:一个概念的再考评[J].社会科学,2013(8).

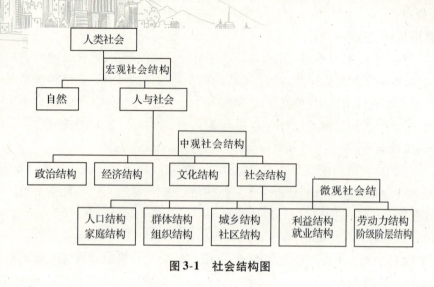

图 3-1 社会结构图

第二节 城镇化与宏观视野下的社会结构

城镇化带来的社会变迁,必将引起产业结构、就业结构和人际关系等宏观角度的重大改变,它建立了城市与农村的新关系,影响了产业结构调整,带来新的经济增长点,更使得人与人之间的关系朝更加自由的方向发展,因而有必要从学术领域加以探讨。

一、城镇化能优化产业结构

产业结构与城镇化的关系研究在很早就引起学界关注,通过对国内外研究文献的整理,我们可以清楚地看到这一关系研究的转变:从城镇化发展与产业结构演进的单向性模式转变为二者相互作用、相互影响的双向性模式。研究者尝试从这一转变中探究城镇化的正当性。(见图3-2)

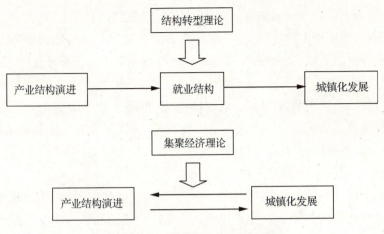

图 3-2 城镇化与产业结构图

(一)城镇化发展与产业结构演进的单向性模式

长期以来,在发展经济学结构转型理论为指导的研究范式下,研究者将工业化与城镇化理解为结构转型的两个重要方面,其中,工业化是自变量,城镇化只是结果。在一个连续均衡的国民经济中,城镇化可能表现为因果链条上的各类事件的最后结果,以导致工业化的贸易和需求的变化为开端,以农村剩余劳动力向城市就业的平稳移动为结果。[①] 因而,在结构转型理论指导下,产业结构演进与城镇化发展呈现一种单向性模式(见图3-2),总体表现为:产业结构演进推动了城镇化发展,城镇化发展是产业结构演进的必然结果。

1. 产业结构中三次产业对城镇化发展的影响

(1)农业发展为城镇化提供基础动力。

农业是城镇化的基础和原始动力,城镇化的进程主要取决于农业提供商品粮的数量,为工业提供资本积累的规模,以及为城市提供多大的市场等。有关城市的起源,通常来说是由于农业社会的生产活动逐渐加强,物产极大丰富,有了剩余,使得手工业者和其他有特殊技能的人从农业劳动中解放出来,初级的城市随之建立。[②] 亚当·斯密认为:生活资料必先于便利品和奢侈品,所以,生产生活资料的产业,亦必先于生产便利品和奢侈品的产业。提供生活资料的农

---

① 霍利斯·钱纳里,莫伊思·塞尔昆.发展的型式(1950—1970)[M].李新华,等,译.北京:经济科学出版社,1988:56.

② 约翰·里德.城市[M].郝笑丛,译.北京:清华大学出版社,2010:11.

村的耕种和改良,必先于只提供便利品和奢侈品的都市的增加。要先增加农村产物的剩余,才谈得上增设都市。① 陈柳钦将农业发展对城镇化的支持作用概括为六个方面的贡献:食物贡献、原料贡献、市场贡献、人力资源贡献、资金贡献、土地贡献。②

国内外的经验表明,农业剩余的增加、农业的商品化、农业资源的开发以及集约化经济等都是城镇化不可或缺的条件,而这些正是农业发展的显著体现。因此,农业推动城镇化,城市规模的扩大以农业发展为前提。

(2)工业发展是城镇化的核心动力。

对于工业化的特征,很多学者都进行了不同程度的探讨:王梦奎等人认为工业化过程呈现三大特征,一是国民收入中制造业活动和第二产业所占比例提高;二是从事制造业和第二产业中劳动人口占总人口的比例有增加的趋势;三是国民的人均收入也在增加。③ 学者谭崇台认为工业化的特征表现在四个方面,一是生产率大规模提高,在此基础上社会生活水平明显改善;二是劳动手段和劳动对象的生产都趋向于专门化,区域与产业分工不断发展,企业成为社会经济的基本细胞;三是交换范围不断扩大,经济系统不断趋于开放;四是经济总量扩张的同时产业结构不断趋向于高级化。④ 西蒙·库兹涅茨认为工业化表现出六个方面的特征,一是人均产值和人口的高增长率;二是生产率的持续提高;三是较高的经济结构转换率;四是社会结构和意识形态的迅速变化;五是发达国家的对外扩张遍及世界各地;六是大多数国家尚未取得最低限度的现代经济增长成就。⑤

学者们达成一致意见的是,工业革命引发了城镇化趋势,工业化是城镇化的加速器:一是工业革命扩大了生产规模,小城镇迅速发展为大城市;二是工业革命要求生产走向集中,工业集聚产生了大规模的城市;三是工业革命使人口再生产发生根本变化,人口迅速增加,为城镇提供了主体;四是工业革命带来交通革命,新的交通设施使城镇社会经济系统合为一个范围很广的系统。⑥ 从实证角度,很多国家工业化与城镇化的历史也可以佐证这一结论。大量文献资料

---

① 亚当·斯密.国民财富的性质和原因的研究[M].郭大为,王亚南,译.北京:商务印书馆,1972:346.
② 陈柳钦.基于产业发展的城镇化动力机理分析[J].重庆社会科学,2005(5).
③ 王梦奎,陆百甫,卢中原.新阶段的中国经济[M].北京:人民出版社,2002:261-262.
④ 谭崇台.发展经济学[M].上海:上海人民出版社,1989:232.
⑤ 西蒙·库兹涅茨.现代经济增长:事实和思考[J].美国经济评论,1973(6).
⑥ 姜爱林.城镇化与工业化互动关系研究[J].财贸研究,2004(3).

证明,工业革命前,城市发展缓慢,直到1800年,世界城镇化率只有3%左右,城镇化进程尚未大规模启动。但1860年工业革命后,世界城镇化率则发生了较大变化,每50年翻一番,1850年为7%,1900年为14%,1950年为28.4%,2000年为60%。

从工业化与城镇化二者的关系来看,根据国际经验,最初的研究文献认为,工业化与城镇化之间很大程度上具有一致性,两者之间呈现明显的正相关性。根据威尔科克斯的研究,在1870—1940年长达70年的时间里,美国的工业化率与城镇化率的变动曲线几乎是两条平行上升的曲线。① 测算分析也表明,发达国家1820—1950年,工业化与城镇化的相关系数平均达到了+0.997。但是后来的研究发现,这种现象只发生在一些发达国家,对于发展中国家来讲,两者之间的步调并不一致。(见表3-1)

表3-1 工业化与城镇化水平的世界比较②

类型 / 项目		人均国民收入(美元)	农村人口占比(%)	城市人口占比(%)	农村就业人口占比(%)	工业占GDP比例(%)	服务业占GDP比例(%)
第一类型	美国	44 970	19.5	80.5	1.9	33	57
	加拿大	36 170	20	80	2.7	27	70
	法国	36 550	23.5	76.5	4.2	21	77
第二类型	日本	38 410	34.3	66.7	19.7	30	68
	意大利	32 020	32.5	67.5	5	27	71
	希腊	21 690	41	59	14.5	21	74
第三类型	巴西	4 730	16.4	83.6	20.8	31	64
	智利	6 980	12.7	87.3	13.5	47	48
	阿根廷	5 150	10.1	89.9	1.2	74	19
第四类型	中国	2 010	60.5	39.5	44.1	41	47
	泰国	2 990	67.9	36.1	44.4	17	37
	印尼	1 420	53.1	46.9	44.6	42	46

---

① 沃尔特·威尔科克斯.美国农业经济学[M].刘汉才,译.北京:中国农业出版社,1979:103.
② 世界分行.2008年世界发展报告[R].胡光宇,赵冰,译.北京:清华大学出版社,2008.

可以很明显地看出,作为第一种类型的国家,经济发展水平高,城镇化水平大于75%,工业在国民经济中所占的份额已经远远小于服务业,工业在经济中重要性已经被不断增长的服务业所取代。作为第二类型的次等发达国家,城镇化水平为59%~70%,工业在经济中仍然发挥重要作用。第三种类型的是拉美国家,城镇化水平较高,接近第一类型的发达国家,但是经济发展水平远落后于美国等发达国家。工业占GDP比重为26%~74%,工业发展水平高低不一,工业化发展与城镇化发生偏差。第四种类型为发展中国家,经济发展水平较低,城镇化发展水平较低,工业发展有一定基础。由此可以看出,工业化和城镇化两者之间的关系具有阶段性特征,在工业化的初期和中期,城镇化水平不高,随着工业化的发展,城镇化水平逐渐提高,二者呈正的相关性。在工业化中后期,人们对服务业的需求增加,服务业在GDP中所占比重不断上升,而工业则趋于下降,但城镇化水平仍然稳步提高,工业化与城镇化水平呈现负相关。其实早在1975年著名经济学家霍利斯·钱纳里和莫伊思·塞尔昆就提出了城镇化与工业化的"发展模型"(见表3-2):

表3-2 "钱—塞发展模型"中工业化与城镇化的关系①

级次	人均GDP(美元)（1964年）	城市人口占总人口的比重(%)	制造业占GDP的比重(%)	工业劳动力份额(%)
1	小于100	12.8	12.5	7.8
2	100	22	14.9	9.1
3	200	36.2	21.5	16.4
4	300	43.9	25.1	20.6
5	400	49	27.6	23.5
6	500	52.7	29.4	25.8
7	800	60.1	33.1	30.3
8	1000	63.4	34.7	32.5
9	大于1000	65.8	37.9	36.8

工业化与城镇化发展历程是一个由紧密到松弛的发展过程。发展之初的城镇化是由工业化推动的。在二者共同达到13%左右的水平以后,城镇化开始加速发展并明显超过工业化。到工业化后期,制造业占GDP的比重逐渐下降,

---

① 霍利斯·钱纳里,莫伊思·塞尔昆.发展的型式(1950—1970)[M].李新华,等,译.北京:经济科学出版社,1988:68.

工业化对城镇化的贡献作用也由此开始表现为逐渐减弱的趋势。

辜胜阻等从城镇化与非农化发展水平关系的角度考察了世界城镇化的发展模式:同步城镇化、过度城镇化(是由于农村劳动力被农村地区巨大的人口压力推至城镇,而不是被工业和经济发展拉至城镇的)、滞后城镇化(一些国家,为了节约城镇化的成本,农业劳动力所占比重比一般的正常水平要大,而制造业劳动力份额偏低,出现了在高速工业化进程中的城镇,本书第二章已经做过介绍)。

(3) 第三产业是城镇化发展的后续动力。

第三产业大多属于劳动密集型行业,可以吸纳较多的劳动者就业,一定程度上促进了城镇化软硬件设施的完善和人民生活水平的提高。因而,第三产业通过强化城市聚集功能提供了城市可持续发展的后续动力;通过其较高的就业弹性推动城镇化的发展;与城镇化进程之间存在着互动规律。① 布莱克和亨德森通过研究城市规模的影响因素得出结论:现代服务业发达的城市一般规模较大,而制造业发达的城市规模相对较小,进而认为现代服务业对城市的推动作用更大。②

第三产业对城镇化发展另一个十分重要的影响是城市功能的转化和城市形象的提升。在农业社会,城市还只是政治、宗教中心或者军事堡垒,经济功能很弱。到了工业社会,机器和飞转的齿轮将城市变成工业生产中心。而当第三产业占据主导地位的时候,城市的服务功能逐渐取代生产制造功能,很多城市成为企业总部积聚的中心。伴随着知识经济的到来,城市又摇身一变成为知识中心、信息中心和创新中心。③ 基于第三产业引发城市功能变化的现实,"城市转型"成为研究热点。

大部分学者认为,当产业结构进入以第三产业为主的阶段时,第三产业尤其是现代服务业对于城镇化的作用明显超过工业,发挥着重要作用。但也有少部分学者认为,即使是在后工业化社会,工业化仍然是国家经济的重要产业,是现代城市发展的基础,对大都市的空间结构产生重要影响。

2. 产业结构变动与城市发展的时序关系

国内有的学者从时序角度将城镇化发展分为三个阶段:初期阶段(城镇化

---

① 龚晓菊,郭倩. 第三产业发展与城镇化推进探析[J]. 商业时代,2012(11).
② Black, Duncan, Vernon Henderson. A Theory of Urban Growth[J]. Journal of Political Economy, 1999,107(2):252–284.
③ 易善策. 产业结构演进与城镇化[M]. 北京:社会科学文献出版社,2013:3.

率在30%以下)、加速阶段(城镇化率为30%～70%)、高级阶段(城镇化率在70%以上)。城镇化初期对应于产业结构中农业占主导地位,工业次之,服务业占比例最小的状态;加速时期产业结构的特点是工业比重最高,服务业次之,农业比重最小;高级阶段产业结构比重由高到低依次是服务业、工业、农业。①

国外学者重点研究了产业结构演进过程中的城镇化发展阶段的问题。其中从人口流向的角度看城镇化,经历了典型的城镇化、郊区化和逆城镇化。② 从城镇化率角度分析,美国地理学家诺瑟姆在总结欧美城镇化发展历程的基础上,把城镇化的轨迹概括为拉长的S型曲线。③ 他把城镇化进程分为三个阶段:第一阶段是城镇化起步阶段,在这一阶段中,城镇化水平较低,发展速度也较慢,农业占据主导地位。第二阶段是城镇化加速阶段,在这一阶段中,人口向城镇迅速聚集,城镇化推进很快。随着人口和产业向城镇集中,城镇出现了劳动力过剩、交通拥挤、住房紧张、环境恶化等问题。小汽车普及后,许多人和企业开始迁往郊区,出现了郊区城镇化现象。第三阶段是城镇化成熟阶段,在这一阶段中,城镇化水平比较高,城镇人口比重的增长趋缓甚至停滞。在有些地区,城镇化地域不断向农村推进,一些大城镇的人口和工商业迁往离城镇更远的农村和小城镇,使整个大城镇人口减少,出现逆城镇化现象。(见图3-3)

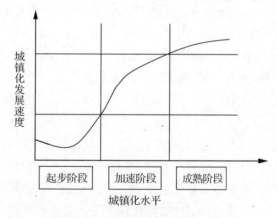

图3-3 城镇化发展速度与城镇化水平的关系图

---

① 李培祥,李诚固.区域产业结构演变与城镇化时序阶段分析[J].经济问题,2003(1).
② 范登堡.欧洲城市兴衰研究[M].英国牛津珀蒙出版社,1982.转引自:陈一筠.城镇化与城市社会学[M].北京:光明日报出版社,1986:94-105.
③ Northam, R. M. Urban Geography[M]. New York: John Wiley & Sons, 1975:49.

(二) 产业结构演进与城镇化发展的双向互动模式

通过对以往文献的梳理发现,学界对产业结构演进与城镇化发展二者的关系有了新的认识,尤其在城市集聚经济研究兴起后,城镇化的作用逐渐被强调。于是,摆脱了城镇化发展受制于产业结构演进的单向思维范式,进入二者的双向互动模式。

集聚经济是研究城市和城镇化的重要理论基础。缺乏集聚经济的区域增长会导致趋同的均质化状态,而伴随着集聚经济的增长必然出现异质化的非均衡状态,集聚经济塑造了空间结构。城镇本身是空间不均衡的表现,是集聚经济的重要载体。对于城镇发展而言,在产业结构演进中,第二、第三产业的发展必然吸引劳动力的转移。

国外学者对于城镇化发展和产业演进的互动关系没有详尽的研究,更多的是在集聚经济理论指导下关注城镇化与经济增长之间的互动关系。

最早对产业结构与城镇化关系进行研究的是库兹涅茨和钱纳里。西蒙·库兹涅茨首先注意到产业结构变动对城镇化的影响是由产业的不同属性引起的。随着经济的发展,社会从以农业为主向以制造业和服务业为主转变,同时需要劳动力、资本等向城镇转变,从而带动了城镇化。另外,生产结构的转变使人的消费结构发生变化,城镇满足了人们对更高档次的需求,由此吸引了众多人口移居城镇,带动了城镇化进程。

相对来说,钱纳里对产业结构变动和城镇化发展进行的实证分析比较具体地阐释了二者的关联。他在《发展的形式1950—1970》一书中描述,城市人口在不断增加的过程中,工业和服务业中的劳动力份额也在不断增加。[1] 他在另一本书《工业化和经济增长的比较研究》中明确指出,工业化与城镇化密切相关,工业化过程是产业结构的变动过程,这是城镇化的动因。[2]

在库兹涅茨和钱纳里之后,其他学者从作为产业结构变动和城镇化关系的内生力量出发,如聚集经济、人力资本状况、技术进步、经济政策等方面,探讨了诸因素对产业结构变动与城镇化关系的影响。

首先是聚集经济的影响。Davis & Henderson 从聚集经济的角度考察了城镇化与产业结构变动的关系。认为在一个国家的经济发展过程中,主导产业由农

---

[1] 钱纳里,赛尔奎. 发展的形式(1950—1970)[M]. 李新华,等,译. 北京:经济科学出版社,1988:70.
[2] 钱纳里,鲁宾逊,赛尔奎. 工业化和经济增长的比较研究[M]. 吴奇,王松宝,等,译. 北京:格致出版社,2015:50.

业转向工业和现代服务业时,劳动力也随之从农业转移到制造业和服务业。劳动力在部门之间的转移使企业和工人聚集到城镇,以获得生产要素聚集和人口集中的规模效益,于是促进了城镇化发展。①

其次是人力资本。人力资本的影响,区域信息和知识外溢等,促进了聚集在城镇的经济活动,也使城镇成为经济增长的源地。另外,城镇化与产业结构在互动发展中,技术进步也是不得不考虑的因素,许多学者认为,在工业化进程中,技术进步使作为中间投入品的化学肥料、机械等在农业生产中大量使用,促使农业生产率提高,导致农业部门解放出大量的劳动力,正是这部分劳动力转移到城市中的工业和服务业,使城镇化得以快速发展。

除此之外,有学者从外部寻找对二者关系产生的影响因素。Davis & Henderson 考察了政治和政策因素对城镇化进程的影响。他们指出政府实施的一些经济政策,如基础设施投资政策、价格控制政策、贸易保护政策等会对城镇化产生影响。

具体而言,国内外学者对产业结构中的第一、第二和第三产业关系进行了详细的阐述,重点注意到了城镇化对于三大产业的影响。

1. 城镇化与农业的互动关系

库兹涅茨在很早就强调了城镇化对农业的影响。首先,城镇化意味着分工和专业化程度的加强,农村向城市转移的人口对于市场要素的需求增强,以前大量由家庭自己生产的消费品(食物、衣服)现在需要购买,因此对农产品的需求增加和农产品市场扩大;同时,农村剩余劳动力的减少使农业机械化和集约化成为可能,这都促进了农业的发展。拥挤的城镇意味着满足需求需要更大的成本,城镇人口消费的农产品需要从农村运到城镇,这促进了依托于农业的服务业的发展。

国内学者曾芬钰发展了库兹涅茨的观点,她也考察了城镇化对农业发展的促进作用。指出城镇化可以减少农村人口,增加对农产品的需求,使以种植业为主的传统农业向多元化、高级化的现代农业转变,促进农业内部结构的转变。

2. 城镇化与工业的互动关系

Moomaw & Shatter 对影响城镇化的因素进行实证分析时,分析农业和工业的发展对城镇化的不同影响,结果认为农业人口的增加会阻碍城镇化进程,而

---

① James C. Davis, J. Vernon Henderson. Evidence on the political economy of the urbanization process [J]. Journal of Urban Economics 2003(53):98–125.

工业人口的增加对城镇化发展有促进作用。

国内学者的分析着重从理论分析的角度展开。姜爱林、秦宪文考察了工业化推动城镇化的问题。工业经济是规模经济和聚集经济,考虑到交通条件的局限,生产集中必然引起居住集中,于是在适合工业企业发展的地方,企业和人口的聚集推动了城镇化的发展。另外,工业化也扩大了生产规模,小城镇逐步成长为大城市。①

景普秋、张复明则提出了一个有关工业化与城镇化的互动发展的理论模型,认为工业化与城镇化的互动是通过生产要素的流动、集聚、创新三者之间相互作用而实现共同推动的。工业生产过程中的创新使企业具有较高的利润,引发生产要素在产业间和空间上流动,致使更多的生产者、劳动者与资本聚集到创新地。在这一过程中,工业化和城镇化得到互动发展。同时,他们还认为,影响工业化与城镇化互动发展的因素有技术进步、市场发育与需求、政府导向、区域原有的自然禀赋等。这些因素造成了不同的工业化与城镇化互动发展模式,但没有分析具体的影响方式和互动发展模式。②

3. 城镇化与第三产业的互动关系

在互动关系中,第三产业对于城镇化发展的作用已不言而喻,而城镇化对于第三产业的促进作用也不言自明。城市之所以能够成为第三产业发展的载体,关键在于城市能够形成集聚经济。马歇尔认为,集聚经济带来的利益主要来源于三个方面:知识外溢、辅助行业的发展、存在一个广阔的专业技能市场。集聚经济为城镇化的发展提供了新的视角,但国外学者对于城镇化对第三产业的促进作用未做详尽的研究,更多关注的是城镇化与整体经济增长之间的互动关系。

国内学者的研究相对充分一些,肯定了城镇化对第三产业的支持和推动作用。简新华认为,城镇化是第三产业发展的强大动力,是知识经济发展的客观要求。③ 程开明进一步指出,城镇化促进服务业规模不断壮大,效率不断提高,使服务业作为一个独立的产业走上自我发展、自我提升的高级阶段。④ 干春晖也认为,城镇化发展使城镇的竞争力加强,有利于引进外资和先进的技术,推动

---

① 姜爱林.城镇化、工业化与信息化的互动关系研究[J].经济纵横,2002(8).
② 景普秋,张复明.工业化与城镇化互动发展的理论模型初探[J].经济动态,2004(8).
③ 简新华.论中国特色城镇化道路[C]//发展经济学研究(第四辑)[M].北京:经济科学出版社,2007:100.
④ 程开明.城镇化与经济增长的互动机制及理论模型述评[J].经济评论,2007(4).

其向高级化方向发展;同时,劳动生产率的提高有利于城镇产业内部结构的优化、加快产业结构转型。①

通过对国内外相关文献的梳理可以发现,当前学者对于城镇化发展与产业结构演进二者间的双向互动关系的判断是一致的。只是当前学者对于双向互动的分析中仍存在一些问题。

首先,学者们更多注重城镇化的静态分析,而对于城镇化对产业结构演进作用的分析就不甚全面,因而要加强对城镇化发展中技术创新等动态作用的分析。其次,在研究两者的互动关系中,将城镇功能转型纳入其中的研究很少。再次,当前构建的互动模型还不能很好地解释我国产业结构演进与城镇化发展的模式,这对于解释未来两者的发展造成困难。

二、城镇化能调整就业结构

就业结构又称为劳动力分配结构,是指国民经济各部门所占用的劳动力数量、比例及相互关系,是一定质量的劳动力在国民经济各个部门之间配置的数量关系。就业结构是由社会生产力发展水平、社会物质财富和精神财富生产的发展程度所决定的自然规律。就影响就业结构的因素而言,人们往往从反映就业结构的两个层面来考察,一是反映其总体状况的产业结构、产业关联与区域产业结构;二是反映其人力资源素质的职业结构、知识结构、性别结构、年龄结构。

有学者将广义上的就业结构分为城乡就业结构、不同经济成分就业结构、地区就业结构和职业就业结构等。就三次产业的劳动力分布来探讨,随着劳动生产率的不断提高,农业所占用的劳动力从相对减少趋向绝对减少,占社会总劳动力的比重不断下降。而第三产业所占用的劳动力不断增多,占社会总劳动力的比重不断上升。

根据库兹涅茨的研究成果,三次产业就业结构和产业结构变化的一般趋势是,在工业化初期,随着经济的发展,第一产业的相对国民收入比重和相对劳动力比重同时下降,第二、第三产业的相对国民收入比重和相对劳动力比重不断上升。到工业化中期,第一产业的国民收入比重和劳动力比重继续减退,第二产业的国民收入比重上升,但其劳动力比重的变化却微乎其微。这说明第二产业对国民收入的增长有很大的贡献,但发展到一定的水平后,不可能大量地雇

---

① 干春晖,余典范.城镇化与产业结构的战略性调整和升级[J].上海财经大学学报,2003(4).

佣劳动力。而第三产业随着经济的发展,其劳动力比重的上升速度快于国民收入比重的上升速度且有很强的吸收劳动力的能力。①

世界经济的发展显示,增长加速将大量未充分就业的农业劳动力向高生产率部门转移而导致就业结构变化,同时伴随着资本的增长和技术的进步,以及国际贸易的更大开放。就业结构的变化又和产业结构变化密切相关。

有学者着重从三次产业的劳动力分布来探讨就业结构的规律性,总趋势表现在:一是随着农业劳动生产率的不断提高,所占用的劳动力从相对减少趋向绝对减少,占社会总劳动力的比重不断下降;二是第三产业部门所占用的劳动力不断增多,占社会总劳动力的比重不断上升。

就微观上看,社会进步、知识经济发展、全球一体化趋势加强,在一定程度上促进了就业者知识水平的提升,从而影响了就业结构的优化。在就业人口中,男女所占比例的多少,可反映该国男女劳动力的参与程度,也可反映人力资源利用的程度。性别结构若发生变化,还会影响就业结构的变动。当第二产业的男性劳动者流向城市,第一产业的女性劳动者被利用起来,男性与女性劳动者的比例会拉近。

就业结构及其变动趋势呈现出一种客观的规律性,它取决于社会经济发展水平,而不以社会制度或经济形态的变化为转移。社会经济发展水平相同而社会制度不同的国家,就业结构大体相同或相似;而社会制度相同,但生产力水平不同的国家,其就业结构则完全不同。

经济增长不仅仅是GDP放大的过程,也是产业结构不断高级化的过程;而产业结构的高级化,必然伴随国民职业结构的高级化。因为产业结构演进,社会分工将会进一步细化和专业化,经济成分与组织形式将进一步增生,知识技术将成为经济社会进步的推动力,"白领"阶层将超过传统的"蓝领",从而改善整个社会的职业结构。随着农业科技的高速发展,其对于简单体力劳动者的需求显著减少,对于各类科技人员的需求则日益旺盛。第二产业的持续快速发展,总趋势是从劳动和资源密集型向以知识和技术密集型转变,对于从业人员的素质要求也日益提高,就目前而言,我国严重缺乏数控"蓝领"高级技工。学者们也注意到城镇化率的提高使金字塔形的职业结构向橄榄形的职业结构转变,处于中间层级的职业相当庞大,而且处于最高层级的职业也在增量扩容。

但赵雪梅主编的《拉丁美洲经济概论》一书具体研究了工业化对就业结构

---

① 李仲生.发展中国家的人口增加与经济发展[M].北京:社会科学文献出版社,2012:39-40.

的影响。① 随着工业化和城镇化的推进,农业劳动力在在总劳动力中的比重不断下降,非农业部门和非农业现代部门劳动力比重增加,但赵雪梅明确指出,二者并非必然关系,主要还取决于非农业部门和非农业现代部门的创造与吸纳就业的能力。随着拉美国家城镇规模的过快扩张,城镇人口的就业问题凸显,当劳动者在农业和工业部门均找不到工作时,就会加入到城镇的失业大军,或者成为非正规就业者。非正规部门的基本特征有:企业规模小、生产率低,主要从事低技能的工作;就业人员的工资普遍比较低和不稳定,劳动条件得不到保证;就业人员的流动性大,劳动关系不稳定;等等。这类部门的就业者大多属于贫困阶层,大多数从业人员的收入水平都在官方规定的最低工资线以下。

拉美多出现此种结构,导致拉美就业结构出现此种情况的原因主要是:首先,城镇化过度发展,劳动力供过于求,城镇就业不足,非正规经济部门出现成为必然。其次,现有正规经济部门发展水平低,无法吸纳剩余劳动力,最终构成两个劳动力市场,即正规经济部门的主要劳动力市场与非正规经济部门的次级劳动力市场。政府在解决收入分配不公的问题时缺乏有效的措施,随着农村人口向城镇转移,农村的贫困也转移到了城镇,使城镇贫困化问题突出。

因此,就业结构的变化同样表现在传统工业失业现象严重,从1974年到1980年,西欧国家从事钢铁生产的职工减少了40%,失业人员队伍扩大,与此同时,众多新兴产业的发展吸引了越来越多的人参加工作,使新兴行业的就业队伍不断扩大。其中,创造"知识与智慧的价值"的行业尤为突出。

三、城镇化助推"橄榄型"社会阶层结构

中产阶层最初经常出现在西方的经济学和社会学中,并且在西方社会中,中产阶层代表社会多数人的利益。西方对于中产阶层的研究已相对成熟,对于中产阶级提出具体指标,如2004年美国民主党候选人克里就提出中产阶级生活指数的七项指标。而在中国,对中产阶级仍没有确切定义。

经济学者厉以宁认为,中产阶级既可以是有一定财产的人,也可以是有一定收入的人,或者两者兼有。但这个衡量标准不固定,对从事什么职业没有要求,一个人或一个家庭如果有稳定收入,可以购房,也可以称之为中产者。但经济学者吴敬琏持截然相反的观点,他认为房子、汽车不是中等收入阶层的标志,而是指专业人员为主的一个阶层,包括专业技术人员、经理、记者等。

---

① 赵雪梅.拉丁美洲经济概论[M].北京:对外经济贸易大学出版社,2010:191.

萧灼基认为中国有五种人可以称为中等收入阶层,他们是科技企业家、金融证券业的高级管理人员、中介机构的专家、私营企业者及外企高管。

林毅夫对于中产阶层的界定是与城镇化结合的,认为人民收入的增加和生活水平的提高带来城镇功能的转变。从之前的农业,到后来的工业,现在大力发展服务业,其中金融、旅游、餐饮、交通等行业的人力资本较高,这部分人员的收入水平也较高,被称作"中等收入"阶层。

而社会学者认为,中产阶层不能仅仅以收入这个单一指标来判定,而应是一个综合指标概念,是一个生活质量的概念,而非仅仅是收入分配。

总之,关于判定中产阶层的标准,要么是有稳定的收入,可以自己购房买车,要么是以职业为标准,从事脑力劳动,有一定的知识及职业声望,生活质量高。

城镇化的发展促使中产阶层的比重上升。就我国现状来看,自改革开放至进入21世纪之后,城镇社会的分层总体不断扩大,据官方的统计资料显示,2000年中国城乡社会高收入户占总户数的2%,中低收入户占18%,低收入户占80%,形成典型的"金字塔"形状。① 随着经济持续发展,城镇化率不断提高,政府不断强化社会保障事业,最低收入阶层比重逐步缩小,中产阶层不断扩大,社会阶层呈现"葱头型"结构。而发达国家的经验说明,随着城镇化率提高,城市产业结构升级,中产阶层的比例将成为社会的主体,即最高收入阶层和最低收入阶层均只占20%以下,社会阶层呈现"橄榄型"结构。这也是最为稳定的社会构成,中产阶层对社会整体的消费有很大的刺激作用,带动社会进入理性消费,他们的生活方式也代表着社会的主流生活方式。

第三节 城镇化与微观视野下的社会结构

城镇化的正当性不仅体现在产业结构、职业结构、阶级阶层结构等社会结构的宏观层面,同时也体现在社会交往和政治参与等社会结构的微观层面。

一、城镇化加快社会流动

城镇发展早期,主要是农村人口向城镇流动,对这一现象的研究应该参考

---

① 魏冬伍.中国居民收入差距及其对消费需求的影响[J].南华大学学报,2004(5).

关于一般人口流动规律的研究理论。最早对人口迁移进行研究的学者是英国的雷文斯坦(E. Ravenstien),他于1880年发表的一篇题为"人口迁移之规律"的论文中,提出了七条规律:人口的迁移主要是短距离的,方向是朝工商业发达的城镇的;流动的人口首先迁居到城镇的周围地带,然后又迁居到城镇里面;全国各地的流动都是相似的,即农村人口向城镇集中;每一次大的人口迁移也带来了作为补偿的反向流动;长距离的流动基本上是向大城镇的流动;城镇居民与农村居民相比,流动率要低得多;女性流动率要高于男性。①

关于人口流动的原因,人口学上最重要的宏观理论是"推拉理论"。首先提出这一理论的是巴格内。他认为,人口流动的目的是改善生活条件,流入地的那些有利于改善生活条件的因素就成为拉力,而流出地的不利的生活条件就是推力。人口流动就由这两股力量前拉后推所决定。在这之后,迈德尔、索瓦尼、贝斯、特里瓦撒等都进行了一些修正。②

经济学对社会人口流动也给予了关注。美国经济学家刘易斯提出了一个发展中国家劳动力转移的"二元经济模型"。他将发展中国家的经济结构分为两大部门:资本主义部门和自给农业部门。在自给农业部门中,普遍存在着劳动过剩的情况。而资本主义部门在自身利润增大的情况下,仍可保持不变的工资率,同时用于投资的利润会越来越多,吸收的农村剩余劳动力也会越来越多,一直到剩余劳动力吸收完毕,实际工资提高为止。

有的学者认为农民流动使得大量的农村剩余劳动力转移到非常有活力的城镇生产部门,有利于形成社会化大生产需要的规模经济。并且,国家越发达,农民流动就越多,人口流动率可以成为衡量现代化水平的标志。总之,农民流动越多是对社会有好处的。

有很多学者对此提出异议,认为有些农民流动是盲目的,农村不存在大量的剩余劳动力,而城镇也不缺劳动力,那么农民流动势必导致农村、城镇的许多问题。如造成农村劳动力贫乏,城镇的贫民窟问题、垃圾处理问题、交通拥挤问题、住房短缺问题、教育设施不足问题、环境污染问题、犯罪问题、失业问题等。因此,农民流动对社会没有多少好处。

无论如何,农村人口向城镇移动,确实提高了城镇人口比例,对于促进城镇化进程有其不可替代的作用和意义。

---

① 岳树岭.城市化进程中农民工市民化问题研究[M].北京:经济管理出版社,2014:19-20.
② 岳树岭.城市化进程中农民工市民化问题研究[M].北京:经济管理出版社,2014:20.

二、城镇化增进社会交往

社会交往作为人与人、人与社会之间连接的媒介,以及通过持续的社会交往而形成的社会关系网络,自19世纪末期(在社会学领域,关于社会学的形成有两种观点,这里采用19世纪末期的法国社会学者迪尔凯姆的三部经典著作的出版标志社会学的形成的观点,这三部著作分别是1893年的《社会分工论》、1895年的《社会学研究方法论》、1897年的《自杀论》),自社会学形成起,就一直是社会学研究的主要课题。

传统的农业社会下,人与人之间的关系建立在血缘和地缘基础之上,随着商业发展以及城市的演化,人际交往空间范围逐渐扩大,社会交往的形式手段日益多样。进入城镇的居民就业的范围和途径增多,在社会交往上突破了农村以血缘和地缘为纽带的家庭成员、亲戚与邻里范围,而以学缘和业缘为基础的社会交往关系成为社会交往的重要组成部分,其交往的空间范围相应地不断扩大;随着城市物质生活水平的不断提高,居民对精神生活的要求也逐渐提高,反映到社会交往的形式上,开始实现由物质交往向精神交往甚至更高层次的信息交往的转变;伴随着现代通讯事业、大众媒体等的迅猛发展,居民的社会交往的手段和形式也呈现出多样化的趋势,各种娱乐性的场所、设施以及现代化工具开始走进居民的社会交往生活;居民间的社会交往层次和水平也同样发生着变化,不同于传统农村社会交往的浓厚感情色彩和"全面介入",表现为"有限介入"和事本主义,把人视为"组合人",只同其个别组合打交道,而不与其全部生活纠缠。正如美国社会学家沃斯所说的,城镇居民在想到别人时,不是想他是谁,而是想他是干什么的。社会交往的"有限介入"和"事本主义"较传统农村"全面介入"的人际关系淡薄,但是却提高了交往的自由度、自立性和交往水平。①

随着工业化、城镇化的进一步发展,社会结构各个层面的社会分化日趋显著,社会结构不同组成部分的依赖性随之进一步增强,同时也使得人们的生活趣味和价值观念呈现多元化,并加快了西方社会的政治民主化的进程。

三、城镇化推动政治民主化

工业化、城镇化所引起的政治层面的社会变动,就是国家权威和个人自由

---

① 康秀云.二十世纪中国社会生活方式现代化解读[M].北京:中共党史出版社,2007:196-197.

缓冲地带的市民社会的形成以及从帝王专制脱离的政治民主化。由于欧洲工业革命对于政治制度的冲击，国外学者大约从19世纪30年代起，就开始了对政治民主化的研究。其中，美国学者亨廷顿、阿尔蒙德认为，政治民主化是国家现代化的核心，表现在政治权威的合理化、政治结构的离异化以及政治参与的大众化。① 对于公民政治参与的系统研究，起始于20世纪50年代后期的美国，是在工业化、城镇化促进经济快速发展，进而使得民主政治快速变革的背景下开始的。因为政治民主化在政治领域的表现之一就是广大社会阶层对于政治的参与。虽然国外学者对于政治参与的定义没有统一，但可以肯定的是，经济越发达的社会，公民对于政治参与的积极性和水平越高，同时政治参与也是衡量一个国家的政治民主化和现代化程度的重要标志。国外学者大多从政治学角度研究城镇化对于公民政治参与的影响，并且得出结论表明，社会经济发展水平越高、社会地位越平等、政治民主化程度越高的地区，人们的政治参与的水平也越高，但是在不同的社会，社会经济现代化对于政治参与的影响不一定相同。② 具体到个人上，社会经济地位越高和个体心理倾向越强的人，其政治参与的水平和程度要高些，他们为了维护自己的利益，必然要寻求政治上的权力。国外学者对于政治参与的研究大多集中在政治学领域，但是在社会学领域，工业化、城镇化使得人们的生活、社会阶级阶层发生了很大的变化，这对于人们的政治参与又产生怎样的影响是需要进一步研究的问题。

国内学者关于政治参与的研究始于20世纪80年代，城镇化开始发展之时。

迄今为止，国内外学者达成的共识是，城镇化的发展促进政治民主化的发展，有助于人们的政治参与，社会的政治、经济、文化以及个人的社会经济地位是具体的影响因素。

首先是市民阶层的规模扩大，城市分工促使社会各阶层利益分化，他们有各自的利益诉求和权利要求。尤其是城镇居民比重的提高，使我国中产阶级数量大大提高，中产阶级为政治民主化的发展提供了良好的基础。其次，城镇化有利于形成众多的社会中介机构，他们参与社会管理和政治生活，形成一个现代性的公民社会。德国著名政治思想家施密特指出，公民社会能够稳定社会期

---

① 萨缪尔·亨廷顿.变化社会中的政治秩序[M].王冠华，等，译.北京：生活·读书·新知三联书店，1989：32.

② 蒲岛郁夫.政治参与[M].解莉莉，译.北京：经济日报出版社，1989：49.

望,从而为公共权威的治理提供可信、可操作的聚合信息,能够提供自我表达和认同的渠道,能够对成员行为进行约束,从而减轻公共权威以及私人企业的治理负担。

有学者从社会学的角度研究政治参与,因为政治参与是一种有目的的社会行为,其是否能够发生以及怎样发生,还取决于城镇化是否使人们的生活方式发生了变迁。因此,有学者从微观层面理论探究以及实证考察人们的政治参与。

社会学的理论研究者认为,在与市场经济同步推进的城镇化过程中,人们的权利意识、平等意识、契约意识、参与意识、民主意识得到了加强,城镇居民的知识素养和民主素养不断提高,成为参与型的现代政治人。同时,城镇化促使人口集中、知识与信息传播加快,分工和利益分化使得市民权利意识觉醒,社会成员在经济、社会进步中扮演了更主动的角色,关心公共事务,积极投入参与,通常被称为"大众参与政治文化"。

第四章　城镇化的条件分析综述

学者们从理论上对何种情形之下能够实现城镇化做过考察和分析,本章通过概述和评析学者们的观点,从中总结出共通的条件,进而明确一国或一地区实现城镇化所需要的政治社会和文化条件。

第一节　城镇化的经济条件

经济发展是城市化的基础、内因、根本动力和首要前提。不论如何表述,多数学者皆认同此一点,即城镇化离不开经济发展。

学者钟秀明、吴雪萍认为,经济发展是城镇化演进的基础。世界城镇化的发展历史表明,任何一个国家或地区的城镇化进程都伴随着经济的快速增长,离开经济发展去谈城镇化,那是一种只有形式而没有内容的城镇化,是非常脆弱的不健康的城镇化。从历史经验来看,城镇化是经济发展的结果,经济的持续发展必然会促使城镇工业部门的扩张,吸引农业人口进入工业部门,并最终选择居住和生活在城镇。①

另外,城镇化是农村地域的一系列变更,因而农村地域的经济发展成为城镇化发展的重中之重。钟秀明、吴雪萍指出,农村经济发展是城市化的主要推力。农村经济发展的结果,导致了农村剩余的产生,使农村社会的要素结构发生了变化,大量的农业产品和农村富余劳动力向城镇转移,推动了农村生产的升级和农村社会的转型,这是欠发达地区城镇化发展的重要基础和原始动力。②

---

① 钟秀明,武雪萍.城市化动力[M].北京:中国经济出版社,2006:70.
② 钟秀明,武雪萍.城市化动力[M].北京:中国经济出版社,2006:80.

一、社会大分工与产业结构转换

由古至今,经济发展、社会大分工、产业结构转换以及城镇化可以说几乎是同步进行的,经济发展为城镇化提供了物质基础,社会大分工与产业结构转换是城镇化的动力机制。

第一次社会大分工是人类在采集和渔猎的基础上逐渐学会了驯养野生动物与种植作物,出现了原始的农业和畜牧业,人类开始放弃游牧生活而选择农业定居。到大约公元前3500年出现了城市。第二次社会大分工是工业从农业中分离出来,它始于15—16世纪的资本主义的产生,而以18世纪中叶的工业革命为标志,在这一时期内城市规模迅速扩大,城市人口数量和比例迅速增长,城市成为生产和贸易中心并开始主宰世界。第三次社会大分工是第三产业从工业中分离出来,随着知识经济和信息经济的发展,城市的知识化和信息化已经端倪出现。纵观世界城镇化的进程,社会分工是城镇化的根本动力。①

产业结构转换是城镇化的核心动力。产业结构是指组成国民经济的各产业之间在资源以及产出上的比例关系及其地位。三大产业对城镇化的推动作用如下:

(一)农业发展是城镇化的初始动力

从城镇化的发展进程看,它本身就是从落后的乡村社会和自然经济变为现今的城镇社会和商品经济的历史过程;从城镇化的现实看,它总是在那些农业生产力达到一定程度、农业分工完善、农村经济发达的地区兴盛起来。农业在城镇化进程中的初始作用主要体现在两个方面:一是农业生产率的提高和农业剩余的产生是城镇化的前提条件和基础。即农业资本的剩余为工业化提供最初的原始资本积累,农业劳动剩余为工业化提供必要的劳动力,农业产品的剩余提供非农业人口生活消费所需的食品和工业生产所需要的原料。可见,农业是城镇化的孕育产物。二是农业剩余的产生使经常性的交换和社会分工成为可能,它在向工业提供产品贡献和要素贡献的同时,还为工业发展提供市场贡献和外汇贡献。

(二)工业化是城镇化的根本动力

工业化是城镇化的经济内涵,城镇化是工业化的空间表现形式,工业化是

---

① 黄升旗.我国城市化发展问题研究[M].长沙:湖南师范大学出版社,2010:103.

因,城镇化是果,如果没有体制、政策等方面的强制约束,工业化必然带来城镇化。世界各国的实践表明,城镇化是随着工业化的出现而大力发展的,工业化是城镇化的"发动机",是城镇化的根本拉动力,主要表现在:①工业化的集聚要求,促成了资本、人力、资源和技术等生产要素在有限空间上的高度组合,从而促进了城镇的形成和发展;②厂商为了追求外部集聚效益,向城镇集中;③工业化在通过机器生产提高劳动生产率的同时,使工业技术条件改善,工业向纵深发展,工业化通过产业连锁反应间接地推动了城镇规模扩大;④工业化带来了交通革命,新的交通设施使各种资源整合为一个以城镇为依托的范围很广的社会经济大系统。总之,工业化由于其本身的特点,天然地承担了城镇化根本动力的使命,通过各种不同表现形式的拉力来向城镇化"输血"。

（三）第三产业是城镇化的后续动力

第三产业作为城镇化后续动力的作用,主要是促进城镇经济集聚效益的实现、激发城镇外部经济效应和促进城镇经济扩散效益的发挥等。具体表现在两个方面:

1. 生产性服务的增加

商品经济高度发达的社会化大生产,要求城镇提供更多更好的服务设施。

2. 消费性服务的增加

随着经济收入的提高和闲暇时间的增多,人们开始追求丰富多彩的物质消费与精神享受,各种需求促进了城市第三产业的蓬勃发展,并带来就业机会与人口的增加。与第二产业相比,第三产业具有更高的就业容量。当城市人口不足以满足产业人口发展需要时,或第二产业及人口聚集程度达到第三产业大规模发展的"边界"时,工资杠杆发生作用,大量的农业劳动力便向城市转移,促使第三产业成为推进城市化发展的强大后续动力。①

二、市场机制与产业支撑

（一）生产要素流动是城镇化的直接动力

产业转换与发展必然引起劳动力、资本、技术等生产要素的空间转移和重新整合,由此会造成生产力地域空间布局的变化,而这种空间的转移和变化主

---

① 景春梅. 城市化、动力机制及其制度创新——基于政府行为的视角[M]. 北京:社会科学文献出版社,2010:57 – 58.

要是在农村与城镇之间进行。因此,从这个角度来说,生产要素流动式城镇化发生的直接动力:

1. 劳动力流动与城镇化

在以农业发展为代表的农村"推力"和由工业化与第三产业发展为代表的城镇"拉力"的作用下,人口从低收入向高收入地区、从贫穷地区向发达地区、从农村向城镇迁移和流动,不断地促进着人力资本的合理配置,为城镇化输送着源源不断的劳动力。

2. 资本流动与城镇化

在现代社会,资本对城镇形成与发展的作用正日益增加,资本的充裕度在某种程度上决定了城镇化进程的快慢。资本与经济发展相互依存,资本越是比较集中地流入某一地区,该地区经济越有发展的可能,其城镇化的速度也就越快。

3. 技术创新与城镇化

技术溢出的辐射效益会促进周边地区的发展,对城镇化进程产生深刻的影响:先进的工业技术改变了人类的生产内容、生产方式和生产的空间组织机构,从而改变了人类的生活方式和空间聚集方式,推动了人口向城市转移;交通技术的改进、高效运输方式的应用扩大了空间的可达性,改变了区域土地的价格和利用方式;借助先进的运输方式,居民生活和企业生产向城镇外围扩散,导致空间结构的新变化,扩大了城镇的空间范围;现代通讯技术和通讯方式大大降低了信息的传递和扩散成本,加快了城镇化的现代化建设,使城镇文明向更广阔、更偏远的农村地区扩散和普及,有助于加速改变着农村的价值观念和生活方式,加快城镇化的步伐。①

(二) 聚集经济效应是城镇化的内生动力

聚集经济效应指因企业和居民在城镇空间集中而带来的经济利益或成本节约。城镇之所以成为区域聚集中心,其根本原因在于城镇具有农村难以比拟的聚集经济效应。聚集经济的优势表现在:①聚集经济有利于扩大市场规模。②聚集经济有利于降低运输费用,降低产品成本。③聚集经济有利于促进基础设施、公共事业的建立、发展和充分利用。④企业的集中必然伴随熟练劳动力、技术人才和经营管理人才的集中。⑤聚集经济有利于企业之间直接接触,达到

---

① 景春梅.城市化、动力机制及其制度创新——基于政府行为的视角[M].北京:社会科学文献出版社,2010:59-60.

彼此学习,广泛协作,开展竞争,从而刺激企业改进生产、开发产品、提高质量,创造出巨大的经济效益。聚集经济效益是城镇发展和扩大的重要原因,是城镇具有巨大吸引力、成为投资生产生活的主要空间形式的关键所在,也是推动城镇化进程的重要内生动力。①

生产要素自由流动和随之而来的产业集聚离不开市场机制的运作。杨眉指出,市场机制对城镇化而言必不可少。在产业方面,城镇化的内在要求是产业的聚集和扩散的统一,其实质就是要求各种生产要素的自由流动。因为没有生产要素的自由流动,尤其是人的自由流动,就不可能形成产业的聚集,没有产业的聚集就不可能形成经济的规模效应,就不可能产生有活力的城镇,就不可能实现真正的城镇化。因此,在城镇化的进程中,必须打破条块的垄断和市场的分割,取消各种限制生产要素流动的制度性约束,建立公平竞争的市场秩序,以市场机制为手段,以市场需求为导向,实现资源的优化合理配置,即要以市场化机制推进城镇化的进程。②

陈鸿彬认为,产业支撑是农村城镇得以持续发展的战略保证。实施农村城镇化的战略目标是通过增强农村城镇化的经济力量,完善城镇的功能,吸纳农村富余劳动力,改善农村社会经济结构,带动农村社会经济的发展。这一目标的实现必须依赖坚实的经济基础。而产业正是经济基础最根本的体现。一个没有产业支撑的城镇,必然是一个经济基础脆弱、功能不健全的城镇,必然是一个缺乏造血功能、没有发展后劲的城镇,甚至是一个渐趋衰落的城镇。因此,农村城镇化战略必须立足于相应产业的支撑,增强农村城镇的经济实力,使农村城镇化走上一条自我积累、自我完善、可持续发展的道路。具有支撑小城镇发展的产业在农村城镇化战略中要具有不可替代的作用:①培育和壮大支撑产业能够促进农村产业化战略的实施,有利于农村资源要素的合理配置。②支撑产业的发展壮大必须增强农村城镇的经济力量,为城镇的发展积累大量的资金。③支撑产业的发展壮大要能够为农村富余劳动力的转移提供大量的就业机会,促进城镇规模的扩大和农民增收。④支撑产业的发展壮大要能带动相关产业的发展,改善农村经济结构和社会结构,促进农村社会、经济的全面发展。可见,支撑产业必须带动面广、作用力度大。这样的支撑产业才能促进农村城镇

---

① 景春梅.城市化、动力机制及其制度创新——基于政府行为的视角[M].北京:社会科学文献出版社,2010:58-59.
② 杨眉.城镇化的发展规律、原则及路径[J].城市问题,2012(8).

化战略目标的实现。①

三、三大产业及其合理的产业结构

(一) 农业基础

城镇化的进程,是变落后的乡村社会和自然经济为先进的城镇社会和商品经济的历史进程。它总是先发生在农业分工完善、农村经济发达的地区,并建立在农业生产力发展到一定程度的基础之上。农业发展对城镇化来说是初始动力,其对城镇化进程产生的影响如下:为城市人口提供粮食;为城市人口提供消费资金;为城市人口提供消费资料;是城市人口的来源地。②

陈鸿彬认为,区域商品经济的发展及农业产业化是促进农村城镇化发展的直接原因。城镇是伴随着商品经济的发展而兴起和发展起来的。城镇的基本功能是作为经济腹地商品的集散地。城镇的级别越低,其商品集散地的作用范围越小。在我国,建制镇是最低的城镇级别,其服务对象主要是其周边的农村地域。因此,农村城镇化的发展速度和规模就受农村地区农业发展的速度、规模和性质的制约。从性质看,农业可以分为自给自足性农业和商品性农业两种类型。前者是一种封闭式农业,它不存在对产品交换的要求,也没有对交换场所的需求,因此也就不存在城镇形成的基本动因。商品性农业以商品交换为特点,其形成和发展需要一系列为农产品交换提供服务的软硬件,而小城镇正是这些中间服务系统存在和运行的主要载体。因此可以讲,多数小城镇是在农村商品经济发展的建制镇人均数量及农村人均收入呼唤中产生的。除了农村商品化经济发展的促进外,小城镇的振兴更依赖于小城镇本身商品交换的规模和市场的建设程度。那些发展规模大、经济增长速度快、吸引范围广的小城镇无一不是市场发育完善,商品丰富,商达四方。区域商业意识越浓,特色产品越丰富,城镇就越发达。③

冯海发指出,农业是国民经济的基础,因而也是农村城镇化的基础。农业发展对城镇化的作用表现在这样五个方面:①农业为城镇化提供食物产品,这表现为农业发展对农村城镇化的"食物贡献"。城镇化所需要的农产品包括两大类:食物型农产品和原料型农产品,前者主要是粮食、蔬菜、水果、肉类、奶类

---

① 陈鸿彬.农村城镇化研究、建设及管理[M].北京:中国环境科学出版社,2005:95－96.
② 黄升旗.我国城市化发展问题研究[M].长沙:湖南师范大学出版社,2010:104.
③ 陈鸿彬.农村城镇化研究、建设及管理[M].北京:中国环境科学出版社,2005:89－91.

及蛋类等,主要用于城镇居民的生活;后者主要是棉花、油料、糖料、烟叶等经济作物产品,主要用于城镇企业的生产。②农业为城镇化提供原料产品,这表现为农业发展对农村城镇化的"原料贡献"。③农业为城镇化提供人力资源,这表现为农业发展对农村城镇化的"劳力贡献"。农业的生产力水平,决定着农业能够释放的劳动力数量,进而决定着城镇化的人力资源规模。④农业为城镇化提供资金积累,这表现为农业发展对农村城镇化的"资金贡献"。⑤农业为城镇化提供土地空间,这表现为农业发展对农村城镇化的"土地贡献"。①

秦润新指出,农村城镇化离不开农业的发展,农业的发展是农村城镇化的根本前提。我国农业除了为全社会人口提供粮食这一基础作用以外,还为我国各地城镇化的发展创造了根本前提,其主要作用有以下几个方面:①为我国以农副产品为主的轻工业提供了大量原料。②为国家农业的发展和农村工业的发展积累了大量的资金。③广大的农村为工业品提供了极为重要的农村市场。总之,农业的发展,确实是我国各地城镇化的根本前提。②

(二) 工业与乡镇企业

陈鸿彬认为,工业化是城镇化的加速器。城镇化是农业社会向工业社会、传统社会向现代社会转变的历史过程。美国城镇化的经验表明,城镇化是工业革命的结果,是伴随工业化进程而兴起的人口大规模迁移运动。一般来说,工业加快发展导致工业比重上升,农业比重明显下降;产业结构变化带动就业结构变化,工人相应增加,农民大量转移;现代工业的产生和发展,形成产业集聚和人口集聚,产生新的工业组合方式和新的居民生活方式,城镇化水平逐步提高。③

付晓东指出,工业化特别是科学技术、交通技术等高新技术产业对城镇化起着有力的推动作用。自第一次工业革命后,科学技术,尤其是高新技术成为推动城镇化发展的根本动力。第二次世界大战以后,以计算机技术为核心的高新技术产业的发展推进了城镇化的前进。它主要体现在:一是高新技术产业成为许多城镇的主导产业。二是高新技术多借助于网络连接,降低交流成本,缩短了联系距离,可以在更大更广的范围内进行社会分工与合作。这些技术需要发达的城镇为依托,也使传统工业有了更大的发展自由度。三是高新技术促进

---

① 冯海发.农村城镇化发展探索[M].北京:新华出版社,2004:10-17.
② 秦润新.农村城市化的理论与实践[M].北京:中国经济出版社,2000:84-86.
③ 陈鸿彬.农村城镇化研究、建设及管理[M].北京:中国环境科学出版社,2005:45.

了第三产业的发展,带动了服务业的快速发展,提高了城市居民生活水平,从而促进了城镇发展。四是高新技术应用于农业,提高了农业现代化的进程,更多的农村人口进入城镇,加快了城镇化发展。①

乡镇企业对城镇化的推动作用更是不容忽视,学者们对此都有着清楚的认识。农村工业化推进于20世纪70年代末,中国农村率先进行了经济体制改革,实行了以家庭联产承包为主的责任制,农民获得了经营自主权,农村生产力得到了充分解放。但当时城乡隔绝的户籍管理制度却严重限制着农民进城就业和定居,在农村巨大的就业压力和农民强烈的致富愿望的双重作用下,中国出现了极具特色的由乡镇企业引导的农村工业化。

秦润新指出,我国农村工业化的载体是乡镇企业。乡镇企业的崛起,从根本上改变了我国工业化的格局,由单一的城镇工业化模式演变成为城镇工业化与农村工业化二元并存,双轨并进的模式,并成为推动我国农业现代化和农村城镇化的根本动力。乡镇企业对农村城镇化的推动作用,主要可表现为以下几个方面:第一,吸纳了农村大量剩余劳动力。第二,推动了农村产业结构的调整。第三,提供了农村小城镇基础设施和各项社会事业发展的建设资金。第四,造就了一代新人,改善了农村居民的整体素质。乡镇企业的崛起不仅为农村城镇化实现了劳动力的转移和提供了物质技术基础,而且更为重要的意义在于直接改造了农民,使以农民为主体的乡镇居民素质得到全面发展和提供,使越来越多的农民从农村文明走向现代工业文明和城市文明,伴随着这一转变过程而来的是人们观念结构的变迁、行为方式、生活方式、价值取向、思想观念以及科技文化素质的变化。②

陈鸿彬认为,乡镇企业的发展是农村城镇化的主要启动力量。乡镇企业是我国农村经济发展的一大特色。它是推动广大农村商品经济发展的主要力量,也是农村经济向市场经济过度的起点。同时,乡镇企业在农村城镇化过程中也起着重要的作用,它为小城镇发展提供了基本的条件。首先,乡镇企业的发展增加的乡镇的收入,为小城镇的建设提供了资金来源;其次,乡镇企业的发展吸收了大量的农村富余劳动力,并且它的集中又会促进相关产业,尤其是服务业的较快发展,引发富余劳动力的大规模聚集,从而推动小城镇的迅速崛起,促进了农村城镇化水平的提高;第三,乡镇企业完全的市场化运行机制为小城镇在

---

① 付晓东.中国城市化与可持续发展[M].北京:新华出版社,2005:78.
② 秦润新.农村城市化的理论与实践[M].北京:中国经济出版社,2000:90-96.

市场经济条件下的发展奠定了基础;第四,乡镇企业的发展进一步为小城镇建设提供了产业扩展的基础,企业和行业之间的亲和力,将产生显著的外部规模经济,推动企业、行业在空间上相对聚集。可以说,没有乡镇企业的集聚,小城镇的形成发展将缺乏经济支撑。①

(三)第三产业及新兴产业

第三产业和新兴产业是城镇化的后发动力。首先,第三产业通过为工业和城镇提供服务环境和基础条件,增强城镇的吸引力,为城镇化提供动力。其次,第三产业通过其较高的就业弹性推动城镇化的发展。新兴产业对城镇化的贡献体现在两个方面:一方面,新经济产业的不断出现为城镇经济注入了新的发展动力,促使城镇的经济成分多元化、产业发展科技化、生活环境生态化和城镇发展的可持续化等。通过这种变化,提高了城镇质量,增加了城镇的吸引力,变相地增加了"城镇供给"。另一方面,新经济产业增加了社会对城镇的需求。由于新经济产业对其他产业的依赖性较强,许多产业必须与传统的城市产业相结合才能成长与发展,因此,其行为主体为了追逐新经济的丰富利润,必然具有向城镇转换的倾向,从而增加了对城镇的需求。②

农业、工业以及传统和和新兴的第三产业都在不同程度上促进了城镇化的进程。在城镇化的产业动力机制中,可以分解出两大基本力量:即以农业发展为代表的农村"推力",和由工业化与第三产业为代表的城镇"拉力"。但工业化与第三产业对城镇化的作用又有着显著不同。工业化带来的是城镇规模的扩张和城市数目的增多,即主要是城镇化在"量"上扩张;第三产业是城镇化在"质"上的进步。③

四、城市经济

城镇化是农村地区不断被"城镇化"的进程,与农村经济相比,城市经济才是实现城乡一体化的主导力量。城镇化发展趋势已经成为不可逆转的潮流。随着这一潮流的推进,城镇和乡村的差距会越来越小,城镇和乡村的融合会越来越快,在城乡共同繁荣发展的过程中,城镇起着重要的支撑和领导作用。这主要是由于城镇:

---

① 陈鸿彬.农村城镇化研究、建设及管理[M].北京:中国环境科学出版社,2005:98.
② 钟秀明,武雪萍.城市化动力[M].北京:中国经济出版社,2006:90-92.
③ 钟秀明,武雪萍.城市化动力[M].北京:中国经济出版社,2006:92.

1. 聚集了强大的现代工业基础,生产集中,分工发达,协作面广,产销体系完善,这可以对广大的农村和腹地进行工业化辐射,按照产品生命周期规律和产业转移的趋势,大大促进农村地区的产业技术进步和技术改造,实现城乡专业化协作配套。

2. 汇聚了雄厚的科研力量、众多的人才和管理队伍,随着网络化的发展,可以对广大的农村和腹地进行知识化辐射,促进农村地区的智力开发,提高整个区域的素质与形象。而科技成果的开发与推广,也有利于包括农业技术的提高和进步。

3. 巨大的财力、物力、人力优势,形成了巨大的市场和经济发展的推动力,创造了巨大的就业吸纳市场,有利于农村富余劳动力的转移,推动着城镇化,同时,也创造了巨大的内需消费市场,为城乡经济合作与繁荣奠定了基础。

4. 城镇具有城镇化早一期的经验教训,可以对后来进行城镇化的地区进行引导和示范,以减少城镇化过程中的损失和浪费,这样可以少走弯路,加快城镇化进程。①

第二节 城镇化的政治条件

一、政府的宏观调控

(一) 区域经济尤其是城乡经济的宏观调控

根据发达国家城镇化发展的经验,尽管城镇化是一个在市场机制作用下不断发育的过程,但政府通过制度创新和宏观手段推动与调控农村城镇化进程,对于农村城镇化的健康发展是十分必要的。从一般意义上讲,政府在农村城镇化中的作用,主要表现在:第一,校正市场机制的缺陷。市场机制是一种"趋利"机制,在城镇化的拉动下,城镇的极化作用使农业生产要素,过多地流转到城镇的非农产业,使农业的健康发展受到影响;在城镇化的拉动下,农村地区的人口等发展资源向城镇集中,使农村地区出现了一定程度的凋敝;农村城镇化的推进若不注意生态环境保护,则会在农村地区形成环境污染问题。市场机制本身

---

① 付晓东.中国城市化与可持续发展[M].北京:新华出版社,2005:50.

无法纠正以上这些缺陷,需要政府通过制度的、法律的和政策的约束,纠正市场机制所形成的各种缺陷。第二,制定城镇化发展的法律并监督法律的执行,促进城镇化过程能够按照法律规定的要求和方向进行,是政府在农村城镇化中的一项基本职能。第三,在政策上扶持农村小城镇的发展。①

陈鸿彬指出,城镇化既是一个经济现象,也是一种社会现象。因此,不能单从经济角度来解释城镇化的发展。城镇化还受一定时期政府意向和国家相关政策的强烈影响。建国以来我国城镇化发展过程中每一个阶段都渗透着相应时代的政治影响及其相关的政策痕迹,折射着决策层对城镇化战略认识上的曲折反复。决策层主观认识的变化、政策的重大调整往往既可能是阻碍城镇化的主要因素,也可能孕育着城镇化发展的新契机。②

景春梅指出,中国城镇化与国外发达国家城镇化的过程相比有相同的地方,但也有自己的特殊性,对中国城镇化动力机制的研究必须考虑中国城镇化发展的特殊因素。政府及其制度创新是中国城镇化进程的主导动力。③ 黄升旗认为,我国城镇化发展的路径,是由一种双因素作用的合力推动的。一方面,它受到市场机制的推动;另一方面,它受到政府作用的推动。这种双向合力,使我国城镇化发展的进程呈现一种独特的发展道路。在推进城镇化的过程中,政府的积极引导和宏观调控是必不可少的,这既是世界各国城镇化的共同经验,也是我国社会主义市场经济体制的必然要求。为推动我国城镇化进程快速、协调、健康地发展,政府应积极发挥其引导和调控作用。④

发展中国家政府促进小城镇发展的举措一般有以下几个:第一,创造就业机会。第二,提供住房用地和基本服务。小城镇政府需要提供可靠的电力供应、水力供应、排污系统和卫生设施。第三,加强基础设施建设。对小城镇来讲,依靠一个由公路、通讯和服务组成的系统与农村、其他城镇和大中型城市联系起来非常重要。第四,保护环境。在小城镇中防止环境污染的一个常见方法是建立地方与国家的污染控制政策和标准并在小城镇中强制执行。应通过国家和地方立法控制地方企业的污染行为。⑤

---

① 冯海发.农村城镇化发展探索[M].北京:新华出版社,2004:325.
② 陈鸿彬.农村城镇化研究、建设及管理[M].北京:中国环境科学出版社,2005:106.
③ 景春梅.城市化、动力机制及其制度创新——基于政府行为的视角[M].北京:社会科学文献出版社,2010:61.
④ 黄升旗.我国城市化发展问题研究[M].长沙:湖南师范大学出版社,2010:118.
⑤ 陈鸿彬.农村城镇化研究、建设及管理[M].北京:中国环境科学出版社,2005:44-45.

政府宏观调控是关键。城镇化的发展虽然要以市场机制为前提,但这并不是说政府在城镇化进程中的作用就是可有可无的。由于市场的内在缺陷,政府必须充分理由规划、财税、行政手段来弥补市场机制的不足,在区域和城镇规划制定、基础设施建设、公共服务提供、环境保护及社会保障等方面进行有效的宏观调控,促进城镇化的健康协调发展。目前,全球各地区域市的发展,在宏观上更多地表现为以全球城市或国际城市为核心的城市群及城市连绵区在全球范围内的职能分化、市场竞争与协作,这在客观上要求我们在推动城镇化的进程中必须强化政府宏观调控的作用,重视区域共同市场的建立,促进区域经济的一体化发展。可以说,建立科学合理的政府调控体系、实现政府有效的宏观调控是在市场化机制基础上推动城镇化进程稳定持续发展的重要保障。①

(二)制订城市总体规划,引导城市化进程

城市总体规划是政府的职责,同时也是政府服务于城镇化的基础平台。政府要对城市发展行使总体规划权,以决定各种城市资源未来的适用、运作和发展形态。在城镇化进程中,城镇总体规划更应该发挥宏观调控的作用,以政策、法规、设计规范等手段体现和落实有效节约土地的宗旨,贯彻可持续发展的原则。因此,政府要充分利用城镇总体规划的手段,引导城市化进程的发展。

加强基础设施建设,推动城镇化进程。城镇公共基础设施的提供,是政府对城镇化推动的一个重要方面,就是要继续保持或进一步加大政府的财政支出,加强城镇基础设施建设,提供城镇"公共产品"。政府在加大对城镇基础设施投资力度的同时,还要注意提高公共物品的建设效率和利用效率,这就要求政府改变原来一元投资的模式,要以政府投资带动其他投资,并以合理的优惠政策吸引和鼓励各类资本参与城镇建设,从而提高城镇建设的市场程度,形成城镇建设的多元投资体系和市场化运作的新机制。与此同时,政府还应该培育和完善劳动力、金融、技术、信息、房地产等各类市场,规范市场秩序。要改革城镇的管理体制,提高政府的综合管理水平,简化和公开办事程序,强化服务意识,提高办事效率。为各类主体的投资创业和兴业创造优良的服务环境和市场环境,引导企业向城镇集中,推动城镇化进程的发展。②

---

① 杨眉.城镇化的发展规律、原则及路径[J].城市问题,2012(8).
② 黄升旗.我国城市化发展问题研究[M].长沙:湖南师范大学出版社,2010:120.

二、制度变革

（一）多层面的制度变革

钟秀明、武雪萍指出，一个国家的制度一经形成，该制度对社会经济生活的影响将是强制的和永久的。如果一个国家正处于制度变革之中，那么制度变革本身就会作为一种最为主要和最为强烈的要素影响着社会的变革。在城镇化进程中，各种经济和政治制度都直接或间接发挥着重要的作用，合理的制度可以推动城镇化的发展，成为城镇化的重要动力；而不合理的社会制度则制约和阻碍着城镇化的发展，不利于城镇化的推进。而在影响城镇化的各种制度中，土地制度、就业制度、人口制度、社会福利制度的作用尤为重要。①

城镇化作为伴随着社会经济增长和结构变迁的而出现的社会现象，同样与制度的安排及其变迁密切相关。城镇化进程中的制度安排和变迁，不仅反映在一个国家或地区的城镇发展政策上，而且还会通过产业转换和经济要素流动安排或促进或延缓或阻碍城镇化的进程。如果缺乏有效的制度，或者政府提供不利于生产要素重新积聚的制度安排，即使发生了结构转换和要素流动，亦不一定能够促进城镇化或城镇的正常发展。

对于处于体制转轨时期的中国，制度因素更是成为影响城镇化发展的最重要的因素之一。具体来说，制度对城镇化的推动作用表现在：第一，通过良好的制度设计可以降低信息不对称、存在外部性与机会主义等条件下的不确定性，有效降低交易成本，提高交易效率，促进城镇化的发展。第二，在宏观的角度来讲，城镇化实质上是国民经济格局的调整在空间上的表现，是资源在空间上的重新配置。通过合理的制度安排，能够满足各类交易主体的需要，为交易双方提供有效的激励，激发交易双方参与城镇化的热情和积极性，有助于提高城镇化的资源配置效率。第三，作为人们在竞争与合作中经过多次博弈而形成契约的总和，制度的规范作用可以为广泛社会分工中的合作提供一个基本的框架，有助于交易双方形成长期稳定有效的合作关系，而这正是推进城镇化主要因素之一。②

具体而言，对于促进城镇化进程而言，具体的制度变迁包括：

---

① 钟秀明，武雪萍.城市化动力[M].北京：中国经济出版社，2006：92.
② 景春梅.城市化、动力机制及其制度创新——基于政府行为的视角[M].北京：社会科学文献出版社，2010：61.

1. 建立科学的政绩观和官员考核制度

城镇化是直观的经济社会现象之一,当前城镇化发展的速度及水平是构成政府政绩的重要元素,这是刺激政府不惜以机会主义行为推动城镇化发展的主要诱因之一。因此,要想遏制此类情况的发生,首先必须建立与公众和社会的长远利益相一致的科学的政绩观及官员的考核制度。[①]

2. 建立财权和事权相对称的财税制度

地方政府事权与财力的不对称以及土地制度缺陷带来的利益空间,使以经营土地为核心的畸形城镇化成为地方政府在现行制度下的必然选择。目前我国中央与地方政府之间的事权划分与财力配置之间存在着严重的制度性缺陷。而城镇政府财权与公共服务事权的不对称,缺乏稳定的、能随人口增加而增长的财政资金渠道,是城镇政府不愿意接受农民进城落户的重要原因。[②]

3. 形成多元化的城镇投资融资制度

城镇基础设施建设主要依靠财政性资金并由政府垄断经营的体制,不利于将强城镇基础建设,不适应城镇化加速发展的需要。要按照政企分开、政事分开、企业与事业分开、营利性单位与非营利性单位分开的原则,推进城市化基础设施领域的产业化改革。能够实行产业化经营的事业单位,要改制为独立的法人企业。打破政府有关部门对基础设施建设和运营的垄断,开放城镇基础设施的建设市场和运营市场,并放宽市场准入的条件。建立公开招标、合同约束、授权经营的政府特许经营制度。对确需政府提供的公共服务,政府要履行好职责,提供优质服务。[③]

4. 深化农村集体土地流转制度改革

农村集体土地不仅是农民获取收入的主要生产资料,在一定意义上也是农民的基本社会保障。农民无法从"土地城镇化"即土地产权转让和土地用途变更中得到足够的收入,失地农民缺乏进入城镇定居的生活保障和创业资本。要进一步深化农村集体土地流转制度改革,为农民进城开辟创业资本和社会保障资金的渠道。进一步完善农村土地承包经营制,不断提高农地的利用效率,实

---

① 景春梅. 城市化、动力机制及其制度创新——基于政府行为的视角[M]. 北京:社会科学文献出版社,2010:151.

② 景春梅. 城市化、动力机制及其制度创新——基于政府行为的视角[M]. 北京:社会科学文献出版社,2010:152.

③ 景春梅. 城市化、动力机制及其制度创新——基于政府行为的视角[M]. 北京:社会科学文献出版社,2010:153.

实在在地调动广大农民的积极性。①

5. 建立全国统一的社会保障体系

城镇化的本质是农村人口彻底脱离土地、完成从就业方式到生活方式的根本性转变。城镇化要以人为本,而不是以建筑为本。社会保障体系的建立和完善是以人为本理念的最集中的体现。因此,今后在推进城镇化的进程中,政府需要在完善社会保障制度方面加大力度,逐步建立全国统一、覆盖城乡的社会保障体系。②

(二) 以户籍制度改革为切入点

户籍政策是我国城镇化进程中备受诟病的话题之一。户口是计划经济体制烙在公民身上的最深印痕,将人口划分为非农业人口与农业人口,实行严格迁移管制的户籍管理制度,是城乡分割体制的主要标志。打破城乡分割的二元体制,必须逐步废除现行户籍管理制度,建立城乡居民自由迁移的人口管理制度。③

取消户籍制度,提高人口流动性。从某种角度而言,城镇化可归结为非农人口的增加或农业人口的减少,因此废除抑制城镇化进程的体制壁垒,尤其是解决农业人口与非农人口之间的流动限制,应该是今后我国政府推动城镇化进程的主要政策选择。要改变我国这种存在已久的城乡分割的现状,政府应首先从改革户籍制度入手,消除农民进城的各种阻力,建立市民与村民之间的平等关系。有关部门应该抓紧清除各种人为的障碍,尽可能地打开城门,降低门槛,确保人口流动性特别是在全国范围内流动性的提高,这也是促使资源合理配置,使人口布局符合经济规律的制度需求。同时,政府还要合理修正城镇建制制度,使行政区划的设定不再成为城镇化进程的障碍,保证城镇发展的自然地缘性,从体制的角度为推动城镇化进程做好准备。④

三、转变政府职能

在我国的城市化进程中,最缺乏的就是具有激励功能和约束功能的制度,

---

① 景春梅.城市化、动力机制及其制度创新——基于政府行为的视角[M].北京:社会科学文献出版社,2010:155.
② 景春梅.城市化、动力机制及其制度创新——基于政府行为的视角[M].北京:社会科学文献出版社,2010:158.
③ 景春梅.城市化、动力机制及其制度创新——基于政府行为的视角[M].北京:社会科学文献出版社,2010:156.
④ 黄升旗.我国城市化发展问题研究[M].长沙:湖南师范大学出版社,2010:119.

制度瓶颈使得经济发展中的各种要素难以通过市场机制有效地配置。因此,优化政府行为、加快城市化进程的关键在于进行制度创新。①

实现政府职能的转变。实现从计划经济体制下管理型政府向市场经济体制下公共服务型政府的转变,可以克服计划经济体制的"路径依赖",提高政府的运行效率。中国的城镇化亟须对政府的角色定位、政府的职能、政府行为的方式及范畴等进行重新定位,即进行政府再造,使政府职能向有限且有效的方向发展。在城镇管理中,政府的规模、职能、权力和行为方式都要受到相应法律和社会的严格限制与有效制约;政府不仅要协调宏观政策,促进社会公共利益,还要制定相应规则,以发挥市场机制在城镇发展和管理中的基础配置作用,加大对城镇公共产品的供给力度,提供更多的公共服务。同时,城镇公共政策的制定要充分考虑国家的区域发展战略、城镇发展定位、城镇内产业布局的整个大背景,科学决策、优化执行机制,既要保证城镇发展政策的有效性和可行性,又要保证政策对于环境的适应性和对于目标群体的可接受性,从而使政策在执行过程中得以顺畅而有效地运行,避免出现政出多门和政策扭曲的现象,增强政府行为的有效性。②

转变城镇政府职能,建立以服务为重心的社会管理模式。以经济管理为中心的惯例模式已无法适应城镇化的需要,亟需改革。政府首先要明确自身的职责是为城镇的生产和社会的发展创造良好的社会环境与物质条件。因此,要把那些辖区内与城镇建设和管理密切相关的、与市民直接相关的事务交由政府全权管理,以增强城镇在经济社会科学技术、文化教育等方面的吸纳力和辐射力。同时,要创造条件,弱化城镇政府的经济管理职能,使其能够集中精力做好城镇的规划和管理工作。随着城市化发展的进程,政府逐步将其职能重心转向城市的社会管理与服务,最终建立一种以服务为重心的新的社会管理模式。③

四、构建公共参与的市政机制

政治现代化发生在城镇社会这样一个特殊的场景中,可以理解为城镇政府与广大城镇居民之间形成良性互动关系的过程。因此,城市政治现代化应包括

---

① 景春梅.城市化、动力机制及其制度创新——基于政府行为的视角[M].北京:社会科学文献出版社,2010:150.
② 景春梅.城市化、动力机制及其制度创新——基于政府行为的视角[M].北京:社会科学文献出版社,2010:151.
③ 黄升旗.我国城市化发展问题研究[M].长沙:湖南师范大学出版社,2010:121.

城镇居民广泛地参与城镇社会生活,形成积极的参与型的公民文化,提高实际参与能力,进一步促使城镇政府扩大城镇居民参与的深度与广度,实现参与渠道的多样化和参与的有序化,这是公民政治参与的扩大化在城镇政治现代化中的具体体现。①

政府决策的失误往往来自公众参与机制的缺失。应该在城镇化政府决策中逐步建立和完善公众参与机制。城镇治理的根本目的是实现居民福利的最大化,市政当局应当对居民的需求有充分及时的把握,使政府的决策充分体现公众选择的结果。这样,就可以避免很多地方城镇化中出现的政绩导向或劳民伤财的政府行为。因此,需要建立有利于居民广泛参与、各种不同利益相关者能够充分发表意见的市政机制。政府的信息披露、市政审议会、听证会、市政监督员、行政首长定期接待城镇居民来访等都是值得借鉴的制度设计。②

第三节 城镇化的社会条件

一、自由的人口流动

几乎所有市场经济体制比较健全的国家,城镇化的水平都比较高,相反,非市场经济国家的城镇化水平比较低。市场经济制度是促进人口和资源向城镇加速集中的基础性机制,城镇化进程加速推动的基本途径是人口、资源等经济要素的自由流动,不存在任何的依附关系。先行城镇化国家经验表明,依附关系越显著,越阻碍人口和经济要素的流动,同时也就越阻碍着城镇化的快速推进。我国城镇化进程落后于工业化和经济发展水平,原因之一就是户籍制度的制约。户籍制度在历史上对证明公民身份、保障公民的合法权益和权利、提供人口资料、保证计划经济体制的运行、维持社会秩序、保持社会稳定、调节和控制城镇人口有序地增长诸多方面起到了重要的作用。社会主义市场经济体制的建立和发展,要求城乡劳动力、资金等资源按照市场经济规律有效配置,但是我国现行的户籍管理制度,依然用行政手段把城乡人口划分成福利待遇、发展

---

① 章友德. 城市现代化指标体系研究[M]. 北京:高等教育出版社,2006:299.
② 景春梅. 城市化·动力机制及其制度创新——基于政府行为的视角[M]. 北京:社会科学文献出版社,2010:154.

机遇、社会地位很不平等的两大社会群体,这种分类既不符合社会主义社会消灭城乡差别的要求,也不符合市场经济体制发展的要求。户籍制度阻碍了城镇化发展的进程,计划经济条件下,由于户籍依附关系的存在,人口被严格地固定在组织结构中,户籍制度建设滞后已经阻碍了农民向城镇人口的转变,给城乡经济的协调发展,特别是农村经济和社会发展带来不利,强化了城乡二元经济结构,阻碍了农村经济结构的转变和发展,造成了农村自给自足的生产方式和农民工"候鸟式"生活方式的长期延续。非农化的人口虽然一年中大部分时间在城镇中工作、生活或从事非农化产业,但是其"根基"在农村,其消费方式、消费结构不容易发生改变,生活方式并没有城镇化。事实说明,我国的城镇化是在制度尚未完善的宏观环境下推进的,没有完全摆脱计划经济体制的影响,市场在城镇化资源配置中的基础作用没有得到充分发挥,这不仅制约城镇化的推进,也是使经济社会发展难以进入良性循环的因素,原因是农村中积累的剩余劳动力制约着农业劳动生产率的提高,使"三农"问题日益突出,现行的户籍管理制度在一定程度上阻碍了农村剩余劳动力向城镇的彻底转移。①

  户籍制度改革的初衷和最终目的是淡化对人口流动的约束,促进农村剩余劳动力的转移,优化配置人力资源,加快城镇化建设的脚步。实行户籍制度改革有着多重价值取向,是一个由短期目标和长期目标交错构成的渐进的改革过程。在道义和理念的层面上,要对人的基本权利即居住和迁徙自由、择业自由的重新肯定;在国家发展战略上,要为推进城镇化发展战略提供制度保障,让人们的迁徙、移居自由取决于更市场化的城镇管理制度;在人口惯例的技术层面上,要废除已滞后于社会发展的二元管理结构,建立科学化、高效率、城乡一体的户籍登记、迁徙、管理体系;在市场经济发展的层面上,要有利于促进人口的合理流动,建立全国城乡统一的劳动力市场;在社会发展的层面上,要为建立全面的社会保障系统和个人信用系统提供一个基本的制度模板。因此,推进户籍管理制度改革的基本思路是:尽快打破农业和非农业户口管理二元结构,按照在居住地登记户口的原则,建立全国城乡统一的户口登记管理制度;逐步放宽户口迁移的限制,以具有合法固定的住所、稳定的职业或生活来源为基本落户条件,调整城镇户口迁移政策,根据经济、社会发展的客观需要和社会的综合承受能力,最终实现户口自由迁徙;逐步剥离各有关部门附加在户口管理上的诸多行政管理职能,弱化户籍背后的利益关系,恢复户口管理作为民事登记的基

---

 ① 黄升旗.我国城市化发展问题研究[M].长沙:湖南师范大学出版社,2010:111.

本社会职能,实现由"户"的管理向"口"的管理转变;抓紧制定户籍法,完善户籍管理工作的法制化。①

不可否认,城乡隔离的户籍制度是农村人口向城市流转的重大制度障碍。因此,要实现农村工业化与城镇化的同步发展,就需要对现行的户籍制度进行一定的调整。户籍制度的改革应该分步进行,分阶段推进。在近期内,可以先放开县城及县属建制镇的城镇户口,在这一范围内取消农村人口和城镇人口的区别,对人口实行统一的社会身份,允许农民自由地进入,自由地长期居住和从事经济活动。经过一定时期的发展后,中等城市的城镇户口政策也逐渐完全放开,允许农民自由地在中等城市及其以下的城市(镇)中居住和从事经济活动。在此基础上再逐渐放开大城市和特大城市的户口政策。②

二、劳动自由与充分就业

(一)城乡统一的劳动力市场

限制农业劳动力向城镇转移,这将滞缓农村城镇化进程。从根本上讲,保护城镇就业市场、把城乡劳动力市场割裂开来的政策取向,是与我国经济发展的长远目标相悖的,必须调整。调整的核心是建立起一个城乡统一的劳动力市场,实行就业岗位的公平竞争,彻底消除限制农村富余劳动力进入城镇就业和生活的各种制度性障碍,为农村富余劳动力向非农产业和城镇流转创造良好条件和环境。③

提高城镇化质量的关键是实现产业集中和人口集中。城镇化质量的高低在于其吸引力,即能否使所处区域的劳动力、资本向城镇集聚。城镇化从现象上看,表现为人口的集中,实质上表现为产业的集中。只有实现了产业的集中,才能够吸引人口的集中。因此,产业集中是小城镇质量提高的必要条件,人口集中是小城镇质量提高的充分条件。产业集中是指在某一特定区域,在地理位置上集中的企业和其他组织的集合。产业集群不仅包括一批对于竞争起着重要作用的、相互联系的产业和其他实体,而且包括向下延伸到消费渠道和客户,并从侧面扩展到辅助性产品的制造商,以及与技能技术或投入相关的其他企业;还包括间接联系的如提供专业化培训、教育、职业培训的机构,提供法律、商

---

① 陈伟.浅议我国户籍制度改革的若干问题[J].福建农林大学学报(哲学社会科学版),2007(6).
② 冯海发.农村城镇化发展探索[M].北京:新华出版社,2004:170.
③ 冯海发.农村城镇化发展探索[M].北京:新华出版社,2004:171.

务咨询的机构,提供融资、物流服务的机构等。产业集群是一种网络形式的产业组织形式,不同于传统的等级形式(单体企业)和纯市场形式。它比市场稳定,却又比等级组织灵活,是一种"有组织的市场"。相关的企业群居一地,客户、供应商以及本行业的同类、相关行业聚集在一起,形成网络型的产业组织。①

产业集中带动人口集中,是提高城镇化质量的基本途径。农村城镇化质量的提高,首先体现在城镇具有较高的竞争力上。再推进产业集中和人口集中的过程中,在我国目前的条件下,尤其要重视的是以制造业的集中来带动产业集中,同时提高劳动力市场的有效性,把产业集中转变为人口集中。只有这样,才能顺利实现劳动力从分散的农村向城镇集中地转移,这样的城镇化才是值得追求的城镇化,才是有质量的城镇化。如果不能有效地促进产业集中和人口集中,而是建立起一座座空城,那不是我们追求的目标,因为这样的城镇化没有任何价值。第一,提高劳动力市场的有效性,以产业集聚带动人口集中。所谓劳动力市场的有效性是指劳动力市场能够根据市场需求进行自由调节。第二,以制造业集聚推动产业集聚。产业集聚是人口集中并实现城镇化的前提,我国的大城市的产业集聚已经到了比较高的水平,所以尽管有户籍制度和用工制度的种种限制,仍然有来自乡村的劳动力源源不断进入大城市。现在的问题是,小城镇的发展并没有实现产业的集聚,我们指望通过放开小城镇的户籍制度就可以推动城镇化是不可能的。从世界城镇化的历史来看,基本上都是先有市后有城。因此,在小城镇发展的过程中,必须产业集聚先行。产业集聚的第一步是制造业的集聚。②

(二) 科学合理的就业制度

在城镇化进程中,城镇规模越大,所生产的聚集效应和经济效益就越高,城镇正是以这种内在的动力机制,不断扩大城镇的空间和人口的容量,推动着经济发展和城镇化的进程。也就是说,城镇就业人口的增加,既取决于城镇经济发展对劳动就业岗位的创造能力,也与就业制度和就业机制密切相关。在就业机会既定的情况下,合理的就业制度会更好地满足人们的就业需求。在我国现阶段,科学合理的就业制度,不仅有利于化解就业压力,有利于提高就业质量和劳动者的整体素质,有利于整个国民福利的最大化,也有利于吸收更多的农村剩余劳动力,还有助于就业观念的更新,增强就业竞争力,加快城镇化的进程。

---

① 陈鸿彬.农村城镇化研究、建设及管理[M].北京:中国环境科学出版社,2005:140.
② 陈鸿彬.农村城镇化研究、建设及管理[M].北京:中国环境科学出版社,2005:140-145.

在城镇化进程中,我国面临非常大的就业压力,进一步推进就业制度改革,就要建立健全市场化的就业机制,形成适应市场经济的变革。①

三、城乡一致的价值观念

人的行为是由观念决定的。因此城镇居民的价值观念就理所当然地成为城镇社会现代化的重要组成部分。一个社会的整合状况与人的价值观念是否协调一致有关。

然而在现实当中,城与乡的差距不仅是物质上的,而且是观念上的。城市人生活在基础设施发达,就业机会更加多元的环境里,与生俱来有一种凌驾其他人的优势。这种优势不仅表现为外在的成功机会,而且表现为社会对个人的评价。相比之下,农村人始终脱离不了乡村的气息,从方言使用到行为习惯,他们被排斥于公平机会之外。即便是在城市奋斗多年,已经彻底融入城市生活的农村人,他/她仍然怕被人提及农村的回忆。当然,更多的情况是,一方面部分城镇人口对农业转移人口存有偏见,另一方面农业转移人口缺乏城市生活的适应性和归属感,城乡之间文化障碍越来越成为两个时代、两种文明的差异。②

事实上,城市和农村是不同的文化形态,代表着不同的生活方式,背后带有深刻的价值观念差异。这种价值观念来源于城市与农村的差异,最后又固化了二者的差异。价值观念决定了人们的行为的选择和行动的方式,只有在社会价值观念整合的情况下,才能更好地保证社会的稳定和发展。在中国的传统文化中,儒家思想以建立秩序为终极目标,体现在思想文化和价值方面就是表现为对和谐社会的追求。③城市和农村原属于不同的文化形态,在城乡一体化进程中,随着城乡外在差异的缩小,如环境、基础设施、户籍制度等,必然在观念上影响人们对城乡的看法,进而逐步在观念上实现城乡之"和"。

四、完善的城镇基础设施建设与社会保障制度

(一) 完善的城镇基础设施建设

城镇基础设施是和城镇化进程相伴而生的。城镇基础设施是城镇的物质载体,是维持城镇经济和社会活动的前提,是城镇存在和发展的基本前提。城

---

① 黄升旗. 我国城市化发展问题研究[M]. 长沙:湖南师范大学出版社,2010:113.
② 魏后凯,等. 中国城镇化:和谐与繁荣之路[M]. 北京:社会科学文献出版社,2014:116-117.
③ 章友德. 城市现代化指标体系研究[M]. 北京:高等教育出版社,2006:124.

镇化是经济发展的必然趋势,城镇是经济活动高度集聚地,城镇的基础设施为聚集提供了最基本的物质条件,并对聚集起着推动的作用。城镇基础设施水平的高低是衡量城镇化质量的重要标志之一。城镇基础设施是一个由若干完整的独立运作的子系统组成的相互联系、互为条件、协调运转的大系统。城镇基础设施系统主要由能源、供水排水、交通、邮电通信、环境、文教卫生和防灾系统组成。①

(二) 完善的社会保障制度

城镇化需要规范的社会保障制度。社会保障制度是市场经济的核心制度之一,也是保障城镇化稳定发展的核心制度,城镇化进程中的社会保障制度建设尤为重要。②

社会环境建设,是农村城镇化各方面建设的必要的社会条件。要搞好社会环境建设,必须改革和完善社会保障制度,认真做好社会救济、社会福利、社区服务等工作。社会保障,是指政府和社会依据一定得法律和规定,对公民在年老、疾病、伤残、失业、生育、死亡、遭受灾害、面临生活困难时给予物质帮助,以保障公民基本生活需要的社会安全制度。在我国,社会保障包括社会保险、社会救济、社会福利、社会服务、社会优抚等内容。社会保障制度是国家的基本制度之一,它有利于帮助社会成员中的弱者和困难者,缩小贫富差距,促进社会公平;有利于缓解社会矛盾,消除社会成员的不安全感,促进社会公平;有利于改善居民生活环境,提高社会成员的生活质量,促进社会的发展。③

五、和谐的生态环境

走中国特色的生态城镇化道路。我国的城镇化将进入高速发展阶段,较快的城镇化进程在为国家经济发展提供足够空间的同时,也一定会给区域生态环境带来较大的冲击。而一旦生态环境遭到破坏,失去平衡,就会影响和阻碍今后社会经济和城镇化的持续发展,甚至给国家带来严重的灾难。因而在今后的城镇化建设过程中,我们不能再走过去先发展后治理的老路,必须坚持建设生态城镇,走可持续发展之路。我国面临巨大的人口压力和日益紧张的自然资源,有不少面积的土地其生态环境本身就脆弱,有限的环境容量亦不允许我们

---

① 黄升旗.我国城市化发展问题研究[M].长沙:湖南师范大学出版社,2010:109.
② 黄升旗.我国城市化发展问题研究[M].长沙:湖南师范大学出版社,2010:113.
③ 秦润新.农村城市化的理论与实践[M].北京:中国经济出版社,2000:148-149.

走和英美等发达国家一样的城镇化道路。结合我国国情,今后的农村城镇化要以经济建设为中心,以改善农村区域环境质量和保护人民群众健康为目标,提高城镇可持续发展能力,实行区域环境综合整治,保护农村地区及其城镇环境,保障城镇环境安全,靠中国人的智慧建设人口多、生态良好、环境优美的农村城镇,走生态城镇化道路。[①]

第四节 城镇化的文化条件

一、人才培养

(一) 人才是基石

城镇化的发展是以产业的聚集为依托的,这是推进城镇化进程必须遵循的根本规律,但产业的聚集和发展又依赖于人特别是人才的积极性和创造性的发挥。人是最活跃的生产要素,而且是最具有创造性的生产要素,没有人的创造性的发挥就没有产业的发展,也就谈不上真正意义上的城镇化的实现。因此,推进城镇化的发展必须重视各领域人才的培养,提高各领域劳动力的文化和技术素质。这是城镇化可持续发展的基石之一。[②]

(二) 加强国民素质教育,把人口大国转变成人力资源强国

我国人口众多,国民总体教育水平与科学文化素质偏低,劳动力总体文化程度低下,尤其是占人口绝大多数的农村人口的科学文化素质偏低,全国高、中、低端人才数量不足,严重制约着我国产业结构的提升和经济增长方式的转变。在这种教育和科技发展形势下,我国庞大的人口数量演绎出的已不是人口资源,而是劳动力负担,是严重的人口问题,因此加强国民的素质教育是当今城镇化进程中最为迫切解决的问题之一。我们首先要对农民加强教育,提高农民的综合素质。政府应把农民教育当作解决"三农"问题的首要任务来抓,制订一个切实可行的计划方案,制定相关的激励政策,采取切实有效的措施,并坚持不懈地认真落实,使农民的文化科学知识逐步提高,基本能够适应农业产业化的

[①] 陈鸿彬.农村城镇化研究、建设及管理[M].北京:中国环境科学出版社,2005:49.
[②] 杨眉.城镇化的发展规律、原则及路径[J].城市问题,2012(8).

要求。只有这样才能在农业生产、农产品加工、农产品经营及社会服务等方面实现农民的职业转换,也才能最终实现农民与土地等生产资料的剥离,实现生产的集约化、规模化和现代化、效益化,进而实现农村的城镇化和农民的富裕化,最终解决"三农"问题,提升全国劳动力的整体素质,使我国成为人力资源强国。①

(三) 人才培养离不开教育,因而要大力支持城乡教育事业发展

从农民变为城镇居民并不是简单的户籍和身份的改变,而是素质、能力、价值观念、思维方式、生活方式的全方位转换和提升,这些都需要通过农村城市化来实现。城乡教育资源分配的差距、受教育机会的不平等等因素,导致农村义务教育落后、进城农民工的子女教育受限等问题,使得农村劳动力素质低、技能差,农民转变为城镇居民的过程缓慢,严重阻碍了我国城镇化的进程。②

二、科技发展

中国农村要实现城镇化、现代化,要在发展科技、普及教育、繁荣文化、保障健康等方面做不懈的努力,只有这样,才能为农村城镇化、现代化注入活力,并增添发展后劲。为促进我国农村科技的进步,实现科技的城乡协调发展,加快实现农村城镇化,应采取以下措施:第一,深化科技体制改革,形成符合社会主义市场经济要求的科技体制和机制。第二,改革现行科技投入体制。第三,制定适合我国国情的城乡科技协调发展政策和规划,加大城市科技支援农业与农村经济发展的力度,提高乡镇企业的科技水平。第四,加快农业和农村科技人员的队伍建设。第五,加强农业科技的国际交流与合作,加强乡镇经济活动中科技活动的国际交流与合作。当然科学技术要以一定的文化水平作基础,科技和教育不可分,要发展农村科技,必须依靠人才,人才要靠教育培养,农村要实现城市化,必须加强农村教育工作,提高农村人民的文化水平,这是农村重大的建设任务,也是最艰巨的任务。③

三、文化的凝聚力和辐射力

文化最大的特质,就是具有极强的渗透性、持久性,像空气一样无时无处不

---

① 陈鸿彬.农村城镇化研究、建设及管理[M].北京:中国环境科学出版社,2005:47.
② 景春梅.城市化、动力机制及其制度创新——基于政府行为的视角[M].北京:社会科学文献出版社,2010:157.
③ 秦润新.农村城市化的理论与实践[M].北京:中国经济出版社,2000:160-161.

在，能够以无形的意识和无形的观念深刻影响着有形的存在，深刻作用于经济社会发展和人们的生产生活。

城镇是政治、经济和文化的集合体，城镇的发展是系统化、综合化、可持续和不间断的发展过程。城镇化不仅仅是城镇面貌的改善和农民身份的改变，更是城镇发展理念、发展战略和发展思路的根本性变化。

在农村人口向城镇迁徙的进程中，文化的凝聚力和辐射力是一个关键性因素。文化自觉是一个民族、一个政党在文化上的觉悟和觉醒，包括对文化在历史进步中地位作用的深刻认识，对文化发展规律的正确把握，对发展文化历史责任的主动担当。文化自觉是一种内在的精神力量，是对文明进步的强烈向往和不懈追求，是推动文化繁荣发展的思想基础和先决条件。文化的觉醒对于一个民族的传承、沿袭和发展具有核心作用和关键意义，文化的自觉一旦植根于民族基因，凝练于民族历史演变，便可产生强大的凝聚力。尤其是在全球经济文化一体化的时代境遇下，一个族群的生存和发展不再局限于他们的村落生活，而是在基于生产要素流动和市场资源配置的产业环境中，寻找共同的文化基因。

文化自觉是城镇化的根基，是城镇化过程中人的内在精神动力，代表了城镇化过程中的软实力。新型城镇化是"资源节约、环境友好、经济高效、社会和谐、城乡互促共进、大中小城市和小城镇协调发展、个性鲜明的城镇化"。新型城镇化对城乡发展过程中文化的传承、文脉的延续和历史的记忆提出了新的使命与要求，以文化自觉推动城镇化进程，以特色文化资源的市场化与资本化进程驱动特色产业集群的形成，为新型城镇化提供了有益的实践和有效的模式。

随着科技进步和知识经济的迅猛发展，文化已渗透到经济社会发展的全过程，日益成为经济发展的基础资源。文化自觉日益成为价值创造的重要支点，文化创新则成为市场竞争的关键所在。这一背景下的城镇化，是以文化自觉为灵魂，以社会生产方式为前提，以城镇结构的优化为目标的城镇化，是科学、生态、以人为本的城镇化，更是传承文化基因、存留文化记忆和延续文化历史的城镇化。

文化自觉作为一种意识，本身具有极强的创造性和开拓性。能够明白自身的过去和现在，知道自身的优劣强弱所在，知道其他文化对自己的补益和针砭作用，能够理性地把握自身未来的发展趋向，就会努力去创造未来，开拓未来，更新自身，发展自身。新型城镇化之路必须以文化自觉为思想导向，在尊重文化发展规律的前提下，挖掘现今文化基因，传承民族文化传统，在城镇建设扩张中,延续城镇文脉,绵延城镇记忆,优化城镇结构。

城镇化是为适应产业结构调整和经济发展需要做出的战略调整,是为创造优化合理的生存空间和消费结构做出的发展布局,城镇化不应该泯灭文化特色、淡化文化传统、消解文化基因,而是在基于文化认同的前提下,以文化自觉为内在的精神力量,以文化创造力激发人们探索集约高效、功能完善、环境友好、社会和谐、个性鲜明的新城镇发展空间的主体行为。①

四、城镇文化建设

城镇是人类社会物质文明和精神文明的结晶,作为人类文明的产物,其本身就承载着一定的文化和历史积淀。城镇文化建设即将这些有价值的文化和历史积淀融入到新时代的精神风貌之中,为城镇化的推进奠定坚实的文化基础。因此,城镇文化建设既是城镇化进程中的重要组成部分,同时也是城镇化进程中必不可少的保障力量。城镇文化实质上是城镇的建设环境以及生产和生活活动的总和,表现为物质形态和非物质形态两个方面。其中,建成环境包括城市的布局、建筑、风貌和自然环境等,属于物质形态方面;而生产和生活活动包括城市的生产和生活活动的方式以及城市居民的思想与行为,如语言、文字、饮食习惯、娱乐方式、节日活动、信仰、道德、风俗习惯等,均属于非物质形态方面。加强城镇文化建设,对于全面提高城镇居民的文化素质和各项事业的文化含量,提升城镇文化品味,以及推进城镇化进程具有重要的作用。因此,城镇化进程中的文化建设应当引起我们的高度重视。②

城镇化进程中的文化建设,既要弘扬革命传统,又要与现代化进程密切结合,同时应通过政策、法律、法规上给予的相应的保障,在城镇规划、城镇建设中体现城镇文化。城镇文化建设应遵循如下原则:

(一) 形神兼备原则

城镇是社会文化的综合成果,它反映着所处时代的社会、经济、科技、生活等众多方面。城镇化进程中的文化建设,不仅要研究城镇的外贸、建筑特征以及文物古迹等外部的视觉感受,更重要的是要研究城镇的精神和特质感受,要深入城镇发展形成的因素中去认识它,将发掘城镇的特色内涵与城镇建设进行

---

① 齐骥.源于文化自觉的城镇化路径——中国城镇化新探索:来自西藏拉萨大北郊的启示[J].城市观察,2013(1).

② 黄升旗.我国城市化发展问题研究[M].长沙:湖南师范大学出版社,2010:114-115.

有机的融合。

（二）兼容并蓄原则

城镇是一个活的机体,始终处于新陈代谢的状态。而城镇文化又是一个多元文化的综合体,它既包含精神文化又包含物质文化,既包含现代文化又包含传统文化,既包含本地文化又包含外来文化。城镇化进程中的文化建设,要把城镇文化的地域特点与古今中外文化相融合,构架起有特色的城镇文化风貌,在兼容并蓄中使自己的特色更"特",在对比中使自己的优势更"优"。

（三）与时俱进原则

城镇的性质和发展方向,要根据其历史特点和在国民经济中的地位与作用加以确定。城镇化进程中的文化建设,既要考虑到如何逐步实现城镇的现代化,又要考虑到如何保护和发扬城镇固有的历史文化特点,即实现城镇的历史文脉与现代化建设的进程有机融合。①

我国城镇作为社会发展和进步的结晶,承载和凝聚着大量的民族和文化遗产,成为中华文明历史的见证,是多民族文化共同繁荣的体现,保护和承载这些优秀的历史文化遗产,延续中华民族文化,开创富有时代精神的城镇文化建设是推动城镇化发展的重要内容。

加强公众和政府的城镇文化保护意识。城镇文化是人类文化遗产的组成部分,城镇中的历史文化古迹和遗产,是城镇人民共同的财富和资源。保护这些遗产,保护城镇的文明史,是城镇政府和人民应尽的义务和责任。尤其是在目前城镇快速发展,而精神文明相对落后的状况下,更需要加强宣传和教育,提高公众对保护城镇文化重要性的认识,并动员他们积极参与,开展保护工作。

保护城镇风貌,创造城镇特色。城镇特色和风貌是一个综合性的概念,是城镇历史、文化、社会、经济、科技等方面的综合表现,也是一个城镇区别于其他城镇的个性特征。城镇的特色和风貌是在历史发展过程中凝结而成的,保护城镇风貌,创造城镇特色,特别是城镇独特的自然环境、历史文化遗产,就是保护了不可再生的自然与历史文化资源。在城镇风貌保护与城镇特色创造的过程中,要注意合理组织具有特色的城镇空间形态和结构,保护好不同时期的历史文化遗产,延续人文景观,强调地方与民族特色,充分利用地形地貌,营造适应自然环境的城市特色风貌,保护现存的、有特点的景观风貌和标志性建筑物,创

---

① 黄升旗.我国城市化发展问题研究[M].长沙:湖南师范大学出版社,2010:116 – 117.

造新的城市标志。同时,规划设计好城镇的主要街道和建筑物,确立和谐统一的建筑风格,营造城镇地域文化环境,开发特色文化产业。

健全城镇文化保护的法律体系。城镇文化的保护从内容、范围、方法上都没有明确一致的规定。这就导致城镇文化的保护者没有法律依据而无法行动起来,而城镇文化的破坏者也是由于没有法律的约束而未得到应有的惩罚。因此,应建立完善的城镇文化保护体系,从历史街区、居民和建筑个体、群体开始,使保护法制化,并且通过机构、人员、资金的落实,使保护行为合法化、制度化。①

---

① 黄升旗.我国城市化发展问题研究[M].长沙:湖南师范大学出版社,2010:117－118.

第五章 城镇化的模式比较综述

城镇化模式是城镇化研究领域的一个重要内容,国内学者自20世纪80年代开始对该问题进行研究,通过对不同国家和地区的城镇化路径进行比较研究,发现共性与规律,总结经验和教训,从不同的角度对城镇化模式进行了分析和归纳,形成了丰富的研究成果。城镇化模式研究涉及的方面十分庞杂,因此有必要对这些研究成果进行梳理归纳,从而准确把握城镇化的运动规律,为我国确定城镇化的可行模式及其应当采取的对策提供必要的智力支持。

第一节 城镇化模式的概念、影响因素与类型

一、城镇化模式的概念

国内学者对于城镇化模式的概念并没形成统一的定义,有学者简单将其概括为一个国家或地区为实现城镇化而采取的发展方式,也可以称作城镇化道路。① 也有学者认为城镇化发展模式的选择,实际上就是城镇化发展战略的选择。② 除了简要概括的,大部分学者都对该概念进行了内容上的扩充,只不过内涵稍有差别。如简新华、刘传江认为:城镇化模式是社会、经济结构转变过程中的城镇化发展状况及动力机制特征的总和。③ 姚士谋等认为:所谓城镇化模式,就是从全局和长远的战略高度予以明确的城镇化的本质特征、主要途径、主导方向和动力机制等。④ 郭斌等认为城镇化模式是城镇化的外在表现形式,是在

---

① 毛丽芹.中国西部特色城市化模式研究[D].天津师范大学硕士学位论文,2004.
② 苑林,李继峰.洛阳城市化模式研究[J].洛阳师专学报,1999(1).
③ 简新华,刘传江.世界城市化的发展模式[J].世界经济,1998(4).
④ 姚士谋,王成新,解晓南.21世纪中国城市化模式探讨[J].科技导报,2004(7).

城镇化引发的社会经济结构转换过程发生的动力机制、呈现的外部形态及特征的总和。①

还有一些学者从不同的角度对城镇化模式的概念提出了自己的想法。如赵光瑞从城镇化发展条件的角度进行了概括,其认为城镇化模式是一个国家或地区基于城镇化发展规律、要素禀赋条件、政治经济体制和工业化发展模式等条件下的城镇化发展的具体形式。② 周英则从动态和静态两种角度对城镇化模式的概念进行了归纳,其认为城镇化模式是社会、经济结构转变过程中,由城镇化动态演进所变现出来的相对静止稳态和连续变动态的系统结构、动力机制、内容特征的总和。③ 曹宗平认为城镇化发展模式的定义有广义和狭义之分。狭义的城镇化发展模式是指城镇化进程的途径或方式,或者是指推动城镇化进程中所采取的某种模式或战略安排。广义的城镇化发展模式是指城镇化的方向、目标、战略、速度、实现途径及相关方针政策的总称。④

学者盛广耀在总结上述概念后认为,城镇化模式就是关于城镇化路径选择问题的研究。城镇化模式的概念,简单地说,就是指一个国家或地区城镇化的实现途径和方式,它实际上是对特定国家或地区、特定时期城镇化的政策选择、表现特征、动力机制和演进过程的概括和总结。⑤

二、城镇化模式的影响因素及类型

(一) 城镇化模式的影响因素

城镇发展的历史表明,城市的形成与发展并不是人们主观选择的结果,而是受到一定条件的制约,不同国家或地区城市化模式的选择主要受到以下几方面因素的影响:

1. 自然地理因素

自然地理因素主要包括地形因素、环境因素、资源因素、交通因素等方面。自然地理因素不仅影响成城市的起源,对于城市发展的模式也起到制约作用。⑥。有研究认为,难以改变的自然地理条件是对于城镇规模的大小起着决

---

① 郭斌,李伟.日本和印度的城镇化发展模式探析[M].北京:首都经济贸易大学学报,2011(5).
② 赵光瑞.日本城市化模式与中国的选择[M].北京:中国书籍出版社,2007:4—5.
③ 周英.城市化模式选择:理论逻辑与内容[J].生产力研究,2006(3).
④ 曹宗平.三种城市化发展模式述评[J].改革,2005(5).
⑤ 盛广耀.城市化模式及其转变研究[M].北京:中国社会科学出版社,2008:3.
⑥ 周英.城市化模式研究[D].西北大学博士论文,2006.

作用的因素。① 也有学者认为能源—交通体系决定了不同国家城市化的不同模式,英国依靠煤炭—蒸汽机车体系发展大城市模式,美国最初的能源—交通体系与城市化模式是复制英国模式,汽车得以普及后,城市的地域范围不断扩展至郊区,郊区逐渐成为大城市居住和商业的次级中心。②

2. 民族价值

有学者认为城镇化模式取决于一个地区实际人口和资源承载人口的关系,而区域资源承载人口取决于生态、经济和自然等多种资源的综合承载人口,通过分析资源承载人口的计算方法和模型,从而探讨人口城镇化的科学模式。③有学者认为一个民族的流动性与价值对于城镇化的模式有着重要影响,主要从流动性、家庭结构、民族价值取向与开拓创新精神几个方面进行了探讨。④

3. 经济因素

大部分学者都认为经济是影响城镇化模式的重要因素。有学者认为城镇化模式的选择应该充分考虑到经济发展水平,实行差别化的城镇化道路。在经济发展水平较低的地区,应选择以小城镇;经济发展水平较高的地区,应选择以大城市和城市群为主导的城镇化模式。⑤还有研究认为在城镇发展历史演进的过程中,农业、工业和第三产业先后作为特定时期经济社会发展的支柱产业,在城镇发展进程中发挥了主导作用,并且与城镇化形成了"双向互促共进关系"。⑥产业结构主要会影响城镇的发展规模。以制造业为主的城镇,通常规模较大。而以农副产品加工为主的城镇规模则相对小。⑦

4. 政策因素

学者徐和平认为城市政府组织形式及组织间关系的差异性长期影响到政府的政策,他通过对美国欧盟进行对比,发现其在城镇用地、交通工具选择和住宅这三方面政策上存在着明显的不同,致使对各自的城镇化模式形成产生了十分重要的影响。⑧

---

① 尚启君.论城市化模式的决定因素与我国的城市化道路[J].经济经纬,2007(4).
② 管清友.能源——交通体系与城市化模式[J].中国市场,2010(50).
③ 李秀霞.资源约束条件下人口城市化模式研究[J].生态经济,2008(3).
④ 徐和平.经济发展中的大国城市化模式比较研究[M].北京:人民出版社,2011:85-97.
⑤ 安虎森,朱妍.经济发展水平域城市化模式选择[J].求索,2007(6).
⑥ 周英.城市化模式研究[D].西北大学博士学位论文,2006.
⑦ 郭斌,李伟.日本和印度的城镇化发展模式探析[J].首都经济贸易大学学报,2011(5).
⑧ 徐和平.美国与欧盟城市化政策与模式比较[J].城市发展研究,2009(8).

5. 国际交往因素

西欧国家早期的城镇化是在工业革命和全球殖民主义的条件下发展的,其城镇化道路简历在对全球资源环境的掠夺基础之上,其早期的发展也是"高投入、高消耗、高污染的粗放发展模式"①。而现在已不存在这样的国际环境,因此这样的城镇化模式很难进行复制。

(二)城镇化模式的类型

正如上文所说,影响城镇化模式的因素多种多样,拥有不同的客观因素使得各个国家或地区形成了不同的城镇化模式,许多学者从不同的角度对城镇化模式进行分类研究。下面对城镇化模式的主要类型进行归纳总结,分析不同类型的划分根据、表现特征、形成原因以及其所产生的影响。

1. 同步城镇化模式、过度城镇化模式、滞后城镇化模式②

城镇化按照其与工业化发展水平的关系,可分为"同步城镇化模式""过度城镇化模式""滞后城镇化模式"。(见表5-1)

表5-1 同步城镇化模式、过度城镇化模式、滞后城镇化模式之比较

项目	同步城镇化模式	过度城镇化模式	滞后城镇化模式
概念	城镇化的进程与工业化和经济发展的水平趋于一致的城镇化模式。	城镇化水平超过工业化和经济发展水平的城镇化模式。	城镇化水平落后于工业化和经济发展水平的城镇化模式。
表现特征	城镇化与经济发展呈显著的正相关关系,城镇化率与工业化率互相协调,城镇人口的增长与人均国民收入的增长相对一致,农村人口城镇化的数量与经济发展提供的城镇就业量大致平衡,城镇化的发展与农业提供的剩余农产品基本适应。	城镇化的速度大大超过工业化的速度,城镇化主要依靠传统的第三产业来推动,甚至是"无工业化的城市化",大量农村人口涌入少数大中城市,城镇人口过度增长,城镇建设的步伐赶不上人口城镇化的速度,城镇不能为居民提供就业机会和必要的生活条件,农村人口迁移之后没有实现相应的职业转换。	①实行限制人口自由流动政策,使得农村人口入城受到较大限制,农业人口就地转移现象普遍;②政府经济目标主要局限于发展工业,对城镇服务型生活设施建设相对较少,许多工业只能在乡村发展。③

---

① 王军.国际典型城市化模式与我国的比较及其启示[J].江苏城市规划,2009(4).
② 简新华.世界城市化的发展模式[J].世界经济,1998(4).
③ 毛蒋兴,薛德升.世界城市化模式及其对珠江三角洲的启示[J].规划师,2006(5).

续表

项目	同步城镇化模式	过度城镇化模式	滞后城镇化模式
形成原因	城镇化推进期间正好伴随工业革命,使得经济发展与城市建设同步。	二元经济结构下形成的农村推力和城镇拉力(其中推力作用大于拉力作用),而政府又没有采取必要的宏观调控措施。	政府为了避免城市病的发生,采取了种种限制城市化发展的措施。
影响	这是一种经济发展推动型的比较合理的城镇化道路,它能够实现城镇化与工业化和社会经济的同步发展。	这是一种以牺牲农业发展为代价、造成严重的"城市病"、不利于经济和社会健康发展的畸形城市化。这种过度城市化不仅没有带来高度工业化和经济繁荣,相反还使农业衰败、乡村凋敝,粮食由出口国变成进口国。	城镇的聚集效益和规模效益都不能很好地发挥,工业化和农业现代化的进程及城市文明的普及受到严重阻碍,而且还引发了诸如工业乡土化、农业副业化、离农人口"两栖化"、小城镇发展无序化、生态环境恶化等"农村病"现象。滞后的城镇化,不利于农业和工业现代化。
典型国家	大部分发达国家如英国、美国、德国的城镇化都属于这一模式。	拉美的许多国家的城镇化属于这一类型。	改革前的中国和泰国属于这种类型,泰国2001年的工业化水平为40%,而城镇化水平只有20%。①

2. 集中型城镇化模式和分散型城镇化模式

根据城镇化的空间表现形式和城镇人口集聚的方向可以分为集中型城镇化和分散型城镇化。

(1) 集中型城市化模式

集中型城镇化模式是社会经济活动从空间上的分散状态向集中状态发展的城镇化过程,是人口日益向大城市集聚的城镇化模式。

集中型城镇化模式除了表现为大量的农村人口逐渐集中到大城市以外,还有一种表现就是农村人口由较小的村、镇逐渐向较大的村、镇集中。其表面上表现为人口向城镇不断集中,城镇人口比重不断提高,但其实质是现代产业向城镇不断集中,从而引起城镇基本性质的变化,使得城镇由起初的生产中心逐渐转化为区域经济发展中心、金融中心、服务中心或者交通运输中心等。集中

---

① 王芳. 国际城市化发展模式与中国城市化进程[J]. 求索,2010(4).

型城镇化模式是一个国家或地区城镇化初期和中期阶段的基本形式,不仅表现为城镇人口在全国总人口中的比重不断提高、新兴城镇不断涌现和城镇规模不断扩展等,还表现为城镇人口的增长率远远高于农业人口以及总人口的自然增长率。①

集中型城镇化模式形成的主要原因是城镇的集聚效应和规模效应。城镇凭借自身的优势条件所形成的集聚能力,不断吸引更多的劳动力、资金、技术等生产要素向其集中。集中型城镇化造成的影响是:可以使人口快速向城镇集聚,有利于城镇化水平的快速提高。但是这种模式往往会使人口和产业过于向某些主要城镇集聚,造成部分城镇规模过大和人口过度集中,而产生交通拥挤、环境恶化、社会秩序混乱等"大城市病",同时还会进一步拉大城乡差距,不利于城乡协调发展。②

(2) 分散型城市化模式

分散型城镇化是在一国城镇化的后期、在集中型城镇化发展的基础上,城镇的密集性、经济性和社会性等功能逐渐向城镇郊外或更远的农村地区扩散,并伴有中心城镇人口减少的社会过程。这种城镇化模式最早出现在20世纪70年代的英国和美国,接着在日本和西欧国家开始出现,80年代以后在北欧各国更是流行起来。③

分散型城镇发展模式按照扩散性形式的不同可以分为外延型城镇化和飞地型城镇化两种模式。其中外延型城市化模式是在原有城市的基础上渐次地向周边地区渗透和延伸的一种城镇扩张方式。这种模式的形成原因是随着城市人口和现代产业的聚集,促进城镇积累了大量的能力,这些积累起来的能量一旦释放出来,就会迫使原来的城镇向外膨胀,扩大市区范围。世界上很多大城市的形成均属于这种类型。飞地型城镇化模式是城镇在扩张过程中,新增市区与原市区相互分割开来。这种模式的形成的原因是由于原有城镇周边与农村之间争夺土地的矛盾异常尖锐,使得城镇向外延伸时受到阻碍,致使城镇的扩张只能在离原来城镇有一定距离的地方进行,这样既解决了与农村之间的用地矛盾,又释放了城镇发展过程中所积累的大量的能量。④

对于分散型城镇发展模式的出现,虽然不同学者的解释不尽相同,但是有

---

① 周英.城市化模式研究[D].西北大学博士学位论文,2006.
② 盛广耀.城市化模式及其转变研究[M].北京:中国社会科学出版社,2008:18.
③ 周英.城市化模式研究[D].西北大学博士学位论文,2006.
④ 周英.城市化模式研究[D].西北大学博士学位论文,2006.

一个一致意见,即随着城镇人口的增加和经济活动集中度的提高,城镇中心区的公共设施和土地的利用均处于相对甚至是绝对饱和状态,只要城镇中的一些生产部门和职能部门能向外迁移所获得的收益足够补偿他们的迁移成本的话,他们就有向外迁移的意愿和冲动。促使这种城镇化模式流行的具体原因有:城镇质量升级带来了产业结构的更新换代,使一部分产业可以设置在郊区,加上郊区也有相对完善的基础设施,对处于城镇中心的一些厂商来说产生了一种足够的吸引力;新技术的出现和应用,使得交通运输业和通讯业都发生了巨大的变革,这种变革使得人们的经济活动不需要都聚集在一个狭小的范围之内;此外,人们对生活质量的追求,也是分散型城镇发展模式出现的原因之一。①

分散型城镇化是一种相对均衡的城镇化模式,它协调了城乡之间和区域之间的发展,但这种模式的推行必须具备良好的区域发展基础,否则会由于城镇规模过小,产业布局分散,而无法发挥集聚效应和规模效应,并带来资源的浪费和环境污染的扩散。②

3. 大城市模式和小城市模式

根据城镇化发展过程中的规模和结构可以分为大城市模式和小城市模式。

(1) 大城市模式

大城市模式是指以重点发展大城市为主的城镇化模式。这一模式强调大城市的集聚效应和规模效益,并以城镇化进程中大城市优先发展的规律为理论依据。发达国家工业化和城镇化发展过程中,大城市作为城镇化主导力量的现象十分明显。英国、美国、日本这三个国家中,大城市的发展在城镇化进程中发挥了主导作用,并派生出以大城市为中心的大都市区和城市带的构造体系。③

(2) 小城市模式

小城市模式是重点发展小城镇的城市化模式。与美、英、日相对应的是,法国、德国、奥地利、瑞士、匈牙利等国家,走的是以中小城市为主的城市化道路。以奥地利为例,奥地利地处中欧,地狭人稀,经济上属于西方发达国家,但其城镇化发展进程中呈现出中小城镇遍地开花的特色。由于人口出生率较低,人口增长缓慢;农村产业结构的有效调整使农村生活水平较高,农民无须涌入城镇寻找就业机会;交通设施的完善使人们出行便利,商品运输更加方便;通讯技术

---

① 周英. 城市化模式研究[D]. 西北大学博士学位论文,2006.
② 盛广耀. 城市化模式及其转变研究[M]. 北京:中国社会科学出版社,2008:18.
③ 李仙娥,刘惠敏. 国内外有关城市化模式的比较[J]. 唐都学刊,2003(3).

的完备也拉近了人与人之间的距离,这些共同促进了城乡差距的不断缩小和人们对城乡观念的更新,使农村城镇化的脚步不断加快,使作为大都市和乡村纽带的小城镇也日益得到人们的重视。①

此外还有学者专门针对小城镇建设模式进行了细分,认为国外小城镇发展的模式依性质和功能划分主要有综合性小城镇、工矿业小城镇、交通枢纽型小城镇、商贸小城镇、文化小城镇等。依区位的不同,又可划分为大城市边缘区的小城镇、郊区小城镇和农业地带小城镇。②

4. 市场主导型城镇化模式和政府主导型城镇化模式

根据城镇化的主导力量和组织管理的方式,城镇化模式可以分为市场主导型和政府主导型两种模式。

(1) 市场主导型模式

市场主导型城镇化是指在城镇化进程中主要依靠市场机制配置各种资源、协调各种利益关系、处理各种问题,政府或者给予必要的宏观调控,或者放任自流、完全由市场调节。其典型特征是:在城镇化发展过程中,与城镇化相关的人口、土地、资本等经济要素能够自由流动和配置,市场机制发挥了主导作用;城镇化的推动力量主要来自民间,自下而上的力量占主导地位。市场经济体制是这种模式产生的根源,市场经济国家都采用的是这种城镇化模式。市场主导型城镇化又可分为两种:以西欧国家和日本为代表的政府调控下的市场主导型城镇化,以拉美各国为代表的自由放任式的城镇化。在西欧国家、日本等发达的市场经济国家,市场机制在其城镇化进程中发挥了主导作用,政府则通过适当有效的宏观调控手段,引导城镇化健康发展。而拉美、非洲等地区的市场经济国家,政府缺乏必要的调控和干预,完全由市场引导的城镇化。由于市场调节的自发性和盲目性,城镇化过程中存在资源配置失衡和低效率的问题,存在诸多弊病和复杂的社会矛盾。③

(2) 政府主导型模式

政府主导型城镇化是指城镇化进程中的资源配置、各种问题的处理和利益关系的协调等都由政府决定和安排,政府是城镇化进程的主导力量,市场或者处于从属地位,或者被完全排除在外。其典型特征是:政府在城镇化的要素配

---

① 李仙娥,刘惠敏. 国内外有关城市化模式的比较[J]. 唐都学刊,2003(3).
② 梅世文. 小城镇发展的国际经验与模式——兼论开发性金融对小城镇发展的支持[J]. 社会科学辑刊,2006(3).
③ 盛广耀. 城市化模式及其转变研究[M]. 北京:中国社会科学出版社,2008:17.

置中发挥了主导作用,人口流动和土地供给受到政府的调控;城镇化的速度、城镇人口的增长、城镇规模的扩大、城镇的地区布局等,都是在政府行政调控和政策安排下进行;城镇的投资建设依靠政府自上而下地实施,计划性强,目标明确。实践表明,政府主导型城镇化缺少资源要素优化配置的内在机制,已受到人为因素的影响,而造成城镇化发展的偏差。[①]

第二节 各国城镇化模式的选择及其产生的影响

关于国外城镇化模式的研究成果涉及很多国家,这里着重介绍美国、西欧国家、日本、印度、巴西这些国家的城镇化模式。选择这些国家的原因,一方面在于它们是世界最大的经济实体或人口大国,另一方面在于它们的城镇化具有典型性。具体说来:美国、西欧国家、日本属于发达国家,其城镇化模式是同步城镇化模式;而印度、巴西属于发展中国家模式,其城镇化水平要么滞后,要么超前于其经济水平。在前述几个发达国家中,虽然均属于市场主导型的城镇化模式,但是美国属于自由放任式的城镇化模式,而西欧国家和日本则属于政府调控下的市场主导型城镇化模式。此外,西欧国家和日本的城镇化模式也有所不同,西欧国家的城镇化是典型的小城市模式,而日本的城镇化则是大城市模式。

一、美国城镇化模式

与欧洲国家所经历的漫长城镇化进程相比,美国的城镇化进程显得迅速而激进。从1890年起,仅用了30年时间,美国的城镇化水平就从30%提高到了51.2%。美国的城镇化的特征包括:首先,美国的城镇化动力主要是内生型的,其城镇化进程较少受外生的偶然或不确定因素的干扰,而是由经济发展的内生动力自发导致[②];其次,高质量城镇化进程与农业现代化密切相关,城镇化进程中实施的农业现代化政策使其城镇化过程不断获得农村剩余人口的支持,促进了工业化进程,为城镇化进程的良性发展提供了保证;再次,城镇化过程经历了

---

① 盛广耀.城市化模式及其转变研究[M].北京:中国社会科学出版社,2008:17.
② 王春艳,李瑞林.美国城市化的特点及其经验借鉴[J].延边大学学报(社会科学版),2005(3).

第五章 城镇化的模式比较综述

由集中到分散的过程。①

（一）美国城镇化进程

1. 初始阶段(1880年前,步行马车时代)

1790—1830年,农业占据主导地位,城镇人口比例很低。19世纪中期,美国广泛引进欧洲的先进技术和设备,大大加快了工业革命的步伐,尤其是蒸汽机的革命,使美国交通运输技术发生了新飞跃,城镇人口由1830年的8%上升到1870年的25.7%。②

2. 加速阶段(1880—1920年,有轨电车时代)

这一阶段是美国城镇化发展的迅猛时期。到1920年,美国城镇人口第一次超过农村人口,达到51.2%。③ 19世纪以前美国的城镇化进程主要是大都市圈发展模式,即依托核心城镇使城镇规模不断向外扩展,在单个城镇规模扩大的同时也带动了邻近小城镇的发展。④

这一时期美国城镇化迅速发展的原因有以下几个方面:第一,北部铁路系统的标准化使城镇之间的联系大大加强,贯通大陆的铁路建成通车;第二,大量新移民的流入为城镇化提供了源源不断的廉价劳动力;第三,工厂流水线的引入,底特律汽车工业标准化生产被迅速推广到所有类型的制造业;第四,农业机械化系统生产出大量剩余农产品;第五,家族企业的企业家活跃。⑤

3. 郊区化雏形阶段(1920—1950年,旅游汽车时代)

第二次世界大战后,遍布全美国的高速公路建立起来,它几乎把所有的地区连接起来,汽车和石油业的大发展使汽车取代了火车在运输中的地位。这一时期工商业仍然向城镇中心集中,中心城镇规模进一步扩大,单个城镇的向心集聚达到顶点。随着小汽车的普及,中心城镇人口开始出现向郊区扩散的现象,郊区住宅不断出现,进入了城镇人口的郊区化时代。1950年社会经济发展进入工业化后期,三次产业结构中第二、第三产业的产值占95%左右,非农劳动力占87%左右,第三产业就业人数不断上升,超过50%,城镇化水平达

---

① 王军.国际典型城市化模式与我国的比较及其启示[J].江苏城市规划,2009(4).
② 高强.日本美国城市化模式比较[J].经济纵横,2002(3).
③ 高强.日本美国城市化模式比较[J].经济纵横,2002(3).
④ 孟祥林.城镇化进程模式:从发达国家的实践论我国存在的问题[J].广州大学学报(社会科学版),2010(4).
⑤ 宋金平,李香芹.美国的城市化历程及对我国的启示[J].城市问题,2006(1).

到 64%。①

4. 郊区化成熟阶段(1950 至今,超速干道时代)

20 世纪 50 年代以后,美国郊区化加速,在城镇化演变过程中,由城镇中心及郊区次级中心组成新型的大城市地区逐渐多中心化乃至无中心化,整个大城市地区支离破碎。与此同时,城镇系统趋于集群化,幅员辽阔的大城镇地区经济经过分化与整合,城镇化向非城市地区扩散与渗透,出现了新的城镇化影响地区,对城乡地区构成了深远的影响。②

这一时期美国城镇化的特点表现如下:

第一,庞大的人口、产业空间布局均衡的大城市地区取代城乡对立且空间狭窄的传统城市。郊区次级中心的形成及扩张,一种与传统的紧密型城市不同的多中心的现代大都市形成。

第二次世界大战前的美国城镇功能集中,人口、制造业、商业等都聚集在城镇中心附近的狭窄地区,而狭窄的城镇中心之外则是贫困的农业附庸。制造业、传统服务业等功能向外分散之后,为战后美国大城市中心的再发展让出空间,城镇由此进行了产业重组,由工业城镇转变为以知识为基础的城市(knowledge-based cities),城镇也由传统的制造业中心逐渐转化为智力中心;由过去生产产品转换为培训、管理、分配知识及工业技能,以此带动整个大城市地区以知识为基础的制造业发展。郊区次级中心则由农业附庸转变为制造业生产中心及经济增长中心,郊区经济实力与城镇中心相抗衡。③

第二,大城市向外扩散,大城市地区多中心化,强有力地推动城镇集群化发展。郊区次级中心的扩张,强有力地推动集合城市的形成。城市向外分散,郊区向四周蔓延,大城市地区间的郊区交错,城乡差异已不明显。在此基础上,相邻几个大的城市地区构成了连绵数万平方英里而各地区差异不大的集合城镇。集合城镇带来了巨大的经济效益。集合城镇内形成了门类较为齐全的经济共同体,单个城镇经济具有一定的专业化特征,各城镇间互相依赖、互相补偿,整体生产效率高。④

第三,郊区化使城镇化日趋成熟,在城镇地区边缘地带产生了"边缘城市",在非城市地区出现了完全城镇化的县,建立了新型的城乡关系,使美国城镇化

---

① 高强. 日本美国城市化模式比较[J]. 经济纵横,2002(3).
② 徐和平. 当代美国城市化演变、趋势及其新特点[J]. 城市发展研究,2006(5).
③ 徐和平. 当代美国城市化演变、趋势及其新特点[J]. 城市发展研究,2006(5).
④ 徐和平. 当代美国城市化演变、趋势及其新特点[J]. 城市发展研究,2006(5).

向极其辽阔的乡村地区传播,并渗透在城镇化向非城镇地区扩散中,出现一些值得注意的现象,这些现象预示着未来城镇化的走势。"边缘城市"(edge cities)是一种全新的城镇类型,它们独立地在城镇地区的边缘地带发展起来。"边缘城市"位于州际高速公路通道上,具有传统城镇中心区的经济成份,但其空间结构却有很大的差异。而完全城镇化的县在主要城市中心的外围地区获得了独立发展,它们并不属于任何城市地区。①

郊区化加速发展的原因是多方面的:第一,城市病问题。人口、工厂及各种机构大量向城市中心及其附近集中,带来了众多的城市问题,如城区拥挤、污染严重、交通拥挤、犯罪猖獗、土地价格高涨等,日趋严重"城市病"带来了巨大的社会经济成本,产生了离心力。城区制造业厂商生产成本增加,出现了聚集的经济,最终迫使工厂向生产成本低廉的地区转移。②

第二,汽车的普及。郊区化初期,迁往郊区的人口数量有限,仅限于富人和部分中产阶级,他们的就业岗位仍然在城镇,因此与中心城镇之间保持较高的通勤率,此时的郊区只有居住功能,而不具有就业和商业功能。自汽车普及后,城镇的地域范围不断扩展至郊区,郊区逐渐成为就业和商业的次级中心。③

第三,交通运输技术的改善。20 世纪 20 年代以前,制造业的市内商品运输主要依赖马车,区际大部分原材料和产品运输依靠铁路。第二次世界大战后,由于公路质量的提高特别是洲际公路网的全面发展,使得卡车的运输成本相对于马车以及火车的运输成本大大降低,而且公路运输也使工业区位选择范围大为扩展。④

第四,联邦政府实施了有利于郊区化的政策。比较显著的是实施了州际高速公路计划和住房贷款政策。在这些政策下,环城公路周边的廉价农地成为建设郊区住宅、商场、工业园和停车场的理想地段,引发了城镇中心的人口和产业向郊区转移。政府采取的低首付、固定利率的长期抵押贷款及相关的配套政策,对战后第一批郊区住宅的建设起到重要的作用。此外,税收政策也使得购买郊区住宅更加容易。20 世纪 50 年代,美国又提出了在郊区建设小城镇的建议。60 年代后,实行示范城镇试验计划,实现分散型城镇化。这些政策有力地

---

① 徐和平.当代美国城市化演变、趋势及其新特点[J].城市发展研究,2006(5).
② 徐和平.当代美国城市化演变、趋势及其新特点[J].城市发展研究,2006(5).
③ 王春艳,李瑞林.美国城市化的特点及其经验借鉴[J].延边大学学报(社会科学版),2005(3).
④ 王春艳,李瑞林.美国城市化的特点及其经验借鉴[J].延边大学学报(社会科学版),2005(3).

促进了郊区化。①

(二)美国城镇化模式的积极影响

美国城镇化模式的最大特点是郊区化,尽管近一二十年各国学者对郊区化及城镇蔓延的影响颇有异议,但郊区化在推动社会经济发展方面的贡献是无可置疑的。徐和平教授认为郊区化拓展了美国经济发展的空间,对美国经济与社会产生了极其深远的影响,同时美国社会的繁荣促进了其他国家的经济与城镇化发展。②美国城镇化模式有以下两方面积极影响。

1. 郊区化的经济效益

郊区化的核心内容之一是使制造业、服务业等从城镇中心分散出去,改变了郊区乃至乡村地区的产业结构,使之成为新的制造业基地及服务中心。这一分散把城市化推进到极其辽阔的郊区及乡村地区,经济增长的中心也从城市转移到城市边界之外的郊区及非大都市区的县,极大地扩展了经济发展的空间。

郊区化的效益还表现在促进大城市核心地区的产业重组与升级。制造业和大量的传统服务业从城镇核心地区迁移出去,城镇经济空洞化现象突出,城镇传统的生产中心的功能渐行渐远,城镇当局不得不进行产业的转换与升级,这一产业调整中心是利用城镇中心区传统的文化与智力优势,逐渐从制造业中心变成智力中心,竭尽全力发展以知识为基础的经济。③

2. 郊区化的社会效益④

美国郊区化使得城镇人口的大幅度减少,城镇人口密度较大幅度地降低。在带来巨大的经济效益的同时,也带来了相当大的社会效益。具体表现在以下几个方面:

第一,城镇密度的降低使城市病趋于弱化,城镇环境质量提高。重化工业从城镇人口稠密地区分散出去后,还有利于城镇水源的保护。

第二,城镇化分散还有利于减轻城镇交通的压力,尤其是在大都市的中心地区。工厂大规模向郊区迁移,减少了中心城镇道路的压力。

第三,大城市的分散有利于厂商减少土地租金等费用,提高厂商的对外竞争力。

---

① 王春艳,李瑞林.美国城市化的特点及其经验借鉴[J].延边大学学报(社会科学版),2005(3).
② 徐和平.经济发展中的大国城市化模式比较研究[M].北京:人民出版社,2011:208.
③ 徐和平.经济发展中的大国城市化模式比较研究[M].北京:人民出版社,2011:213.
④ 徐和平.经济发展中的大国城市化模式比较研究[M].北京:人民出版社,2011:216-218.

第四,城镇分散减轻了城市居民住房的压力,为城市厂商提供廉价的劳动力。

第五,城镇密度降低,有利于城镇环境的改善及生态城镇的建设。19世纪晚期的工业化,大量人口涌入美国大城市中心及其附近,房荒导致住房拥挤及贫民窟的蔓延。20世纪60年代起,由于人口大规模外迁,城区不少住宅衰败而导致房地产大幅度贬值,城市当局以较低的成本在衰败地区进行规模巨大的城镇更新,衰败区被夷为平地,取而代之的是高层建筑群、笔直的马路、多彩的街心公园。

第六,郊区化使得新型的郊区邻里新城,体现霍华德"公园城市"的思想。郊区空气清新,基础设施健全,成为富人聚集区。新型的邻里带来了高质量的郊区生活,使得中产阶级价值观念实现,抑制了城市非法的娱乐,有益于儿童的健康成长。

第七,郊区化使城乡生活区通、城乡社会一体化得以实现。美国城镇向郊区及广大农村地区的分散,使城乡间接先消失。

(三)美国城镇化模式的消极影响

尽管美国城镇化强有力地推动经济的发展,但其负面影响也是巨大的,这种模式在全球传播则表现为资源的不可持续性。其消极影响具体表现为:

1. 中心城镇经济空洞化

在城镇功能向郊区分散之时,制造业、富裕人口及商业等传统服务业则从城市分散出去,最终导致大城市经济的空洞化,大城市核心地区衰败与城镇危机具体表现在以下几方面:

第一,制造业大量外迁,极大地降低了城镇中心的发展动力。

第二,富裕人口大规模外迁,不仅使城镇失去了城市发展活力,而且还带走了大量的资金,给城镇带来一系列的负面影响。

第三,城镇商业急剧萎缩。

第四,制造业、人口及商业的大量外迁,影响到大城镇实力象征的大公司总部的去留,而总部经济一直是大城市经济的重要部分。

第五,制造业、人口及商业等的大量外迁,对在城镇办公服务业维持与发展也构成消极影响。如律师事务所、会计事务所等办公服务机构的业务急剧萎缩。

第六,上述城镇功能的减少或丧失,导致工作岗位的大幅度减少。

2. 大城市核心地区衰败与城市危机①

城镇富裕人口大量外迁,严重恶化了大城市居住于生活环境。新建住房大多位于城镇边缘及郊区,大城市中心区缺乏资金投入,使得破旧房屋大量集中,住宅更新十分缓慢。此外,在富裕人口郊区化进程中,城镇房屋的向下淘汰也加速了大城市建筑的衰败,美国中产阶级向郊区迁移,原有的住宅就淘汰给城市新来的贫穷居住,新来者大多经济拮据,难以对所居住的旧宅进行更新,甚至连养护和维修也捉襟见肘。

美国大城市制造业大幅度萎缩,城镇税基大幅度缩小,开支却继续增加,而新增金融等服务也获得收入远不足以弥补制造业外迁带来的损失,城市发展区域停滞。城镇经济空洞化及城镇衰败对城镇所产生的冲击,最终引起了城镇的危机。

3. 资源的浪费与生态环境的破坏②

美国郊区化造成资源的巨大浪费,具体表现为两方面:

第一,经济资源的巨大浪费。经济资源浪费主要体现在公共设施的低效益,第二次世界大战后,随着人口大规模涌向郊区,人口聚集规模缩小,城镇公交系统、城镇供水和排污等设施的利用率显然降低,闲置现象十分严重。在教育设施方面,由于大量的白人中产阶级从城镇迁移出去,公立学校生源大量减少,学校教学质量迅速下降。

第二,土地及矿产资源的浪费。郊区化是以土地低密度使用为特征,人口、制造业及办公服务业从城镇中心区分散出来,在郊区及乡村原野上重新分散布局,占据了宽阔的土地空间,使原城镇中心的单位土地效用降低。更为严重的是,美国不少大都市区采取蔓延式开发,郊区向周边地区蔓延没有节制,缺乏必要的规划,导致土地被惊人地浪费。美国郊区化还导致石油等矿产资源的大量浪费。由于小汽车的广泛使用,美国在石油等矿产资源的消耗远大于其他国家。与此同时,美国社会对钢铁、橡胶及其他建材的巨大需求,造成美国人过高比例地消耗人类不可再生的自然资源,也对人类社会的可持续发展构成威胁。

美国郊区化进程中还对自然景观造成一定程度的破坏。郊区化蔓延吞噬了城市四周辽阔的原野,侵蚀了美丽田园风光,自然景观破坏严重。使通往郊区的快车道、州际高速公路切割了乡村原野,郊区及乡村的旅游资源遭到一定

---

① 徐和平. 经济发展中的大国城市化模式比较研究[M]. 北京: 人民出版社, 2011: 237 - 240.
② 徐和平. 经济发展中的大国城市化模式比较研究[M]. 北京: 人民出版社, 2011: 241 - 244.

程度的破坏。

20世纪90年代以来,美国的政府官员、学者和普通百姓都开始意识到过度郊区化所带来的灾害,提出了"精明增长"的理念。其主要内容包括强调土地利用的紧凑模式,鼓励以公共交通和步行交通为主的开发模式,混合功能利用土地,保护开放空间和创造舒适的环境,鼓励公共参与,通过限制、保护和协调,实现经济、环境和社会的公平。①

二、西欧国家城镇化模式

(一)西欧国家城镇化历程

欧洲国家城镇化经历的时间比较漫长,在工业化最早启动的国家英国,大规模的人口流动始于圈地运动。到1851年,英国的城镇化率才提高到50.2%。法国、德国及意大利的城镇化也经历了较长的时间完成。第二次世界大战之后欧盟国家城镇化也出现了分散的趋势。20世纪初英国伦敦城区的人口就停止了增长,欧陆大城镇人口停止增长稍后一点。②

(二)西欧国家城镇化模式的特点

1. 城镇化与工业化同步

英、德、法三国的工业化都遵循了"先轻工业,后重工业,最后服务业"的发展顺序,现代工业的建立和发展促进了农村人口向城镇集中,引起城镇规模的扩大并形成新的工业城镇,反过来又为工业提供劳动力和资源、交通等外部条件,有力地促进了工业化的深入发展。英国是最早启动城镇化的国家,德国工业化起步较晚但是发展迅速,与英、德相反,法国小农经济特征突出,工业化进程缓慢,城镇化速度始终收到工业化水平的制约,发展较为迟缓。③

2. 以小城镇为主的发展模式

欧洲各国国土面积都不是很大,有利于形成以中小城镇为主的城镇化结构。英国最先实施"新城运动",欧陆大城市也普遍效仿。1945—1974年,英国共建设了33个新城镇,吸收了200多万人口。法国的城镇化主要是通过巴黎、里昂、波尔多和马赛等传统中心城市的扩张得以实现。德国的小城镇发展更加

---

① 李枫.国外城镇化模式及其得失(三)——以美国为代表的自由放任式城镇化[J].城乡建设,2005(8).
② 徐和平.经济发展中的大国城市化模式比较研究[M].北京:人民出版社,2011:193-194.
③ 周彦珍,李杨.英国、法国、德国城镇化发展模式[J].世界农业,2013(12).

突出,全国城市群众多,中小城镇分布均衡,2010年德国百万以上人口的大城市人口占总人口的比重仅为12.5%。① 欧盟国家严格的产业分工和专业化生产在确保大城市繁荣的同时,也为中小城镇的发展提供了足够的空间与机会。在西方国家工业化初期及今日发展中国家,大城市以强大的吸引力将周边中小城镇及广大农村地区经济资源及高素质人口吸引进去,造成后者经济的发展滞缓,甚至衰退。在城市化进程中,欧盟国家成功解决了这一问题,欧盟的中小城市、小城镇始终以自己主导产业进行专业化生产,具有支持其生存与发展的经济基础。②

3. 政府在城镇化过程中发挥着不可替代的作用

英国、法国、德国在城镇化初期都采取自由放任的政策,政府几乎不加干预,但随着人口向城镇集中速度加快,城镇出现人口膨胀、资源短缺、环境恶化、贫富差距悬殊等"城市病",因此各国政府纷纷加强了宏观调控的力度,以行政手段和法律制度规范城镇化建设。③ 英国的《公共卫生法》《环境卫生法》《住宅与规划法》等,对城镇建筑和环境卫生进行管制,缓解了城镇过度拥挤造成的问题。德国明确提出城镇发展要"兼顾市场竞争和公共利益"的原则,出台《联邦建设法》和《联邦建设促进法》,协调城镇的规划布局,并强调在城镇化建设过程中对生态环境和历史遗迹的保护。

此外,欧盟各国政府制定了一系列的政策,避免了像美国过分郊区化。欧盟各国对于高速公路投资十分谨慎,限制城镇无止境地分散蔓延。在城镇道路交通选择上,欧盟国家也选择载客量大的大中型公交车,对私家车进行限制。在土地政策中,政府对新发展所需土地进行严格限制,严禁住宅低密度地分散在广阔的农田上。④

4. 城乡地区协调发展

欧盟国家对农村地区的发展非常重视,小城镇制造业的发展带动了周边农村地区的经济发展,政府也重视对农村地区进行基础设施建设。欧盟国家为提高农业竞争能力。20世纪60年代初,当时的欧共体开始执行共同的农业政策,向农民出售的农产品提供直接补贴,这项政策调动了农民生产的积极性,长期刺激了农业生产。此外,二次世界大战后,欧盟各国的制造业从大城市核心地

---

① 周彦珍,李杨.英国、法国、德国城镇化发展模式[J].世界农业,2013(12).
② 徐和平.经济发展中的大国城市化模式比较研究[M].北京:人民出版社,2011:196.
③ 周彦珍,李杨.英国、法国、德国城镇化发展模式[J].世界农业,2013(12).
④ 徐和平.经济发展中的大国城市化模式比较研究[M].北京:人民出版社,2011:219-220.

区向农村腹地小城镇分散,形成大城市外围的工业地带或工业园区,工业地带在推动小城镇经济发展的同时,也带动了广大农村的非农产业及经济的发展。①

(三) 欧盟城镇化模式的积极影响

1. 中心城镇相对繁荣

第二次世界大战之后,当城镇分散成为一种潮流,欧盟的中心城镇维持着相对繁荣的状态,避免了美国的中心城区空洞的衰败景象。

2. 小城镇经济富裕

欧盟是以社会市场经济或福利市场经济为主题的国家,政府理念与价值观在其发展过程中起了主导作用,兼顾效益与公平的政策使各区域间、城乡间得以协调发展。

3. 有利于土地和矿产资源的节约

相对紧凑的城镇发展模式,一方面限制了石油等矿产资源的需求,另一方面减少了非农土地的占用,确保了长期的食物供给与粮食安全,减少了欧盟国家对石油等矿产资源的依赖,对欧盟国家的可持续性发展影响深远。②

(四) 欧盟城镇化模式的消极影响

欧盟国家城镇化模式选择是建立在资源节约上的,城镇化不仅不能提供巨大的市场发展空间,反而抑制内部投资及消费需求。第二次世界大战后,欧盟没有经历美国那样规模巨大的公路与住宅投资,投资的不足极大地抑制了消费需求,对工业市场的扩大产生了极其消极的影响,由于内部市场需求不足,对外贸易依存度很高。③

三、日本城镇化模式

(一) 日本城镇化的进程

日本城镇化的发展呈现为 S 形曲线(见图 5-1),表现出明显的阶段性,即明治维新以前到 20 世纪 20 年代,以农村、农业为主的阶段,20 世纪 30 年代到 40 年代末的起飞阶段,20 世纪 50 年代到 70 年代的高速发展阶段,20 世纪 70 年代至今的稳定阶段。④

---

① 徐和平. 经济发展中的大国城市化模式比较研究[M]. 北京:人民出版社,2011:197.
② 徐和平. 经济发展中的大国城市化模式比较研究[M]. 北京:人民出版社,2011:227.
③ 徐和平. 经济发展中的大国城市化模式比较研究[M]. 北京:人民出版社,2011:244.
④ 郭斌,李伟. 日本和印度的城镇化发展模式探析[J]. 首都经济贸易大学学报,2011(5).

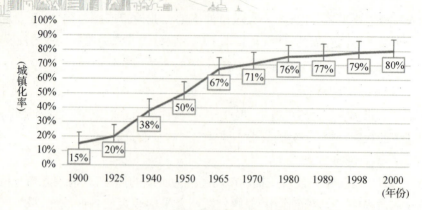

图 5-1　日本城镇化的进程 S 形曲线图

(二)日本城镇化的特点

日本的城镇化进程虽然比一些西方国家晚百余年,但由于其城市经济飞速发展,只用了几十年时间就达到了西方发达国家的城镇化水平。其发展有自身的特点:

1. 政府主导型的城镇化模式

日本的城镇化模式还与其发展形成机制密切相关。与欧美城镇发展最大的不同在于,日本城镇化的形成机制不是商品经济充分发展的产物,而是完全出于政府行为。政府通过贷款、财政拨款、地方债券等方式用于公共基础设施建设,在很大程度上推动了城镇化水平在城镇及郊区的全面拓展。①

2. 高度集中的城镇化模式

集中性主要表现在大城市"都市圈"和"城市带"的空间模式。为了增强大城市及其周围地区在国际和国内经济社会中的作用与地位,促使大城市能较为顺利地实现产业结构的转换,促进土地资源和人力资源的合理利用与布局,推进大中小城市和城乡之间的协调与发展,日本的大城市地域结构模式之一是以经济联系为纽带,打破行政区划的分割,采取了圈域经济的"都市圈"模式,形成了东京都市圈、大阪都市圈和名古屋都市圈,日本借助这种圈域结构模式,较好地发挥了中心城市和城市群的综合功能。除了都市圈模式,还有"城市带"模式,即城市地域相互蔓延,甚至连成一片的带状城市群。日本是个"加工贸易"型国家,其城市分布及结构的突出特点是与临海工业带和港口城市密切相关,因而形成港口工业为主的城市带是日本大城市地域结构的一个重要特色。包

---

① 梁仰椿.国外大城市发展模式的善变与可持续城市化的实践[J].中国党政干部论坛,2010(8).

括"京滨城市带"和"阪神城市带"。①

3. 日本工业化与城镇化同步推进

一方面,日本自20世纪60年代初推行工业化政策以来,由于城镇商业为农村剩余劳动力提供了大量就业机会,农户转移速度加快,农户人口急剧减少。另一方面,日本工业化与城镇化协调发展,也与日本工业的特点有关。日本轻重工业之间关系比较协调,轻工业的比较劳动生产率一直大大低于重工业,吸纳了工业化过程中大量从第一产业转移出的劳动力,而重工业则始终保持高技术密集性,劳动生产率比较高,技术进步快,从而为整个国民经济的发展提供了先进的技术设备。日本工业的另一特点是中小企业发挥着十分重要的作用,在日本城镇中最早能吸收劳动力的是一些技术要求不很高的小企业。②

4. 农业、农村曲折发展

20世纪五六十年代日本人口转移是以向城市转移为主,农村地区向大都市地区的人口转移始终占日本国内人口转移总量的1/3以上,结果造成农村人口稀疏、产业衰退、社会设施奇缺、文化水平落后。为使农户有时间在城镇从事非农产业,日本政府设法提高机械化程度。机械化的发展又进一步促进了城镇化,但片面强调城镇化也给农业带来一系列的问题。第一,使农业生产费用大增。第二,在城镇化过程中由于土地占用及居民消费需求变动,粮食产量及自给率大大降低。日本从1940年农业用地面积开始减少,到20世纪90年代损失了52%的农田,粮食产量减少至最高产量的33%,结果粮食主要依靠进口,1993年日本进口了77%的粮食。③

(三)日本城镇化模式的积极影响

第一,日本政府对于高新技术产业采购、生成、销售乃至设备的引进、生产用地的审批等各个环节普遍实行减税甚至免税的优惠政策来降低其成本,并辅以种种政策支持。这不但加快了工业现代化,也促进了城镇化进程的加快。此外,政府通过对国土进行合理规划,保障城镇化进程的顺利进行,在制订"国土综合开发计划"的基础上,制定了诸如《国土综合开发法》之类的全国性的法律政策来引导国民对土地,特别是对城镇中的土地进行高效率的开发利用。④

---

① 马裕祥.日本城市化及其中心城市的空间结构模式[J].浙江经济,1997(3).
② 高强.日本美国城市化模式比较[J].经济纵横,2002(3).
③ 高强.日本美国城市化模式比较[J].经济纵横,2002(3).
④ 郭斌,李伟.日本和印度的城镇化发展模式探析[J].首都经济贸易大学学报,2011(5).

第二,日本"都市圈"的城镇化模式有利于城镇中心区与郊区、中心城镇与周边城镇、城镇与区域、城镇与农村之间的统一安排、协调发展;"城市带"模式打破行政区划的束缚,发挥大城市之间的优势互补,共同组合具有国际意义的超级城市功能。① 而且日本的城市化在适度分散之时保持了大城市中心的繁荣,在相当程度是继续保持经济发展中心的地位,而没有造成美国中心城市空洞化的不良影响。②

第三,日本城镇化模式有利于矿产资源的节约。尽管日本也出现郊区化的分散趋势,但日本坚持紧凑型城镇的发展方向。政府大力持续发展公共交通,提高公共交通服务质量,降低了人们对小汽车的依赖。日本把汽车产业作为十分重要的支出产业,但是日本汽车大部分用于外销,与产业政策并不矛盾。日本拥有发达的公共交通,尤其是铁路交通在通勤运输上扮演十分重要的角色,大量城镇局面依赖轨道交通上下班。紧密性的城市极大地便利了公共交通,大大节约了石油及其他矿产的消耗。③

(四)日本城镇化模式的消极影响

日本高度集中型城镇化模式在促进经济快速发展的同时,也带来了诸多负面影响。

第一,土地和房价泡沫问题。大城市发展模式促进了日本的极速化发展,导致日本土地等资源要素价格上涨,给日本经济发展埋下了致命的祸患。1955—1972年年间,日本地价上涨了17.5倍。日本城市群土地和房价暴涨作为重大诱因之一,加上其他的诱致因素,导致了后来使日本经济陷入长期萧条的"泡沫经济"。④

第二,农业萎缩,农田减少,粮食自给率降低。正如上文所说,20世纪五六十年代,在日本城镇化高速发展时期,每年均有大量的农村人口从农村地区向城镇转移,造成了农村人口急剧减少、农村生产水平下降、文化水平落后等负面影响。这样就使得在城镇化过程中的粮食产量自给率大大降低。⑤

第三,严重的"城市病",公害和交通成本增加。日本不少城镇走的是重视工业发展而忽视市民生活环境的畸形道路,经济增长与城镇居民生活质量的提

---

① 马裕祥.日本城市化及其中心城市的空间结构模式[J].浙江经济,1997(3).
② 徐和平.经济发展中的大国城市化模式比较研究[M].北京:人民出版社,2011;219.
③ 徐和平.经济发展中的大国城市化模式比较研究[M].北京:人民出版社,2011;227-228.
④ 刘爱梅.转型时期我国城市化模式研究[M].大连:东北财经大学出版社,2013;159.
⑤ 刘爱梅.转型时期我国城市化模式研究[M].大连:东北财经大学出版社,2013;160.

高很不协调,加上伴随着重工业、化工工业增长飞快,公害现象不断发生。除此之外,化学污染、光污染、交通噪音、废气污染、城市生活垃圾等现象也很严重。[①]

四、拉美城镇化模式

(一)拉美城镇化基本情况

拉美的城镇化率在20世纪30年代时只有30%,而截至目前已经超过75%,已经与欧洲一些国家的水平相当。欧洲的城镇化率由50%到60%经历了50年,而拉美国家实现相同水平的城镇化的跨越却只用了25年,所以拉美国家的城镇化进程已经有些失控。[②]

(二)拉美城镇化模式的特征[③]

拉美国家的城镇化是在外来资本主导下的发展的,以墨西哥城、里约热内卢以及布宜诺斯艾利斯等为代表,其基本特征是:

1. 工业化发展滞后于城镇化,工业化对城镇化进程的推动力不足

截至2000年,拉美城镇人口的比重已占地区总人口的78%,但工业人口的比重却不超过35%。

2. 两极分化

贫困人口占总人口的40%以上,其中60%以上居住在城镇特别是超大城市中。城镇中既有先进的科学技术、现代化的产业、高档住宅和相应的现代化设施,同时也存在着原始手工作坊式的生产和缺少最基本公共设施的贫民居住区以及被边缘化到城乡结合部的大量贫民窟。

3. 资源与环境承载力已达极限,造成严重的社会问题

教育、卫生、文化等资源主要被富人占有,穷人很少能享受城镇化带来的文明生活。

4. 形成机制出了问题[④]

首先是农村土地不合理改革的后果,高度集中的土地所有制使农村无法吸纳过多劳动力。拉美国家的二元经济特征明显,这不仅体现在城乡之间,而且

---

① 刘爱梅. 转型时期我国城市化模式研究[M]. 大连:东北财经大学出版社,2013:160.
② 孟祥林. 城镇化进程模式:从发达国家的实践论我国存在的问题[J]. 广州大学学报(社会科学版),2010(4).
③ 王军. 国际典型城市化模式与我国的比较及其启示[J]. 江苏城市规划,2009(4).
④ 王军. 国际典型城市化模式与我国的比较及其启示[J]. 江苏城市规划,2009(4).

还反映在农村内部。高度集中的土地所有制和机械化、集约化结合的现代农场模式,使农村劳动力大量过剩,大量流动人口进入城镇。但工业化发展和城镇建设步伐跟不上城镇化的速度,使城镇中劳动力供给远远大于劳动力需求。流入人口的技能和素质难以适应市场需求,大量迁移人口无法实现相应的职业转换。

其次,由于拉美各国的国家重建之路异常艰难,国家制度建设尚不完善,政府宏观政策的引导与控制的软弱无力,无法解决城镇化发展过程中出现的一系列问题。

再次,传统文化也对人们产生了深远的影响。殖民时代的传统深深植根于拉美社会,大众传媒大力宣传城镇的美好生活,长期以来人们形成了好逸恶劳、鄙视劳动的心理,向往和盲目模仿西方国家的富裕生活。拉美国家人口城镇化的畸型发展,不仅没有给城镇的健康发展注入活力,而且没有给农村和农业经济的发展创造新的生机,更成为整个城乡经济发展的绊脚石。

五、对比国外主要国家和地区城镇化模式

孟祥林用表格的形式对国外主要国家和地区的城镇化模式进行了对比,有助于我们更清楚地了解其他国家所选择的城镇化模式。(见表5-2)

表5-2 主要国家和地区城镇化模式之比较①

比较内容	英国	美国	日本	拉美
主导城市	中小城市和城镇	中小城市为主体	以大中城市为主体	首都城市
城市关系	各类城镇互补发展	中小城市的等级序列	各级城市间的等级序列	小城市→大城市
工业基础	工业化推进城市化	工业化带动城市化	工业化与城市化同步推进	工业化带动城市化
经济实体	国际资金投入	国际资金投入	中小企业起重要作用	政府兴办企业
内外力关系	内力起主导作用	内生作用为主	内外力结合	内外力结合
政府作用	保障城市有序发展	更多靠市场力量配置	发挥着巨大的干预作用	更多靠政府力量

---

① 孟祥林.城镇化进程模式:从发达国家的实践论我国存在的问题[J].广州大学学报(社会科学版),2010(4).

续表

比较内容	英国	美国	日本	拉美
政府措施	政府拨款、专业规划	地方财政支持	工业布局和农村投入	推进农业结构调整
农业地位	农业人口迁移	农村和城市发展相互促进	城市化早期农业出现衰退	农业人口大量析出
郊区化模式	郊区新城	边缘城市	城市郊区化	大城市带动郊区
富裕阶层	城市外围区	城市外围区	城市外围区	城市中心
地域特点	地域上呈现连续性	跳跃性的城市化进程	地域上呈现连续性	大城市畸形发展
郊区化政策	鼓励人口郊区化	鼓励人口郊区化	鼓励人口郊区化	鼓励郊区化
扩展方式	"飞地"方式建新城	城市外围卫星城	摊大饼式向外围扩展	摊大饼式扩展

第三节 国外城镇化模式对中国城镇化模式选择的启示

一、国外城镇化模式的经验[①]

中国国家发展改革委政策研究室对城镇化国际模式的经验教训总结比较全面,具体说来,经验主要有:

(一)注重顶层设计,强化规划指导

以日本为例,二战后,先后编制了全国国土利用规划、都道府县国土利用规划、市町村国土利用规划等各级中长期国土利用与开发规划,1962年开始又相继制定和实施了5次全国综合开发规划,为日本此后20年间的城镇化快速健康发展奠定了良好基础。

(二)注重法制建设,强化制度保障

如英国为解决城镇化过程中的"城市病",制定《公共卫生法》,此后又颁布

---

① 国家发展改革委政策研究室.城镇化的国际模式及其启示[J].宏观经济管理,2013(4).

了《贫民窟清理法》《工人住房法》等一系列法律。

（三）注重循序渐进，强化产业支撑

一般以发展就业门槛低、容量大的劳动密集型产业为先导，吸纳大量农业劳动力进城就业落户，等到积累了一定的社会财务、转移人员的技能和受教育程度普遍提升之后，及时转变发展方式，培育壮大资本技术密集型产业。

（四）注重基础建设，强化综合交通

比如德国，由于具备发达的公路交通网络和便捷的城乡公交系统，人们可以居住在小城镇、工作在大城市，从而有效地缓解了城镇化过程中人口转移和集聚对中心城镇形成的压力。

（五）注重社会管理，强化公共服务

例如德国，早在19世纪80年代就分别创设了法定疾病保险、法定事故保险和伤残、养老保险，在此基础上不断完善，构建形成了健全的社会保障体系；同时，重视发展职业教育，实行职业教育费用由政府和企业分担的机制，从而为城镇化和工业化的发展提供了有力的智力支持。

（六）注重城乡平衡，强化支农政策

20世纪70年代韩国兴起的"新村运动"，韩国政府实施全方位的农村经济、文化建设战略，以村为单位开展各类开发建设项目，推动乡村文化发展，加强对农民的教育培训；同时，着力构建完善的农村现代化法规体系，以《农村现代化促进法》为主体并配套相关规章制度，对土地规划、耕地保护实行了严格的法律约束，从而促进了城镇化与农村现代化同进，有效化解了城镇化过程中可能出现的城乡差距过大、居民收入分配不公等问题。

二、国外城镇化模式的教训

在城镇化过程中，一些国家和地区的教训也十分深刻。

（一）过度郊区化导致资源环境浪费

在美国和澳大利亚出现了"过度郊区化"问题，富裕的家庭离开城镇中心到郊区居住，广大中产阶级和普通居民也跟随其后移居郊区，导致城镇不断向外低密度扩张，城镇住房建设无序开发，对汽车和能源的依赖与消费显著上升。

（二）人口过度集聚使得特大型城市负载过重

在日本和韩国，为了提高国土使用效率，推行"空间集聚式城镇化"，在核心城市聚集了大量人口。这种人口过度集聚、土地资源高密度开发的模式,不仅造成了区域发展不均衡,使得农村和边缘地区出现产业空心化、人口老龄化等问题,而且也导致了核心城镇地价暴涨、一般居民住房困难,以及环境污染、交通拥堵等"城市病"。

(三) 城镇化与工业化脱节引发各种经济社会矛盾

拉美国家产业支撑缺乏与城镇规模失控两方面因素交织,导致城镇基础设施严重短缺、贫困发生率和失业率居高不下、贫民窟林立、收入分配不公、社会治安混乱等严重问题,坠入"中等收入陷阱"的泥潭难以自拔。

(四) 城乡差距过大危及社会稳定

拉美国家人均农业资源远高于世界平均水平,但一些国家在城镇化过程中,只顾从农村抽取资源、劳动力、资金等要素,掠夺经济剩余,而忽视农业的基础作用,支农政策不力,使得城镇化与农业现代化、城镇与农村出现断裂,最终酿成严重后果。

三、当代世界城镇化趋势

(一) 全球化和国际化促进城镇与区域的空间重构

经济全球化、国际化进程加快,加速了生产要素在全球范围内的自由流动和优化配置,在此背景下,一个城镇在全球城市体系中的地位和竞争力取决于该城镇与全球其他城市的相互作用强度,特别是取决于该城镇与那些居于世界城镇网络体系顶端的全球城市或世界城市的相互作用强度和协同作用程度。即城市发展的巨型化趋势不但没有减弱,反而呈现不断增强的趋势,真正能参与国际竞争的国际城市无疑是以都市圈的形式存在的。①

(二) 城镇生态化趋势

城市是一个复杂的自然和社会生态系统,城市可持续发展要适应生态环境的多样性,适应其资源潜力和社区需要。随着城镇居民的环境意识大大增强,人们越来越关注生态环境的保护和资源的可持续利用,城市型产业代替传统的资源消耗型产业,清洁生产和循环生产等新的生产方式开始出现,许多老城市日益朝清洁型、生态型和适宜居住型方向转化。生态环境优美几乎是所有国际性大都市的共同特征,也是现代城镇社区共同追求的目标之一。当前全球性的

---

① 梁仰椿.国外大城市发展模式的嬗变与可持续城市化的实践[J].中国党政干部论坛,2010(8).

"生态化"浪潮正融入国际化都市潮流中。①

（三）城市规模结构体系由首位式逐渐向序列式演变

在首位式规模结构体系中,首位城市规模与第二等级比较显得过大,这样的国家缺乏中等城市,由特大城市直接支配众多的小城镇。而序列式城市提携规模结构是区域内各城市的规模由大到小,呈算术级有规律地变化,而详尽的城市数量则由少到多逐渐增加。纵观发达国家史,区域城市规模结构体系发展同时是一个由均衡到非均衡再到均衡的过程,具有由首位式向序列演变的趋势。②

四、中国应该采取的对策

（一）城镇化推进模式的转变:从行政主导型到市场主导、行政引导型

从世界各国城镇化的经验看,市场主导下的城镇化进程是最有效率的城镇化方式。中国的城镇化过程应转变以行政控制为主的发展模式,既不能采取放任自流的完全市场化,也不能继续沿用严格的计划控制手段,而应以市场机制为基础和主导,充分发挥市场主导和政府引导的作用。推进市场主导的城镇化进程,就是要在社会主义市场经济体制不断完善的过程中,实现人口、资源、技术、信息等要素的自由流动,建立市场化的发展机制。而政府需要转变职能,改变政府包揽一切的做法,逐步退出竞争性领域,避免过多地介入经营活动,主要承担公共投资、公共服务、公共管理的职能,加强公共产品领域建设。③

（二）城镇化空间组织模式的转变:从小城镇到城市群

推进城市群的发展,把城市群作为推进城镇化的主体形态的目的,不仅在于城市群本身的协调发展,更重要的在于增强其对全国经济社会发展的带动作用,更好地发展城市群体的集聚效应和辐射功能,以此为核心整体,带动东、中、西部乃至全国经济社会发展。

（三）城镇化城乡关系模式的转变:从城乡分割到城乡统筹

所谓城乡统筹的城镇化,是以城乡协调发展为目标,以体制和政策的城乡统筹为基础,彻底破除城乡分割的二元体制,把"三农"发展与城镇发展结合起

---

① 周毅,李京文.城市化发展阶段、规律和模式及趋势[J].经济与管理研究,2009(12).
② 徐和平.经济发展中的大国城市化模式比较研究[M].北京:人民出版社,2011:183 – 184.
③ 盛广耀.城市化模式及其转变研究[M].北京:中国社会科学出版社,2008:97 – 99.

来,建立其地位平等、开放互通、互补互促、共同进步的城乡社会经济发展新格局,从而实现城乡互动、城乡交融、城乡一体的城镇化道路。

(四)城镇化发展建设模式的转变:从粗放型到集约型

作为经济社会发展的中心,城镇资源利用和污染排放相对集中,资源短缺和环境污染造成的经济损失和社会影响大,是建设资源节约型、环境友好型社会的关键。因此,在城镇化过程中,必须妥善处理城镇建设、经济发展与资源、环境的关系,切实改变粗放的经济发展方式和城镇发展模式,走资源消耗低、环境污染少、经济效益好的集约型城市化道路。

第六章 城镇化的功能研究综述

本章着重分析学者们对于城镇化政府功能的论述,综括城镇化给社会发展和人们生活所带来的积极影响,同时注意学者们对于城镇化所产生的相关社会问题的论述。

第一节 城镇化的积极影响

"人们为了活着,聚集于城市;为了活得更好,居留于城市。"①两千多年前的古希腊哲人亚里士多德就这样描述。究竟城镇具有怎样的功能,能如此让人向往之?刘易斯·芒福德在《城市文化》中对城镇的功能做了这样的阐释:城镇,就是人类社会权力和历史文化所形成的一种最大限度的汇聚体。在城镇这种地方,人类社会散发出来的一条条互不相同的光束,以及它所焕发出来的光彩,都会在这里汇聚聚焦,最终凝成人类社会的效能和实际意义。城镇就是一种象征形式,象征着人类社会中种种关系的总和。② 社会学家帕克·伯吉斯说:"城市,人类所有的伟大文化都是由城市产生的。"③

城镇的意义几乎就是人类文明的意义,国家、政治、宗教、经济、商业、艺术无不是从人类生存的这一基本形式——城镇——发展并附着其上的。具体表

---

① 今译为"等到由若干村坊组合而为'城市(城邦)',社会就进化到高级而完备的境界,在这种社会团体以内,人类的生活可以获得完全的自给自足;我们也可以这样说:城邦的长成出于人类'生活'的发展,而实际的存在却是为了'优良的生活'。"参见:亚里士多德.政治学[M].吴寿彭,译.北京:商务印书馆,1965:7.
② 刘易斯·芒福德.城市文化[M].宋俊岭,等,译.北京:中国建筑工业出版社,2009:1.
③ R.E.帕克,E.N.伯吉斯,R.D.麦肯齐.城市社会学[M].宋俊岭,等,译.北京:华夏出版社,1987:3.

现在:

一、城镇化推动政治民主化

经济基础决定上层建筑,上层建筑对经济基础具有反作用。城镇化对民主政治建设具有促进作用。"商品是天生的平等派",社会主义市场经济与法制、平等、民主等制度和观念有着内在的、天然的联系。因此,社会主义市场经济条件下的城镇化,必然对社会主义民主政治提出新的更高的要求。

美国著名政治学家李普塞特在研究了经济发展与民主政治的关系后指出,"一个国家越富裕,它准许民主的可能性就越多"[①]。因此,有学者认为城市化通过促进经济增长来提高政治民主化。

另一些学者认为,城镇化的发展使得社会分工发展,分工的发展加剧了利益的分化和阶级阶层的分化,这些利益分化和利益诉求反映到社会政治生活中,即对民主政治提出要求。

城镇化所引起的政治层面的变动使现代市民社会形成以及政治民主化程度提高。国外学者从19世纪30年代起,就开始关于政治民主化的研究。以亨廷顿、阿尔蒙德为代表的学者认为,政治民主化是国家现代化的核心,其中的表现之一是政治参与的大众化。艾森斯塔特也有相同观点,主张政治民主化在政治领域的表现之一就是广大社会阶层对于政治的参与、支持。在20世纪50年代后,城镇化促进经济快速发展进而促使民主政治领域变革,国外出现了很多学者关于政治参与的系统研究。其中代表性的理论有:第一,共存理论。主张政治参与有利于社会的经济发展、经济平等和政治稳定。[②] 第二,对立理论。以亨廷顿为代表,认为国家发展到一定程度,政治精英们必须面对经济发展和政治参与的课题,如果用抑制政治参与来实现经济增长的目的,必然会造成分配的不平等程度;如果推进广泛的政治参与,则会促进政府活动的扩大化和政治经济的平等,但会因此而减缓经济的增长。[③] 第三,调和理论。代表人物日本学者蒲岛耶夫认为,体制内的政治参与能够加强政治的稳定性,进而促进经济的高速增长,并将富裕者的所得向非富裕者实行再分配,进而实现社会的平等和

---

① 西摩·马丁·李普赛特.政治人[M].张绍宗,译.上海:上海人民出版社,1997:27.
② 布莱克.现代化的动力:一个比较史的研究[M].景跃进,张静,译.杭州:浙江人民出版社,1989:54-59.
③ 萨缪尔·亨廷顿.变化社会中的政治秩序[M].王冠华,等,译.北京:生活·读书·新知三联书店,1989:30-53.

政治参与的发展。① 同时,学者们也注意到了影响公民政治参与的机制:首先是社会经济发展水平越高的地区,政治民主化程度也越高,人们的政治参与水平也越高。但是在不同的社会,社会经济现代化对于政治参与的影响不一定相同。其次是社会经济地位越高和个体心理倾向越强的人,为了维护自己的利益,必然要寻求政治上的权力,政治参与的水平和程度要高。但学者们关于政治参与的定义却一直没有统一。

国外学者对于政治参与的研究,大多集中在政治学领域,从宏观上研究工业化、城镇化的发展,社会结构层面的变迁与政治参与的相关性。

国内有关政治参与的研究则是从20世纪80年代开始的。但开始时,国内学者对于此项研究的关注度不高,直至90年代之后,在中央一系列政策导向下,才逐渐成为热点。并且,随着理论研究的加深,引进西方研究理论,从中国实际出发,进行了一系列的实证考察研究。

从历史上看,现代民主发端于古希腊的城邦民主。当时古希腊发达的市场经济以及异族人的聚集,促使希腊形成民主制度,共同管理城邦事务。到了中世纪晚期,由于手工业和商业的发展,城市中产生了很多商会和手工业行会,为维护自身利益买下城市自治权,按照民主制度进行管理。从世界城市发展史和政治发展史中看出,现代民主政治的发展与近代以来大规模的城镇化基本同步。由此说明二者之间的内在关系,城镇化和强调平等与契约关系的市场经济两种因素影响下,对民主政治提出要求的同时,也为民主政治发展创造了条件。

我国社会学者张云武教授首次运用沃斯的城镇化度理论考察城镇化的发展是如何使得人们的生活方式发生变迁,进而影响人们的政治参与的。他以莲花镇、凤城镇、厦门市为考察地区,发现:城镇化程度越高的地区,人们的政治参与行为越多,并且参与的间接性和匿名性越强。城镇化程度不同的地区,人们的次属群体的规模,社会交往的选择性和扩大性,社区公共事务的关心度等,都没有呈现明显的差异,但是次属群体规模的增大和对于社区的公共事务关心度的提高都有利于人们的政治参与。

二、城镇化拉动经济增长

关于城镇化与经济增长的关系,国内外学者做了大量理论解释和实证研究。美国经济学者Lampard最早提出:城市发展与经济增长之间呈现一种非常

---

① 蒲岛耶夫.政治参与[M].解莉莉,译.北京:经济日报出版社,1989:49.

明显的正相关,经济发展程度与城市化阶段之间有很大的一致性。另一位美国学者钱纳里通过回归分析1950—1970年之间101个国家的经济发展水平与城镇化水平数据,证明在一定的人均水平上,一定的生产结构、劳动力配置结构与城镇化水平相对应。保罗·贝洛克认为,城市化进程的差异60%~70%可以由经济发展差异来解释。美国地理学家布莱恩·贝利也认为一个国家的经济发展水平与该国的城镇化程度之间存在着一定联系。Henderson则利用不同国家的横截面数据计算出城镇化水平与人均GDP之间的相关系数为0.85。①

中国学者对二者的关系也进行了大量的实证研究。周一星以1977年世界157个国家和地区的资料进行统计分析,发现城镇化与经济增长之间是一种十分明显的对数曲线关系,相关系数达0.9079;许学强等根据美国人口普查局公布的1981年151个国家的资料,利用散点图选配对数曲线,得到城镇化水平与人均GNP之间存在着对数曲线,相关系数为0.81;高珮义通过对世界168个国家和地区城镇化水平及人均GDP排序、对比,得出城镇化与经济发展的双向互促共进关系;成德宁根据世界银行公布的2002年76个国家人均GNP和城镇化率的资料,拟合对数曲线模型,也证明城镇化水平与人均GNP之间存在着对数曲线关系,相关系数为0.82;张宏霖利用中国各省1978年、1998年的城市化水平及人均GDP数据,得到城镇化与经济发展间的显著正相关关系。理论与实践证明,经济增长推动了城镇化的进程,而城镇化进程又促进了社会经济的发展,二者相互作用、相互发展。在考虑城镇化的功能时,更多关注的是城镇化对经济增长的促进作用。②

（一）城镇化推动经济增长的理论

经济理论从不同的视角对城镇化推动经济增长进行阐释,形成的理论流派有:

内生增长理论认为城镇具有专业化和多样性的优势,在技术创新、人力资本形成、知识和信息交流网络等方面具有优势。城镇是通过技术创新与扩散、人力资本形成等中介来推动经济增长。虽然内生增长理论已经得到实证的检验,但是城镇化并不是作为经济增长的一个直接推动力,它关注点较为广阔,只是将城镇化作为一种间接效应。因此,如何将城镇化效应直接纳入内生增长模型有待进一步研究。

---

① 乔依德.中国的城市化:目标、路径和政策[M].上海:格致出版社,2012:104.
② 盛来运.大国城镇化:新实践　新探索[M].北京:中国统计出版社,2014:24.

非均衡增长理论则认为城镇在区域发展中作为增长极,能够产生吸引或辐射作用,促进城镇自身和周边地区的经济增长。在经济发展过程中城市的增速必然快于农村,而这种不平衡增长的目的是实现更高层次和更高水平的平衡增长。因为经济活动的空间组织通常具有强烈的扩散效应。随着中心区经济能量的不断强化,形成对边缘区的支配,同时这种能量也向周边扩散,从而带动区域经济发展。然而,城镇为何会成为核心并带动区域增长有待详细阐述。

新兴古典经济学利用超边际分析工具建立的城镇化模型认为,城镇化导致分工进一步深化,形成专业化经济,降低交易成本,促进经济增长。① 作为促进分工演化的空间组织形式,城镇将人口和产业聚集起来,创造出大规模的市场,降低交易成本,提高生产率和交易率,从而推动经济增长。② 此理论亦有缺陷,即城镇化是建立在分工与专业化的基础上,同时又认为城镇化促进分工深化,降低交易成本。这是完整体现出城镇化与经济增长的互动机制,对于城镇化作为前提,对经济的促进作用需要进一步具体区分。

(二)城镇化促进经济增长的实践

经济增长的大量历史经验证明,经济增长大多集中在每个国家的大城市中,就世界范围而言,GDP 排名世界前 30 位的城市,在 2005 年的总产值为世界总产出的 16%。在国家内部,国家经济活动也主要集中在城市。例如,巴黎市生产总值占法国 GDP 的 27.9%,东京市生产总值占日本 GDP 的 30.4%,伦敦市的生产总值占英国 GDP 的 31.6%,首尔市的生产总值更是占韩国 GDP 的 50% 以上。在 21 世纪,国家现代化程度和国家实力与"城镇化率"相联系。

第一是通过劳动力的转移。一方面,农村劳动力转移到城镇实现了资源配置的优化,从低效率的部门转到相对高效率的部门,因此会带来对经济增长的更大贡献;另一方面,根据刘易斯的劳动剩余模型,过多人务农导致额外劳动带来的边际产出可能低于平均工资甚至为零,大量的农村剩余劳动力转变为城镇人口必然会提高其边际产出,增加社会总产量,从而促进经济的发展。我国在过去 20 年中,经济增长很大程度靠的是市场化取向的改革,在对城乡劳动力改革上,从限制为主改为服务为主、引导为主,这些农村劳动力在城镇经济发展中起到重要作用。在诺贝尔经济学奖获得者 Lucas 的城镇化模型中,城镇化反映

---

① 杨小凯,张永生.新兴古典经济学和超边际分析[M].北京:中国人民大学出版社,2000:121-136.

② 赵红军.交易效率、城市化与经济发展[M].上海:上海人民出版社,2005:17-35.

的即农业部门的剩余劳动力向城镇中非农业部门的转移,劳动力在城镇中实现人力资本积累,得到技能提升并改变生活方式。城镇化对经济增长的推动作用主要是依靠集聚经济来实现的。因为集聚实现边际收益递增,即产品成本、运输成本和劳动力成本降低,近距离和频繁的沟通交流促进创新以及知识和信息的流动。也就是说,城镇发展的主要源动力是集聚经济,它的作用机制主要体现在:共享原材料和中间投入品(input sharing)、共享"劳动力池"(labor market pooling)、知识溢出效应(knowledge spillover)。① 产业要素与生产要素聚集带来知识技术外溢,从而推动社会生产率不断提高。同时,在城镇经济中,各生产要素及产业的集聚还会很快通过商业化或非商业化的途径向周边传播,带动周边经济的发展,这便是溢出效应,并且在方方面面都会出现此效应。

第二是通过城镇规模优化。我国经济学家王小鲁是通过建立城市经济模型,将城镇规模收益函数以及外部成本函数作为衡量因素。其中,规模收益随着城镇规模的增加而上升,但边际收益递减。而外部成本随着城镇规模的增加而上升。于是,又提出了净规模收益,并追求此收益的最大化。对于其他指标,如全要素生产率、人均GDP,与城镇规模都成正比例关系。② 万晓琼也认为,专业化和分工本身在很大程度上就意味着生产率的提高,进而提高经济增长率。大幅度提高劳动生产率,使城镇中创造和积累的财富远远超过了农村,所以第二、第三产业高度密集的城镇在发展城镇自身的同时,极大地促进了社会生产力和劳动生产率的发展与提高,带动了城镇和城镇辐射区域的发展,促进了社会进步。

第三是考虑投资需求的拉动。加速城镇化建设,势必需要加大对城镇基础设施的投资,比如公路、铁路、机场、港口等运输条件,以及相应的通讯设施、生产生活服务设施。这些投资在相当程度上会带动内需。

第四是消费需求的拉动。城镇化水平提高,意味着大量的农村人口转变为城镇人口,城镇人较农村人有更大的购买力,从而扩大了消费,促进了经济结构调整,带动了经济增长。

城镇化与经济增长之间存在显著的正相关关系,城镇化对经济增长有巨大的促进作用。但有学者对二者的关系提出质疑,有的将城镇化水平看作经济增长的一个指标。Gallup等认为与其说城镇化是作为经济增长的原因,还不如说

---

① 郑思齐.城市经济的空间结构[M].北京:清华大学出版社,2012:6.
② 魏后凯.走中国特色的新型城镇化道路[M].北京:社会科学文献出版社,2014:106.

城镇化是伴随经济增长过程而出现的一种现象。一些实证研究也表明城镇化并不导致经济增长。Henderson指出，没有证据能够将城镇化水平与经济、生产的增长或水平联系在一起，就是说一国采取鼓励城镇化的政策，并不能典型地促进经济增长。

在城镇化对经济增长的促进作用上，学者们产生了分歧。但有一点是可以肯定的，即对应于每一发展水平，必定有一个最优的城镇化水平与之相适应，而城镇化不足或过度城镇化都将对经济增长产生负面影响。

三、城镇化促进文化繁荣

城市是人类文明的滋生地，也是文化产业发展的场所与载体。城镇化促进文化产业发展。首先，城镇的文化基础设施投资加大，为文化活动提供了需要的活动场所；其次，城镇的多元性、开放性为文化发展提供了包容性的环境；再次，城镇的吸引力使更多的人才、资本聚集于此，为文化的发展提供了人才支持，加快文化创新。（见图6-1）

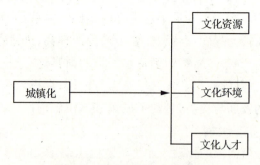

图6-1 城市化的文化意涵图

如美、日、韩、英、法、德等发达国家，以电影、电视、报纸、杂志、图书、音乐、动画、游戏等为核心的文化产业已经远远超越传统的制造业成为其国民经济的核心产业。诞生了诸如时代华纳、维亚康姆、迪斯尼、索尼、电通、维旺迪等叱咤国际文化市场的文化企业。这些大型的文化企业在全世界城市内寻求到所需的人、财、物，赚取可观的利润。

陈宇飞教授认为，城镇化对文化的首要效应是规模效应，城镇化促使人口、社会、经济的集聚，集聚促使城镇社会的文化需求呈现集合式、膨胀式的增长态势。随着社会整体收入的改变与提升，特别是中高收入人群的扩大，为文化繁荣、文化消费提供物质支撑和可观保障。从近几年中国的恩格尔系数逐渐下降可以看出，衣、食、住、行等基本生活消费比重下降，而文化消费却在迅猛增长。

城镇化对文化的第二个促进作用是多元化效应,城市化发展,大量外来人口以及农业人口成为城市居民,随之产生了不同的文化诉求。同时,城乡之间、地域之间、族群之间产生交流,社会构成和社会阶层的变化,使社会对交流、教育、艺术欣赏和文化享受的需求增加,同时促进了文化的多元化发展。城镇化对于文化的第三种效应是创新效应,新的文化需求形成文化激励效应,使得创意活动增长。例如,文化保护和文化特色识别的需求愈益增加,这就要求建立文化创新机制,完善文化遗产保护机制,形成尊重多元文化和包容多元文化的新城镇文化建构,只有真切关注文化体制机制的适应性变革,才能使社会文化状态发生根本改变,实现文化繁荣。①

四、城镇化改善人居环境

在关于城镇化的功能研究中,学者们更多注意到了城镇化发展对于社会发展和人们生活带来积极影响,但很少单从"人"的角度来研究。而人是一切价值的出发点和归宿点,城镇化的功能在人身上得到体现才能有完没诠释。这就需要不同领域的学者以"人"为中心来研究城镇化功能,突出人文关怀。而人居环境的研究便将城镇化与人结合起来,突出"城镇的核心是人"。

据统计,我国自1998年至2008年,城镇化率每年提高1.2个百分比②,在城镇化推动下,城镇人居环境质量也得到改善。

"人居环境"最早出现在希腊建筑规划学家道萨迪亚斯的《人类聚居学》一书中,他认为,人类聚居学不是只关注某一部分或某一侧面,而是从政治、经济、社会、文化等方面,全面、系统地加以研究。这对于我们认识城镇化的功能十分重要。城镇化可以使政治、经济、文化诸多方面发生改变,而人居环境可以比较真实地反映它们转变的动态时空过程。国外学者关于人居环境的研究始于19世纪末20世纪初。首先是霍华德,他设计了"田园城市",将积极的城市生活的一切优点同乡村的美丽,以及一切福利结合在一起,描绘了一种生态城市的模式。盖迪斯以人本主义的规划思想提出了区域规划理论,他把自然地域作为规划的基本框架,强调"按照事物的本来面貌去认识它,按照事物的应有面貌去创造它"。他虽然不认同乌托邦的存在,但设想了优托邦,淋漓尽致地体现出其人

---

① 陈宇飞.文化城市图景:当代中国城市化进程中的文化问题研究[M].北京:文化艺术出版社,2012:135.
② 王小鲁.中国城市化路径与城市规模的经济学分析[J].经济研究,2010(10).

文关怀,现实与自然融合,理想不断实现。另一位强调城镇规划应以人为本的学者是刘易斯·芒福德。他认为应按人的标准尺度来进行城镇规划设计,严厉批评了大城市畸形发展,认为应当把田园城镇建成区域的中心,城乡之间协调发展。他还提出三个主张:城镇和乡村彼此互相的结合、大、中、小城镇的结合、自然环境和人工环境的结合。①

国内人居环境研究起步比较晚,清华大学吴良镛教授《人居环境科学导论》开创了国内人居环境研究的先河。他认为,在大自然的基础上人居环境的建设以及人的生产活动才得以建立,人居环境是人与自然相互联系、相互作用的纽带,实现人与自然的和谐统一是其目标。②

中科院的王如松从生态学的角度研究,认为城镇的核心是人,人居生态研究的核心任务是正确处理好人与土地包括地表的水、土、气、生物和人工构筑物的生态关系。③ 另外,还有宁越敏的大都市和小城镇人居环境研究,李雪铭的城镇人居环境评价等。虽然我国对城镇人居环境的研究取得了大量的研究成果,但在人居环境的概念上由于不同学派不同的研究对象与切入点,形成了不同的观点。但总体而言,城镇人居环境是人赖以居住生活的基本条件和场所,是在一定地理环境条件下,人们所进行的生产和生活活动,是一个由"自然、人文、空间"等多元素融合而构成的有机统一系统。

第二节 城镇化进程中的"城市病"

工业革命开启了城镇化的进程,城镇具有的集聚效应使其天然成为人口和经济活动的聚集地。但是,城镇化是有成本的,当城镇增长到一定程度时,会产生拥挤成本,或又称为"拥挤不经济"(congestion diseconomies),即大量人口涌入城镇所带来的交通拥堵、住房紧缺、环境污染、医疗卫生和社会保障资源不足、贫富差距加大、治安恶化以及地价和房价上升等许多"城市病",④并且这些问题是世界城镇发展所面对的普遍性问题。

---

① P. Hall. Urban and Regional Planning[M]. London and New York:Routledge,1992:101.
② 吴良镛.人居环境科学导论[M].北京:中国建筑工业出版社,2001:13.
③ 吴琼,王如松,李宏卿,等.生态城市指标体系和评价方法[J].生态学报,2005(8).
④ 郑思齐.城市经济的空间结构[M].北京:清华大学出版社,2012:8.

一、"城市病"产生的必然性

(一) 关于"城市病"的界定

西方世界中,城镇化伴随着工业化起步和发展较早,于是,城镇化问题早已在西方显露。早期理论界对城镇问题做出积极回应,社会学、经济学、人类学、地理学等都对城市病相关理论作相关研究。

从理论发展脉络看,"城市病"(urban disease)一词最早起源于工业革命后期的英国,当时一些中心城市的超常规发展已超出了城市资源的承载能力,从而导致交通拥堵、环境污染、卫生状况恶化等情况。美国学者乔尔·科特金将工业革命引发的城市环境恶化及一系列相关问题称之为"齿轮暴虐"。① 早期的社会学家对于城市中的各种问题比较重视。德国社会学家滕尼斯认为,大城市是"联组社会",城市生活具有分崩离析、肆无忌惮的个人主义、自私自利甚至相互敌对的特征,人生活在城市中会变坏。② 另一位德国社会学家马克思·韦伯认为引起现代城市衰退的重要原因是对资本主义的过分依赖。法国社会学家涂尔干虽然对城市的发展持乐观的态度,但是也意识到不同职业间的劳动分工会使人与人之间的竞争激烈,人群异质化、疏远化。③ 一战后,世界各地的移民纷纷涌入美国,在城镇化率快速提高的同时,城市问题也频频产生。芝加哥大学的沃斯教授在 1938 年发表了论文《作为一种生活方式的都市生活》(Urbanism as a Way of life),他将城市定义为"人口规模大、密度高、并且具有社会异质性的永续性的集落",不同种族、利益、趣味爱好的人在居住空间上进行分离;人们对社会的公共事务漠不关心,精神分裂型的性格,个人主体性散失,社会交往更多呈现表面性、临时性、匿名性,呈现孤独、不满、不安以及人格的非完整性。④ 城市中人与人之间的冷漠,是一种隐形的城市病。曾长秋等认为城市病在人文社会系统中存在着抑郁症问题、青少年问题以及乞丐问题。⑤ 黄翠继续深入研究,认为快节奏的都市生活中,到处都是行色匆匆的人,没有人关心别人是怎样一种情况,"冷漠""疏离"逐渐成为城市的代名词,而且越是城镇化发

---

① 乔尔·科特金.全球城市史(修订版)[M].王旭,译.北京:社会科学文献出版社,2010:68.
② 斐迪南·滕尼斯.共同体与社会——纯粹社会学的基本概念[M].林荣远,译.北京:北京大学出版社,2010.
③ 李陈.境外经典"城市病"理论与主要城市问题回顾[J].西北人口,2013(3).
④ L. Wirth. Urbanism as a Way of life[J]. A. J. S.,1938,44(1):1 - 24.
⑤ 曾长秋,赵剑芳.我国城市化进程中的"城市病"及其治理[J].湖南城市学院学报,2007(5).

达的地方,情况越严重。①

学者对于"城市病"的概念虽然没有统一的界定,但各学科学派从不同角度对城市产生的问题进行了阐述。联合国计划署从城市病分类的角度进行了范畴界定。简而言之,"城市病"是城市资源与社会需求在一定阶段产生巨大矛盾,致使城市承载力"过载"及城市各要素之间关系失调而表现出的各种负面效应,是城市发展过程中由于必然或偶然因素所导致的一系列经济、社会问题。矶村英一在《城市问题百科全书》中提出,"城市病"是"有关个人、社会和集团的生活功能的失调情况"。他从社会病理学的角度出发阐释城市发展过程中的种种社会问题,认为城市社会病理指失业、贫困、犯罪、不良行为、卖淫、流浪、自杀和一同自杀、贫民窟、简易旅馆街、流氓、江湖卖艺者、交通堵塞和公害等大量涌现。②《中国大百科全书·社会学》指出,"城市病"是都市社区中人与自然、人与社会、个人与个人之间关系的严重失调或冲突现象,即都市社会的弊病或病态。段小梅认为,"城市病"是一种"综合症",它的实质是以城镇人口为主要标志的城市负荷量超过了以城镇基础为主要标志的城镇负荷能力,使城镇呈现出不同程度的"超载状态",③从城镇化的角度,强调人口膨胀所带来的一系列城市问题。安徽财经大学周加来教授认为:"城市病"是指在城镇化尚未完成实现的阶段中,因社会经济的发展和城镇化进程的加快,由于城镇系统存在缺陷而影响城市系统整体性运动所导致的对社会经济的负面效应。④ 宁越敏认为,从世界范围来看,凡与经济社会发展相协调的城镇化,就会产生积极的影响;反之,则会产生消极的作用。城镇研究学界相应分别称之为积极型城市化和消极型城市化。消极型城镇化会导致城镇在发展过程中出现一系列的经济、社会、环境问题,俗称"城市病",主要指住房供应短缺、交通堵塞、环境污染,以及失业、贫困、犯罪等社会题。⑤

(二)"城市病"产生的必然性

大部分学者认为,"城市病"似乎是所有国家迈入城镇化与现代化门槛不可

---

① 黄翠.浅析我国城市化进程中的城市病——以城市人情冷漠为探索基点[J].湖南工业职业技术学院学报,2010(6).

② 矶村英一.城市问题百科全书[M].王君健,等,译.哈尔滨:黑龙江人民出版社,1988:1197 – 1199.

③ 段小梅.城市规模与"城市病"——对我国城市发展方针的反思[J].中国人口·资源与环境,2001(4).

④ 周加来."城市病"的界定、规律与防治[J].中国城市经济,2004(2).

⑤ 宁越敏.中国城市研究(第5辑)[M].北京:商务印书馆,2012:导言1.

逾越的难题。它的发作有必然的规律,"城市病"从隐性到显性,再到发作,最后到康复,有其内在的必然规律,这一规律不仅是由城镇化的阶段性规律所决定的,而且也被发达国家城镇化实践所证实的。

周加来教授认为,城市病从发作到康复有其内在的客观规律,而这一客观规律又直接地与城镇化的生命周期密切相关。在其发展过程中,城镇化具有呈"S"型的上升规律,而"城市病"则具有倒"S"型的升降规律。城镇化水平处在10%～30%时,"城市病"处于隐形阶段,在这一城镇化发展缓慢的阶段,农业在国民经济中占主导地位,工业发展需要的资金短缺。城镇化对城镇的影响力很小,"城市病"没有表现出症状或症状不明显。当城镇化速度加快,达到30%～50%时,农业生产率提高,城镇工业积累了大量资本,于是工业快速发展,反过来又推动了城镇化的发展,城镇人口急剧增加,规模空前扩大,再加上城镇把精力和目标放在经济建设上而忽视生态效益和环境保护,在诸如此类的因素之下,以交通拥挤、资源短缺、环境污染等为病症的"城市病"就显现出来了。当城镇化水平达到50%时,即城镇化基本实现阶段,也是"城市病"的发作阶段。在这一革命性阶段,产业结构发生了革命性变化,城镇系统与职能更加复杂化、多样化,城镇规模继续扩大,数量继续增加,一时间与相对脆弱的资源、环境承载力形成矛盾,从而使"城市病"爆发。同时,由于管理者理念仍保持着传统的管理模式、重视经济效益等,使得这一阶段的病症最多,也最严重。最后在城镇化完全实现阶段,城镇功能完善,进入良性循环,"城市病"也进入康复期。① 因此说,"城市病"从隐性到显性,再到发作,最后到康复,有其内在的必然规律。

另一说法是就引起"城市病"的原因角度而言的,首先是由于人类认识有限,城镇结构设计不能做到面面俱到,人们也很难对未来城镇发展做出精确的预测,因此城镇空间结构规划不一定总是合理的,而一旦城镇承载量超过一定合理限度,便会出现一系列"城市病"。王桂新认为,空间结构规划发展不合理是造成"大城市病"的直接原因。② 还有一些城市向外延伸的卫星城只具备居住、购物、休闲等功能,而教育、医疗等公共资源依然集中在城区,这样就造成了"钟摆式"现象。早上浩浩荡荡的人群从周边涌入城区,晚上又浩浩荡荡返回居住地,这样毋庸置疑造成了交通拥堵,北京就是这样的"堵城"。朱铁臻认为,目前北京市周边的卫星城,虽然人口规模较为可观,但功能过于单一,人们将其称

---

① 周加来."城市病"的界定、规律与防治[J].中国城市经济,2004(2).
② 王桂新."大城市病"的破解良方[J].人民论坛,2010(32).

之为"睡城",只起到居住作用。这也就反映出城镇规划的弊病。在早期的城镇规划上应该考虑到连接城镇中心区与郊区的主干道交通的畅通性,各种生活配套和商业配套设施要齐全。另一重要原因是,政府的干预极大成为"城市病"的幕后推手。政府受个人政绩影响,注重"形象工程",过多干预城镇的规划。再者,政府拥有配置资源的权力,从而使得资源更多地流向可以出政绩的城镇地区,造成资源失衡,城乡失衡。房亚明基于中国现状分析了权力与资源配置之间的关系,指出层级越高的地方政府,其所驻城镇越大,发展越好,所掌握的优质资源越多,于是,吸引了大量的人群集聚于此,城镇越来越大,越来越拥挤,"城市病"也出现了。

城镇问题的产生具有时序性,每个时代的城镇都有其特定的问题。新问题可能是在解决旧问题的过程中产生的,但有些问题可能是永久性的,有其产生的必然性,是城镇本质所决定的,例如疾病传染。

二、典型的"城市病"及其成因

学者们大概从 20 世纪 60 年代起开始关注人口城镇化以及因其引起的社会与经济问题,如哥德斯坦等人 1965 年发表的《迁移对城市和郊区社会经济结构的影响》,豪泽在 1968 年发表《城市化——高密度生活问题》,他们不仅意识到人口城镇化给社会结构带来的变化,而且注意到城镇人口过多引发的住宅问题、贫困问题,并且提出了"过度城镇化"问题。20 世纪 90 年代以后,发展中国家城镇化问题受到学界的高度关注,世界银行在 1990 年《世界发展报告》种指出:城市贫困将是 21 世纪最严重、最具有政治爆炸性的问题①。

中国学者对于"城市病"的研究比较分散,有的关注城镇基础设施建设、城镇规划等,关注城镇不能实现"居者有其屋"、交通拥堵等;另一些学者则关注制度、政策,关注城镇资源配置的不均衡造成城乡失衡,从而引起城镇人口大规模聚集,引发一系列"城市病症"等。

典型的城市问题表现在:人口迅速膨胀、交通拥堵、环境污染、资源短缺、就业困难、基础设施供应不足、贫富差距加大、犯罪率增加等。需要明确的一点是,这些"城市病"的表现,并不是彼此孤立的,而是彼此相连的,有的互成因果关系。

---

① 中国社会科学院新型城市化研究课题组. 中国新型城市化道路:城乡双赢(以成都为案例)[M].北京:社会科学文献出版社,2007:2.

（一）人口膨胀

连玉明教授主编的《2004中国城市报告》一书中，将"人口膨胀"定义为："由于城市资源供给在很多方面的刚性约束，客观上要求人口的增加与资源供给之间保持一个适度的、动态的比例关系，城市一定时期的人口增加过度突破这个比例关系，就是人口膨胀。"徐和平通过分析大城市形成的历史轨迹发现，国内外城市所产生的集聚效应导致人口集聚，从而使得城市人口膨胀。① 有学者将人口膨胀称为"城市高血压"，并且造成了人口膨胀与水资源、土地资源、就业岗位、城市基础设施之间的矛盾。②

更多学者并不认为人口膨胀是城市病，而将其看作城市病的诱因。刘学敏认为，人口的快速集聚是城市发展的重要推动力，只是在人口快速集聚的过程中，城市配套设施和管理服务水平无法同步快速增长，两者之间的不协调引发了"城市病"。③ 宁越敏、李健也持相同观点，20世纪初，大量的移民漂流美国，加剧了纽约、芝加哥等大城市的住房拥挤、种族隔离问题。战后，日本恢复重建，东京、大阪等特大城市巨大的引力作用，使外来人口不断汇集（1950—1955年，东京、大阪、名古屋、横滨、京都、神户6座大城市人口共累计共增长298.9万人，其中自然增长71.1万人，社会增长227.8万人），产生住房、交通、环境等城市问题。20世纪60年代，一些拉丁美洲国家由于政治、经济等方面原因，大量农民挤入城市，导致"过度城市化"现象（阿根廷、智利、乌拉圭等国的城市化水平甚至超过80%），爆发失业危机、人口拥挤、住房短缺、贫富悬殊、毒品及暴力犯罪、环境污染等城市问题。④ 倪鹏飞也认为，"城市病"发生概率取决于城市人口总量与城市配套建设和管理服务水平两个因素的对比。⑤ 其中有的学者则用事实说明人口膨胀是"城市病"的原因，如19世纪末前后，英国城市人口急剧膨胀，造成住房紧张，贫民窟比比皆是，公共设施奇缺，空气及水源严重污染，同时，就业竞争激烈、工人处境艰难，犯罪率居高不下。

（二）交通拥堵

城市的集聚效应使得城市人口迅速增加，车辆不断增长，根据1907年纽约

---

① 徐和平.经济发展中的大国城市化模式比较研究[M].北京：人民出版社，2011：51-54.
② 丁健.城市化与城市病[J].领导决策信息，2003（4）.
③ 陈哲，刘学敏."城市病"研究进展和评述[J].首都经济贸易大学学报，2012（1）.
④ 宁越敏，李健.让城市化进程与经济社会发展相协调——国外的经验与启示[J].求是，2005（6）.
⑤ 倪鹏飞.中国城市竞争力报告——城市：让世界倾斜而平坦（NO.9）[M].北京：社会科学文献出版社，2011：318.

交通调查,当时马车的行使速度平均为每小时 11.5 英里,而汽车的速度每小时只有 6 英里。上下班交通高峰期,人们为候车、坐车或驱车穿越城市都要花去几个小时。据我国公安部交管局 2010 年末发布的数据显示,中国机动车保有量已达 1.99 亿辆,在 2010 年,中国的汽车产、销量达到世界第一,全国 667 个城市中,约 2/3 的城市交通在高峰时段出现拥堵,中国作为发展中国家也日益同发达国家一样,成为架在"车轮"上的国家。另外由于城市交通设施缺乏或者规划不合理,势必造成交通拥堵。

拥堵造成市民的通勤成本增加,车辆低速行驶,频繁停车和启动增加了汽车能源消耗以及尾气排放量,①造成城市环境恶化。根据伦敦 20 世纪 90 年代的检测报告,大气中约有 74% 的氮氧化物来自汽车尾气排放。②

交通拥堵更多的是由于规划的不合理造成的,大城市集中了过多功能,而周边不发达的区域并不能分担这一功能,例如,作为国际大都市的纽约即以曼哈顿为顶端,下面十几个小城市人口少,基础设施缺乏,形成一个圆锥形的模式,这一规划必然造成大都市区的种种"病症"。

（三）环境污染

科学研究证明,环境污染与人口密度和工业化指数成正相关,这就是为什么城镇比农村污染大的原因。城镇环境问题一般包括大气污染、水污染、噪音污染以及城市废弃物和垃圾等方面。欧洲一些率先进入工业化的国家都不同程度遭遇到了环境问题。"烟雾是当时生活中一个可怕的事实,在我的记忆中,那时人人都抽烟——在家和办公室里,在火车和公共汽车上,在咖啡馆和电影院里。整个国家都依靠煤炭而运行。黑烟从家家户户的烟囱里飘出来,每天都有成千上万吨的煤在伦敦的壁炉、锅炉、煮饭的炉子里燃烧。从火车头、煤气厂、发电厂以及工厂的大烟囱里,不断地喷涌着滚滚浓烟和水蒸气。在我们住的地方,烟雾中还混合着各种味道……城里的建筑全都被煤烟熏染上了一层铜锈色……在那些能见度低于一码的天气里,要是在从学校回家的路上走丢了,几乎可以成为一件值得炫耀的事,你会夸张地说,都伸手不见五指了。每年冬天,黄色浓雾都会杀死好几百人……"③

城镇人口的膨胀带动了机动车的迅速增加,而汽车尾气排放量给城市空气

---

① 李媛. 基于 GPS 数据的城市小汽车行驶特性研究[D]. 北京交通大学硕士学位论文,2008.
② 荣玥芳,高春凤. 城市社会学[M]. 武汉:华中科技大学出版社,2012:83.
③ 约翰·里德. 城市[M]. 郝笑丛,译. 北京:清华大学出版社,2010:3-4.

直接造成污染。以巴西的圣保罗为例,到2008年1月,圣保罗的机动车总量达到了599万辆,居拉美城市之首,机动车数量激增使得汽车尾气成为城市大气污染的主要污染源。

工业废水和生活污水污染了河流,垃圾得不到迅速有效的处理。对于城镇生活来说,废弃物的处理,至少是与食物、能源和水的供应一样重要的。随着这些年来城镇化的进程在加快,越来越多的人生活在越来越大的城镇里,废弃物的处理问题日益严重,而城镇对其处理能力似乎总也赶不上。①

（四）资源短缺

占较少比例的城市人群却消耗世界上绝大部分的资源。有学者选取人均水资源与人均能源缺口为基本指标来研究城市的资源短缺问题,因为这二者是一个城镇的社会经济发展的基础,也是人类生存的基本要求。因此二者的短缺将是量化城市病严重程度的一个重要指标。联合国世界水资源发展报告通过对于人均水资源、能源不同等级的划分（将城市病划分为一级到五级）来表示城市病的严重程度逐渐加重。（见表6-1）

表6-1 城市病等级

指标	一级城市病	二级城市病	三级城市病	四级城市病	五级城市病
人均水资源（立方米）	>3000	[1000,3000)	[500,1000)	[300,500)	<300
人均能源缺口（吨标准煤）	0	(0,2]	(2,4]	(4,6]	>6

对比这一标准来考察我国九大城市的两项指标数据,也可表明城市资源的短缺情况（见表6-2）:

---

① 约翰·里德.城市[M].郝笑丛,译.北京:清华大学出版社,2010:235-254.

表 6-2　2010 年 9 座城市各项指标原始数据

指标	北京	上海	广州	天津	重庆	南京	杭州	石家庄	武汉
人均水资源（立方米）	124.3	163.1	1375	70.8	1616.8	480	2188.4	244	783
人均能源缺口（吨标准煤）	2.42	4.76	4.58	1.11	0.54	3.35	3.64	3.82	3.97

资料来源:《北京市统计年鉴2011》《上海统计年鉴2011》《广州统计年鉴2011》《天津统计年鉴2011》《重庆统计年鉴2011》《南京统计年鉴2011》《杭州统计年鉴2011》《石家庄统计年鉴2011》《武汉统计年鉴2011》《中国能源统计年鉴2011》《北京市2010年交通运行报告》。

（五）就业困难

表 6-3　城镇登记失业人数表

年份	1997	1998	1999	2000	2001	2002	2003	2004	2005	2006	2007
登记失业率(%)	3.1	3.1	3.1	3.1	3.6	4.0	4.3	4.2	4.2	4.1	4.0
登记失业人口(万)	576	571	575	595	681	770	800	827	839	847	830

资料来源:《2008 年中国统计年鉴》。

据亨利·梅休的调查,在工业化时期的英国,仅有 1/3 工人能充分就业,另外 1/3 处于半就业,剩下 1/3 的工人完全失业。①

农村人口大量涌入城镇,造成城镇中劳动力供给远远大于劳动力需求的矛盾,随着科技的进步及市场竞争的加剧,产业结构必须不断进行调整升级,不断淘汰旧岗位,诞生新岗位,工人就得转岗。这是经济现代化过程中劳动力配置的客观规律,同时也对劳动者的适应能力提出了更高要求。② 而迁入城镇的农民大多缺乏专业技术知识,因此其无法满足现代工业部门的技术要求。而且,农民工因为家境贫困,不仅不能参加正常的技术培训,也无法供养自己的子女接受良好的教育,这在城镇中形成了一个永久失业的群体。

（六）贫富差距加大

讲贫富差距就不得不提到"贫民窟",这个处于繁华城市别样的一角,被很多人形象地称为"城市的毒瘤"。从字面意义去理解,贫民窟就是城市贫困者聚居的区域。联合国人类居住规划署将贫民窟(slum)定义为"以低标准和贫穷为

---

① 钱乘旦,刘金源. 环球透视:现代化的迷途[M]. 杭州:浙江人民出版社,1999:129.
② 曾长球,赵剑芳. 我国现代化进程中的"城市病"及其治理[J]. 湖南城市学院学报,2007(5).

基本特征的高密度人口聚居区"。巴西当局对贫民窟的界定是:"有50户以上人家聚居在一起,房屋建筑无序,占用他人或公共土地,缺乏主要公共服务设施的生活区。"世界各国的城镇化过程中,均出现了不同程度的贫民窟问题。当今发展中国家的城镇化速度加快,往往这些国家的贫民窟问题也最严重。2003年10月,联合国人类住区规划署发表了《世界人居年度报告——贫民窟的挑战》,当时联合国秘书长安南指出:"全球的贫穷所在正在往城市移动,这一过程我们已可确认为贫穷的城镇化。"报告还指出,全球现有10亿人居住在条件恶劣的贫民窟,占世界城市人口的32%,其中,在较为发达的国家和地区,贫民窟居民占城市人口的6%,而发展中国家和地区,贫民窟居民占城市人口的43%。"发展中国家贫民窟的增长速度,比国际社会改造贫民窟预计速度高出5～10倍。"①

贫民窟产生的前提是由于大量农业人口迁入城市定居,对比中国改革开放以前实行严格的人口控制和户籍管理制度,那时候确实没有出现这一现象。然而,对于改革开放后,大量农民工聚居城市,学界出现不同认识。其中一部分学者认为,中国的贫民窟特征不够明显,中国的城市贫富两极分化,形成于社会主义制度的框架之内,与资本主义制度框架下的发展中国家贫民窟来比较,贫富差距的程度要小。② 有国外人士指出,同非洲或印度相比,"北京的贫民窟比较小,也比较干净"。不过"除非政府着手解决这个问题,否则中国就会出现人们在其他国家看到的那些贫民窟"。另一部分学者则坚持认为中国存在贫民窟,他们认为:在中国贫民窟是应城市贫民的需求而生的一种现象,它降低了农村人口流向城镇的进入门槛,为缺乏资金、没有资产、工资收入低的新移民,提供了一个低成本进入城镇的切入点。因此,有人认为贫民窟是城市贫民和移民的一种理智的经济选择。③ 但同时坚持不应歧视这一阶层,政府不应将城市贫民窟当作政治疮疤而讳莫如深。④

7. 犯罪率增加

早期完成城镇化的国家经验证实,城镇化使得犯罪率增加,一些国外学者

---

① 安娜·卡琼穆罗·蒂贝朱卡,拉斯·路德斯沃德.新世纪可持续城市化面临的挑战与机遇[C]//建设部外事司.城市化与可持续发展:2003威海可持续发展城市化战略国际会议论文集[M].北京:中国建筑工业出版社,2004:4.
② 程瑞声.印巴局势——深层原因和前景[EB/OL].人民网强国论坛,2001-12-30.
③ 何帆.对贫民窟的傲慢与偏见[N].经济观察报,2004-07-27.
④ 何清涟.从贫民窟的清除看贫民的社会权利[N].华夏电子报,2004-09-08.

在很早就已经提出,在商品经济社会里,随着工业化的不断增长,都市化和交通工具的不断发展,犯罪会日益增加。我国刑法学界也有人对现代化进程中的犯罪现象的一般规律做了分析,认为在现代社会发展初期,由于新的社会变革迅猛,使旧体制急剧弱化,导致新旧体制相互碰撞、排斥,从而形成双轨体制混合并存的格局,并伴生体制缺口、体制倒错和体制逆转等特征。新旧制度、新旧体制和新旧社会结构之间的矛盾、冲突与对抗,势必引起社会环境的剧烈变动,进而导致社会治安秩序的变化。这种变化主要表现为,犯罪不同程度地增长且增长速度不断加快,而且城镇犯罪率显著上升,升幅高于农村。犯罪结构明显改变以及犯罪社会危害性的日趋严重。例如,美国19世纪末20世纪初,刚刚完成城镇化之时,据人口普查的有关资料,从1880年到1890年,全国犯罪收监率上升了50%,大部分案件都发生在城镇。另据芝加哥时报披露,从1881年到1898年,该市杀人案件从1266起剧增7480起。① 原因主要在于人际关系方面,由于城市经济的发展,原有的居住环境变化,加之城镇人口进一步密集,居民住宅高楼化,居民结构多元化、杂居化,居民之间素不相识,互不往来,邻里关系日趋淡化;②城镇商业区、车站、码头、宾馆都存在着可被犯罪分子利用的因素,再加上各项管理工作的缺失,制度政策的不完善,等等。

三、重思"城市病"

但是,有些学者反对城市病产生的必然性,将城镇病与城市人口规模相联系的观点受到了挑战,复旦大学经济学教授陆铭提出疑问:城市病是城镇扩张的必然结果吗?通过限制城镇人口规模来减少城市病是好的政策吗?

因为在城镇研究者和政策制定者看来,"城市病"主要体现在拥挤、污染和犯罪三个方面,并且也常常认为需要通过控制城市规模来避免"城市病"。因此,陆铭教授明确提出:"拥挤、污染和犯罪等'城市病'并不必然与城市人口规模和密度相关,通过技术革新和管理改善可以治理'城市病'。"

首先,城镇规模的扩大并不一定带来交通拥挤。从美国城镇发展的历史来看,包括芝加哥、洛杉矶和纽约等在内的特大城市,在这些城市,并非离市中心越远的地方,通勤成本就越高,往往到了距市中心大约8英里之后,通勤时间反而下降,到了15英里之后,通勤时间基本上就不变了。如果对比1990年和

---

① 王旭.美国城市史[M].北京:中国社会科学出版社,2000:126.
② 张谦元."城市病"与城市犯罪[J].开发研究,1999(6).

2000年这两年,距市中心20英里之后的地区,通勤时间几乎没有变化。之所以出现这个现象,是因为在大城市扩张的过程中,出现了人口和就业岗位的同时郊区化,这样,大城市那些住在市郊的居民也并不需要长时间地赶往市中心上班。于是,平均来看,大城市居民通勤时间并没有明显增加。如果只比较那些住得离市中心比较远的居民的通勤时间,大城市和小城市之间的区别就几乎消失了。在特大城市成长的过程中,同时出现了就业的分散化,即就业地也放在了郊区。一部分居民住在大城市的外围,他们不用到市中心去上班,这导致平均通勤时间的下降。

有交通不拥堵的城市,例如澳大利亚的堪培拉,其街道规划为放射式蛛网状,一点卡住,可以方便地绕行避开,见不到拥堵现象,这是城市规划的作用。香港人口密集、街道不宽、车辆不少,但是看不到拥堵,这是城市管理的作用。

其次,对于城市的第二个误解是很多人都认为城市扩大后犯罪率会上升。同样以美国城市犯罪率为例,从纽约来看,其凶杀率的确在20世纪60年代以后曾急剧上升,但最近出现了急剧下降,降幅达到60%。这个现象不只在纽约发生,在洛杉矶、芝加哥、休士顿等城市,犯罪率均出现急剧下降。犯罪率下降的原因很多。其中一个非常重要的原因是社会融合。美国的社会融合程度改善得非常明显,原来在市中心黑人聚居的社区,现在变成了白人和黑人相互渗透的地方。在犯罪行为里有一个非常重要的现象,即大家相互影响。当社会环境不安全时,犯罪率会陡然上升。反之,当社会变得安全时,犯罪率也会下降。拉丁美洲的经验也可以参照。很多人认为,拉丁美洲的犯罪率高是因为这些国家有些特殊性。其实不然,最新的研究发现,影响拉美国家犯罪率的因素主要有三个:收入不平等、出警状况和监禁率,收入不平等增加犯罪,而增加警力和提高监禁率则降低犯罪率。

再次,城市扩大会导致环境恶化,这是城市病的第三个误解。仅以汽车尾气排放来看,美国大城市的汽车尾气排放量出现明显下降,这跟燃料效率有关系,由于技术的改进,每单位加仑的汽油可以跑的公里数增加,从而减少了排放。同时,大城市的环境保护在很大程度上依赖于产业结构的变化,大城市的产业结构更以服务业为主,制造业向大城市周围地区分散也有利于总体上减少污染排放以及治理污染。

另外,贫民窟也并非典型的城市病,在拉美和东南亚等国出现的城市贫民窟现象严重被很多人作为反对城市扩张的理由之一。对此,陆铭教授认为需要做特别谨慎的分析。从根本上说,任何国家的城市都有一定程度上的高收入者和低收入者在居住区上的分割现象,只是程度有所不同。城市贫民窟现象并不是一个典型的城市病,在东亚国家和地区,城市化的进程就非常成功地避免了贫民窟的出现。因此,在讨论这一问题时,不应简单地认为贫民窟现象是城市化的必然结果。贫民窟的出现是多种原因综合造成的,其中歧视性的政策会使得问题更加严重。对于部分国家出现的贫民窟现象,应具体问题具体分析。"城市经济是否可以持续的增长从而为农村移民创造就业机会,这是非常重要的问题,一些拉美国家经济增长乏力,制约了低收入阶层提高收入的机会。而一方面在印度这样经济增长较快的发展中国家,城市经济高度偏向现代服务业和信息技术产业,为低技能者创造的就业机会有限;另一方面,在印度这样的国家又实施着非常严格的产权保护制度,这对贫民窟升级改造形成了明显的制约。"①

---

① 陆铭.贫民窟是"非典型性城市病"[J].中国经济报告,2013(7).

第二部分

中国城镇化之路的探索研究综述

第七章 中国城镇化历史进程的研究综述

本章通过学者的相关阐述,勾勒出古中国古代城市的起源、城镇化的自发性与政府推动模式,评析学者关于中国当代城镇化现状的描述。

第一节 古代城市的起源与发展

"中国作为世界三大城市发源地之一,自古以来即有非常发达的城市文明和独树一帜的城市文化。如果把中国的城市文化形态和西方的城市文化形态略加对比,这一点是显而易见的。就中国城市文化形态与西方城市文化形态的比较而言,中国城市所具有的从都城、省(郡、州、府)城到县城的严密、完整的组织体系和侧此行,显然是西方城市所无法比拟的。"①

一、古代城市的起源理论

在城市研究领域中,马克斯·韦伯无疑是一位大家。在《中国宗教:儒教与道家》和《非正当性的支配:城市类型学》中,他将西欧城市视为城市的理想类型。在韦伯看来,城市是现代西方特有的产物,是资本主义、理性精神、自由平等的理念及民主制度的体现,而中国城市在这方面却显"阙如",其原因为政治体制的特性与中国特殊的社会结构。韦伯以欧洲城市为普世模式,断言中国历史上根本没有城市。韦伯关于城市的论述可以看作是城市发展的一个模式,甚至可以是现代社会城市的发展方向,但它无法否定中国古代的城市起源和发展。中国学者在中国城市起源、发展特征等问题上提出了自己的看法。

---

① 于云瀚. 城居者的文明[M]. 北京:中国社会科学出版社,2011:1.

(一) 词源角度的考察

事实上,城市的起源是多元的,任何一种理论试图概括所有的城市起源本身也违反了事物多样性的特点。就中国城市起源来看,笔者认为"防御说"和"集市说"比较符合中国的实际。中国汉字保持着相当大的文化传承作用,它作为一种文化传承载体,使得现代人还能从文字中探究古代的思想。

从词源角度的去看,"城市"一词最早出现在战国史籍中。《韩非子·爱臣》:"大臣之禄虽大,不得藉威城市。"《战国策》:"今有城市之邑七十愿拜内之于王,唯王才之。""赵王因割济东三城令卢、高唐、平原陵地城邑市五十七,命以与齐,而以求安平君而将之。"虽然"城"和"市"二字连用,但意思还是分开的,即城是城墙,市是集市。

中国古代所谓的"城",考其本意,是指盛民、自守。《说文解字》曰:"城,以盛民也。"《墨子·七患第五》中指出:"城者,所以自守也。"《吴越春秋》说:"筑城以卫君,造郭以守民。"

"市"的本意是买卖和买卖之场所。我国最早的辞书《尔雅·释言》说:"贸,市也。"《疏》云:"谓市买卖物也。""市"作为动词使用的时候,意思为"买卖",《广雅·释诂二》载:"市,买也。"如《论语·乡党》说:"沽酒市脯。"《新唐书·裴耀卿传》:"我知其不市恩也。""市"作为名词使用的时候,意思为"市场",比如《说文解字注》云:"市,买卖所之也。"《易·系辞下》也指出:"日中为市,致天下之民,聚天下之货,交易而退,各得其所。"《汉书·货殖传序》上有"商相与语财利于市井"的话,颜师古在此句下注云:"市,交易之处。"

(二) "防御说"与"集市说"的描述与检讨

首先,"防御说"。关于早期中国城市的起源问题,傅筑夫、张光直等持"防御说",他们认为"中国初期的城市,不是经济起飞的产物,而是政治领域的工具"[①],强调政治、军事因素在城市起源中的作用。杨宽提出一种特殊的"防御说",他考察了日本的古城后,主张"沟应是城的萌芽"。从抵御野兽的环壕到预防部落之间的彼此掠夺袭击而修建的城墙,人的自觉性和创造力逐步提高,"高耸的城墙将业已汇聚于强力领导人下的人群圈定于有限的空间内,以往在社会实践中自发分散形成的社会功能开始在一个特定的环境内聚拢合成,相互感

---

① 张光直.关于中国初期"城市"这个概念[J].文物,1985(2).

应"①。

周朝建立之后,实行所谓的"封建制",即分封建制②。台湾地区学者赵冈把古代城市分两类:一类是行政区划的各级治所,称作城郡,其政治意义很强;另一类是治所以外的市镇。中国城市源于"治所"。从历史角度梳理,"治所"的意义在任何朝代都存在。"后来,周之诸侯诸城立国,在城中建置宗庙与殿堂,象征统治权及中枢,于是取得重大的政治意义。而且这些聚落在功能上开始分化。《左传·闵公元年》载:'凡邑有宗庙先君之主曰都,无曰邑。'为了确保这些统治中枢的安全,周时展开普遍筑城之举。《吴越春秋》说:'筑城以卫君,造郭以守民。'这就明确了其政治军事重要因素。城以外的邑则仍保留其经济活动中心之面貌。及至秦废封建、置郡县,较大的城变为郡的治所,而数百个中小城则设为县治,分别传达中央政令,管理辖区行政,成为统一的全国行政机制的网点。而在这些郡治、县治之外,还保留了为数众多的市邑。所以汉代王符在其《潜夫论》中说:'天下百郡千县,市邑万数,类皆如此。'以后历朝,大体上都维持了这样的城市体制。"③

"防御说"可以论证政治因素在城市起源中的刺激作用,而且正是这种政治因素以服务权力者为目的,让资源集聚,因而人为地加速了人的聚居程度,但它无法从根本上解释城市起源问题,因为城市不等于城堡,更不等于城墙④,城市的核心是有人群而形成的内生力,仅有"城墙"并不代表就是城市,就如同建有"万里长城"并不代表它就城市。正如马克斯·韦伯所言:"对政治与行政概念下的城市具有决定性的要素,是与城市原有的传统密切相关的,这一点就与纯粹的经济分析全不相干,此即过去的城市——不管是西洋古代、中世纪,欧洲或其他地区——同时也是一个特殊的要塞与镇戍。……在中国,每一个城市都有巨大的城墙。只是,在中国,许多从经济观点而言具有纯粹农村性格的聚落也一直都有城墙,虽然这些聚落就行政意义而言绝非城市;在中国,城市通常即意味着官府所在地。"⑤

---

① 马学强,郁鸿胜,王红霞.中国城市的发展:历程、智慧与理念[M].上海:上海三联书店出版社,2008:12.
② "封"是个象形字,是土地上画个界限,然后挖沟,把土分堆两边,然后再土堆上种树;"建"是分了疆土之后,再指定一个管理人,所以"封建"是分封建制的意思。
③ 赵冈.中国城市发展史论集[M].北京:新星出版社,2006:3-5.
④ 夏鼐.谈谈探讨夏文化的几个问题[J].河南文博通讯,1978(1).
⑤ 马克斯·韦伯.非正当性支配:城市类型学[M].康乐,简惠美,译.桂林:广西师范大学出版,2005:14-15.

其次,"集市说"。有的学者提出"集市说",认为城市是在市集的基础上兴起的,民间交换或经济交往频繁、固定地出现,使得人口的聚居成为可能。这种说法与西欧城市史家看法较为接近。傅筑夫先生将中西封建时代的城市进行比较,揭示了中国与西欧古代城市及城市经济的特点,指出从古代到近代,中国的都城是统治阶级根据政治、军事需要而有目的有计划兴建的,从秦汉到明清,城市的性质与结构以及管理制度基本类似。但从北宋开始,随着商品经济的发展,自古相沿的坊市制度被打破,城市结构和面貌开始与近代城市相类似。①

《易·系辞》:"包牺氏没,神农氏作,斫木为耜,揉木为耒,耒耨之利,以教天下,盖取诸益。日中为市,致天下之民,聚天下之货,交易而退,各得其所,盖取诸噬嗑(卦名,设法以合物也)。"《世本·作篇》,颛顼时"祝融作市"。颜师古注曰:"古人未有市,若朝聚井汲水,便将货物于井边买卖,故言市井。"以上古代文献的记载,只表明市只是货物买卖的集散地,仅此而已,而没看到因市的存在而吸引人长期且固定地集聚某地。换句话说,市与城也没有关系,只是进行物物交换的场所,与今天的农贸市场或农村集市很相近。这种市不具备城市的基本形态,也并不都是中国城市的前身。因此,把中国城市的时代认定在原始社会的后期是不对的,当时虽然有城、有市,但两者并没有什么关系,前者为了"盛民",后者为了"买卖",毫不相干。这样的"城"和"市"早就存在,但各有自己的功能,二者之间也没有任何连系,只能看作原始社会的"城"和"市",不能称为城市。"在中国,只有到了城内或城的附近设市的时候才出现了城市。因为人口众多和有市场是城市的基本标志,二者缺一都不能称为城市。仅有市而无集中的居民,或者仅有集中的居民而无市,仍然只能是单个的城或市,都不是特定意义上的城市。"②

最后,"防御说"和"集市说"的综合。《汉书·食货志》中有句论及城市起源的话:"是以圣王域民,筑城郭以居之,制庐井以均之,开市肆以通之,设庠序以教之:士农工商,四民有业。"从这句话我们可以得出结论:城市不是仅有城,而是有城之后带来人口聚集,人们为生产生活而从事劳动和交易,由此开启了城市的生活。

学者们很清楚,中国的城市是城与市的结合,所以赵冈先生说:"为区别这

---

① 马学强,郁鸿胜,王红霞.中国城市的发展:历程、智慧与理念[M].上海:上海三联书店出版社,2008:376-377.
② 中国城市起源[EB/OL].[2013-11-08]. http://www.newsmth.net/bbsanc.php?path=%2Fgroups%2Fsci.faq%2FGeography%2F11%2FGeneral%2FHisGeoOfUrb%2FM.1125678465.f0.

两个系统,前者我们称之为城郡,后者我们称之为市镇。两个系统的总合,称之为城市……周代所建之城郡,虽然是以政治目的及军事目的为主,但也附带若干次要功能。"①"也就是说,中国古代的城是以防守为基本功能。城市则不然,它必须有集中的居民和固定的市场,二者缺一都不能称为城市。根据中国历史的特殊情况,当在城中或城的附近设市,把城和市连为一体的时候,就产生了中国早期的城市。市是货物交换的地方,开始时物物交换,货币产生后就成为买卖的场所,即市场,和城没有任何关系,更不能说是城市。"②

总而言之,虽然中国的城市起源有明显的政治和经济因素,或者说政治因素占据着主导地位,但"城"与"市"的区分并非绝对,它们在很大程度是交替进行,相互影响的。正如学者所言:"王权促进了世界的产生……中国的城市和西方的城市早先都是由王权造成和促进的。而西方的城市是后来才改变的,后来它们的商业和工业成了城市的重心,而我们中国的城市一直沿袭着从古代传下来的那种王权造就的、以衙门为中心的城市。"③不过,政治因素引起城市形成,经济因素才真正为城市发展提供了物质支撑。从历史演变来看,政治因素一直都在城市发展过程中起着主要作用,要么是政治性"治所"成立之后带来人口集聚,城市形成(比如筑墙造城和移民戍边),而且时间越早,政治因素的影响力越大,直到唐宋以后,市的内生力在经济因素的推动下逐步增强,反过来影响了城镇的政治格局,比如城镇经济中心的转移,导致其政治中心转变。

二、古代城市的起源与发展

(一) 城市起源的前提:人的聚集与聚落的形成

"城市最基本的特点是人口的聚集,城市经济和城市文化均以此为基础。"④原始社会下人们抵御自然能力极低,随时面临来自外部力量的伤害,而在生理上,人根本无法与其他动物相比,所以为了抵御风险,增强获取食物的能力,人很自然地选择了群居性的生活。考古资料显示,在北京人所处的旧石器

---

① 赵冈.中国城市发展史论集[M].北京:新星出版社,2006:3、14.
② 中国城市的起源[EB/OL].[2013-11-08].http://www.newsmth.net/bbsanc.php?path=%2Fgroups%2Fsci.faq%2FGeography%2F11%2FGeneral%2FHisGeoOfUrb%2FM.1125678465.f0.
③ 郑也夫.城市社会学[M].北京:中国城市出版社,2002:14.
④ 马学强,郁鸿胜,王红霞.中国城市的发展:历程、智慧与理念[M].上海:上海三联书店出版社,2008:4.

时代,原始人就开始小规模地聚集在在一块,穴居①并且开始学会用火,到了新石器时代,随着人改造自然能力增强,人与人之间聚居规模越来越大。因此,人的聚集与聚落的形成为人的精神生活提供了发展空间,促进共同联合的基础。"大量的考古资料和传说记载说明,劳动分工的分化过程为中国早期城市的起源提供了先决条件,使人类居民点形式从原始群、原始村落、原始市集、原始集市进一步演化为以农业为主的乡村和以手工业、商业为主的城市。"②

(二) 古代城市的发展阶段③

1. 萌芽期:三皇五帝时期④

关于中国远古都城宫室的传说,《周礼》《尚书》《左传》《史记》等早期文献都有记载。最古老的古都记载有所谓"三皇五帝之都"。关于中国最早城市的传说和记载,从现有史料看是鲧城和禹都。《世本·作篇》有"鲧作城郭",《淮南子·原道训》记有"昔者夏鲧作三仞之城,诸侯背之,海外有狡心",《吕氏春秋·君守》记有"夏鲧作城";《吴越春秋》记有"鲧筑城以卫君,造郭以守民,茨城郭之始也",等等,都反映了"鲧作城"这一历史事实。至于禹都,据传说记载,或平阳,或安邑,或阳翟,不一而足。由此可以推断,鲧、禹之际为中国早期城市产生的萌芽时期。(见表 7-1)

表 7-1 传说中的三皇五帝之都

朝代	三皇五帝	年代	都城地点及迁徙情况
三皇	伏羲		陈(今河南洛阳)
	神农		鲁(今山东曲阜);又说陈
	轩辕	约公元前 26 世纪初	有熊(今河南新郑)、又迁涿鹿(今河北涿鹿)

---

① 穴居是旧石器时代原始人用作住所的一种较普遍的方式。穴居从竖穴逐步发展到半穴居,最后又被地面建筑所代替。郭松康教授曾说过中国汉字中能看到很多文化现象,以此可以作为研究社会的切入点。例如厂(厫)、广(府)、宀(室),恰恰反映了造房技术的进步。参见:郭康松.汉字与文化[EB/OL].[2013-11-05].载中国大学生在线网.http://uzone.univs.cn/news2_2008_202498.html.

② 顾朝林,等.中国城市地理[M].北京:商务印书馆,2002:10.

③ 关于中国古代城市发展的描述,详见:郭濂.中国新型城镇化的路径选择与金融支持[M].北京:中国金融出版社,2014:49-54.

④ 顾朝林,等.中国城市地理[M].北京:商务印书馆,2002:16-17.

续表

朝代	三皇五帝	年代	都城地点及迁徙情况
五帝	少昊		穷桑(今山东曲阜)
	颛顼		高阳(今河南濮阳)
	帝喾		亳(今河南偃师)
	尧		唐(今山西翼城西),又迁平阳(今山西临汾)
	舜	约公元前21世纪	虞(河南虞城县),蒲城(今山西永济县西蒲洲)

资料来源:(1)《通志·都邑略》;(2)《册府元龟·都邑》;(3)《太平御览》。

2. 初创期:夏商周时期

中国历史上真正意义的城市的形成时间是夏朝经周至春秋时期。夏朝存在的时间大约在公元前21—16世纪。在夏朝中后期,中国城市有一定程度的发展,主要有二里头古城、阳城、平阳、安阳、原城、河洛等城市。其中有代表性的城市为河南偃师二里头村古城。考古工作者在这里进行了大规模的发掘,发现了宫殿遗址、居民房基、作坊遗址、陶窑、窑穴、水井、墓葬、铜铸陶范等,根据这些发现,他们断定这里不是一般的自然村落而是早期城市的遗址,而且"这座城市是政治中枢兼具工商业中心"。[1]

商朝是中国历史上有现实科考证据的第一个朝代,它在政治统治、经济发展和城市建设等方面都已成一定规模。盘庚迁殷,商朝有了前所未有的发展。殷不仅是商朝的政治、军事中心,也是经济中心,手工业较发达,主要有青铜铸造业、制陶业、制骨器业、纺织业、酿造业,以及木、石、玉、漆等行业。各种手工业作坊数量多、规模大,冶铜考古挖掘发现其遗址面积达10000平方米以上。出土陶范有3000多块。各种手工业作坊按工种分区。分别隶属于商王室、贵族及奴隶主。殷墟的手工业技术较前有很大发展,尤其是青铜业。从《尚书》等有关商代的文献和出土的大量玉、贝等货币来看,殷墟已可能存在固定的集市,商人云集,商业交换繁荣。

周朝是继夏商之后对城市起源影响更加深远的朝代。与夏商相比,周朝实

---

[1] 赵冈.中国城市发展史论集[M].北京:新星出版社,2006:33.

施的"分封制"①不仅使城市数量增加,地域分布广泛(对化外之地,分封制度通过政治的优势推动了地区开发,促进了文明的传播),而且使城市功能多样、规格相对统一,极大地促进了城市的发展。② 首先,城市的发展源于分封制与诸侯国。周天子秉持着"普天之下,莫非王土;率土之滨,莫非王臣"的主权观,但在治理方式上,把土地和人民集合,京畿地区由天子直辖,之外地域由分封的诸侯负责。其次,城市的功能增加。诸侯不但通过分封得到姓氏、爵位、土地、人民,同时还要建立自己的都城,以代天子管理百姓、发展生产负责进贡,并为天子征战。最后,城市的规格和规划呈现多样性与相对统一性。各诸侯回到封地,根据当地的自然环境筑城造郭,吸引百姓围绕都城生产生活。因各地环境不一,尤其是南北差异,城市样态趋于多元。同时,由于诸侯是有等级的,等级意味着诸侯们享受的待遇一方面不能超越天子,否则就是逾制;另一方面严格遵守自己的级别,城墙、宫殿、祖庙等设置规格都有所限制。

总而言之,"商周时期是我国奴隶制社会的发展时期,国家机构趋于完善,农业生产较夏代有了进一步发展,并成为当时社会最重要的经济部门;农业生产的发展推动了手工业的进步,手工业类型增多,技术提高,尤其是青铜铸造业技术水平取得了空前的飞跃发展;商业也开始兴盛,商品交换的发展促使了商人的兴起。在社会政治经济发展的背景下,商周城市也得到发展。比较完整意义上的城市开始初步形成,从而为后世城市建设和城市规划打下了坚实的基础"。③

3. 发展期:春秋战国时期

春秋时期是我国从奴隶社会向封建社会过渡的阶段。这一过渡时期的特点反映在两个方面:第一,在生产力上,冶铁技术的不断成熟使得铁器逐渐取代石头、木块和青铜等生产工具,高效率的生产工具带来了高效率的农业生产,它

---

① 赵冈先生评价周朝城市时说道:"周代所筑之城,其政治性更加明显。受封各集团来到周室制定的辖区内,分别进行武装殖民。诸侯乃择定一个条件优良的据点,为其族人的聚居点,而让当地原有之土著及被征服之人民散居于中心点之外围。后来,诸侯又在其聚居点之四周筑了城墙,于是征服者与被征服者进一步有了明确的形式上之区分,以城郭为界,国人居于城内,野人城外。城内称国,城外称鄙,这就是周朝有名的国鄙之分,或称国野之分。这样建立的城郡,其政治性与军事性自然十分昭显。周朝所筑之城,一开始就颇具规模,不是靠小村落渐渐扩展而成,这是中国城市史的特色之一。"其实,这种"分封制"的政体借用政治和武力的优势,加速了城市的发展。

② 为此,学者把周朝城市发展的特点概括为:第一,城市数量较前增加,分布范围广泛,但城市规模普遍较小;第二,形成严格的城邑等级制度;第三,城市建设有较强的规划性;第四,建筑技术和建筑材料都有所发展。参见:何一民.中国城市史纲[M].成都:四川大学出版社,1994:10-12.

③ 何一民.中国城市史纲[M].成都:四川大学出版社,1994:7.

不仅扩大了社会总体财富量,使得农业可供养的人口增加,而且加速了劳动分工,增加从事手工业和脑力活动的人,促进社会社会分工、人的相对职业化和社会交易。第二,在生产关系上,首先,周天子丧失了对诸侯的控制能力,周朝也名存实亡,诸侯之间在待遇上相互攀比,城市建设规模越来越大,远远超过周朝立国之处的设计。其次,就诸侯国内而言,诸侯国虽然延续着等级制度,但诸侯表现出来的"对天子的不敬"也极大地影响了大夫们"对诸侯的不敬",诸侯与大夫的关系越来越微妙,诸侯国内形势急剧变化。再次,就普通百姓而言,每一个等级对应着一个治理的空间,天子——天下;诸侯——国;大夫——家;士——田①,尤其是前三种人,社会地位高贵,在等级待遇上有所享受,他们的物质欲望刺激着城市的发展,而普通人的生存之路就是生产自己的产品,在交易场所中与城市中的达官显贵进行贸易。

公元前770年,周平王迁都洛阳,周王室势力一落千丈,诸侯们不再受礼法约束,竞相追逐扩大势力和营建都城。据记载,春秋时期的都城超过1000个,其中有一定规模的城市约100个。②诸侯们在相互吞并中,不仅增加了城市的数量,打破原来一个诸侯国一个都城的传统,而且大力扩大城市规格,已然超过原有的"三里之城,五里之郭"的规模。当时各诸侯国的国都,都是著名的大城市,比如楚之郢、齐之临淄、秦之咸阳、赵之邯郸、魏之大梁、吴之吴城等。

除了政治因素之外,农业、手工业和商业的发展也刺激了城市的发展。铁器的革新为农业生产提供了极大的便利,高效率的生产能力不仅提高农业产值,还扩大人口规模,最为重要的是,它加速了社会分工,使得更多的人从农业中解放出来,可以从事手工业和脑力活动。至于商业的发展,除了农业生产效率提高带来农副产品剩余,有了可交易的物质之外,此时诸侯割据带来的地域分散,给商人们提供了跨"国"贸易的机会,所以在一些政策相对开明的地方,商人们从不定期交易到定期交易,再到固定交易场所,由此增加了城市的内生力,

---

① "士"后来连田都没有了,就得为高级贵族服务,所以有了家臣、文士、武士、谋士、策士、食客、术士、方士。没事做闲散的叫游士,文的叫儒,武的叫侠。孔子是儒的代表,是儒的导师,指的路是读书做官;墨子是侠的代表,指的路是平时自食其力,急时行侠仗义。士的共同特点:都要做事,都要依附于高级贵族。士做四件事:忙时帮忙,战时帮凶,有事帮腔,没事帮闲。易中天.先秦诸子 百家争鸣[R].百家讲坛,2008.

② 据《春秋左传》记载的筑城活动达68次,除5次重修外,共筑城63座。据今人对春秋时期35个国家的统计,其时共有城邑600个,其中晋91个,楚88个,鲁69个,郑61个,周50个,齐46个,卫30个,宋35个,营16个,秦14个,吴10个……如果再加上其他未统计国家,其时城邑当在千个以上。

也扩大了城市规模。①

总之,春秋战国时期是中国城市的重要发展时期。②除了政治性的都城之外,"由于工商业的繁荣,出现了一批著名的工商业城市:陶、临淄、邯郸、下都、濮阳、郑、荥阳、睢阳、彭城、陈、寿春、蓟、温、轵。洛阳、阳翟、宛、郢、雍、栎阳、姑苏、成都等城市皆为'富冠海内'的天下名都。这些城市的工商业都较发达,成为全国性或地区性的经济中心。中国城市的性质和类型发生变化。需要强调的是,春秋战国时期的工商业城市并不是单纯的经济都会,不是因经济的发展和人口的聚集而自然形成,而是从政治中心、军事据点演变而来,成为政治中心、军事据点和经济中心的综合性城市"。③

4. 奠基期:秦汉魏晋南北朝时期

秦汉两代,国家政治上实行中央集权和郡县制度,行政方面郡下设县,县下设乡、亭、里等,构成了全国自上而下的行政中心体系网络。这种行政中心网络对全国城市体系的发展最明显的影响是,其职能组合结构中以行政中心为主的城市开始占绝对优势。④

秦统一中国后,秦始皇采纳李斯的建议,推行郡县治,并由初期的36郡扩展到40余郡,郡以下设若干县。"据统计,秦朝大约设有八、九百个县。县级政权都设城市之中,而郡治一般设在本郡范围内较重要的某一县城之中。从而初步确立了以朝廷所在城市为中心,以郡县城市为网络分布状的封建大一统的首都郡县制城市体系。这种中国式的古典的城市体系制度为以后历朝的封建统治者所继承、发展,逐渐完善。城市成为各级封建政权所在地,城市的政治功能

---

① 巫鸿先生认为,在公元前4—3世纪,当各国间的斗争变得剧烈时,国家频繁迁都成为城市建设的另一个原因。不过,最重要的原因也许是经济增长与技术革新。商业与手工业活动空前活跃,以至于出现了一个新的商人阶级。结果,各国的首都都不再仅仅是政治力量的所在,而且结合了重要的经济功能,成为商业和制造业的中心。Wu Hong. The Art and Architecture of the Warring States Period[M]. Cambridge:Cambridge University Press,1999:653.

② 杨宽先生认为:"战国时期,随着农业、手工业的发展,商业日见繁荣,'三里之城,七里之郭'已很普遍,'万家之邑'相望。城市人口增加的一个原因是农村人口不断向城市集中。这时全国约有二三十个繁华的大城市,其中又以临淄和郢都最著名。各诸侯国的都城规模都很大,市的规模也在扩大。政府派官员对市进行管理,并征收工商业税。富庶的商业城市成为各国争夺的目标。城市建设方面,从国都到郡城和县都遵守小城联结大郭的局面,国都的建设则是'面朝后市'。大郭是各级官吏和一般人民的居住区,还有几种经营手工业和商业的市区。小城是国君和贵族的住所,也就是宫城,宫殿都建在高大的夯土台基上。在宫殿区附近有大量官营的手工业作坊。"参见:杨宽.战国史[M].上海:上海人民出版社,1998:118-131.

③ 何一民.中国城市史纲[M].成都:四川大学出版社,1994:16.

④ 顾朝林,等.中国城市地理[M].北京:商务印书馆,2002:35.

为第一功能,封建统治者以城市为踞点,对全国进行统治,他们往往为了政治的需要而推动城市建设、城市经济和城市文化的发展。秦朝中央集权制和郡县制的建立也推动了城市行政管理职能的发展。城市为各级封建统治中心,因而对城市的管理主要是治安管理。"①

"尽管战国时期城市数量大增,但仍局限于某一地区,未能成为全国性的中心城市,这当然是时势使然。随着秦统一全国,成为全国性的王朝,所建都城也具有统治全国的机能;再由于郡县制在全国的推行,进一步推动了城市在全国范围内的增长,凡郡县治所多成为城市,而这一点恰好说明了中国古代城市始终具有浓厚的政治军事色彩。总之这一时期无论从城市规模、布局、设施、结构,还是出现少数以工商业著称的城市,如汉代的成都以蜀锦驰名,宛(今河南南阳)冶铁业很发达,都可以说明尽管中国古代城市政治军事意义大于经济意义,但毕竟已开始了它的经济功能。从此我国古代城市逐步进入新的历史发展阶段。"②

总而言之,秦汉作为我国政治制度奠基时期,确定了中央集权和郡县制的政治体制,它使得封建社会相对稳定,既影响了社会整体的发展样态,也构成了以治所为主的城市类型,还给城市建设提供了相对稳定的政治环境。

5. 变革期:唐宋时期

中外学者一般认可唐宋时期中国社会表现出来的经济自生力和自由的开放度,把它看成是"变革时期"。③ 唐宋时期,城市的发展很大程度上有近代城市化的一些影子,而其中城市自身表现出来的内生力不但促进了城市的发展,而且确实表现出城市所包含的生活方式和开放自由的文化。究其原因,可以做如下分析。

首先,唐宋之前都有过一段很长时期的混乱,国家陷入四分五裂的状态。

---

① 何一民. 中国城市史纲[M]. 成都:四川大学出版社,1994:32-33.
② 叶玲. 我国古代城市发展与唐宋城市经济的特征[J]. 西安电子科技大学学报(社会科学版), 2002(4).
③ 认为唐宋时期是中国一个"变革时期"的学者有:美国学者施坚雅和费正清,参见:施坚雅. 中国(封建社会)晚期城市研究[M]. 陈庭光,等,译. 北京:中华书局,2000;费正清. 费正清论中国:中国新史[M]. 薛绚,译. 台北:正中书局,1994. 另有日本学者内藤湖南和宫崎市定,参见:内藤湖南. 概括的唐宋时代观[C]//刘俊文. 日本学者研究中国史论著选译(第1册)[M]. 北京:中华书局,1992;宫崎市定. 东洋的近世[C]//刘俊文. 日本学者研究中国史论著选译(第1册)[M]. 北京:中华书局,1992. 还有中国学者钱穆和陈寅恪,参见:钱穆. 中国文化导论[M]. 北京:商务印书馆,1994;王永兴. 陈寅恪先生史学述略稿[M]. 北京:北京大学出版社,1998.

经过长期的战争,地方门阀的势力被大大削弱,取而代之的是强大的中央集权,社会结构也相对合理,社会层级的流动性很大。这样一个稳定且有变动的空间,给每个人以安稳生活、生产、读书和经商的环境。

其次,统治者相当开明,在执政理念上能做到"以民为本",注重休养生息,给予百姓耕种致富的政策。

再次,由于时局的动态,北方相对来说战乱较多,而南方相对安稳,所以到了唐宋时期,北方人口大量南迁,由此导致经济重心转移。加之"宋代以前设镇多出于军事目的而据交通要道,在商品经济较为发达的前提下,这种拥有交通优势的镇更容易发挥其经济职能并扩展其规模"。① 在此历史基础上,各地区根据当地的自然与经济特色,吸引了大量的工匠艺人和商贾之家,由此形成具有地域特色的商业性市镇和产业型市镇。②

最后,唐宋时期的对外贸易也是促进城市发展的一大因素。唐宋统治者胸襟开阔,保持与外国交往,既允许中国人和外国人直接交易,也允许在边境开放市场。特别是宋代,由于中国产品的独特性,使得海上贸易航线的开辟极大地刺激了中国市场。

唐宋时,形成了一些国际性的大都市与国内的大都市,比如长安、洛阳、开封、金陵(今南京),号称"扬一益二"的扬州与益州(今成都),"上有天堂,下有苏杭"的苏州和杭州。值得注意的是,这些城市可以分为两类:一是偏政治性的都市,二是偏经济性的都市。前者是先有"治所"后有经济发展,后者是有经济基础后设"治所"。

当经济发展之后,社会呈现出一种开放度,或者说,市民社会产生了对抗政治国家的力量。有学者分析说,"从整个中国都城制度发展历程来看,可以分为前后两个阶段:前一阶段从先秦到唐代,是封闭式都城制度时期。所谓'封闭式都城制度',主要是指郭内存在封闭式的居民'坊里'制度和集中贸易的'市'制度,居民集聚的'坊里'与开设商店、商铺的'市',彼此四周都筑有围墙,所有门户都设置官吏管理,按时启闭,其特征是'封闭'。后一阶段从北宋到明清,为开放式都城制度时期。随着商业的发展,废除了击鼓而集的里坊式市场,形成了开放的商业街以及集中于庙宇内的市场贸易,新的行市和街市代替了旧有的封

---

① 于云瀚.城居者的文明[M].北京:中国社会科学出版社,2011:214.
② 包伟民.宋代城市研究[M].北京:中华书局,2014:320.

闭式集中的'市',这是中国都城制度的重大突破。"①(见表7-2)

表7-2 两汉隋唐宋代州郡县邑数量比较

朝代	州郡侯国	县邑	资料
西汉末年	103个	1314个	《汉书》卷二八《地理志下》
东汉	105个	1180个	《后汉书》卷一一三《郡国志五》
隋	190个	1255个	《隋书》卷二九《地理志上》
唐贞观十三年	358个	1551个	《旧唐书》卷三八《地理志一》
唐开元二十八年	328个	1573个	《新唐书》卷三七《地理志一》
北宋宣和四年	351个	1234个	《宋史》卷八五《地理志一》

6. 成熟期:明清时期

唐宋以后,经济重心完全转移到南方尤其是东南,继而在明初引起了政治中心的变动。虽然封建体制给经济带来的推动力越来越小,甚至开始阻碍商品经济发展,但此时经济上的资本主义萌芽以自生自发的形式在推动社会发展。其表现为:

第一,出现了以中心城市为核心的区域经济网络,推动城市群的发展。"如沿着南北大动脉的大运河出现了许多大城市——天津、临清、济南、淮安、扬州、杭州等,形成了以这些大城市为中心的经济区域——华北平原区、中原经济区、江南经济区;沿长江出现了成都、武昌、汉阳、荆州、芜湖、无锡、苏州等大城市,以这些大城市又形成了四川、湖广经济区;沿海地区产生了以宁波、福州、漳州、广州为中心的沿海经济区。这些经济区连成一片,大大促进了全国的经济发展。"②

第二,江南地区出现了许多新型市镇。江南地区相对和平,加之唐宋时期积累的人才优势,在这一区域出现大量以商业和手工业为特色的市镇,而且到了明清时期,市镇的性质发生了一定的变化,已不是完全意义的政治城市,多是城乡经济的重要纽带。它将商品经济伸展到广大乡村,因而推动了农村经济的商品化、城市化,形成"中心城市——市镇——乡村"的格局。③

---

① 杨宽.中国古代都城制度研究[M].上海:上海古籍出版社,1993:序.
② 叶玲.我国古代城市发展与唐宋城市经济的特征[J].西安电子科技大学学报(社会科学版),2002(4).
③ 这里有个值得关注的问题:明清时期是中国专制色彩最强的时期,但这个时期的江南市镇却得到迅猛发展,其中经济在推动人的思想解放和社会发展方面的作用可想而知。

第三,社会分工与职业变化。除了形成了明清四大名镇(佛山镇、汉口镇、景德镇和朱仙镇)之外,城镇人口也显著增加,且多半脱离农业从事工商业,如嘉兴的王江泾镇,以织造为特色,居民七千家,"多织绸,收丝编之利",耕田织布的很少。

第四,就城市内部结构而言,这时的城市内出现了许多专门性的商业区。如北京城就有花市、灯市、菜市、书肆以及天桥民间艺术活动场所,这种城市内部结构发展的变化,标志着这时我国的城市达到了它的成熟期。

鸦片战争之后,随着通商口岸的开放,中国沿海最早被卷入世界资本主义市场,在外来因素的刺激下,开启了本国资本经济的发展,由此开启近代城市化道路。其中最为典型的例子就是上海。在中西文化的激烈对抗下,中国城市的发展经历了一个犹如人们思想上从痛苦的接纳到主动学习的过程。"近代通商开埠使中国城市获得了新的发展机遇,打破了中国对外封闭隔绝的状态,使中国城市真正开始与世界交往和联系,成为中国人引进西方先进生产力和进步文化的窗口。无论是约开商埠,还是自开商埠,都体现了在面对'三千年未有之大变局'的近代化转折中,中国城市的自强与自立。由于西方的冲击,口岸城市和城市社会形态、城市文明形态均发生了转型。通商开埠使口岸的城市结构和功能从传统城市开始向现代城市转变,不但促成了城市的更新,对于中国社会的进步和生产力的发展在一定程度上也起了积极的影响。"①这种外来因素,在一定程度上,也是在政治因素②刺激下的迅速城镇化,当然也形成了"中国近代城市发展的特征是特大城市、大城市的畸形,内地城市的萧瑟与中、小城镇的不平衡发展"③。

有学者将近代中国城市的发展可分为三个阶段:④

第一阶段(1840—1894年)为起步阶段。因通商口岸的设置与不平等跳跃

---

① 马学强,郁鸿胜,王红霞.中国城市的发展:历程、智慧与理念[M].上海:上海三联书店出版社,2008:97.

② 中国社科院的杨奎松研究员提出一个很独特的观点,他在对比"公车上书"和"五四运动"时,着重从城镇化的发展角度去论证技术革新带来的社会变化。因为传统社会是以农村为基础的,它是物质资料的来源,是官员和士大夫的生长与养老之地,但现代社会是以城镇为基础的,经济发展带来的政治、文化、教育资源的集聚(废科举,新学都办在城镇里),让很多人离开农村,进入城镇生活。社会的转型必然带来城镇发展,而城镇发展又影响人的行为选择。参见:杨奎松.谈往阅今——中共党史访谈录[M].北京:九州出版社,2012:19,34.

③ 王明浩,安亚宁.城市科学要览[M].北京:经济科学出版社,2011:30.

④ 李蓓蓓,徐峰.中国近代城市化率及分期研究[J].华东师范大学学报(哲学社会科学版),2000(3);宁越敏,张务栋,钱今昔.中国城市发展史[M].合肥:安徽科技大学出版社,1994.

带来的从沿海到内陆的逐步开放,中国的城市受到外来资本主义因素的影响而得到新的发展,但此时受到两次鸦片战争以及长达数十年的太平天国运动的影响,城市发展比较缓慢。

第二阶段(1895—1937年)为初步发展阶段。在《马关条约》的刺激下,外国资本主义资本输出向内地延伸,随之而来的新式交通运输的发展,在经济和交通因素上使得城镇发展不断加速。

第三阶段(1937—1949年)为曲折发展阶段。受到抗日战争,与连年的国内战争影响,城镇发展受到严重阻碍,出现徘徊的局面。

费孝通先生把中国近代的城镇称为:"在权力居于武力这种政治系统里面统治阶级的一种工具。它是权力的象征,也是维护权力的必要工具。"[1]纵观中国城镇的发展,这一看法也适于描述中国古代的城镇。中国古代的城镇可以分为两类:一是偏政治性的,二是偏经济性的。起初,政治因素往往作为刺激和首发因素,到了唐宋尤其是明清以后,经济性城镇得以独立产生,甚至可以影响政治格局。

第二节 城镇化的自发形式与政府推动模式

一、古代城镇化的自发形式与政府推动模式

城镇化的发展动力究竟是政治推动,还是商业发展,抑或是二者兼而有之?事实上,中国古代城镇的起源和发展历史已经告诉我们:中国古代的城镇因政治而生,因"市"而繁荣。就以南宋为例,"作为南宋的'行在'(临时首都)所在,以至在临安(今杭州)就有从汴京迁来的各种商业和服务行业"。宋室南迁导致的中央直属官府手工业、商业资本的南迁,与杭州本地传统手工业、商业资本合流,促进了宋代都市杭州商业市场的繁荣,由此奠定了国内经济最繁华的商业都市基础。……城市的店铺市场在数量上急剧增加,更重要的是,这些店铺市场的地带里完全打破了市、坊的界限,占据了城市里大街的两边以及人群密集地区,形成了商铺酒肆临街经营、市场密布城内角落的系统化、专业化的商业市场格局。城内商业市场溢出城外,郊区城镇经济迅猛发展……形成了诸多卫星

---

[1] Hsiao-tung Fei. China's Gentry[M]. Chicago:Chicago University Press,1953:95.

型的商业市镇。①

马克思在《剩余价值学说》一语中的地评价道:"在亚洲,城市的繁荣,或宁可说,它的存在,完全是靠政府的地方性支出。封建王朝赋予城市特殊的政治地位和政治庇护,可以让城市优先获得各种宝贵的生产资料,同时,可以刺激城市市场的消费与再生产。"②

二、对城镇化发展动力的评价

马克斯·韦伯说:"中国以及整个东方的城市组织与西方截然不同的是,没有城市的政治特点,它不是所谓的古希腊的'城邦',没有中世纪那样的城市法。"③值得注意的是,马克斯·韦伯此处所使用"政治"与中国语境下的"政治"是两个完全不同的概念。马克斯·韦伯指称的"政治",其含义是公民参与公共生活的状态,政治(political)与公共(public)共享同一词根,具有"公共性"的含义。这表明,在马克斯·韦伯看来,西方的城市起源是公众参与。亚里士多德所谓的"人的政治性"与"城邦"的关系即如此。

在马克斯·韦伯看来,城市是现代西方特有的产物,是资本主义、理性精神、自由平等的理念及民主制度的体现,而中国城市在这方面则是失败的,韦伯将其原因归纳为政治体制的特性与中国特殊的社会结构。马克斯·韦伯说这句话是从一个中西比较的角度去分析城市,他认为西方的城市起源于公众的自我参与、自我发展和自我管理,这才是城市真正的灵魂所在,而中国的城市起源于政府的推动,而且一直在官方的主导之下进行,所以缺乏平民自主的参与性。然而,马克斯·韦伯的这句话却间接证明了:"中国早期的城市是城和市的结合体,往往先筑城而后设市,城的地位和作用比市更为重要,这是中国特殊的历史、自然环境所形成的中国城市的独有特点,不能以一般城市形成的规律来解释。"

总体说来,不管是古代还是现代,在城镇化发展动力中,存在着两种因素:城镇化的自发形式与政府推动模式④,而这两种因素都构成了城镇化的秩序。按照哈耶克的理论,社会秩序分为两种:即自生自发的秩序和人为构建的秩序,

---

① 葛剑雄.中国人口发展史[M].福州:福建人民出版社,1991:165-166、377.
② 马克思恩格斯全集(第 26 卷)[M].北京:人民出版社,1972:442.
③ 马克斯·韦伯.中国的宗教:儒教与道教[M].王容芬,译.北京:商务印书馆,1999:58.
④ 当然,它们各自的表现形式可以是多样的,比如城镇化的自发形式,可以是商业和工业发展,而政府推动模式,可以是政体变化、移民、戍边、资源开发等。

他说"所谓的自组织系统或自我生成系统(self-organizing or self-generating systems)的秩序……有别于另一种由某人通过把一系列要素各置其位且指导或控制其运动的方式而确立起来的秩序。我们把'人造的秩序'称为一种源于外部的秩序或安排,……也可以称为一种建构(a construction)或一种人为的秩序,……还可以称为一个组织。另一方面,我们把'增长的秩序'称为一种自我生成的或源于内部的秩序,但是这种秩序最为合适的英语称谓则是自生自发秩序。这种人造的秩序是相对简单的,换言之,这种秩序只具有该秩序的创造者能够审视且把握的那种较低的复杂程度;它们……往往是具体的;最后,由于这种人造的秩序是刻意创造出来的,所以它们始终是(或一度是)服务于该秩序的创造者的目的的。……自生自发的秩序或内部秩序所拥有。自生自发秩序的复杂程度并不止于人之心智所能把握的程度。"①哈耶克对秩序的这一分类对于理解社会进程以及制定各种社会政策来说都是至关重要的。具体到城镇化的发展秩序中,我们可以把"城镇的自我发展"视为"自生自发的秩序",把"政府的推动"视为"人为构建的秩序",在两种秩序中,自生自发的秩序为主(在任何阶段都是内生力),人为构建的秩序为辅助(在启动阶段起刺激作用),用通俗的话讲,就是把"政府的推动"看作是"输血",那么"城镇化的自发形式"看作是"造血"。但相比于古代而言,中国现代的城镇化进程总体来说是依靠经济发展推动的,但具体观察来看,在某些内生能力相对较弱的地区,城镇化建设是依靠政府有计划有目标的规划在推动,所以中国当前的新型城镇化建设大部分都是针对这些后起的内生力相对较差的地方,试图通过政府的战略加快城镇化进程。

任何国家和地区的城镇化都离不开政府的干预和政策引导,尤其是在现代社会。"在现实中,政府调控对地区的城镇化主要起到三方面的作用:一是引导作用,通过理念的确立,为城镇化发展提供战略保障,引导地区城镇化。二是推动作用,通过财政支持促进地区的城镇化;政府的引导和推动作用在城镇化启动阶段容易形成以政府为主导的'自上而下'的动力机制,在城镇化进程中,政府的行政决策,包括投资、扶持政策、生产力的宏观布局、产业结构的调整、城镇规划、开发区的建设等方面的政府行为,以及户籍制度、就业制度、社会保障制度等相关的制度安排。三是限制作用,通过法律规范确保城镇化以合理速度和

---

① 哈耶克.法律、立法与自由(第1卷)[M].邓正来,等,译.北京:中国大百科全书出版社,2000:55-58.

方式健康发展。"①中国当前进行的新型城镇化建设日益由单一的城镇发展转变为以城镇发展为纽带,实现经济发展方式转变,打破城乡二元体制乃至推动整个社会体制转型。

第三节 学者关于中国当代城镇化现状的描述

1949年,毛泽东在中共七届二中全会的报告中明确指出:"从现在起,开始了由城市到乡村并由城市领导乡村的时期。"②这表明,新中国的工作重心开始由农村转向城市,着重以经济发展和城市建设日益提上国家日程。为此,笔者打算从理论和实践两个维度,描述和评析中国当代城镇化发展的状况。

一、理论之维:中国当代城镇化发展的阶段划分

为便于总结前人研究成果和规划未来城镇化的发展,在理论上有必要对中国当代城镇化发展做一番梳理。为此,学者结合中国城镇化的实践做过以下划分:③

(一)"两阶段说"

坚持"两阶段说"的学者是以十一届三中全会为划分标准,把中国当代城镇化发展阶段分为1949—1978年和1978年至今两个时期,即所谓"前30年和后30年"。"两阶段说"最具代表性的观点是:"新中国城镇化的历程,以1978年为界,分为两个时期;改革开放以前(1949年至1978年)是计划经济体制中的城镇化发展时期,改革开放以后(1979年迄今)是经济市场化改革中的城镇化发展时期。在这两个时期中,由于经济发展阶段不同,尤其是面临的体制和制度迥异,城镇化经历了不同的历程,呈现出不同的特征,也取得了不同的进展,存在着不同的问题。"④

(二)"三阶段说"

一种观点认为新中国城镇化发展50年,大体经历了三个各有特色的发展

---

① 蒋贵凰.我国发展中地区城镇化的动力机制研究[M].北京:中国社会科学出版社,2011:45.
② 毛泽东选集(第4卷)[M].北京:人民出版社,1991:1462.
③ 姜爱林先生对当代城镇化阶段划分做过综述,详见:姜爱林.新中国成立以来城镇化发展的历史变迁[J].河南大学学报(社会科学版),2002(5).
④ 简新华,等.中国城镇化与特色城镇化道路[M].上海:上海三联书店出版社,2010:198.

阶段:第一阶段是 1949 年至 1957 年,为城市经济恢复和顺利发展时期,也是城镇化进程稳步推进时期;1958 年至 1977 年是新中国成立后城镇化发展的第二阶段;1978 年后为第三阶段,中国城镇化开始进入崭新的发展阶段。另一种"三阶段说"的观点侧重点有所不同:第一阶段(1949—1957 年)为城市拉动型的城镇化发展时期;第二阶段(1958—1978 年)为城镇化倒退、停滞时期;第三阶段(1979 年后)为城镇化较快发展时期。第三种观点认为,新中国成立以来,中国农村城市化的发展大体可以分为三个时期:第一阶段(1949—1958 年)为稳步发展的城镇化阶段;第二阶段(1958—1978 年)为波动较大的城镇化阶段;第三阶段为(1977 年至今)快速推进的城镇化阶段。①

如果以 30 年来划分一个时间段的话,新中国成立以来的中国城镇化大体可分为三个阶段:1949—1978 年的计划经济阶段,城镇化水平较低且发展非常缓慢;1978—2008 年改革开放的 30 年,城镇化快速发展;2008 年以后为城镇化发展的新阶段。②

中国社会科学院城市发展与环境研究所副所长魏后凯先生从城镇化发展的水平划分新中国的城镇化进程。"根据城镇化推进的速度,大体可以把新中国成立 60 多年来城镇化的历程分为波浪起伏时期(1950—1977 年)、稳步推进时期(1978—1995 年)和加速推进时期(1996 年至今)三大时期。"③与此类似的划分,还有上海师范大学刘士林教授的观点:"一是自 1949 年至 1978 年缓慢而曲折的城市发展时期;二是自 1978 年至 2000 年中国城市发展逐渐恢复元气并很快踏上城市化(urbanization)进程的高速公路;三是自新世纪以来逐渐融入作为全球化背景下当今世界发展主流,以'大都市'与'城市群'为中心的都市化(metropolitanization)进程。"④

(三)"四阶段说"

根据不同的政治经济特点,中国城镇化发展可分为四个阶段:第一阶段(1949—1957 年)为工业化起步时期:城镇化短暂健康发展阶段;第二阶段(1958—1965 年)为大跃进及国民经济调整时期:城市化大起大落阶段;第三阶段(1966—1977 年)为"文革"时期:反向城市化发展阶段;第四阶段(1978 年改

---

① 新玉言.新型城镇化——理论发展与前景透析[M].北京:国家行政学院出版社,2013:39-41.
② 住房和城乡建设部课题组."十二五"中国城镇化发展战略研究报告[R].北京:中国建筑工业出版社,2011:2-3.
③ 魏后凯.走中国特色的新型城镇化道路[M].北京:社会科学文献出版社,2014:2-7.
④ 刘士林.2008 中国都市化进程报告[M].上海:上海人民出版社,2009:3.

革开放后),城镇化重新步入政策发展轨道。第四阶段具体又可以分为三个小阶段:1978—1984年农村体制改革推动城镇化阶段;1985—1992年城市体制改革推动城镇化阶段;1993年至今,改革开放的进一步深化使我国城镇化进入新阶段。① 其他坚持"四阶段说"的学者,因思路大体相同,划分的年代也差不多,最多只是在"描述用语"上有所差别。最后,还有一种特殊的观点认为:"(我们)对中国城市化的认识经历了四个阶段:第一阶段(1949年末到50年代末)为'工业化优先城市发展'阶段;第二阶段(60年代末至70年代末)为'反城市化发展'阶段;第三阶段(80年代末初至20世纪末)为'城市发展的积极探索'阶段;第四阶段(21世纪以来)为'城市发展的理性回归阶段',即大中小城市协同发展阶段。"②

(四)"五阶段说"

有学者认为,中国城镇化发展可以分为五个阶段:第一阶段(1949—1957年),这是国民经济恢复和第一个五年计划时期;第二阶段(1958—1963年),这是大跃进和其后的调整时期;第三阶段(1964—1978年),这主要是处于"文革"和"文革"后的时期;第四阶段(1979—1997年),这是改革开放和社会主义初级阶段基本经济制度以及社会主义市场经济体系建立时期;第五阶段(1998—2007年)这是全面建设小康社会和城镇化快速发展时期。③ 中国社科院新型城镇化研究课题组将新中国成立以后城镇化的发展阶段划分为:1949—1958年为缓慢和稳定发展时期;1958—1960年为冒进时期;1960—1978年为下降和徘徊时期;1978—1994年为稳步推进时期;1994年至今为加速推进时期。

(五)"六阶段说"

顾朝林等对我国1949年以来的城镇化发展进行了划分研究,认为1949年至2006年间的城镇化发展可以分为六个阶段,即:健康发展时期(1950—1957年)、起伏发展时期(1958—1965年)、停滞发展时期(1966—1976年)、恢复发展时期(1977—1985年)、快速发展时期(1986—1998年)、稳步发展时期(1999—2006年)。国家发改委城市和小城镇改革发展中心课题组:1949—1957年为自然增长阶段;1958—1965年为剧烈波动阶段;1966—1978年为发

---

① 宋俊岭,黄序.中国城镇化知识15讲[M].北京:中国城市出版社,2001:115-118.
② 刘春成,侯汉坡.城市的崛起——城市系学与中国城市化[M].北京:中央文献出版社,2012:261-272.
③ 王志忠,等.论中国特色城镇化道路[M].上海:复旦大学出版社,2009:5-8.

展停滞阶段;1979—1992年为恢复增长阶段;1993—2000年为加快发展阶段;2000年至今为快速增长阶段。

除以上划分方法外,还有两种划分法:一种是将中国几千年的城镇化发展进行划分。① 另一种是将中国城镇化发展进程划分为三个阶段七个时期。②

对新中国成立以后城镇化发展阶段的划分是为了便于研究,从中总结经验教训以指导未来城镇化的发展,学者们做出各种划分背后是对新中国成立以来历史的考察。我们大体上赞同"两阶段说",其主要理论依据是:首先,十一届三中全会结束了"以阶级斗争为纲",把党和国家的工作重心转移到以经济建设为中心,真正开启了中国经济发展和城市建设的步伐。其次,中国城镇化的发展与政治密不可分,党的经济发展战略和城市发展政策直接影响城镇化发展。如果说改革开放之前的城镇化建设是附庸于政治,那么改革开放之后的城镇化建设则是相对自主化。当然,改革开放之后的城镇化建设是我们研究的重点,根据党的经济和城市发展政策的变化可以细分。

姜爱林先生认为:"透析城镇化的轨迹,笔者主张以改革为主线,以经济结构调整为补充,可将其划分为四个阶段为宜:①1978—1983年为农村经济体制改革推动城镇化体制发展阶段。这一阶段以农村改革为重点,其特点是原有城市的吸纳和新建城市的转化速度都比较高,恢复性的先进城后城建的发展模式占主导地位。②1984—1992年为城市经济体制改革推动城镇化阶段。这一阶段城市经济体制改革成为整个经济体制改革的重点,其特点是老城市发展比较缓慢,新城市特别是小城镇、小城市快速发展占主导地位。③1992—1998年为社会主义市场经济体制转型推动城镇化阶段。这一阶段以初步和逐步建立社会主义市场经济体制为重点,其特点是开发区迅速崛起、房地产开发起步提速和城市基础设施建设加速推进,大大加快了城镇化步伐,并提升城镇化质量。

---

① 按此线索,中国城镇化历程被划分为四个阶段:第一阶段为城镇化的史前阶段——古代城市的发展(公元前21世纪—1840年之前);第二阶段(1840—1949年)为城镇化的起步阶段——近代城市的发展;第三阶段(1949—1977年)为城镇化的初步阶段——计划经济体制下城市的曲折发展;第四阶段(1978年后)为城市化的加速阶段。

② 第一阶段(1949—1957年)为工业化起步时期的城镇化起步阶段,该阶段分为两个时期:1949—1952年的城市恢复发展时期;1953—1957年的"一五"计划发展时期。第二阶段(1958—1977年)为工业化起伏时期的城镇化波动与徘徊阶段,该阶段分为三个时期:1958—1960年的过度城镇化时期;1961—1965年的绝对反城镇化时期;1966—1977年的相对反城镇化时期。第三阶段(1978年后)为经济快速发展时期的加速城镇化阶段,该阶段分为两个时期:1978—1983年的经济体制改革初期的恢复性城镇化发展时期;1984年后的二次工业化时期的二元城镇化时期。

④1998—2001年为经济结构调整推动城镇化阶段。这一阶段以大力调整产业结构、地区经济结构和城乡经济结构为重点,其特点是由小城镇大问题转向小城镇大战略,再到积极稳妥地推进城镇化,由1989年的城市化方针转向大中小城市和小城镇协调发展的新的城市化方针。"①(见表7-3)

表7-3 改革开放后我国城镇后发展历程统计表

年份	全国总人口(万人)	城镇人口(万人)	城镇化率(%)	年份	全国总人口(万人)	城镇人口(万人)	城镇化率(%)
1979	97542	18495	18.9	1996	122389	37304	30.48
1980	98705	19140	19.39	1997	123626	39449	31.91
1981	100072	20171	20.16	1998	124761	41608	33.35
1982	101654	21480	21.13	1999	125786	43748	34.78
1983	103008	22274	21.62	2000	126743	45906	36.22
1984	104357	24017	23.01	2001	127627	48064	37.66
1985	105851	25049	23.66	2002	128453	50212	39.09
1986	107507	26366	24.52	2003	129227	52376	40.53
1987	109300	27646	25.29	2004	129988	54283	41.76
1988	111026	228661	25.81	2005	130756	56212	42.99
1989	112704	29540	26.21	2006	131448	57706	43.90
1990	114333	30195	26.41	2007	132129	59379	44.94
1991	115823	31202	26.94	2008	132802	60667	45.68
1992	117171	32175	27.46	2009	133474	62186	46.59
1993	118517	33173	27.99	2010	133972	66557	49.68
1994	119580	34169	28.57	2011	134735	69079	51.27
1995	121121	35174	29.04	2012	135404	71182	52.57

我们完全赞同姜爱林先生的前四个阶段划分,但由于2001年以后,城镇化建设的理论和实践都发生了重大变化,学者的研究必须把这十来年的变化考虑进来。为此,我们提出"第五个阶段,即2001年以后,为新型城镇化道路的探索与发展阶段"。新中国成立以来,我们确实是把党和国家的工作重心从农村转移到城市了,而且是转移得特别彻底,其突出表现是直到改革开放之后,我们仍

---

① 姜爱林.新中国成立以来城镇化发展的历史变迁[J].河南大学学报(社会科学版),2002(5).

第七章 中国城镇化历史进程的研究综述

然是以剥夺农村的发展空间来支持城市的发展。① 直到党的十八大之后,我们才扭转了原本的观念,确定了建设"新型城镇化道路"的方针。2012年12月召开的中央经济工作会议,提出:"积极稳妥推进城镇化,着力提高城镇化质量。城镇化是我国现代化建设的历史任务,也是扩大内需的最大潜力所在,要围绕提高城镇化质量,因势利导、趋利避害,积极引导城镇化健康发展。要构建科学合理的城市格局,大中小城市和小城镇、城市群要科学布局,与区域经济发展和产业布局紧密衔接,与资源环境承载能力相适应。要把有序推进农业转移人口市民化作为重要任务抓实抓好。要把生态文明理念和原则全面融入城镇化全过程,走集约、智能、绿色、低碳的新型城镇化道路。"

二、实践之维:中国当代城镇化发展的现状

新中国成立以来,我们在城镇化建设中有过曲折。在新中国成立之初,国家的工作重心虽然转移到城市,但主要目标是通过恢复国民经济,改造城市以巩固社会主义政权。"一五"期间,我们利用一些城市原有的工业基础,加上资源开发,以工业化推动城市化发展。当时在"建设生产性城市"和"不建设大城市"的思路下,一方面把农村的资源用于为工业化和大城市服务,另一方面城市与城镇、乡村的马太效应越来越强,城镇的发展速度缓慢。从60年代到"文革"时期,中国在"左"的跟风潮之下,走上了逆城镇化的道路,不仅城镇发展受挫,农村也被折腾得丧失了发展的内生力。直到十一届三中全会之后,在政治和经济领域的拨乱反正之下,中国的城镇化才得到新生。

(一) 改革开放以来,我国城镇化建设取得的成就

改革开放以来,我国在以经济建设为工作重心观念的指导下,做出了生产关系的重大调整,从计划经济时代的高度集中的政治经济体制转变为市场经济时代的社会主义政治和市场体制,国家的着力点也逐渐以解决社会主要矛盾为目标,推动社会主义和谐社会的建设。新型城镇化建设就是在这样的背景下开展的。如果我们以物质成就和精神成就来区分城镇化建设的成绩的话,那么前

---

① 城乡之间的这种区别对待,影响了城乡居民的生存机会,反过来也左右了人们对城乡的偏好,所以现实生活中,当说起自己的家乡,一个来自农村的人会觉得很自卑,而来自大城市的人却很自豪。"因为我们几十年的政策,在物质资源上是特别优待城市。城乡之间构成了一种极大的差别。这种物质资源造成的极大的差别使中国的相当数量的生活在乡村和小镇的人不喜欢他们的居住地。这不是一个简单的趣味的问题,而真的是生存方式的一个严峻的选择。因为两者之间的硬件差距太大了。"参见:郑也夫.城市社会学[M].北京:中国城市出版社,2002:99.

者就是城镇化建设的量,后者就是城镇化建设的质。

1. 城镇化发展理念发生根本转变

"科学的城镇化理念决定城镇化发展的水平和质量,中国城镇化进程取得最大的成就之一就是形成有中国特色的科学的城镇化理念。这个发展理念是经历了四个方面的根本转变逐步形成的:在发展目的和宗旨上,实现了从'以物为本'向'以人为本'的理念转变;在发展方针上,经历了从'优先发展'到'统筹发展'的理念转变;在发展方式上,经历了从'外延发展'到'内涵发展'的转变;在处理城乡关系上,经历了从'从城乡分割'到'城乡统筹'的转变。在科学的城镇化理念引领下,中国城镇化水平和质量得到不断的提高。"①

十八大之后,"新型城镇化"为人们日益熟知。新型城镇化又增加了新的内涵,"新型城镇化是以人为核心的城镇化","新型城镇化本质上经济的自由",不再是一种单纯的理念(作为一种发展理念,它也在不断完善,从人口的城市化到经济的城市化再到人的城市化,逐步从物质发展到物质与精神统一),而是被赋予许多实质性内容的政治举措。它不但被确立为未来中国经济发展新的增长动力和扩大内需的重要手段,而且与改革土地制度和拆除城乡二元体制联系起来,被纳入社会主义生态文明建设和实现社会主义和谐社会的体系之中。

2. 城市人口增加,城镇化水平不断提高

35年来,中国城镇化进程取得了巨大成就。据国家统计局的统计数据显示,1978年中国的城镇化率是17.9%,2000年至2010年,城镇人口由4.6亿增加到6.7亿,城镇化水平由36.22%提高到49.68%,2011年达到51.27%,2012年达到52.57%。这意味着,在过去35年中,中国的城镇化率提高了34.7个百分点,平均每年提高1个百分点以上。就西部而言,数据显示,2012年西部地区城镇化率为44.93%,比上年提高1.94个百分点,其中内蒙古、重庆、宁夏、陕西的城镇化率均在50%以上。但是,西部地区省际之间城市化率差异较大,最高的重庆城镇化率为56.98%,而最低的贵州仅为36.4%,云南和甘肃的城市化率均在40%以下。《西部蓝皮书:中国西部发展报告(2013)》预计,2013年西部地区经济将呈现继续快速增长态势,城镇化仍将保持快速推进势头,并将成为拉动经济增长的重要动力,预计城镇化水平将达到46%以上。

社科院发布《城市蓝皮书(2013)》指出,2012年我国城镇化率按照市民化标准,只有42.2%,比国家统计局公布的常住人口城镇化率低10.37个百分点。

---

① 蔡秀玲. 中国城镇化历程、成就与发展趋势[J]. 经济参考研究,2011(63).

这表明,按照市民化的标准,目前中国城镇化率大约高估了10个百分点。

《城市蓝皮书(2013)》预计,到2030年前,全国大约有3.9亿农业转移人口需要实现市民化,其中存量约1.9亿,增量达两亿多。预计到2020年,我国城镇化率将达到60%左右,城镇人口约为8.4亿,整体进入中级城市型社会;预计到2030年,城镇化率将达到68%左右,城镇人口将超过9.5亿;预计2033年前后,我国将越过城镇化率70%的拐点,由此结束城镇化快速推进的中期阶段,进入到城镇化规模缓慢推进的后期阶段;预计到2040年,我国城镇化率将达到75%左右,城镇人口约为10.3亿,整体进入高级城市型社会;预计到2050年,我国城镇化率将超80%,逼近城镇化率85%的峰值或饱和度,城镇化水平处于相对稳定状态。

3. 城镇之间的联系更加紧密,城镇密集地区逐步形成

随着社会主义市场经济的建立和完善,城镇之间的联系更加密切,以一个或多个核心城镇为中心,多个城镇共同组成的城镇群迅速成长,成为我国对外参与经济全球化和国际竞争,对内引领区域发展的战略要地。

长三角、京津冀、珠三角三大城镇密集地区,以不足3%的国土面积,聚集了全国14%的人口,创造了42%的国内生产总值,吸引了79%的外来投资,在辐射带动城乡和区域发展中发挥了重要作用。随着国家西部大开发和中部崛起战略的实施,在内地人口密集的成渝地区、关中地区、中原地区、长株潭、北部湾等地,城镇群也在发育和壮大。①

各级政府加强城际沟通与协作,采取多种形式切实推进区域协调发展。京津冀签订了"两市一省城乡规划合作框架协议",互相开放建筑市场;成渝建立了高层领导定期会晤机制;珠三角、闽东南分别建立了城市规划局长联席会议制度和城市联盟,促进了交通基础设施的对接和对资源环境的共同保护利用。

从总体来看,城镇规模迅速扩大,城市群、都市圈迅速崛起,现有城市657个,建制镇19410个,由大中小城市和小城镇构成的城镇体系初步形成。

4. 推动户籍制度改革,打破城乡二元体制

如《城市蓝皮书(2012)》所言,我国城镇化的最大障碍,表面上看是户籍制度,事实上,是"附着在户籍制度背后大量福利因素所构成的较高成本"影响了城镇化进度。"获得城市户口的农民,理应要享受城市公民一样的待遇,这是新

---

① 我国城镇化的基本情况和巨大成就[EB/OL].[2014-12-04].人民网,http://house.people.com.cn/GB/98376/165917/166697/9900089.html.

型城镇化需考虑从户籍制度改革的关键所在。"①

随着国家体制机制的改革明显提速,长期困扰城镇化健康发展的城乡二元分割进入实质性的破除阶段。2006 年,中央出台了《国务院关于解决农民工问题的若干意见》,明确要求将农民工纳入城市公共服务体系,对农民工实行属地管理。各地各部门高度重视,将农民工工作摆在重要位置,从构建和谐社会的战略高度,突出解决专业培训、权益维护、社会保险、子女入学等农民工最关心、最直接、最现实的利益问题,为进一步做好农民工工作积累了宝贵经验。中央还不断规范城市建设用地征用的程序和补偿标准,将失地农民纳入城市社会保障网络,解决其就业、保障、安居等实际问题。从 2010 年 1 月 1 日起施行的《城镇企业职工基本养老保险关系转移接续暂行办法》,规定了包括农民工在内的参加城镇企业职工基本养老保险的所有人员,其基本养老保险关系可在跨省就业时一并转移。国家还决定从 2010 年 7 月 1 日开始,流动人员跨省就业时可以转移自己的医保关系,个人账户可以跟随转移划转,城镇企业职工基本医疗保险、城镇居民基本医疗保险和新型农村合作医疗三种不同类型的医疗保险关系,也可互相转移。至此,制约全国形成城乡统一的劳动力市场的体制障碍基本得到破除,在优化城乡人力资源配置的同时,还为打破城乡二元分割和推动城镇化健康发展带来新的动力。

2013 年 11 月召开的党的十八届三中全会将新型城镇化及户籍制度改革作为重要议题。会议公报指出:"完善城镇化健康发展体制机制。坚持走中国特色新型城镇化道路,推进以人为核心的城镇化,推动大中小城市和小城镇协调发展、产业和城镇融合发展,促进城镇化和新农村建设协调推进。优化城市空间结构和管理格局,增强城市综合承载能力。""推进农业转移人口市民化,逐步把符合条件的农业转移人口转为城镇居民。创新人口管理,加快户籍制度改革,全面放开建制镇和小城市落户限制,有序放开中等城市落户限制,合理确定大城市落户条件,严格控制特大城市人口规模。稳步推进城镇基本公共服务常住人口全覆盖,把进城落户农民完全纳入城镇住房和社会保障体系,在农村参加的养老保险和医疗保险规范接入城镇社保体系。建立财政转移支付同农业转移人口市民化挂钩机制,从严合理供给城市建设用地,提高城市土地利用率。"

---

① 杨仕省. 城镇化规则已基本定稿:户籍或成突破口[N]. 华夏时报,2013 – 01 – 05(01).

5. 更多的人享受城市生活的文明,市民的凝聚力增强,由市民自发组建的社会团体或非政府组织日益涌现

城镇化的目的是使广大人民充分享受城市文明,而城市文明的本意在于自我管理,公共参与,民主决策。正如北京大学城市环境学院城市与区域规划系主任吕斌所说:"中国在城镇化过程中需要促进公众参与,尊重多元主体的利益诉求。我们不能把城镇化当作可以通过行政包揽的事,应该把城镇化看作是一个社会过程。"在政府推进城镇化过程中,原本那种"大包大揽"的政府决策里加入了公民的自我参与,要尊重利益主体的诉求。例如旧城改造和招商引资(如针对 PX 项目的建设,大连、厦门、宁波、昆明和九江等城市爆发市民的大规模游行)中,政府很可能会直接和利益主体产生矛盾,公民则日益联合起来,组成公民团体,表达市民们的呼声。

最为重要的是,随着政府职能转变,社团组织在城镇化进程中也承担起部分的社会职能。通过建立完善的社会中介组织体系,政府对城市的管理,政府同社会之间的联系得以实施与贯彻。尤其是从城镇化的负效应看,城镇化过程也伴随着"城市病"的产生过程,如产生交通拥挤、住宅紧张、环境污染、社会骚乱、失业、贫困、犯罪、信念冲突、市场不规范等新的问题。以自我管理、局部协调为职能的社团组织的发展,就能够带动自律性社会体系的形成。因此,社团组织作为一种非政府机构,一定程度上承担着政府的社会性、公益性、事业性的社会管理职能,成为联系政府与社会的重要桥梁。①

(二) 当前城镇化建设中存在的问题

从 1978 年到 2012 年,我国的城镇化率从 17.92% 提升到 52.57%,虽然从表面上看,中国城镇化建设已经达到世界平均水平,但背后潜藏的诸多矛盾、问题也日益凸显。正如学者所言,我国的城镇化是人类历史上迄今为止"最大规模的人口在最短的时间内向城市集中,并且实现着向城市现代文明转型的现象。既然是人口规模最大,而相对时间又最短,城市化和转型中发生的社会问题就必然是极其复杂的"②。

从宏观角度而言,当前城镇化建设的问题主要表现为:城镇财富积累速率与民生幸福要求的不同步;城镇规模快速扩张与要素集约水平的不匹配;城镇

---

① 汤建军. 城市化进程中社团组织发展[EB/OL]. [2014-11-09]. 凤凰网, http://blog.ifeng.com/article/14444724.html.

② 李强,等. 城市化进程中的重大社会问题及其对策研究[M]. 北京:经济科学出版社,2009:19.

规模的适度控制与流动人口的过分集聚的不协调;城镇物质文明建设与生态文明建设的不同调;城镇化高速发展与现代城镇管理水平的不适应。① 具体而言,包括以下几个方面:

1. 两个动力关系的协调问题②

在当前的城镇化建设中,政府的推动与经济的内生力是关键因素。总体而言,我国目前的城镇化建设主要是依靠政府的政治举措推动,经济的内生力与公民的自我参与能力相对较差,甚至内陆地区比沿海地区更依赖政府行为,以至于在不发达地区,城镇化沦为某些领导倡导的政治运动。就我国当前城镇化的模式而言,存在的问题表现为城镇化模式较为粗放。因经济发展方式暂时没有实现根本性转变,所以城镇化也受到传统经济增长方式的影响。其主要表现在两个方面:一是城镇化快速推进,很大程度上依赖于廉价的土地、能源、劳动力投入,以牺牲资源环境为代价;二是城市能耗不断加大,成为能源资源消耗的主体。据统计,中国城市消耗的能源占全国的80%,排放的 CO_2 和 COD 分别占全国的90%和85%。与相同气候条件的西欧和北美国家相比,中国住宅单位采暖能耗多50%～100%。

2. 城市建设千篇一律,丧失原有的文化魅力

中国的城市建设缺乏特色,千篇一律。这是对我们的城市、对生活在城市里的人的一种犯罪。中国的城市建筑缺乏文化、缺乏特色,我们在城市建设的过程中,对我们本土的文化、对我们民族的文化缺乏自信。在现实中,城市旧区和"城中村"改造中存在"大拆大建"现象,而"大拆大建"导致拆迁纠纷剧增,社会矛盾激化,同时还形成大量因拆建产生的被动性住宅需求,加剧了住房的供需矛盾。一些地方在拆建过程中,破坏了历史文化街区,损害了城市肌理,在带来"千城一面"的同时,还使城市的历史和文化难以传承。

3. 城镇化坚持中的非包容性问题严峻:体制机制难以满足城镇化健康发展的要求

正如有的学者所言:"要进一步提高中国城镇化率水平,就其最低限度而

---

① 牛文元.中国新型城市化报告2011[M].北京:科学出版社,2011:5-6.
② 国家关于城镇化的指标,实际上在"十二五规划里"是一个预期的指标,但地方已开始把城镇化的指标层层下达、层层加码。"有的省认为本省的城镇化率比国家平均城镇化率低,所以全国年均增加1%,我们就要增加1.6%,落实到地市有的还要高到1.8%,这里就有盲目性。"参见:人大委员:我们搞的是市场城镇化,还是市长城镇化?[EB/OL].[2013-12-30].凤凰网,http://finance.ifeng.com/a/20130702/10047027_0.shtml.

言,必须改革户籍制度、人口管理制度;要改革以提高农民工福利待遇为主要内容的住房、医疗、养老及有关孩子教育的制度;要通过改革金融体制、改革土地管理制度、改革中央与地方财力与事权的现存关系制度、改革各要素价格机制以优化资源配置,以及改革政府行政管理体制,以最后确保城市扩张中的基础设施建设资金的来源和有效的运用;要重新修改和新制定一系列相关优化城市空间布局的政策制度,包括关于增设新城市的行政管理制度等。"①当前的社会机制无法推动城镇化发展的表现主要是:

第一,城镇外来人口无法获得身份认同,其权益难以得到保障。长期在城镇生活工作的外来人口不仅受到精神上的歧视,而且在住房、教育、医疗、保障等方面也无法分享城镇化成果;各地劳动和社会保障制度与公共管理不衔接,难以建立全国统一、公平的劳动力市场;户籍制度改革过程中,相关的系统性配套改革不到位,难以对人口集聚产生切实的推动;缺乏适合低收人群体消费特点与消费能力的住房、设施和服务,不利于外来人口向城镇居民转化;政府的管理体制机制还难以适应城镇流动人口增多、社会冲突增加、社会事务管理难度加剧的现实需要。

第二,城乡二元分割的土地管理制度成为矛盾焦点。城乡二元分割的土地管理制度,造成乡村建设用地无序扩张、城乡结合部地区"小产权房"泛滥、治安问题突出,征用农村集体用地过程中暴力事件时有发生,农民利益受到侵害。

第三,新农村建设缺乏全面统筹协调。一是新农村建设与农村人口变化趋势缺乏紧密结合。二是建设项目和资金投入缺乏整合,降低了投资效益,不利于集中力量解决农民最关切、最迫切的问题。三是将新农村建设简单理解为建设新村,以城镇标准规划设计建设农村,脱离了农民的实际需要,乡村特色和传统文化保护压力加大。新村建设"别墅化""高楼化"成为经济发达地区的普遍现象,村庄整治中不顾农民意愿的"大拆大建""拆村并点"普遍存在,不利于宜居乡村建设。四是大量农村青壮年劳动力流失后,现有人口素质难以满足农业技术进步和产业化、现代化需要;青壮年劳动力外出带来的子女教育、老人赡养、夫妻分离等社会问题凸显。

4. 国家城镇体系布局不合理

国家城镇体系布局在理论层面和实践层面缺乏指导。主要表现在:第一,

---

① 夏斌.城镇化战略应当明晰的十二个问题[EB/OL].[2013-10-31].经济参政网,http://jjckb.xinhuanet.com/opinion/2013-07/11/content_455021.htm.

重点城镇群和国家中心城市竞争力不强。从全球范围进行比较,中国以珠江三角洲、长江三角洲、京津冀和成(都)渝(重庆)为代表的四大重点城镇群制造业比重大,利润薄,水平低,缺乏具有世界影响力的企业和自主品牌。中心城市高端功能不足,发展质量不高。第二,区域发展不均衡问题仍然十分突出,东、中、西三大区域间发展差距进一步扩大。第三,小城镇发展面临诸多体制机制障碍。东部沿海经济发达地区的"特大型镇",常住人口已接近或超过中等城市规模。传统的与行政层级挂钩的资源配置标准和管理模式,已不适应"特大型镇"发展的需要,也难以适应镇进一步发展和质量提升的需要。中西部地区的县城和区位条件较好的小城镇,在承接产业转移、吸引农民工回乡创业过程中,发展活力增强,外来投资快速增加。为享受更好的教育、医疗资源,许多返乡农民工和当地经济条件较好的农民,也都在县城或乡镇置业定居,人口快速集聚。这些发展速度快、动力强的小城镇是未来城市的雏形,但目前东部小城镇发展过程中出现的用地粗放、建设无序等问题,已经开始在中西部率先发展的地区重演。经济欠发达地区和传统农区小城镇,经济实力弱,自我发展动力不足。在现行财政分配制度和建设用地指标分解等相关政策影响下,各项设施建设和管理水平滞后,发展的外部动力更加匮乏。

5. 城市病严重

在经济和政治的双重推动下,全国各地的城镇在短时间内集中而快速发展,城市病日益严重,城镇的交通、环境和居住等问题突出。

在交通上,居民出行不便捷。一是大城市交通拥堵严重,且呈蔓延之势。特大城市主要路段全天的道路饱和度超过70%,城市中心地区高峰时段的平均车速普遍低于每小时20公里。上海城市中心区50%的车道在高峰时段道路饱和度达到95%,平均车速仅10公里/小时;2006年北京市民的平均通勤时间长达43分钟。二是城镇群综合网络交通建设缓慢,枢纽布局不合理,各交通方式之间衔接不畅,交通运行效率低。三是区域轨道交通发展尚在初级阶段,城市之间、产业区与港口和机场间的联系主要依靠高速公路,高速公路建设规划与城镇群发展布局协调不够,所建线路流量差异很大,早期建设的线路因沿线城镇的发展,近乎成为城镇内部快速路;大城市地铁线路不成网络,与公共交通、区域交通等缺乏有效的衔接,制约交通组织效率的提高。

在环境上,城市生态安全存在隐患。全国600多个城市中,有300多个城市缺水,100多个城市严重缺水,水源单一,供水系统脆弱;城市供水系统普遍老化,二次污染和渗漏问题普遍;全国城市生活垃圾累积堆存量已达60亿吨,并

第七章 中国城镇化历史进程的研究综述

以平均每年4.8%的速度持续增长,城市周边存在大量"垃圾山";大气污染加剧,一多半城市的居民生活在三类及劣三类大气环境条件下;城市抵抗自然灾害的能力弱,因气候原因或人为事故造成城市功能瘫痪的事时有发生。

在生活上,随着房价日益高涨,住有所居越来越难,人居环境质量不高。社会服务设施建设难以满足需求。北京、上海、广州等中心城市教育、医疗资源丰富,但为周边地区提供服务的能力不足。与城镇居民生活密切相关的社区级医院、文化站馆、图书馆、体育设施、青少年活动中心、老年活动中心等设施匮乏,缺少日常维护和管理经费。社会设施服务水平难以满足广大人民日益增长的物质文化生活需求,城镇外围和城乡结合部地区社会服务设施建设跟不上,布局不合理。

"用一句话归纳,为实现城镇化战略所必须进行的各种改革任务,可以说中国目前几乎没有现存的可继续完全沿用而无需改善的制度与政策,而是需在国民经济方方面面的领域进行改革。因此在中国当前,推进城镇化战略就是推进进一步的改革。城镇化战略的实质,是加快中国的改革。"①新型城镇化建设是个系统工程,涉及经济体制、教育体制、医疗卫生体制、住房体系和城市规划等,这些改革都必须进行顶层设计,合理规划,然后再刺激城市自身的内生力,共同合力才能推动城镇化稳步发展。

第四节 结 语

马克斯·韦伯在《非正当性支配:城市类型学》一书中提到东方城市缺乏"西方城市的'共同体'性格与'市民'身份资格"。他从中西城市发展乃至中西政治体制的角度对比,得出"并非所有的经济性意义的'城市',或是所有其居民曾拥有政治——行政意义下一种特别身份的要塞,在历史上都曾经形成了一个'共同体'。只有在西方,才出现过大量的城市共同体(就此词之完整意义而言)要发展成一个城市共同体,聚落至少得具有较强的工商业性格,而且还得有下列的特征:①防御设施;②市场;③自己的法庭以及——至少部分的——自己的法律;④团体的性格(verbands-charakter)以及与此相关的;⑤至少的有部分的

---

① 夏斌.城镇化战略应当明晰的十二个问题[EB/OL].[2013-10-31].载经济参政网,http://jjckb.xinhuanet.com/opinion/2013-07/11/content_455021.htm.

自律性与自主性,这一点包括官方的行政,在其任命下,市民得以某种形式参与市政。在过去,此种权利几乎都是以身份制特权的形式出现;因此,在政治性定义里,城市的特征就是作为上述权利之担纲者的、一个特别的市民身份团体的出现"①。

马克斯·韦伯的上述论断非常有深度,他不把城市单单看作是有防御设施的地方,甚至仅仅有市场的地方也算不上城市,真正的城市是物质和精神的统一体,城市是人的一种文明生活方式,当人们能够自由、民主、联合、有尊严地生活才算得上"城市"。中国的城镇化道路自古以来都是在政治的主导下推动的,其建城的原始目的不是方便百姓生活,而是为了集中人群供给自己所需,同时加强管理。在新中国成立之初,我们也犯了"片面追求城市的物质形态",而忽略"城市真正的内涵",好在现在提出的"新型城镇化道路",不仅主张"人的城镇化",而且主张"打破城乡二元体制,给予农民工城镇居民身份",期待"城镇"将是一个个"人"的自主自由的生活场所。

---

① 马克斯·韦伯.非正当性支配:城市类型学[M].康乐,简惠美,译.桂林:广西师范大学出版,2005:22-36.

第八章　中国共产党人城镇化政策的历史演进

城镇化是不以个人意志为转移的过程,但是政府的政策可以自觉不自觉地促进或者延缓城镇化的进程。我国的城镇化进程具有浓厚的政府推动、主导的色彩,所以纵观新中国成立以来的城镇化政策,对其进行一定条理的综述,显得尤为重要。

本章以改革开放前后为时间节点,分别描述学者关于两个时间段里中国共产党人城镇化政策的思考,特别是回顾自改革开放以来城镇化政策的主要内容,希望从中获得启发,以利于今后我国城镇化的发展。

第一节　改革开放以前的城镇化

改革开放以前我国城镇化总体处于抑制、增长缓慢的阶段,虽然伴随着新中国的成立,工业化的兴起,城镇化有所发展,但是囿于国家政策的抑制,导致总体发展缓慢。1958年1月出台的《中华人民共和国户口登记条例》规定:"农民由农村迁移到城市,必须持大城市劳动部门的录用证明、学校录取证明,或者城市登记机关的准予迁入证明。"标志着城乡两元分立的户籍制度确立,形成了抑制农民进城的户籍藩篱,客观上阻碍了城镇化的进程。

改革开放之前的城镇化道路的选择和我国工业化的发展战略是相吻合的。有利于优先发展重工业化目标的实现。所以呈现出以下基本特征:一是城镇化整体上受抑制和严格管制,比工业化的步伐缓慢,与世界水平差距大;二是城镇发展受计划经济和行政级别的影响;三是城镇化主要体现为大中城市的发展,小城市(城镇)发展缓慢甚至衰退。① 早在新中国成立初期,毛泽东就曾明确指

---

① 马晓河,等.中国城镇化实践与未来战略构想[M].北京:中国计划出版社,2010:318.

示"城市太大了不好",要"多搞小城镇"。这种主张影响极其深远,成为影响城镇规模政策的实施基调。此时城镇追求的不是大,而是伴随着第一个"五年计划"开始实施,带来了大规模的经济建设,形成了一批新兴的工矿业小城镇。与此同时,对武汉、成都、太原、西安、洛阳、兰州等老工业城市进行了改造。新中国成立初期开始实施的控制城镇化发展的政策主要包括以下几方面的内容:

一、土地集体化的束缚

1982年宪法出台之前,我国并没有一部法律禁止农地买卖与农地出租。但事实上,自1956年开始的高级社运动,却从废除入社土地的分红权开始,走向全面禁止土地转让。其中,1962年的《农村人民公社工作条例》(简称《人民公社六十条》),还把禁止的范围扩大到包括自留地和宅基地在内的全部农村土地。

二、通过调整建镇标准控制城镇数量

这是对农村城镇化的最为直接的控制。1955年,国务院规定常住人口在2000人以上,其中非农人口占50%强的居民区,或人口为1000~2000人,其中非农人口在75%以上的居民区都为城镇。1963年,中共中央、国务院《关于调整市镇建制、缩小城市郊区的指示》提高了建镇标准,规定常住人口在3000人以上,其中非农人口占70%强的居民区,或人口2000~3000人,其中非农人口在85%以上的地区才算城镇。建镇标准的提高使城镇数量锐减。到1965年,镇的数量从5402个减至2902个,减少了46.28%。建镇标准的调整是对"大跃进"导致国民经济比例失调的一种政策反应,使原来属于城镇的人口和地区被划入农村范围,使城镇人口的比例下降。

三、通过户籍、就业和保障等制度限制人员流动

1958年1月9日全国人民代表大会常务委员会通过的《中华人民共和国户口登记条例》规定:"公民由农村迁往城市,必须持有城市劳动部门的录用证明,学校的录取证明,或者城市户口登记机关的准予迁入的证明,向常住地户口登记机关申请办理迁出手续。"同一年国务院又颁布了《户口管理条例》,严格划分农业和非农业户口,控制农业人口迁往城市。这是中国此后关于户籍管理的基本法律依据。1958年,中共中央发布了《关于在农村建立人们公社问题的决议》,宣布实行"政社合一"体制,以此为载体,城乡分割壁垒逐步形成。① 1964

---

① 马晓河,等.中国城镇化实践与未来战略构想[M].北京:中国计划出版社,2010:318.

年,国务院批转了公安部《关于户口迁移政策的规定》,对人口城镇化严加控制。这样,除了极少数招工、升学和解决两地分居、照顾生活等特殊情况外,农民进城和人口流动被严格控制。另外,就业和社会保障方面的制度化歧视也限制了农民向城市的流动。二元城乡格局形成了在福利、机会和风险诸方面泾渭分明的城市社会和乡村社会。

四、特殊的积累机制使农村缺乏城镇化的经济支撑和动力

在这一时期,政府通过对农产品统购统销和工农业产品价格剪刀差来形成一块超额利润并将其转化为工业化的资金来源。据有关专家计算,1952 年到 1978 年,由于工农产品的不等价交换和税收,农业流入工业的资金为 4852 亿元,扣除财政返还农业部分,农业净流出资金 3120 亿元,相当于同一时期国有企业非农固定资产总值的 73.2%。农业剩余的大量外流使农村失去了自我发展的经济支撑和能力,在人多地少、生产率低的情况下,农民长期在维持生存的边缘徘徊。对农村城镇化的控制政策,直接导致了中国农村的城镇化在相当长的一段时间内发展缓慢。1958 年我国经历了"大跃进"运动,城市和建制镇都呈现出减少的趋势。一部分新设置的市恢复到县级建制,如榆次、侯马、岳阳等;另一部分地级市实行降级,成为县级市,如保定等。① "大跃进"过程中,由于不得不从农村大量招工,使城镇人口在 1958—1960 年间迅速提高了 4 个百分点(1960 年达到 19.3%)。大跃进的失败与自然灾害又使城镇职工大量下放,到 1963 年,城镇人口比重下降到 16.8%。"文革"期间的经济混乱,使城镇化陷于停滞。城镇人口的绝对数量虽然增加了 4295 万人,但城镇化率不升反降(1978 年为 17.92%,比 1963 年高 1.5 个百分点,比 1964 年低 0.5 个百分点)。小城镇的发展更是受到了抑制,1978 年,全国建制镇 2173 个,比 1953 年还要少,退到了新中国成立之初的水平。中国城乡形成了典型的"二元经济"与"二元社会"②。

第二节 改革开放之后的城镇化

改革开放开启了中国经济发展的新篇章,也有力促进了城镇化的进程。具体可以分为前期追求高速度阶段到现在追求高质量阶段。

---

① 秦尊文.小城镇偏好探微[J].中国农村经济,2004(7).
② 马晓河,等.中国城镇化实践与未来战略构想[M].北京:中国计划出版社,2010:318.

一、八、九十年代的城镇化

改革开放以后,随着经济体制改革的推进,城镇化迎来了全新的发展时期。1980年10月,国家建委在北京召开全国城市规划工作会议时,就提出了"控制大城市规模,合理发展中等城市,积极发展小城市"的城市发展方针。1984年1月,国务院发布《城市规划条例》,第一次以法规的形式确认了这一方针。八十年代,我国著名社会学家费孝通在其家乡苏州进行农村社会调查时发现原本凋敝的小城镇因为乡镇企业的发展而重新勃兴。费孝通判断这将是我国农村又一次大变革的开始。他把相关思考写成《小城镇　大问题》《小城镇　再探索》《小城镇　苏北初探》《小城镇　新开拓》四篇文章,陆续刊发于《瞭望》新闻周刊,产生了极大影响。他所主张的"小城镇、大战略"思想成为改革开放初期农村城镇化的主流思想之一。① 但是随着社会主义市场经济的确立,尤其是市场经济规律将更多的人引向大城市,导致大城市严重的人口过载,引发诸多社会问题,仅仅控制大城市规模这样的政策已经不合时宜,1989年,国家将城市发展方针修改为"严格控制大城市规模,合理发展中等城市和小城市"。

进入20世纪90年代后,国家关于城镇化的思路仍然是发展小城镇。1998年,中共中央在《关于农业和农村中若干重大问题的决定》中正式提出了"小城镇、大战略"的思想。1999年,时任国务院总理朱镕基在九届全国人大二次会议上所作的《政府工作报告》中说:"要调整乡镇企业结构,推进小城镇建设。"同一年,时任中共中央总书记江泽民也在中央经济工作会议上强调:"发展小城镇是一个大战略。"

二、21世纪前十年的城镇化

1981年我国城镇化率仅为20%,2000年达到了36%,到2011年时城市人口历史性超过了农村人口,城镇化率达到51.3%。可以说21世纪的前十年是我国城镇化飞速发展的十年。城市带、城市群的出现,是最近十年来我国城镇化的显著特点。按照国家主体功能区规划布局,我国将形成"两横三纵"的城市化格局。不同于传统的城市化战略,它是现代要素集聚的城市群及经济圈。

2001年3月15日第九届全国人民代表大会第四次会议批准通过《中华人民共和国国民经济和社会发展第十个五年计划纲要》,其中16次提及城镇化,

---

① 周范才,王玉宁.城镇化演进30年[J].福建农业,2014(1).

在第八章"实施西部大开发战略,促进地区协调发展"中提到:"推进西部大开发,提高城镇化水平;加快中部地区发展,提高工业化和城镇化水平。"第九章专门阐述了"实施城镇化战略,促进城乡共同进步",形成合理的城镇体系,有重点地发展小城镇,消除城镇化的体制和政策障碍。

2001年8月国务院根据《中共中央关于制定国民经济和社会发展第十个五年计划的建议》以及《中华人民共和国国民经济和社会发展第十个五年计划纲要》关于实施城镇化战略的精神编制的重点专项规划精神,发布了《"十五"城镇化发展重点专项规划》,指出推进城镇化进程的总要求是:"统筹兼顾,促进城乡协调发展;科学规划,调整和优化城镇体系;突出重点,积极引导小城镇健康发展;创新体制,依靠市场机制推进城镇化;着眼未来,增强可持续发展能力。"完善城镇体系的基本任务是,有重点地发展小城镇,积极发展中小城市,完善区域性中心城市功能,引导城镇密集区有序发展,走多样化的城镇化道路。

2002年11月党的十六大报告首次提及城镇化:"全面繁荣农村经济,加快城镇化进程,要逐步提高城镇化水平,坚持大中小城市和小城镇协调发展,走中国特色的城镇化道路。"2007年10月党的十七大报告里一共出现了两次城镇化,报告中提到:"走中国特色城镇化道路,按照统筹城乡、布局合理、节约土地、功能完善、以大带小的原则,促进大中小城市和小城镇协调发展。以增强综合承载能力为重点,以特大城市为依托,形成辐射作用大的城市群,培育新的经济增长极。"

2006年3月第十届全国人民代表大会第四次会议批准通过《中华人民共和国国民经济和社会发展第十一个五年规划纲要》,其中共21次提及城镇化,指出"促进城镇化健康发展",要坚持大中小城市和小城镇协调发展,提高城镇综合承载能力,按照循序渐进、节约土地、集约发展、合理布局的原则,积极稳妥地推进城镇化,逐步改变城乡二元结构。健全城镇化发展的体制机制,加快破除城乡分割的体制障碍,建立健全与城镇化健康发展相适应的财税、征地、行政管理和公共服务等制度。完善行政区划设置和管理模式。改革城乡分割的就业管理制度,深化户籍制度改革,逐步建立城乡统一的人口登记制度。

2011年3月14日第十一届全国人民代表大会第四次会议批准通过《中华人民共和国国民经济和社会发展第十二个五年规划纲要》,其中共24次提及城镇化,第五篇"优化格局,促进区域协调发展和城镇化健康发展",提出实施区域发展总体战略和主体功能区战略,构筑区域经济优势互补、主体功能定位清晰、国土空间高效利用、人与自然和谐相处的区域发展格局,逐步实现不同区域基本公共服务均等化。坚持走中国特色城镇化道路,科学制定城镇化发展规划,促进城镇化健康发展。第二十章指出"积极稳妥推进城镇化",通过积极稳妥推进城镇化、同步推进工业化、城镇化和农业现代化。坚持工业反哺农业、城市支持农村和多予少取放活方针,充分发挥工业化、城镇化对发展现代农业、促进农民增收、加强农村基础设施和公共服务的辐射带动作用,夯实农业农村发展基础,加快现代农业发展步伐。尤其值得注意的是,"十二五"规划指出要把符合落户条件的农业转移人口逐步转为城镇居民作为推进城镇化的重要任务。

许多城镇盲目追求城镇化发展速度,将城镇化率作为政绩和考核任务层层分解。一些城镇为提高城镇化率,脱离实际调整行政区划或"村改居",通过统计口径变化扩大城镇人口规模。

三、新型城镇化

通常认为,中国经济到了现阶段,依赖传统人口红利和资源红利的发展模式已然不可持续,政府高层亦将改革界定为新红利,引发各界关于改革的热议。而中共十八大报告提出的"新四化"(新型工业化、信息化、城镇化、农业现代化),则被认为是新一轮改革的重要目标。

(一) 新型城镇化的背景

中共十八大报告提出:"坚持走中国特色新型工业化、信息化、城镇化、农业现代化道路,推动信息化和工业化深度融合、工业化和城镇化良性互动、城镇化和农业现代化相互协调,促进工业化、信息化、城镇化、农业现代化同步发展。"十八大闭幕以来,高层也在一些场合提到"城镇化"。2013年11月28日,国务院副总理李克强指出,中国已进入中等收入国家行列,但发展还很不平衡,尤其是城乡差距量大面广,差距就是潜力,未来几十年最大的发展潜力在城镇化。12月4日,中共中央政治局会议在分析2013年经济工作时,再次提出"要积极稳妥推进城镇化,增强城镇综合承载能力,提高土地节约集约利用水平,有序推进农业转移人口市民化"。由此可见,推进新型城镇化已被提到了中国决策层各个层面的议事日程上。

"新型城镇化"是中国未来的经济引擎,将为中国经济增长提供中长期动力。新型城镇化的"新"就是要由过去片面注重追求城镇规模扩大、空间扩张,改变为以提升城镇的文化、公共服务等内涵为中心,真正使城镇成为具有较高品质的宜居之所。城镇化的核心是农村人口转移到城镇,完成农民到城镇居民的转变,而不仅仅是城镇建设。① 关于新型城镇化的特征,学者普遍认为,新型城镇化应坚持人口、资源、环境协调发展,城乡协调发展,城镇化和产业协调发展,并强调包容性发展、人的城镇化等。②

2012年11月党的十八大报告里城镇化出现了七次,并首次提出"新型城镇化"这一全新概念,报告指出:"坚持走中国特色新型工业化、信息化、城镇化、农业现代化道路,推动信息化和工业化深度融合、工业化和城镇化良性互动、城镇化和农业现代化相互协调,促进工业化、信息化、城镇化、农业现代化同步发展。""推进经济结构战略性调整。这是加快转变经济发展方式的主攻方向。必须以改善需求结构、优化产业结构、促进区域协调发展、推进城镇化为重点,着力解决制约经济持续健康发展的重大结构性问题。"

2013年12月中央政治局首次将"城镇化"作为会议主题,讨论城镇化相关战略决策。会议指出城镇化是现代化的必由之路。推进城镇化是解决农业、农村、农民问题的重要途径,是推动区域协调发展的有力支撑,是扩大内需和促进产业升级的重要抓手,对全面建成小康社会、加快推进社会主义现代化具有重大现实意义和深远历史意义。会议要求推进城镇化必须从我国社会主义初级阶段的基本国情出发,遵循规律,因势利导,使城镇化成为一个顺势而为、水到渠成的发展过程。既要积极,又要稳妥,更要扎实,方向要明,步子要稳,措施要实。要紧紧围绕提高城镇化发展质量,稳步提高户籍人口城镇化水平;大力提高城镇土地利用效率、城镇建成区人口密度;切实提高能源利用效率,降低能源消耗和二氧化碳排放强度;高度重视生态安全,扩大森林、湖泊、湿地等绿色生态空间比重,增强水源涵养能力和环境容量;不断改善环境质量,减少主要污染物排放总量,控制开发强度,增强抵御和减缓自然灾害能力,提高历史文物保护水平。要以人为本,推进以人为核心的城镇化,提高城镇人口素质和居民生活质量,把促进有能力在城镇稳定就业和生活的常住人口有序实现市民化作为首要任务。新型城镇化要找准着力点,有序推进农村转移人口市民化,推进农业转移人口市民化。解决好人的问题是推进新型城镇化的关键。

2014年3月12日中共中央、国务院颁布的《国家新型城镇化规划(2014—2020

---

① 中国金融40人论坛课题组.加快推进新型城镇化:对若干重大体制改革问题的认识与政策建议[J].中国社会科学,2013(7).
② 陆铭,高虹,佐藤宏.城市规模与包容性就业[J].中国社会科学,2012(10);胡必亮,叶雨晴.积极探索新型城镇化道路[J].中国社会科学报,2013-05-24;张占斌.新型城镇化的战略意义和改革难题[J].国家行政学院学报,2013(1).

年)》是今后一个时期指导全国城镇化健康发展的宏观性、战略性、基础性规划。

《国家新型城镇化规划(2014—2020年)》指导思想是紧紧围绕全面提高城镇化质量加快转变城镇化发展方式,以人的城镇化为核心,有序推进农业转移人口市民化;以城市群为主体形态,推动大中小城市和小城镇协调发展;以综合承载能力为支撑,提升城市可持续发展水平;以体制机制创新为保障,通过改革释放城镇化发展潜力,走以人为本、四化同步、优化布局、生态文明、文化传承的中国特色新型城镇化道路,促进经济转型升级和社会和谐进步,为全面建成小康社会、加快推进社会主义现代化、实现中华民族伟大复兴的中国梦奠定坚实基础。

2014年12月23日,中共中央在北京召开了全国农村工作会议。会议的主题之一是加快推进"新型城镇化"。"新型城镇化"是十八大提出的一个重要概念。由于旧的城镇化模式难以为继,中央提出,要探索走一条新的城镇化发展道路。

城镇化的核心问题有两个,一是地的问题,二是人的问题。城镇化首先是城镇的规模扩大,意味着要占用更多的耕地。30多年的城镇化发展,耕地面积急剧减少,已经很难维持住最低保有18亿亩耕地的红线。城镇化其次是人的城镇化,进城务工的农民工及其家庭如何在城镇定居下来由农民变为市民。近20年来,中国城镇化率每年以1个百分点的速度增长,2013年城镇化率已经达到53.7%,但城镇户籍人口占全国总人口的比例仅为30%,两者相差20多个百分点,这即当前进城务工的2.6亿农民工。如何有效消化吸收2.6亿农民工,是中国城镇化面临的巨大挑战。

由于在人和地这两方面都面临严重问题,制约了城镇化的进一步发展,因而中央提出发展"新型城镇化",以解决旧模式的困境。"新型城镇化"用什么办法来解决问题呢?针对城镇化的用地问题,中央提出新型城镇化要提高土地利用率,集约用地,避免"摊大饼式"的城镇扩张。而要改变城镇用地方式,做到节约土地、集约用地,企业只有产业结构升级转型,改变依靠廉价用地、廉价用工来赢利的模式。当前中国经济的主导产业仍然是低附加值的、微利的劳动力密集型产业。这些产业由于利润率低,缺少升级改造的空间。企业维持生存已属不易,还要改造升级,更是难上加难。少数企业也确实做到了结构升级,提高了生产的自动化水平,减少了工厂占地规模。但相应的,企业的用工也减少,在解决就业上的贡献也降低。

中央推进"新型城镇化"的另一政策着力点是通过改革户籍制度来促进农民工城镇化。但实际阻碍农民工市民化的,不是户籍的障碍。户籍与农民的土地承包权相联系,户籍实际上是对农民工土地权利的保障。真正制约农民工城

第八章 中国共产党人城镇化政策的历史演进

镇化的是农民工的打工收入不足以使其能够在城市定居。微薄的打工收入无法支撑高昂的城市生活成本,城镇里的住房、教育、生活开支等消费远超出农民工的收入水准,所以农民工只能生活在城镇的边缘地带,或在城镇与农村之间过着"候鸟式"的迁移。农民工的打工收入有没有提高的可能性呢?目前农民工的工资收入似乎有所增加。这主要是因为中国的"人口红利"在减少,部分地区和部分行业出现了结构性用工荒,劳动力供给减少,劳动力的工资报酬也就相应提高。但从总体看,农民工增加的收入十分有限,远不足以支撑其城镇化。真正大幅提高工资水平还在于企业本身的升级转型。企业劳动力密集型转型为技术密集型和资本密集型后,进入产业链上游,企业的利润空间增加,提升劳动者工资的可能性也随之增加。对于依靠简单劳动为主的企业来说,提升工资水平的空间极为有限。用工成本一旦提高,这些企业要么倒闭,要么就只能往工资成本更低的国家和地区迁移。而无论是企业升级改造,还是企业搬迁,对于多数习惯于简单劳动、处于低端就业市场的农民工来说,均无助其城镇化。

新型城镇化要解决地的问题和人的问题,都必须走产业结构升级的道路。但是产业结构升级并不利于当前农民工的城镇就业与安居。这就是当前发展"新型城镇化"面临的两难困境。目前来看,这个困境暂时可能无解。从长远发展来看,通过大力发展农村教育,提高农民的职业技能素质,使新生代的农民工能够更好地适应复杂的劳动条件,这是确实有效推进新型城镇化发展的良策。

(二) 新型城镇化的大方向

"城镇化的改革涉及我们每个人的切身利益。"①国家发改委城市和小城镇改革发展中心主任李铁表示,明年城镇化改革的综合配套措施将会相继出台,内容涉及土地、户籍、社会、医疗卫生及教育等。"促进城镇化的关键在于农村土地流转和户籍改革。"近日在国新办的新闻发布会上,农业部新闻发言人毕美家表示,"我们要进一步增加对农民的转移支付,特别是要维护好农民的合法权益,使他们不断地增加收入。"党的十八大报告明确提出,改革征地制度,提高农民在土地增值收益中的分配比例,并依法维护农民土地承包经营权、宅基地使用权。"这项举措将使被征地农民的利益得到保护。"著名经济学家顾海波说,"土地是农民的命根子。"

中国(海南)改革发展研究院院长迟福林认为,下一步以农民市民化为重点

---

① 李铁.城镇化改革是涉及每个人切身利益的改革[EB/OL].[2013-06-08].中国城市发展网,http://www.Chinacity.org.cn/cstj/zjwz/98763.html.

的土地、户籍等相关改革,放弃农村的土地意味着要换来城镇居民的同等待遇,这事关城镇化改革的成败。

1. 土地流转试点

新型城镇化将拉开农村新一轮改革帷幕,土地流转乃大势所趋。为解决城镇化进程中的用地"瓶颈",土地配置市场化、农村土地资本化,优化农村资源配置和产业结构,为实现统筹城乡发展探索出一条新路。

"随着我国城镇化的快速推进,农村征地补偿被置于首位。"①北京大学著名法学专家姜明安认为,土地管理法修正案草案的修改将为《农村集体土地征收补偿条例》的制定和农村的土地改革提供法律保障。顾海波认为,推进城镇化的一大难题就是农村土地改革,土地改革的力度也越来越大。1978年,安徽省凤阳县小岗村18位农民冒着极大风险,在土地承包责任书上按下了鲜红的手印,小岗村包产到户拉开了中国土地改革的序幕;1992年,广东省南海市下柏村农民将承包经营的土地以股权形式,流转给村集体成立的经联社统一经营。而最近的一轮土地改革始于2008年,当时中共十七届三中全会通过《中共中央关于推进农村改革发展若干重大问题的决定》,允许农民以转包、出租、互换、转让、股份合作等形式流转土地承包经营权,发展多种形式的适度规模经营。

"土地流转"成为此轮改革的主题。在农村城镇化方面,很多地方的土地改革试点"摸着石头过河"积累了不同的经验:重庆的地票式交易、成都土地流转、广东佛山的股权分红、天津宅基地换房,不同的地方做法不同,但都为全国的土地改革提供了借鉴。

比如成都在新一轮农村产权改革中提出,"确权"是基础,"流转"是核心,"配套"是保障,这样的改革赢得了农民的支持。但在取得经验的同时,确权、监管、收益和小产权房等棘手问题也暴露无遗。"政府如果不把土地和就业解决好,将户籍迁离农村的农民就会觉得不踏实,还不如留下土地种庄稼更有保证。"在北京打工5年的农民工杨雄说。这已引起决策层的重视。农业部最近就明确表示,2013年将扩大农村土地承包经营权登记试点范围,争取用5年时间基本完成农村土地承包经营权确权登记工作。保护农民权益不受损,但现实的难题在于农村用地跟城市用地没有做到同地、同权、同价,接下来要从法律层面上衔接平衡。

---

① 杨仕省.城镇化规则已基本定稿:户籍或成突破口[N].华夏时报,2013-01-05(01).

2. 户籍或成突破口

2012年12月16日,中央经济工作会议指出,城镇化是我国现代化建设的历史任务,也是扩大内需的最大潜力所在,要围绕提高城镇化质量,因势利导、趋利避害,积极引导城镇化健康发展。"获得城镇户口的农民,理应要享受城市公民一样的待遇,这是新型城镇化需考虑从户籍制度改革的关键所在。"张千帆表示。现在所谓超过50%的城镇化率,只是统计意义上的城镇化,绝大部分被统计为城镇人口的农民工并没有在城镇实现永久定居。

"户籍改革看似简单,但要落实与城镇户口相挂钩的利益却很难。"中国社科院农村发展研究所宏观室主任党国英表示,户籍改革之所以难以推行,就是因为城里的福利政策太多了,且继续和居民户籍密切相关,进城的农民很难同步获得社保、就业、教育的机会。资料显示,全国将近2亿进城农民工中只有200万左右通过买房、结婚等方式获得城镇户口。如此一来,城镇空间扩张过快,而农村人口由于户籍、购买力等限制,被拒于城镇大门之外,不能享受城镇居民同等待遇,而现行户籍和土地制度,正是阻隔在城乡之间的主要壁垒。

"如果按户籍来算,人口城镇化率只有35%左右,远低于世界52%的平均水平。"毕美家表示,中国51.3%的城镇化率,是按城镇常住人口统计的,其中还包括1.6亿的农民工群体。"打破户籍肯定是未来城镇化改革的方向,但具体操作问题十分复杂,各省差异很大,只有逐步试点、逐步推开。"党国英表示,2020年若要达到50%以上的人口城镇化水平,关键在于以农民工市民化为重点的相关改革到位。一些地方正在试图打破城乡户籍藩篱,户籍改革逐步推进正在成为城镇化改革的一大方向,正如十八大报告提出要"推动工业化和城镇化良性互动、城镇化和农业现代化相互协调"那样,因此城镇化绝不是一哄而上。①

大力推进城镇化是新一届政府施政理念的重要内容之一。国务院总理李克强多次强调,中国要依靠改革实现没有水分的真正发展,而城镇化是发展最大的潜力。"在推进新型城镇化过程中,政府应该把征地、户籍、财政三方面的制度改革统筹起来通盘考虑,并通过制订配套性的改革方案来从整体上推进,实现土地—财政—户籍改革的全面突破。"中国人民大学经济学院教授陶然称,中国城镇化需要户籍土地改革联动。

3. 城市群战略

由国家发改委牵头,财政部、国土资源部、住建部等十多个部委参与编制的

---

① 杨仕省.城镇化规则已基本定稿:户籍或成突破口[N].华夏时报,2013-01-05(01).

《全国促进城镇化健康发展规划(2011—2020年)》(以下简称《规划》)不久将对外颁布。该规划将涉及全国20多个城市群、180多个地级以上城市和1万多个城镇的建设,为新型城镇化提供了发展思路,提出了具体要求。

按照上述规划,未来中国新型城镇化建设,将遵从公平共享、集约高效、可持续三个原则,按照"以大城市为依托,以中小城市为重点,逐步形成辐射作用大的城市群,促进大中小城市和小城镇协调发展"的要求,推动城镇化发展由速度扩张向质量提升"转型"。

具体到对新型城镇化的战略布局,更进一步的规划是,在东部地区,优化提升京津冀、长三角和珠三角城市群,逐步打造更具国际竞争力的城市群;在中西部资源环境承载能力较强的地区,培育壮大若干城市群。在此基础上,优先发展区位优势明显、基础条件较好的中小城市,有重点地发展小城镇,把有条件的东部地区中心镇、中西部地区县城和重要边境口岸逐步发展成为中小城市。

新型城镇化建设将创造新需求,围绕未来城镇化战略布局,下一步国家将统筹推进铁路、公路、水运、航空、输油气管道和城市交通基础设施建设,以此来发挥其对城镇化发展的支撑和引导作用。

为破解城镇化的改革难题,未来除了将大幅度提高农村征地补偿,改革土地管理制度之外,还有可能在全国统一推行居住证,而这样的改革,势必也会对解决收入分配、扩大内需等问题起到积极的推进作用。

十八大之前,对于城镇化建设,十六大提出了"走中国特色的城镇化道路"的目标,十七大对此进一步补充道:"按照统筹城乡、布局合理、节约土地、功能完善、以大带小的原则,促进大中小城市和小城镇协调发展。"专家表示,十八大提出"新型城镇化",是在未来城镇化发展方向上释放出了"转型"的"新信号"。

从1978年到2011年,我国的城镇人口从1.72亿人增加到6.9亿人,城镇化率从17.92%提升到51.27%,虽然从表面上看,中国城镇化建设已经达到世界平均水平,但背后潜藏的诸多矛盾、问题也日益凸显。目前中国城镇化率统计是以常住人口计算,按照这样的算法是已经突破了50%,但如果按照有城镇户籍的人数,按照政府提供的教育、医疗、社会保障等公共服务水平来说,中国的城镇化率大概只有35%~36%。官方统计的数据是,在城镇打工的2.6亿的农民工中,真正在城市购房的还不足1%;大约有1.59亿在城市工作半年以上的农民工及其家属是处于"半市民化"状态。户籍制度引发的矛盾之外,中西部地区城镇化发展的滞后,以及近年来一些城市出现的交通拥堵、住房紧张、环境污染、事故灾害等问题,对各级政府城市治理能力也形成压力和挑战。

第八章 中国共产党人城镇化政策的历史演进

在 2010 年底中央向各省印发的《全国主体功能区规划》中,决策层就释放出推进新型城镇化建设的信号,其中最为明确的是提出了要构建以陆桥通道、沿长江通道为两条横轴,以沿海、京哈京广、包昆通道为三条纵轴的"两横三纵"为主体的城市化战略格局,要在推进环渤海、长江三角洲、珠江三角洲地区优化开发的同时,形成三个特大城市群,在哈长、江淮、中原、长江中游等地区形成若干新的大城市群和区域性的城市群。

目前由国家发改委牵头编制并即将对全国颁布的《全国促进城镇化健康发展规划 2011—2020 年》,就是在《全国主体功能区规划》的基础上,对推进新型城镇化建设做出的更为长远、更为清晰的战略布局。

附录:

表 8-1 中国城镇化发展战略大事记

时间	中国城镇化发展战略大事记
1953 年	毛泽东说:"我看城市太大了不好,要多搞小城镇。"
1956 年	"城市发展规模不宜过大。今后新建城市规模一般控制在几万至十几万人口的范围内。"
1980 年	"控制大城市规模,合理发展中等城市,积极发展小城市。"
1990 年	"严格控制大城市规模,合理发展中等城市和小城市""小城镇、大战略。"
2000 年	"大中小城市和小城镇协调发展的道路,将成为中国推进现代化进程中的一个新的动力源。"
2002 年	中共党的"十六大"报告:"坚持大中小城市和小城镇协调发展,走中国特色的城镇化道路。"
2012 年	2012 年 12 月召开的中央经济工作会议,议题是聚焦新型城镇化发展,提出:"积极稳妥推进城镇化,着力提高城镇化质量。城镇化是我国现代化建设的历史任务,也是扩大内需的最大潜力所在,要围绕提高城镇化质量,因势利导、趋利避害,积极引导城镇化健康发展。要构建科学合理的城市格局,大中小城市和小城镇、城市群要科学布局,与区域经济发展和产业布局紧密衔接,与资源环境承载能力相适应。要把有序推进农业转移人口市民化作为重要任务抓实抓好。要把生态文明理念和原则全面融入城镇化全过程,走集约、智能、绿色、低碳的新型城镇化道路。"

资料来源:《中国城市发展报告》编撰委员会.2002—2003 中国城市发展报告[M].北京:商务印书馆,2004.

第九章 中国当代社会城镇化问题的法律推进

——《城乡规划法》纵横分析研究综述

要分析中国当代社会城镇化问题的法律推进,必须对《城乡规划法》进行深入研究,它是政府在推进城镇化建设中最为典型的法律设计。本章从宏观和微观层面,着眼于横纵角度分析。具体而言,宏观上通过纵向比较"一法一条例"到《城乡规划法》立意上的实质性转向,横向探讨《城乡规划法》与《物权法》的衔接问题,重新界定了《城乡规划法》的立法目的、内容上的变革性。微观上,按照《城乡规划法》运行的逻辑顺序(规划的制定、实施、修改、监督、法律责任)和公众参与制度对该法的内容做出全面的辩证分析,同时从实效角度对城乡规划法实施过程中遇到的困难及其产生原因做出剖析,我们认为为了解决运行过程中出现的偏差,必须着眼于细化立法内容、完善全程性的公众参与制度,以及不断提升该法运行的制度环境。

第一节 从"一法一条例"到一法统筹

在《城乡规划法》出台以前,我国有关城镇和乡村规划管理的法律与行政法规有《中华人民共和国城市规划法》(以下简称《城市规划法》)和《村庄和集镇规划建设管理条例》,简称"一法一条例"。"一法一条例"的制定和实施标志着我国将城乡规划工作纳入了法制化的轨道,全国人大常委会法制工作委员会经济法室主任黄建初①将其意义归纳为四个方面:"第一,城乡规划工作日益受到重视,城乡规划规范和调整城市与乡村的建设、管理的观念逐步得到了确认。第二,城乡规划编制审批制度已经初步成型。第三,建立了以'一书两证'为核

---

① 黄建初.《城乡规划法》的立法背景和目的[J].城乡建设,2007(12).

心的规划管理制度。第四,逐步建立健全了城乡规划的机构,城乡规划人才的素质和规划技术进一步提高。"①

但是,随着近年来城镇化进程的加快和社会主义市场经济体系的逐步建立,原有的以"一法一条例"为基础的城乡规划管理体制、机制遇到了一些新问题:首先,体现在两法体系的结构性脱节。"一法一条例"所规定的"规划管理制度是建立在城乡二元结构的基础上的,这种就城市论城市,就乡村论乡村的规划制度与实施模式使得城市和乡村规划之间缺乏统筹考虑和协调,影响城乡协调发展,已经不适应城乡统筹需要"。其次,技术色彩浓厚。其"政策意义模糊,在《城市规划法》的制定时期,各地的规划技术力量相当薄弱,并且发展十分不均衡……包含了过多的技术说明,没有很好体现公共政策的导向"。再次,公众参与的制度性缺失。"《城市规划法》的制定中……仅规定'城市规划经批准后,城市人民政府应当公布'(第28条)。"②

我国正处于经济社会快速发展变化的时期,为城镇化发展服务的城乡规划法律制度也应当与时俱进,有必要根据城乡建设和规划管理新情况,对原有的"一法一条例"所确立的法律制度进行相应的调整。正是在这样的背景下,《城乡规划法》的立法就迫在眉睫。2007年10月,第十届人民代表大会常务委员会颁布了《城乡规划法》,2008年1月1日起施行,同时废除了《城市规划法》。

一、价值导向——立法目的的整体性转向

从《城市规划法》到《城乡规划法》的飞跃显示了我国正式从"城市规划时代"进入"城乡规划时代",一字之差,意义深远。最直接地看,新法的诞生体现了总体统筹的宏观态势。

(一) 城乡一体化的政策背景决定了总体统筹的宏观态势

市场经济发展带来的不仅是城市与农村关系的密切和频繁,也在不经意间拉大了城乡差距。"一法一条例"体系的制度性脱节加剧了这一矛盾。因此,在城镇化的政策背景下,《城乡规划法》承担了协调城乡发展,优化城乡整体布局的重要作用。新法总则部分开篇即点明了该法的立法目的:"为了加强城乡规划管理,协调城乡空间布局……制定本法。"相较先前的《中华人民共和国城市规划法》和《村庄和集镇规划建设管理条例》的单一规划对象,更加体现了总体

---

① 黄建初.《城乡规划法》的立法背景和目的[J].城乡建设,2007(12).
② 安建.中华人民共和国城乡规划法释义[M].北京:法律出版社,2010:1-4.

统筹的宏观态势。

（二）城乡规划性质的变迁要求对规划权力依法规制

徐丹认为："公法视角下，新法最为鲜明的特征在于其价值取向的拓新，即对规划公权力的依法规制和对公众参与规划权利的有效保障。"①城乡规划的公共属性是随着社会的发展而逐渐凸显的，对城乡规划属性认识的变迁直接导致了制度安排的差异。1989年《城市规划法》明确规划是"确定城市的规模和发展方向，实现经济和社会发展目标"，规划被视为是规划师设计的，用以指导城市发展的技术方案。因此，技术性规范多和工具性强的特点体现了当时规划立法侧重于实用性和功能性的价值倾向，而对规划权力的依法规制还未凸显其必要性。

20世纪90年代以后，人们开始意识到规划的公共政策属性。公共政策本质上是基于公共选择基础上的政策。其实质是政府对全社会利益所做的权威性的分配。杨寅指出，城乡规划，体现了规划公权力主体对城市空间资源的分配以实现公共利益的目的。但是，由于其是筹划未来的公共政策活动，具有相当大的不确定性，法律在授予政府规划权力时，往往不可避免地授以其宽泛的裁量空间，但对规划裁量的控制不力会诱发裁量滥用，造成公共选择的非理性。为此，新法的规定制约了规划权力的行使，消减了规划裁量权，从规划的制定、修改和实施等方面加强制约，体现了立法试图依法规制规划公权力的价值取向。②

（三）城乡规划中利益结构的多元化要求公众的有效参与

宋功德认为城乡规划本质上是在全面协调"人地关系"的视野中对资源的空间建构和政策调控，而其基本前提是建立在对若干主体的协调基础之上的。规划法规要对利益主体的行为进行约束和保障，以规范各主体之间的利益分配关系，并明确分配导向。在对规划公权力规制的同时，也应该关注不同利益主体之间的利益博弈和意见交流，保障城乡公众的利益需求和意志表达。③

---

① 徐丹.依法规制与有效参与的统一[J].华北水利水电学院学报，2010(6).
② 杨寅.《城乡规划法》对城市发展资源配置的新突破[J].上海城市管理职业技术学院学报，2008(3).
③ 宋功德.行政裁量控制的模式选择——硬法控制模式的失灵催生混合法控制模式[J].清华法学，2009(3).

二、立法内容

从整体的立法体例看,相较原先的《城市规划法》,《城乡规划法》除了删去"城市新区开发与旧区改建"这一章,新法在原有基础上新增了两部分,分别是第四章"城乡规划法的修改"和第五章"监督检查",进一步完善了原有的城乡规划程序,加强了对行政权力的规制。具体内容而言,新法在以下方面对旧法做出了修正和改善:

(一) 加强了对行政权力的制约

首先,从规划的修改程序而言,《城乡规划法》明文规定:"经依法批准的城乡规划,是城乡建设和规划管理的依据,未经法定程序不得修改。"(第7条)法律明文规定了经依法批准的"成文"规划的法定地位,从而可以认为在提升城乡规划建设管理的法治程度方面迈出了一大步。

其次,《城乡规划法》确立了政府组织编制和实施城乡规划的责任,同时也规定了其行为规则,明确了对政府机关及相关负责人员"行政不作为"及"违法许可行为"的处罚条件,如:"对依法应当编制城乡规划而未组织编制,或者未按法定程序编制、审批、修改城乡规划的,由上级人民政府责令改正,通报批评;对有关人民政府负责人和其他直接责任人员依法给予处分。"(第58条)

最后,为了提升规划管理中的行政执法能力,鉴于城乡建设规划管理的实际需要,《城乡规划法》赋予了行政部门处理违法建设的行政强制权,即"城乡规划主管部门做出责令停止建设或者限期拆除的决定后,当事人不停止建设或者逾期不拆除的,建设工程所在地县级以上地方人民政府可以责成有关部门采取查封施工现场、强制拆除等措施。"(第68条)

此外,《城乡规划法》还专门新增了一章关于监督检查的规定。这些都体现了依法治国的精神,有助于城乡规划管理的有序有效开展,保证规划的实施,同时也有利于城乡规划领域依法行政的全面推行。

(二) 充分体现了城乡规划的公共政策属性

城乡规划具有公共政策的属性,需要有现实的针对性和导向性。这一点在《城乡规划法》的条文中有着充分的体现,如:"城市的建设和发展,应当优先安排基础设施以及公共服务设施的建设,妥善处理新区开发与旧区改建的关系,统筹兼顾进城务工人员生活和周边农村经济社会发展、村民生产与生活的需要。"(第29条)"城市新区的开发和建设,应当合理确定建设规模和时序,充分利用现有市政基础设施和公共服务设施,严格保护自然资源和生态环境,体现地方特色。"(第30条)这些条款将社会公共利益置于核心位置,规定了城乡规划的基本原则和立场,体现了实事求是及分类指导的精神,突出了城乡规划的公共政策导向及服务职能。

（三）初步构建了公众参与的制度框架

《城乡规划法》对城乡规划领域中公众参与的制度框架进行了多方位的构建,为公众参与的制度建设奠定了基础。《城乡规划法》第26条和第43条明确提出了规划公开的原则、公众的知情权力以及表达意见的途径;该法第60条同时规定了违反公众参与程序的法律后果;该法第16条和26条进一步强调,对公众参与过程中公众提出的意见的合理采纳和恰当处理,是公众参与工作成效的关键。

（四）城乡统筹、一体化规划

《城乡规划法》的起草,注重了城乡统筹发展的精神,力图建立起新的、统筹城乡建设的规划编制体系及促进城乡一体化发展的规划运作模式。《城乡规划法》中涉及统筹城乡建设的制度设计体现在空间布局、土地使用、交通建设、生态环境建设和资源利用等多方面的规定中。城乡规划不仅可以指导城市健康、合理地发展,同时也能规范农村地区的建设行为,引导农村地区的良好发展,从而有利于实现"工业反哺农业、城市支持农村"的城乡统筹目标,形成城乡相互依托、协调发展和共同繁荣的新型城乡关系。这也与党的十六大提出的"全面建设小康社会必须统筹城乡经济社会发展"的精神相一致,适应了中国特色社会主义市场经济的发展需求。

第二节 《城乡规划法》与《物权法》的衔接

《物权法》于2007年3月16日正式通过,并于2007年10月1日开始正式实施。这部法律的颁布填补了我们国家物权法体系的空白,是我国第一部比较系统的规范财产归属和利用的法律,也是我们国家第一部以物权名义保护民事主体合法财产权的法律,对不同的主体采取平等保护的原则,不再对国有财产优先保护,公民个人的私有财产同样受到法律的平等保护。与过去相比,法律对私有财产的保护将进入一个新的高度。在其后颁布和实施的《城乡规划法》

则强调以公共利益和整体利益为原则调整各方的公共利益。可以说,两法间存在私人利益和公共利益之间的博弈。问题随之产生,即这两部法在运行的过程中是否产生矛盾?这两部法在何种层面上相互影响?

一、立意上的矛盾与利益上的统一

关于《城乡规划法》与《物权法》之间的关系,学者的观点是存在分歧的。有学者认为,这两部法的功能决定了两者无论理想状态下多么的协调一致,在实施过程中都不能掩盖其中矛盾,典型如周剑云、戚冬瑾认为:"《物权法》着重明确和保护土地和建筑物等不动产物权人的权利;《城乡规划法》则是明确城市空间资源的分配与开发利用的原则,强调以公共利益和整体利益为原则调整各方而权益的公共权利。如果说《物权法》以权益保护为要旨,那么《城乡规划法》就是对权的协调和调整进行规范。保护与调整是一对矛盾,特别是在城市建成环境的规划改造方面,城乡规划就是直接调整《物权法》所明确保护的利益关系。《物权法》的出台使得制订和实施城乡规划的法律环境发生了根本性的变化。"①

相反,以崔俊贵和田心为代表的另一派学者认为"二者仍有很多共同点,他们是站在不同的层面维护公民的合法权益,是不矛盾的"。他们的观点有以下论点为依据:其一,二者适用的范围不同。"按照法律所调整利益的不同,可以将法律分为公法和私法。""《物权法》属于典型的私法,重点调整私人合法财产权,保证私人合法财产权不受非法侵犯;而《城乡规划法》属于公法,调整城乡规划过程中的公共利益,二者适用的范围显然是不一样的,也就很难出现冲突的时候,所以,《物权法》的出台和《城乡规划法》的实施原则上将不会冲突。其二,二者从不同层面兼顾公共利益和个人利益。"《物权法》出台的目的是为了更好地保护私人利益,私人的合法财产不受侵害,但是并不是说对个人财产的保护是绝对的,在制订城乡规划过程中为了公共利益的实现可以对民事主体的合法财产进行征收,一定程度上必将限制个人利益,但这是为了公共利益,个人应该做出牺牲。"《城乡规划法》的目的是为了调整城乡规划格局,更好地促进我国的经济建设,在经济建设过程中做到经济发展、环境保护、社会和谐等共同发展。《城乡规划法》也是为了更大程度地实现公共利益和个人利益的圆满结合,在保护公共利益的过程中不损害个人利益。为了达到维护公共利益时兼顾

---

① 周剑云,戚冬瑾.《物权法》的权益保护与《城乡规划法》的权益调整[J].规划师,2009(2).

个人利益,涉及有关利害关系人个人利益的时候,城乡规划的修改必须征求相关利害关系人的意见并且经过审批机关同意后才能修改方案。同时《城乡规划法》还7次提到补偿和赔偿问题,因依法修改城乡规划给被许可人合法权益造成损失的,应当依法给予补偿;因撤销行政许可给被许可人合法权益造成损失的,应当依法给予赔偿。"①

笔者认为,虽然《城乡规划法》与《物权法》分属两大法律体系,但两者的调整范围存在重合之处,并不会因为两法性质上的差异而规避内容上的联系。实际上,由于两法立意上存在固有的张力——保护与调整,其本质上是个人利益与公共利益之间的博弈。但这一矛盾在实际的立法操作中却被巧妙地规避了。《物权法》第42条规定:"为了公共利益的需要,依照法律规定的权限和程序可以征收集体所有的土地和单位、个人的房屋及其他不动产。"在保护私人利益的基础上为公共利益的伸张留有余地,实际的意涵为:当公共利益与个人发生冲突时,公共利益优先,而城乡规划建设无疑是公共利益的体现。由此埋下的隐患是对私人权益的漠视,因而在旧城改造过程中,政府与公民地位不平等,公共参与严重不足,政府往往是在规划建设已经制定的情况下,方才与被拆迁者进行利益的协商。加之实际运行过程中,政府主导下的公众参与匮乏、补偿的不到位,进一步加深了这种矛盾。实然,在美国城镇化的进程中,私人物权保护与公共利益之间也存在此类矛盾,但情境却非相同:美国推行土地私有制,因而一旦两种利益发生冲突,私人利益占据主要地位,国家通过与私人间不断地协商以谋求一致,公众参与在此时从不缺位。因而,在《物权法》已然为公共利益留有缺口的情形下,我们只能力求通过《城乡规划法》程序设计的正当性,来尽量弥补个人利益所遭受的侵害。

二、两法的相互影响

《城乡规划法》与《物权法》之间虽然不存在立法上的冲突,由于它们调整范围的重合,两者间不可避免地存在相互影响,这些影响具体如下:

(一)《城乡规划法》调整物权权益

《城乡规划法》对《物权法》的影响主要体现在其对物权权益的调整,夏固萍将《城乡规划法》对物权的影响归纳为以下两大物权权益:

---

① 崔俊贵,田心.二维视角下的城乡规划法[J].国际关系学院学报,2009(3).

1. 土地产权

一方面,城乡规划决定土地产权的归属及内容。"依据《城乡规划法》第37条规定,人民政府在核定建设用地的位置、面积、允许建设范围后,核发建设用地规划许可证,而建设单位只有在取得用地规划许可证后,才能向有关部门申请用地。第38条规定,未确定规划条件的地块,不得出让国有土地的使用权。可见城乡规划首先决定土地的合法使用者,决定用地的位置、面积、性质、强度等内容。未经建设用地规划许可而取得土地的产权不在《物权法》的保障范围内。"另一方面,城乡规划是决定土地产权变更的关键。"在拆迁中,旧的房屋要被拆除并在原地块上进行开发建设,所以拆迁的真正目的是要取得房屋及其附属物下的土地使用权,并非房屋所有权,也就是说取得土地使用权是城乡房屋拆迁的根源行为,而在城乡规划中现状土地用途的改变,则决定了未来土地产权的变更:一部分农民集体所有的土地要转变为国有的土地,土地使用权要在不同社会职业的物权主体之间流转,也就是说城乡规划是决定土地产权变更的关键。"①

2. 房屋房产权

首先,城乡规划决定房屋房产权的取得和内容。"依据《城乡规划法》第40条和64条规定,符合控制性详细规划和规划条件,取得建设工程规划许可证是在城市、镇规划区内工程进行建设或被拆除的决定条件,依据第45条规定,城乡规划主管部门对建设工程是否符合规划条件的核实是建设单位组织竣工验收的前提条件,否则,不得组织竣工验收。由此可以看出,城乡规划是房屋房产权取得的重要条件,决定着房屋房产权的合法性以及房屋的位置、用途、面积、周围环境等内容进而影响物权主体的重大经济利益。"

其次,城乡规划决定房屋房产权的变更和灭失。"房屋拆迁是房产权灭失的重要方式,而房屋拆迁是与城乡规划紧密相连的。根据我国2001年11月1日起施行的《城乡房屋拆迁管理条例》的规定,领取建设用地规划许可证是办理房屋拆迁许可证的要件之一。也就是说,房屋拆迁与否不是决定于拆迁环节,而是决定于规划环节。如果建设单位取得了《建设项目选址意见书》和《建设用地规划许可证》,以后的拆迁行为无论被拆迁人采取何种救济途径只能暂时延缓拆迁进程但都无法摆脱房屋最终被拆迁的命运。"可见,房屋拆迁仅是实施城乡规划的结果,即城乡规划才是决定房屋拆迁与否的根本因素。

---

① 夏固萍.物权视角的城乡规划立法创新[J].江苏城市规划,2010(9).

(二)《物权法》对城乡规划的影响

人与人之间的社会关系最根本的就是财产关系,从这一意义上说《物权法》是规范私权利的民事法律,是民法典的组成部分。但是《物权法》同时也是规范公权力行使的重要法律。从这一立意出发,姚爱国将《物权法》对城乡规划的影响总结为三个方面:

其一,《物权法》是城乡规划管理的重要依据。《物权法》若干内容与城乡规划相关,是城乡规划中不可忽视的一环,是城乡规划管理的重要依据。认为"物权法与行政管理无关"的观念是片面甚而错误的,从根本上理清行政权与物权的关系,是正确适用《物权法》的基础。

其二,《物权法》对城乡规划提出了更高的要求。《物权法》的出台实施,首先将进一步促使城乡规划部门树立"尊权"意识,自觉尊重物权;其次将进一步促使城乡规划部门强化"护权"举措,在执法中更全而地保护物权,特别是出于维护公共利益目的,主动、彻底地对侵犯物权的各类违法行为实施行政处理;再次,将进一步促使城乡规划部门摈弃"侵权"行为,在法治的框架内行使各项职权。

其三,《物权法》是《城乡规划法》的有益补充。《城乡规划法》主旨在于规范政府权力、协调城乡规划,《物权法》目的在于明确物权归属、协调物权关系。两者的侧重点不同,能形成相互补充。例如,在相邻关系中,《物权法》第89条规定,"建造建筑物,不得违反国家有关工程建设标准,妨碍相邻建筑物的通风、采光和日照。"即相邻建筑通风、采光和日照应该严格遵守国家有关建设工程标准。相邻建筑的空间布局均应该囊括在详细规划中,这一点在《城乡规划法》中则没有明确体现,也没有具体的规范指引。可以说,《物权法》为《城乡规划法》明确了相邻空间布局上的强制性标准。①

第三节 《城乡规划法》文本的理论评述

《城乡规划法》的全文分为7章共70条,按照城乡规划的制定程序进行编排,从制定、实施、修改、监督检查到法律责任的追究都环环相扣、形成了相对完

---

① 姚爱国.论《物权法》第八十九条在城乡规划管理中的理解与适用[J].规划师论坛,2009(2).

第九章 中国当代社会城镇化问题的法律推进

善的逻辑体系。笔者遵循本法自身的逻辑顺序,对各章中的重点内容进行细致分析。

一、城乡规划的制定

(一)规划制定的控权体系

《城市规划法》中有关规范的制定中最鲜明的特点为自上而下的控权体系。主要体现为编制主体和审批主体之间、审批主体与同级人大之间的监督制约关系。总规划体系中审批主体分为三个层次:国务院、省自治区政府以及市政府,相应的编制主体分别为内部行政机构或下级政府,这种自上而下审批体系一方面既保证了上级政府对下级政府的监督,力图遏制当前某些官员凭借手中掌握的规划编制和管理权,以城市规划的名义搞政绩工程、形象工程的现象,另一方面也有利于上级政府作出统筹安排,避免重复规划造成的规划混乱以及资源浪费。当然,政府作为审批主体也受到来自同级人大的监督,《城乡规划法》第16条规定:"省、自治区人民政府组织编制的省域城镇体系规划,城市、县人民政府组织编制的总体规划,在报上一级人民政府审批前,应当先经本级人民代表大会常务委员会审议,常务委员会组成人员的审议意见交由本级人民政府研究处理。""镇人民政府组织编制的镇总体规划,在报上一级人民政府审批前,应当先经镇人民代表大会审议。""规划的组织编制机关报送审批省域城镇体系规划、城市总体规划或者镇总体规划,应当将本级人民代表大会常务委员会组成人员或者镇人民代表大会代表的审议意见和根据审议意见修改规划的情况一并报送。"此外,专家和公众也有权参与到规划制定的过程中来,编制机关在报送审批材料的过程中必须附具意见采纳情况及理由(见表9-1)。此时,多重主体的权力间相互监督制约,共同保障整个规划制订的科学性、整全性和公共性。

表 9-1 城乡规划的制定体系

城市规划的制订 \ 城市规划的分类			组织编制	审批		编制
			编制主体	审批主体	程序要求	
城镇体系规划	全国城镇规划体系		建设部同国务院有关部门	国务院	建设部报送	
	省域城镇规划体系		省、自治区政府		省、自治区人大常委会审议审批机关组织专家和有关部门审查	
市、镇总规划	直辖市、省会城市、国务院确定的城市	市城城镇体系	直辖市人民政府		直辖市人民政府报送	
					省会城市总体规划由省政府审查同意并报送	
		中心城区整体规划			审批机关组织专家和有关部门审查	
		控制性详细规划	市规划局	市政府	市人大常委会备案并报上级政府备案	
					1. 直辖市报国务院备案	
					2. 省会城市报省政府备案	
	其他城市	市城城镇体系	市政府	省自治区政府	市人大常委会备案	
					市政府报送到省政府	
		中心城区整体规划			审批机关组织专家和有关部门审查	
		控制性详细规划	市规划局	市政府	市人大常委会备案并报上级政府备案	
	县政府所在镇	总体规划	县人民政府	上一级政府	县人大常委会审议	
					审批机关组织专家和有关部门审查	
		控制性详细规划	县建设局		县人大常委会备案并报上级政府备案	
	其他镇	总体规划	镇人民政府	县政府	镇人大审议,审查意见由镇人民政府处理	
					审批机关组织专家和有关部门审查	
		控制性详细规划				
乡、村规划	县以上政府确定需要制订规划的乡村区域	乡规划	乡镇人民政府		乡镇人大常委会审议	
		村规划			村民会议或村民代表会议审议	

（二）控制性详细规划概论

我国城镇规划一直分总体规划与详细规划两个阶段,而详细规划又分为控制性详细规划和修建性详细规划。计划经济时期,城镇总体规划是政府控制城镇建设的手段,详细规划则是对建设项目的空间落实,并一直发挥着其"刚性"作用。改革开放后,中国的经济体制发生了翻天覆地的变化,原有的规划方法已不能适应新的社会发展,控制性详细规划应运而生,其最初的目的是在原有的基础上加强规划的"弹性",以满足市场开发主体多元化的需求。这在一定程度上改变了过去城镇规划高高在上、弹性不足的缺点,开始将市场的需求作为规划管理的重要考虑因素,体现了规划自下而上的发展要求。但经过了10多年的发展,控制性详细规划管理似乎从一个极端走向了另一个极端。"弹性"强化的同时是"刚性"的逐渐丧失。从控制性详细规划编制看,从开始到完成过程中的变数数不胜数,中央政策、地方政策的任何一点风吹草动都会对它产生影响。

《城乡规划法》的出台扭转了"刚性"弱化的态势,增强了控制性详细规划的权威性。从国家法律的高度明确了控制性详细规划与建设管理的羁束关系。至此,控制性详细规划的法律地位不容再质疑,无论是在中央层面还是地方层面,都将以《城乡规划法》为依据,积极探索控制性详细规划制度的完善之道。理论界针对控制性详细规划的研究也占到了总研究量的50%以上。① 由此,《城乡规划法》实施后,控制性详细规划成为研究的重点和热点,而关于控制性详细规划的的争议主要集中在控制性详细规划的性质以及控制性详细规划的推进方式两方面。

1. 控制性详细规划的性质之争

控制性详细规划的性质决定了控制性详细规划制定的主体、修订程序等各方面的正当性,因而控制性详细规划应然之性质的问题一直是理论界探讨的重心。关于控制性规划的性质,主要有法律规范说、公共政策说以及技术规范说。由于《城乡规划法》出台之后,控制性详细规划的法律羁束力得到明确,控制性规划不再作为纯粹的技术规范而存在,具有广泛的约束力,因而这里技术规范说且不做讨论。

法律规范说主要认为,从法律的角度看,控制性详细规划一经批准,就对城

---

① 周淼.《城乡规划法》实施后的控制性详细规划实践述评及展望[J].规划管理,2012(7).

镇空间产生了新的法律关系。它规定了城乡规划权力的运行方式,并对空间中的物权进行限制。它的实施改变了过去对物权的空间控制,规定了未来的发展秩序。依据法律原则,对基本权利的保障是法律保留的任务。由于控制性详细规划是兼有行政指导、行政给付、行政强制和行政征收的复合行政行为①,因此,控制性详细规划应该是法律保留的事项。

公共政策说则偏向于从政策背景进行考量,认为在转型期的中国,不管是国家或地方政策都在不断完善之中,而控制性详细规划是引导城市开发的直接管理依据,因此这些政策调整都要通过控制性详细规划落实到土地开发上,在宏观政策不稳定的前提下企望控制性详细规划的稳定是永远无法实现的。因此,将控制性详细规划转化为法律的尝试为时过早且不符合中国的国情,必然会与现实的城发展产生强烈的差距。"仅凭规划师的主观臆想将地块的使用条件以法律形式确定下来,无异于作茧自缚"。②

笔者认为,在区分控制性详细规划的性质前,应当首先界定公共政策与法律的区别。公共政策与法律的区别表现在:"首先,公共政策与法律的制定的主体方面,法律的制定者只能是一个国家中宪法规定的权力机构,公共政策的制定者既可以是行政机构,也可以是立法机构、司法机构。其次,在公共政策与法律的表现形态上,法律具有统一的实行标准和很强的可操作性,公共政策只是一定的规范、原则,要实施还需要将其进一步具体化,转换为执行细则。最后,在稳定性方面,法律一旦制定,就比较稳定,长期有效,不允许经常更改;公共政策是针对一定的问题制定的,一旦问题解决,或环境发生变化,政策就需要终止或修正。"③因此,从政策主体看,控制性详细规划的制定和审批主体均为行政机关,立法机构在其中扮演监督的角色。从表现形态来看,首先控制性详细规划确定建设地区的土地使用性质、使用强度等控制指标、道路和工程管线控制性位置以及空间环境控制,在具体实施的过程中需要转化为修建性详细规划。其次,虽然控制性详细规划本身预设一定的变化幅度,由于宏观政策背景、市场经济的变化发展,控制性详细规划在实践的过程中仍然难以避免适当幅度的调整。如果假定控制性详细规划的法律属性,则可能因为控制性详细规划灵活性的缺乏而导致实际上被架空。最后,尽管控制性详细规划涉及私人物权的保

---

① 何明俊. 作为复合行政行为的城市规划[J]. 城市规划,2011(5).
② 田莉. 我国控制性详细规划的困惑与出路[J]. 城市规划,2007(1).
③ 王仰文. 中国公共政策冲突实证研究——以城市管理行政执法领域为例[M]. 北京:中国社会科学出版社,2012:25.

护,但并非所有物权所涉部分都应当通过法律的形式加以确定。每一项控制性详细规划都是具体特殊的,控制性详细规划过度法律化的后果是并不成熟的法律法规泛滥,法规之间因缺乏总体协调而互相冲突。因此,在物权的保护方面,控制性详细规划的严格法律化并非是解决问题的唯一路径,以法律的形式对政策制定过程中的正当程序进行统一设置,完善政策制定过程中的监督和公众参与、保障权力之间的制衡也可以达到同样的效果。

综上,控制性详细规划本质上仍然属于公共政策的范畴。需要说明的是,控制性详细规划所属的公共政策范畴带有浓厚的法律羁束力和技术性色彩。首先,《城乡规划法》在明文赋予"控制性详细规划"法律地位的同时,也明显加强了对"控制性详细规划"本身的法律规制,主要是程序性规制。其中包括:对"控制性详细规划"的编制与审批主体的规定,将"控制性详细规划"的审批权限收拢,城市的"控制性详细规划"由城市人民政府审批,镇的"控制性详细规划"由其上一级人民政府审批;规划管理部门不再享有"控制性详细规划"的审批权限。其次,控制性详细规划带有浓厚的技术性色彩。从现在的规划管理内容看中国控制性详细规划管理仍是以城镇空间布局为对象,以城市科学(尤其是工程技术)研究为核心的城市政策。城市科学又是一个融合了多种科学的学科,由于它的高度融合性使许多人"知难而退",但失去了科学性的支撑,控制性详细规划必然逐步失去其权威性,最终带来的是规划修改的随意性。没有了科学技术限制的规划修改必然带来一系列的问题,城镇内的每个人都在承受由此带来的一系列恶果,最后会将原因归结到规划上,这从各地城镇满意度的评比结果中可见一斑。

2. 法律推进控制性详细规划的限度①

上述总结表明,控制性详细规划是一项以城市科学为核心并由法律推进和保障的公共政策。公共政策决定了它的根本属性与最终表达方式,城市科学是

---

① 这里需要说明的是,除了城乡规划法律推进方面的刚性与弹性间的冲突,控制性详细规划作为公共政策其本身也存在刚性与弹性,"新的历史条件下,单就某个地块来确定控制内容的刚性与弹性并无多大意义,既难以找到充足的科学依据,也无法得到有效实施。因而,宜基于更大的空间层次——规划管理单元来确定控制性详细规划强制性内容,对于单个地块的一般内容指标应确定为指导性内容。属于强制性内容的是:管理单元层面的总容量,非经营性公共设施与开敞空间的用地规模、数量和位置(在实际中,往往由于位置的反复调整而最终失控,因此也应强制性控制),经营性公共设施的用地规模、数量,贯穿于控制性详细规划各空间层次的六线规划内容,单个地块的非兼容性用地性质、超出上限与下限的容积率、道路交通的组织控制等。其他则宜作为指导性内容。参见:李雪飞,何流,张京祥.基于《城乡规划法》的控制性详细规划改革探讨[J].规划师,2009(8).

规划刚性与长远利益的保障,法律则是控制性详细规划的推进方式,是控制性详细规划权威性与刚性的保证。但在控制性详细规划的制度设计中既要保留保障物权的刚性,也要留有适应发展的灵活性,否则将给物权保护和发展之间留下巨大的紧张关系。这就很自然地引出一个问题,即法律推进控制性详细规划的限度。

鉴于城乡规划的特征,李雪飞、何流、张京祥提出:"法律规范不可能对其进行高密度的规范,而只可能规定其制定的目标和应予考虑的要素,具体内容要由规划编制进行综合裁量。"①可见,法律推进控制性详细规划是存在限度的。具体体现在法律应采用不同的方式进行控制,"软硬"兼施。法律保留的部分应采用硬法规则,而用正当程序控制的部分则要保持弹性和灵活性。法律保留的内容:为了城市的公共安全、公共健康、公共福祉而对相关区域发展或者是财产权进行严格限制的内容,例如风景区、历史街区、水源保护区、生态控制区等,对于法定性内容或者是"法律保留"的内容的设定或者是修改应设置严格的程序、标准;用正当程序控制或者是可协商性的内容:对于公民的基本权利受影响不严重的内容可以采用软法规则的方式表达,法律仅仅设定严密的程序性要求,给予公共政策以更充分的裁量空间。

(三)现行规划制订程序及其局限

城乡规划制定过程的公告和听证会、论证会,以及批准城乡规划的公布、城乡规划草案的公告是保障公众知情权的重要方面,也是公共参与的基础和前提。论证会、听证会是公共参与的具体形式,这是城乡规划落实规划制定过程公共参与制度的重要措施。《城乡规划法》第16条明确规定:"城乡规划报送审批前,组织编制机关应当依法将城乡规划草案予以公告,并采取论证会、听证会或者其他方式征求专家和公众的意见。公告的时间不得少于三十日。组织编制机关应当充分考虑专家和公众的意见,并在报送审批的材料中附具意见采纳情况及理由。"

由此,我国《城乡规划法》中有关不同利益主体公众参与机制的规定是相当笼统的,并未结合每一主体的特性在不同阶段设定不同的渠道,更为关键的是,缺乏对公众参与机制的保障与救济,在程序的整体设计上并不完善。除了程序整全性的缺失,公众参与的细节方面也过于笼统,姚爱国指出"公告什么内容,

---

① 李雪飞,何流,张京祥.基于《城乡规划法》的控制性详细规划改革探讨[J].规划师,2009(8).

是所有的规划文件吗?包括基础资料都公告吗?直接公布技术文件普通公众能够理解和参与吗?法定的公告媒体是什么?法定的公告方式是什么?论证会、听证会由谁组织?邀请什么人参加?专家和公众的意见有什么法律地位?这个工作性质是咨询,还是宣传?城乡规划成果公布的目的是什么?是宣传还是规划生效的法定前提?这涉及规划制度的转变,即由规划成果的'批准—生效',转化为'批准—公布—生效'。一个公众未知的规划缺乏合法的前提,这些内容都需要法律明确"①。

二、城乡规划的实施

《城乡规划法》第三章中规定了城乡规划的实施原则,构建起"一书三证"的城乡规划行政许可制度②,对城乡规划变更、临时建设等问题进行了具体限制。其中第36条至第42条浓墨重彩地对城乡规划中的许可制度进行了宏观规划,强调了控制性详细规划的前置性作用,有关部门不得在规划之外进行行政许可,有效地规范了行政部门的许可行为,是《城乡规划法》中的亮点。因此,本部分着重对城乡规划中的行政许可制度作辩证分析。

(一)城乡规划行政许可制度亮点分析

《城乡规划法》对土地有偿使用制度和投资体制改革的建设用地规划管理制度重新进行了设计,完善了许可的条件,简化了许可环节,有利于减少行政成本,减轻行政相对人(行政相对人是指在行政法律关系中与行政主体相对应,处于被管理和被支配地位的机关、组织或个人)的负担,韩娇将制度优势归结为以下三个方面。其一,精简城(镇)"一书两证"制度,选址意见书的应用范围缩小。按原《城市规划法》规定,所有公建项目都要由规划主管部门出具选址意见书。而《城乡规划法》第36条则规定只对以划拨方式提供国有土地使用权的建设项目核发选址意见书,其他建设无须申请选址意见书。其二,乡村规划实施由"一书一证"改为"一证"制。原乡村规划建设需要向规划主管部门领取村镇规划选址意见书和村镇规划建设许可证,现只要领取村镇规划建设许可证。其三,行政许可环节设计更为简单。③《城市规划法》规定需要审核建设项目总平

---

① 姚爱国.从法的形式与实质层面认识和理解《城乡规划法》[J].北京规划建设,2008(2).
② 根据《城乡规划法》的规定,核发选址意见书属于行政审批,核发建设用地规划许可证、建设工程规划许可证和乡村建设规划许可证属于行政许可。
③ 韩娇.《城乡规划法》中行政许可与法律责任条款的优点与不足[J].北京规划建设,2008(2).

面布置图后,才能核发建设用地规划许可证。而根据《城乡规划法》第37条第1款规定,核发建设用地规划许可证时只需核定建设用地的位置、面积、允许建设的范围,无须再审核总平面布置图。

（二）城乡规划行政许可制度之缺失

韩娇在文章中同时分析了城乡规划许可制度的缺点,主要归结为两点:其一,与《行政许可法的》衔接力度不足。她认为对规划许可法定条件、许可时限的规定不明确。"法定条件"是日常城乡规划许可的依据及规划管理的核心。《城乡规划法》对核发行政许可需具备的"法定条件"的具体条文内容规定较为模糊,不如其他法律相应立法条款详尽严谨。其二,制度设计过于刚性,缺乏可操作性。《城乡规划法》第38条关于国有土地出让的规定过于刚性,实际操作中会有难度。"在城乡规划的起步阶段,常常存在控制性详细规划未完全覆盖的情况。但是按照现行《城乡规划法》第38条修建性详细规划也不能作为提出规划条件的依据,而必须依据控制性详细规划提出规划条件。但实际性况是,部分城市的规划,如深圳的法定图则编制审批程序相当漫长,这样可能会出现用地项目非常紧急,却无法进行行政许可的情形。"①

此外,笔者认为这一过程中的公众参与相关规定过于原则。《行政许可法》对行政许可实施中需要听证的情况做了规定,但《城乡规划法》对规划公示和听取意见,应采取什么形式、哪种情形下需举行听证会及听取相对人和利害关系人的意见,并不明确。

三、城乡规划的修改

为保护利害关系人的切身利益和维护规划的连续性,《城乡规划法》对规划的修改做出了严格的程序限定。首先,总体规划的修改必须满足法定条件,修改后的规划仍应严格按照原有制定程序进行审批。其次,控制性详细规划的修改,不仅需要对必要性做出论证,还必须征求利害相关人的意见。再次,《城乡规划法》首次明确,因为规划修改给利害相关人带来损失的,必须依法给予行政补偿。可以说,《城乡规划法》在宏观上构建了城乡规划修改的框架,也为地方制定详细修改规定留有适当空间。学者们则针对《城乡规划法》给予的灵活空间给予了两种截然相反的观点。

---

① 韩娇.《城乡规划法》中行政许可与法律责任条款的优点与不足[J].北京规划建设,2008(2).

第九章　中国当代社会城镇化问题的法律推进

部分学者认为,现有的《城乡规划法》对城乡规划修改的程序规定过于严格,不能很好地适应经济形势的变化。郭庆珠认为:城乡规划的修改都需要经过原审批机关的批准,这样虽然最能保证公正的实现,"但是任何变更都要经过原规划编制程序并要通过原审核机关的批准显然过于繁琐,不利于行政规划适时地做出变更、调整。在我国经济社会急剧发展和社会关系变化快速的现实环境下,这样的制度设计可能会不适应现实的需要。尤其是一些局部的、较小的规划变更,由于其往往对于规划的整体影响不大,对于利益配置的变动较小,因此可以对其程序进行简化"①。

也有学者持相反观点,宋翔宇认为城乡规划修改的相关规定在修改原因、修改程序、修改条件方面都过于宽松,易成为权力腐化的摇篮,不利于利害关系人的权益保护。②

笔者认为,一方面,城乡规划作为一种特殊类型公共政策,由于涉及广泛的利益主体,因而保持稳定性是十分必要的,如果在实施评估后确实需要作出调整,也应该严格执行修改程序。另一方面,城乡规划的修改本质上属于城乡规划的再制定,按照原制定程序进行批准为应有之义。倘使因为行政效率之故简化修改程序,则可能导致规划修改朝令夕改,由此付出的代价远胜于时间成本。因而必须严格遵循正当程序原则,保障修改程序的公正性,严格限定规划修改的原因、程序和条件。首先,规划的修改原因必须以法条形式明确列举,而不是以"城乡规划的审批机关认为应当修改规划的其他情形"进行概括性、模糊性规定。其次,严格规划修改程序。"除了上级人民政府制定的城乡规划发生变更、行政区划调整、因国务院批准重大建设工程而要求修改规划的外,经评估而修改规划的,应公告评估材料和事由,广泛征求利害关系人的意见,将各种意见综合在一起进行规划修改报批;修改控制性详细规划的,应举行听证会,并明确利害关系人的意见应作为决策的依据。"③再次,严格规划修改条件。明确补给公正补偿的标准。公正补偿是指补偿数额公正,一般是用市场价值标准衡量因规划修改给利害关系人造成的损失,并以此计算补偿的数额。

---

① 郭庆珠.论行政规划变更的正当性及其法律规制——兼及《城乡规划法》中规划修改制度的反思[J].河北法学,2009(4).
② 宋翔宇.我国《城乡规划法》的不足及完善对策——基于我国城市建筑'短命'现象的反思[J].安徽农业科学,2012(7).
③ 宋翔宇.我国《城乡规划法》的不足及完善对策——基于我国城市建筑'短命'现象的反思[J].安徽农业科学,2012(7).

四、监督检查

城乡规划监督检查制度与城乡规划的制订制度、实施制度、修改制度和规划公开制度、公众参与制度及法律责任追究制度一并成为一种基本法律制度。城乡规划监督检查制度是城乡规划制订制度、实施制度、修改制度、规划公开制度、公众参与制度得以顺利执行的重要保证。通过监督检查，违反其他制度的各类违法行为会得以发现，违法行为会被责令限期改正并受到相应的行政处罚，责任人会受到行政处分，触犯法律的还要被追究刑事责任。监督检查是措施，追究法律责任是手段，确保各项制度顺利执行是目的。

（一）监督检查制度检省

1. 行政内部监督低效

城乡规划按监督类型分为行政监督、人大监督和社会监督三种类型。《城乡规划法》强调行政监督的责任和要求，对人大监督和社会监督的权力只有一般性规定（见表9-2）。可见城乡规划监督制度中以行政系统内部监督为主。这一点也广为学者诟病。

表 9-2　城乡规划的监督

监督类型	被监督行为	监督对象	监督主体	监督方式
行政监督	政府的行政行为	政府	政府和上级主管部门	听取汇报定期与不定期的工作检查
	规划设计行为	规划设计单位和个人	县级以上行政主管部门	规划设计资质的许可与审查城乡规划成果的检查
	城乡建设行为	建设单位	县级以上行政主管部门	规划检查
人大监督	政府的行政行为建设行为	政府	同级人大常务委员会	审议城乡总体规划 听取政府城乡规划工作的汇报 政府官员的述职和人大质询
社会监督	一切违法行为	政府及其他单位和个人	社会团体和个人	举报、投诉起诉

"自上而下的规划监督代替了平行制约的规划监督和自下而上的规划监

督,造成了不少监督环节的空档和误区。"①城乡政府在城乡规划编制、实施过程中,既当裁判员,又当运动员,是对、是错自己说了算。权力失去监督,单单依靠单薄的内部监督机制,易导致监督浮于表面,城乡规划运行过程中的疏漏无法得到及时填补和纠正。此外,"社会实践也证明,上级监察下级,少数监察多数,行政体系的内部监察是最低效能的监察"②。

2. 过程监督的实际缺位

城乡规划监督制度的监督层级主要分为三个层次:其一,控制性详细规划的备案制度;其二,对下级城乡规划主管部门不作为的监督,应当给予行政处罚;其三,对违法实施行政许可的监督,城乡规划主管部门违法做出行政许可的,上级城乡规划主管部门有权责令其撤销或者由上级城乡主管部门直接撤销该行政许可。

丁渠指出,虽然《城乡规划法》中规定的监督体制基本覆盖全过程,但事实上由于"上级政府在人力物力上的局限性和上下级政府之间存在的信息不对称等客观原因的存在,现有的层级监督制度很难发挥应有的作用,国务院很难监督地方总体规划的执行情况,上级建设主管部门也很难监管地方城乡规划部门的具体业务"③。因此,由于上下级监督体制的延滞性,监督体制往往在问题出现时才能发挥作用,事先和事中的监督作用始终是被动缺位的。在这种情况下,损失既已造成,弥补需要花费更加昂贵的成本。

(二) 健全规划监督体系

首先,完善监督主体的职能,丰富监督主体层次。一方面,"加强城乡规划的人人监督。由于城乡规划的特殊职能,对规划行政过程的监督应当独立于地方政府的机构,并对其上级(如建设厅、建设部)或人大负责。对规划行政过程,要建立'就地监督、内部制约和上级监督'的完整体系,各有侧重,互相配合,避免规划行政机构集规划编制、审批、实施和监督于一体,要在规划管理过程中形成有效的监督和控制"。另一方面,"完善城乡规划的社会监督。将公众纳入监督系统中,加强社会监督和舆论监督。依据《中华人民共和国宪法》,人民依照法律规定有权通过各种途径和形式管理国家事物。落实宪法的规定,首先要以

---

① 李明.城乡规划监督机制的创新研究[J].福建建筑,2010(3).
② 周剑云,戚冬瑾.从法的形式与实质层面认识和理解《城乡规划法》[J].北京规划建设,2008(2).
③ 丁渠.城乡规划督察员制度可行性分析[J].中国集体经济,2010(36).

法律的方式进一步明确社会公众参与规划监督的制度性渠道和程序；其次，要提高公众监督的组织化程度和专业化水平，不断改善监督方法，提高监督效率"①。

其次，真正实现过程性监督，设立城乡规划督察员制度。"城乡规划督察员常驻地方，通过列席当地政府有关规划的重大会议、查阅相关文件，可以及时发现当地实施城乡规划的隐患和苗头性问题，能够将问题解决在萌芽状态，真正做到了事前监督。城乡规划督察员通过到现场了解情况、接受群众投诉举报，能够及时掌握当地实施城乡规划中的违法行为，并以《督察建议书》或《督察意见书》的方式要求地方整改，真正做到事中监督。因此，城乡规划督察员制度所具备的事前监督和事中监督的优势，与《城乡规划法》所确立的事后监督制度相结合，就实现了对城乡规划实施的事前、事中与事后的全过程监督。"②

五、法律责任

法律责任，是指违反法律的规定而必须承担的法律后果。城乡规划法律责任，是指违反《城乡规划法》强制性规定的，即构成《城乡规划法》规定的法律责任。城乡规划法律责任的设定是城乡规划落实的保障，赋予城乡规划以全过程性的监督与威慑力，责任主体不仅涵盖政府、相关部门及其直接负责人，还包括规划设计单位和建设单位。

相较旧法，《城乡规划法》在责任的设定上更为公平明确。韩娇认为："《城市规划法》偏重于规定建设方的责任，'法律责任'一章第39条到第43条中，除第41条和第43条外，都是规定建设方责任的条款。而《城乡规划法》更加关注主管部门和相关权力机关的法律责任，把对城乡规划主管部门自身工作的约束摆到重要的位置。"③此外，《城乡规划法》强化法律责任，详细列举了各种违法情形，明确对违法行为给予罚款的范围和数额，其可操作性更强。

（一）强制拆除执行权规定存议

《城乡规划法》第68条赋予政府以行政强制权，当事人不停止建设或逾期不拆除的，人民政府可以责成有关部门采取强制拆除措施。关于第68条的争议首先集中在强制拆除执行权赋予的正当性上。应松年教授指出："拆除违法

---

① 李明.城乡规划监督机制的创新研究[J].福建建筑,2010(3).
② 丁渠.城乡规划督察员制度可行性分析[J].中国集体经济,2010(36).
③ 韩娇.《城乡规划法》中行政许可与法律责任条款的优点与不足[J].北京规划建设,2008(2).

第九章 中国当代社会城镇化问题的法律推进

建设权由行政机关行使的体制、机制、保障等难以解决。我国行政强制执行的基本制度是:以申请人民法院强制执行为原则,以行政机关强制执行为例外。行政强制执行权原则上属于法院,行政机关在公民、法人或其他组织不履行行政机关依法做出的行政处理决定中规定的义务时,如法律没有授予其强制执行的权力,就都需申请人民法院强制执行。"①过去《城市规划法》没有赋予规划部门强制执行权,导致大量违法建设屡禁不止,因而近年来,赋予规划部门强制执行权的呼声非常高。《城乡规划法》规定制定与拆除全部由政府来执行,很大程度上可以避免权责脱节,有利于提高执法效率。但是我们又不能不看到,由于传统的某些惯性,"违章建筑强制拆除权由政府行使"的规定在带给百姓更多期待的同时,也使政府面临巨大压力和挑战。②

除了行政强制拆除权本身存在争议外,《城乡规划法》中的相关规定缺乏相应保障措施。虽然这些规定的立法初衷是好的,有利于减少执法成本,但"在违法建筑强制拆除所产生的行政成本由谁负担、造成的损失向谁问责、构成犯罪如何追究等前提问题尚未明确及相关保障措施也不健全的情况下,即做出授予政府强制拆除权的规定,未免过于偏颇"③。

(二) 相关规定过于原则,削弱本身的操作性

从整体上看,《城乡规划法》相较《城市规划法》在责任明确上更为完善,但是具体条文在解读的过程中,仍然出现了这样或者那样的语义模糊。部分规定在原则性表述方面虽然赋予实践操作以灵活性,但是富余的灵活性则意味着可操作性的削弱以及操作过程中不公现象的发生。学者们的争议主要围绕《城乡规划法》第64条和第65条展开。

《城乡规划法》规定,如果出现第64条中的六种违法建设情形,规划行政主管部门依法处以"责令停止建设,限期改正即限期补办许可证,并处建设工程造价百分之五以上百分之十以下的罚款"的行政处罚决定,"该处罚决定虽然合

---

① 应松年.论行政强制执行[EB/OL].[2008-05-17].http://www.law-lib.com/lw/.
② 赋予政府"违章建筑"强拆权,带来了如下挑战。挑战一:对违章建筑"禁止"的环节要求更高;挑战二:考验政府依法行政的能力;挑战三:政府本身的违法行为。得到授权的政府,只有对自身来一番脱胎换骨的能量强化,我国的城乡建设才能有望走向健康发展的轨迹。参见:马龙.赋予政府"违章建筑"强拆权意味着什么[EB/OL].[2008-05-17].http://opinion.people.com.cn/GB/.
③ 韩娇.《城乡规划法》中行政许可与法律责任条款的优点与不足[J].北京规划建设,2008(2).

法，但不合理，违反了行政法上的'过罚相当原则'"①。因为这六种违法建设的性质、程度各不相同，这会造成规划行政主管部门在执法过程中做出的行政处罚决定缺乏公正，给行政相对人带来不公。此外，《城乡规划法》第64条提出了"限期拆除"的内容，但是"哪些违法建筑属于'无法采取改正措施消除影响，应该限期拆除'的情形则未作界定。如是严重影响城乡规划强制性内容的违法建筑属于限期拆除的范围，还是其他？该立法条款内容的缺失可能会造成实际操作中法律执行缺乏针对性、难以操作的现象"②。

与第64条不同，《城乡规划法》第65条采取了"一刀切"的做法，规定在乡、村庄规划区内未依法取得乡村建设规划许可证或者未按照乡村建设规划许可证的规定进行建设的，由乡、镇人民政府责令停止建设、限期改正；逾期不改正的，可以拆除。这种不区分情况加以处理的简单方法，在实践中往往产生很多问题。例如这些处罚方式的使用条件，是参照第64条执行，还是赋予行政机关以自由裁量权，这些都没有明确。另外，"可以拆除"容易引起误解。在法律规范的行为模式中，"必须"与"可以"是相对的用语。"带有'可以'的法规条文属于授权性规范，是模棱两可的，被授权人有权视具体情况选择具体行为，其行为之方向是不确定的，这就使行政机关的权力或权利的自由度加大。"③《城乡规划法》第65条规定，对违法建设逾期不改正的，"可以"拆除，言下之意也"可以"不拆除。这显然不符合立法之初衷。

六、公众参与

（一）城乡规划中的公众参与制度初探

1. 城乡规划中公众参与的概念

公众参与通常又称为公共参与或公民参与，公众参与有广义与狭义之分。广义层面上，公众参与包括公民试图影响公共政策和公共生活的一切活动；而在狭义层面上，"所谓公众参与，指的是行政主体之外的个人和组织对行政过程产生影响的一系列行为的总和。"④城乡规划中的公众参与，就是公民通过一定的程序和途径参与并影响政府规划决策管理的一系列活动，贯穿于城乡规划的

---

① 段占朝. 城乡规划权威与规划处罚的尴尬——从《城乡规划法》第六十四条说起[J]. 云南大学学报（法学版），2011（6）.

② 韩娇.《城乡规划法》中行政许可与法律责任条款的优点与不足[J]. 北京规划建设，2008（2）.

③ 汤卫华. 略论《城乡规划法》的缺陷[J]. 北京规划建设，2010（1）.

④ 江必新，李春燕. 公众参与趋势对行政法和行政法学的挑战[J]. 中国法学，2005（6）.

制订、实施、修改以及监督检查的全过程。

2. 城乡规划中公众参与的类型

市场经济下,社会中的利益主体经过分化组合,形成多元的利益主体,其主体拥有不同的,甚至是矛盾的利益诉求。城乡规划过程中的公众参与交织在复杂利益主体互动的过程中,其实质是公众与其他利益主体的权益博弈。因此,探讨城乡规划中公众参与制度必须首先对利益主体的类型进行清晰明确的划分,对公众群体的范围、类别进行界定。

我们不妨将城乡规划中的利益主体分为以下三类:核心利益主体,如政府、人大、规划主管部门等;基本利益主体,如各类企业和开发单位等各种利益团体;专家,具备规划专业知识的城市规划师及编制单位。这些利益主体分别在城市规划体系中承担一定的职责,同时也拥有相应的权力或享有其特定的权利(见图9-1)。具体而言,政府、开发商、原有土地使用者等控制性详细规划面向实施管理的核心利益主体,其在城乡规划中为实质性参与,主要工作在于了解他们各自的发展意图,协调存在的分歧。作为基本利益主体的普通公众则为监督性参与,从而保障基本的公共利益,主要功能在于通过多样化的参与方式对城乡规划进行过程性监督。此外,对于与控制性详细规划并不存在实际利害关系的"评审专家"则作为技术性参与加入进来,以提高和保证控制性详细规划成果的科学性。因此,城乡规划中的公众参与以其功能主要区分为三种类型:实质性参与、监督性参与和技术性参与。

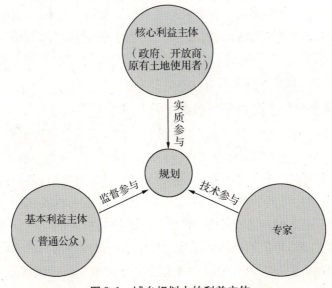

图9-1 城乡规划中的利益主体

3. 城乡规划法中的公众参与制度

公众的实质参与主要体现为利害关系人制度。其一,控制性详细规划修改中的征求利害关系人意见制度。根据《城乡规划法》》第48条第1款规定,修改控制性详细规划的,应当征求规划地段内利害关系人的意见。其二,修建性详细规划修改中的征求利害关系人意见制度。根据《乡规划法》第50条第2款的规定,修改修建性详细规划、建设工程设计方案的总平面图的,应当采取听证会等形式听取利害关系人的意见。

公众的监督性参与和技术性参与涵盖了城乡规划过程的方方面面。在规划的制定阶段,《城乡规划法》第26条规定在规划报送审批前,组织编制机关应当公告规划草案,并征求专家和公众的意见,听取意见的方式包括召开论证会、听证会或者其他一些方式。该法不仅对听取意见的结果予以规定,要求组织编制机关在报送审批的材料中附具意见采纳情况及理由,而且确立了规划批准的专家参与制度,规定省域城镇体系规划、城市总体规划、镇总体规划批准前,审批机关应当组织专家和有关部门进行审查。在规划的实施阶段,《城乡规划法》还对规划修改中的公众参与制度做出规定,明确规划实施情况评估中的公众参与制度。《城乡规划法》第46条规定,省域城镇体系规划、城市总体规划、镇总体规划的组织编制机关,应当组织有关部门和专家定期对规划实施情况进行评估,并采取论证会、听证会或者其他方式征求公众意见。

此外,对于违反公众参与制度的行为,《城乡规划法》也课以法律责任。在"法律责任"的章节中明确规定将追究相关责任。根据这些条款,凡是未按法定程序编制、审批、修改规划的,未依法公布规划的,同意修改规划而未听取利害相关人意见的,以及对于违法建设举报未进行处理的行为,都将由相关部门责令改正,并对相关负责人和主要责任人进行处分。

(二) 城乡规划中公众参与制度中的利弊分析

通过《城乡规划法》的制定,城乡规划中已初步实现全过程的公众参与,公众参与已经在实质上被纳入规划程序,将城乡规划形成"阳光规划"。张萍认为"阳光规划"体现在以下四个方面:一是城乡规划报送审批前,组织编制机关应该依法将城乡规划草案予以公告,并采取论证会、听证会或者其他方式征求专家和公众意见,公告时间不得少于30日。组织编制机关应该充分考虑专家和公众意见,并在报送审批的材料中附具意见采纳情况及理由。二是城乡规划审批后,组织编制机关应组织有关部门和专家定期对规划实施情况进行评估,以

第九章 中国当代社会城镇化问题的法律推进

论证会、听证会等方式征求意见。三是城乡规划进行修改时,以听证会形式征求公众意见。详细规划和总平面图确实需要修改的,城乡规划主管部门应该采取听证会等形式,听取利害关系人的意见。四是城乡规划实施监督阶段,任何单位和个人有权利就涉及利害关系的建设活动是否符合规划的要求向城市规划主管部门查询。任何单位和个人都有权利向城市规划主管部门或者其他有关部门举报或者控告违反城乡规划的行为。监督处理情况和处理结果应该依法公开,供公众查阅和监督。

尽管《城乡规划法》中公众参与制度已有长足的进步,但如果仔细分析,可以发现我国城乡规划中的公众参与仍停留在"形式性的参与"[1]阶段,其象征意义仍然大于实质意义。

甘霖认为这种"形式性参与"主要表现在以下四方面:其一,"拟制"公众参与的规定较多,实质参与的规定较少。《城乡规划法》中多个法条都有关于"公布""公示""公告"的规定,从政府信息公开层面而言,很有进步意义。但对于行政规划的公众参与制度而言,其价值不大。公布、公示、公告是单向的信息流动,公众没有实质参与信息形成。其二,对"规划前、规划中"的公众参与规定得不充分,"生米煮成熟饭"式的事后参与、被动参与的规定较多。这与"拟制"公众参与一脉相承,从前引的法条也容易看出这一点,不再赘述。其三,关于公众参与行政规划的程序规定比较抽象,可操作性不强。首先,《城乡规划法》对公众参与的方式并没有明确规定,这或许是为地方立法预留了空间。但当前各地对于公众参与的具体方式及其建议的落实和效力问题均显得比较抽象。其次,各地对《城乡规划法》规定的规划听证制度争议较大,原因是,《城乡规划法》对参加听证会的"利害关系人"的界定较为含糊,实际操作中容易形成纠纷;同时,《城乡规划法》对听证会的组织方式规定不明,第50条规定"采取听证会等形式",其中是否包含座谈会、公布等方式,指代不明。其四,公众参与行政规划时所表达的意见对规划结果的实质影响非常有限。综观《城乡规划法》第26条、第46条、第50条、第60条等,仅能得出行政规划在程序上需要听取公众意见,如果在程序上没有安排听取意见,需要承担一定法律责任的结论。[2]

---

[1] 美国学者谢莉·安斯汀(Sherry Arnetein)于1969年提出了"市民参与的梯子"理论,她的参与梯子有8级,根据公众所获得的决策权的大小,归纳为非参与、形式性参与和实质性参与三大类。其中"形式性的参与"(Degrees of Tokenism),有三级。先是"告知",向市民报告既成事实;再上一级是"咨询":民意调查、公共聆听等;更上一级是"安抚":设市民委员会,但该委员会只有参议的权力,没有决策的权力。

[2] 甘霖.《城乡规划法》实施中的问题与对策初探[J].北京规划建设,2011(1).

葛先园、杨海坤认为违反公众参与行政规划而承担法律责任的范围非常有限。① 《城乡规划法》第60条仅规定了在制定或修改城乡规划总平面图而没有公示时,相关人员要承担法律责任。

杨达青则指出我国《城乡规划法》没有对非政府组织介入城乡规划相关规定。② 早在20世纪初美国《住房法案》就规定,公民可以通过"住房协会"参与到住房规划中。事实上,在今天的美国、德国等国家,非政府组织和新闻媒体作为"第三种权力"正日益受到越来越多的重视。尤其在美国,非政府组织已经成为公众参与的主体,甚至比公民个人参与的程度还要高。一些著名的国际社会非政府组织,如亚州开发银行等,先后以各种方式介入并推动了亚洲一些大都市的公众参与活动。这些非政府组织在亚洲大都市治理中,扮演着十分重要的角色。因此,如果要拓宽公众参与的渠道,重视非政府组织的力量十分必要。

第四节 《城乡规划法》实施实效分析

亚里士多德认为,法治应包含两重意义:已成立的法律获得普遍的服从,而大家所服从的法律本身又应该是制定得良好的法律。③ 因此,法律的生命力在于其得到实际运行。只有对法律本身的实践效果作出评估和反馈,才能更好地促进法律自身的良善,从而通过规范的调整作用更好地促进社会有序发展。

一、《城乡规划法》实施实效反馈

自2008年1月1日《城乡规划法》正式施行以来,各地都在积极探索《城乡规划法》的施行方式,并在诸方面取得许多进步,王凯、李浩、徐泽、马嵩将进步之处归结为:"其一,基本实现了从城市本位向城乡统筹转变,建立新的城乡规划体系;其二,强调了城乡规划的综合调控地位,有效维护城乡规划的权威性;其三,突出了公共政策属性,加强城乡规划的公众参与和专家论证;其四,严格

---

① 葛先园,杨海坤.我国行政规划中的公众参与制度研究——以《城乡规划法》相关规定为中心[J].法治研究,2013(12).
② 杨达青.城镇化建设规划中公众参与制度法律问题研究[J].法制与经济,2013(11).
③ 亚里士多德.政治学[M].吴寿彭,译.北京:商务印书馆,1965:199.

了城乡规划程序,突出了城乡规划的严肃性。"①

不能忽视的事实是,实施的过程中也出现了许多问题,许多规范在操作过程中出现异质化现象,与规范本身的制定目的出现不同程度的偏差。

（一）城乡规划制定、修改过程中的程序性错位

在城乡规划制定方面,《城乡规划法》施行后,控制性详细规划成为规划管理及行政许可的直接依据,其法律地位得到很大强化,严格的制定和修改程序有效地控制了公权力,保障了规划制定的权威性和严肃性,但《城乡规划法》对有关控制性详细规划修改的规定较为笼统单一。在实际工作中,项目的类型迥异,往往需要进行不同程度的"技术性调整"。王凯、李浩、徐泽、马嵩②分析后指出:"这些不同的修改情形在规划管理中难以按照《城乡规划法》中较为单一的规定来具体执行。另外,控制性详细规划的修改已呈现出常态化特征,过于繁琐的程序性要求(如仅公告时间就不得少于 30 日)在某种程度上制约着规划行政审批效率的提高。"针对这种情况,杜雁意识到其中存在潜在危机:"在面临一些重大市政基础设施项目时,因为工程进度紧、涉及面大等因素,在规划的制订或对现有规划的调整上,没有进行必要的评估论证,存在着'边规划,边建设'甚至'先建设,后规划'的现象;很多地方规划行政主管部门为了配合土地开发,选择了'边实施,边调整'或'编而不批'的规避策略,使土地开发的过程成为控制性详细规划被推翻的过程,由此导致控制性详细规划名存实亡;此外,一些项目因为程序不到位导致群体矛盾,给社会带来不稳定因素。"③

在城乡规划的修改方面,《城乡规划法》第 50 条正式将补偿的概念引入城乡规划行政领域,体现了城乡规划的公共政策属性,对城乡规划作为公权力配置城乡空间布局、自然资源和社会资源,调整各种利益关系提出了新的课题。但在实践中,张舰、刘佳福、邢海峰敏锐地察觉到由于缺乏规划许可的行政补偿标准和程序,"行政补偿的范围、标准、期限、方式、资金来源以及履行行政补偿义务的主体等不明确,阻碍了城乡规划行政补偿工作有序开展"。"根据《行政许可法》第 8 条和《城乡规划法》第 50 条的规定,规划补偿的直接原因是规划变更造成相对人或相关人合法权益损失。随着社会经济的快速发展,城镇化进程的不断推进,规划

---

① 王凯,李浩,徐泽,等.《城乡规划法》实施评估及政策建议——以西部地区为例[J].国际城市规划,2011(5).

② 王凯,李浩,徐泽,等.《城乡规划法》实施评估及政策建议——以西部地区为例[J].国际城市规划,2011(5).

③ 杜雁.深圳法定图则编制十年历程[J].城市规划学刊,2010(1).

变更是各地城市建设的常态,但因规划变更政府给予补偿却鲜有听说。"①

(二)监督检查机制流于形式,介入时间滞后

首先,规划监督专业性强,监督难度大,问责机制难以发挥实际作用。李明指出:"规划监督有别于一般的行政监督。规划本身专业性强、涉及面广。就学科而言,规划专业涉及建筑、市政工程、园林绿化、交通、环保、国土等许多学科;就影响来说,城乡规划关系到老百姓衣、食、住、行等社会生活的方方面面。随着国内各工程建设领域学科的发展和交叉,出现了许多规划技术的评判标准,同一个规划行政行为因人因地因时的不同,常常会出现不同的判断结果,监督问责往往流于形式。再者,规划行政行为的后果滞后性强,少则几年,多则几十年或更久,监督成本高、问责难度大。"②

其次,规划监督权配置模糊失衡,权责不明,监督机制效率低。王凯、李浩、徐泽、马嵩认为:"城乡规划涉及面广,违法行为的形态多种多样,规划部门查处违法建设的权限和责任不十分清晰。《城乡规划法》赋予规划部门对违法'建设活动'进行查处的权力和责任,但实践中对建设活动概念的理解存在各执一词的情况,且政府部门职能交叉,发改委、土地、环保、规划、建设等各主管部门都依据不同的法律法规享有一定的管理职能及违法查处责任,加之诸多建设活动具有长期持续的特点,规划执法责任不清晰,必然影响到城乡规划实施管理的实际效果。"③

再次,过程性监督缺乏,事后监督收效甚微。张舰、刘佳福、邢海峰提出:"《城乡规划法》规定的监督检查包含行政监督,人大监督,社会监督,部门之间监督,违法建设行政处罚和行政强制,等等。但在实际工作中,对违反规划许可的违法建设行为做出的处罚经常是事后监督。容易造成的问题是,违法建设已成事实后,再通过行政处罚的手段予以纠正,效果甚微。有些城市采取了建设工程规划行政许可批后公示,让社会共同监督,但收效并不理想。虽然我们认为规划部门应当加强许可后的全过程跟踪监督,但事实上由于规划管理人力不

---

① 张舰,刘佳福,邢海峰,等.《城乡规划法》实施背景下完善规划行政许可制度思考[J].城乡规划,2011(9).

② 李明.城乡规划监督机制的创新研究[J].福建建设,2010(3).

③ 王凯,李浩,徐泽,等.《城乡规划法》实施评估及政策建议——以西部地区为例[J].国际城市规划,2011(5).

足、监督管理机构不协调等问题,其难度较大。"①

(三)城乡规划中的公众参与效果不尽理想

有关城乡规划中公众参与的效果,郑彦妮、蒋涤非的论述较为精辟,他们将这一过程中存在的问题归纳为四个方面:

其一,公众对城乡规划决策基本上不能产生实质性的影响效果。"公众参与采取问卷调查的形式,几乎是一个单向过程……公众自身根本无法知晓,更无法落实和监督。公众参与城乡规划尚处在'事后参与''被动参与'的初级状态,规划制定过程中公众参与很少,或者仅有极少数的专家参与制定过程。"由此,规划不能完全体现公众的意志,而有限的意志表达也往往流于形式,压力和沟通障碍的累积不仅使公众权益受到潜在威胁,也增加了不必要的规划成本。

其二,公众参与城乡规划的随意性和主观性比较明显。"《城乡规划法》虽然强调了专家在城乡规划编制审批过程中的重要作用,但由于缺乏专家审查细则等多种原因,在实际工作中专家审查的内容、深度和标准难以把握,造成对同一性质的问题,不同的审查专家有不同的审查意见,不同审查阶段又有不同的审查意见,随意性较大。另外,专家'形形色色',一些领导越来越像专家,一些专家则越来越像领导,作为规划编制的组织者,城市政府及规划管理部门往往对专家进行'按需选择'。通过强化专家角色以保障城乡规划科学性的作用实际非常有限。"

其三,城乡规划运行过程中,公众缺乏成熟而长期的参与途径。"尤其是大部分中小城市都没有固定的城乡规划展览馆,仅局限于在市民广场或公园进行临时的展出或征询意见,形式也比较单一,缺乏长久性。公众参与城乡规划的内容和形式不够丰富,很多规划公示内容过于简单,大多限于几张主要的图纸和非常简略的文字介绍,技术指标没有解释。"无专业背景的公众对规划的意图和实际内容仍处于毫无头绪的状态。

其四,公众参与城乡规划不及时,不全面。"多数公众参与城乡规划仅仅成了一种宣传方案,有的是规划方案到了最后评审阶段才让公众参与,有的甚至在批准后才向公众公开展示一下,公开的群众不关心,群众关心的不公开。这些现象严重挫伤了公众参与城乡规划的积极性,使公众参与城乡规划的效果大

---

① 张舰,刘佳福,邢海峰.《城乡规划法》实施背景下完善规划行政许可制度思考[J].城乡规划,2011(9).

打折扣。"①

简言之,我国城乡规划中的公众参与活动尚处于起步阶段,公众参与城乡规划的良性互动机制还未真正建立起来,这与《城乡规划法》的要求还有很大差距。李宪宏、任芝浩以上海为例做具体说明:"一方面,公众参与城市规划的渠道仍不畅通,因对规划了解不深、参与度不够而导致的矛盾时有发生……;另一方面,规划组织编制部门虽然履行了听取公众意见的程序,但操作上仍有待规范,在编制成果中对公众的意见还不能及时有效地加以吸收。"②

二、《城乡规划法》实施障碍剖析

反观《城乡规划法》制定和实施的全过程,可以明显地发现,《城乡规划法》的实施效果落差一方面来自该法本身规定上的不足,另一方面来源于该法运行的客观环境,其实施的具体障碍如下:

(一)法律规定之阙如

就实体内容而言,立法的模糊和抽象导致《城乡规划法》适用困难。由于《城乡规划法》性质和设定在于给予全国城乡规划以方针性指导,并为地方城乡规划实践和未来的社会发展留有必要的空间,因此,该法本身在内容上保有一定的弹性和张力,不可能做到面面俱到。的确,适当的弹性赋予法律适用以灵活性,但由于缺乏具体的实施细则加之语词的模糊性,带来实践上的理解不一和适用混乱。以规划中的城乡公众参与为例,郑彦妮、蒋涤非指出:"《城乡规划法》虽然明确赋予了公众参与城乡规划的权利,但公众究竟以何种形式参与,参与的深度和广度如何,如何确保公众参与城乡规划落实到位,尚需进一步细化和规范……这些问题在一定程度上影响了公众参与城乡规划工作的实效,使得公众参与城乡规划的运行效果大打折扣,也很难与社会公众产生互动。"③

从程序设定角度而言,《城乡规划法》对程序的设定过于僵化,缺乏相关程序性保障措施,导致程序性法规虚置,规划过程中的任意和程序倒置现象时有发生。《城乡规划法》严格的程序设定在规划的编制上体现得最为明显,突出了一级政府、一级规划、一级事权的规划编制要求和城乡统筹的基本理念,对行政权力起到约束和牵制的作用。这一理念在实际过程中却起到一定的反向作用,

---

① 郑彦妮,蒋涤非.公众参与城乡规划的实现路径[J].湖南大学学报(社会科学版),2013(2).
② 李宪宏,任芝浩.《城乡规划法》实施后上海规划面临的问题及其对策[J].上海城市规划,2008(1).
③ 郑彦妮,蒋涤非.公众参与城乡规划的实现路径[J].湖南大学学报(社会科学版),2013(2).

由于规划制定、修改过程的漫长繁复,相关行政机关选择规避这种严格而缺乏灵活性的程序设定。与此同时,缺乏相关程序性保障措施,导致理论上合理的程序设定实际上或被弃置不用,或流于形式。例如,"《城乡规划法》没有对规划管理工作中的权力范围和义务做出程序上的规定,对行政失职和规划违规审批也未在程序上予以具体界定,实践中更是由于难以界定法律责任的主体而造成规划管理者责任与权力的不平衡性,从而不可避免地造成了作为公权的规划决策的随意性。"①

（二）宏观运行环境之缺陷

1. 城乡规划行政部门设置混乱,难以实现统筹管理

地级市及以下层面城乡规划主管部门的设置较为混乱和随意。朱蓄、张沛、李奕霏、张中华认为行政设置中的混乱主要体现在以下方面:"首先,表现在部门名称各异,有规划局、建设局、规划建设局、建设规划局、规划勘测局等；其次,部门的性质也相差甚远,有行政机关、参照公务员管理的事业单位,还有事业单位又分为全额、差额、自收自支几种,导致具体规划管理工作中工作效果差异明显……这种情况导致城乡规划管理的法律、法规在不同的行政区域内贯彻施行的效用不同,相同的城乡规划违法行为在不同行政区域内的打击力度、处理结果不同,相同的城乡规划违法行为人在不同行政区域内的违法成本不同,不同行政区域内人民群众对城乡规划工作的满意度不同。"②然而,行政部门的设置混乱对城乡规划的影响是全程性的,而不是仅仅表现在法律责任的追究方面。行政部门自身设定处在变动和改革的过程中,职能分配又存在大量的交叉重合,权责范围往往模糊不清,而城乡规划运行过程的主要推动力量为行政机关,这种混乱的权责分配的影响必然是过程性的,牵一发而动全身。

2. 监督配置机制失衡,难以实现全方位监督

对于城乡规划而言,整全性法律法规制定是前提,有法必依、违法必究依赖于监督体系的有效性,而我国城乡规划监督体系的严重配置失衡制约了有效性的发挥,李明将这类表现归纳为三方面:"一是自上而下的规划监督代替了平行制约的规划监督和自下而上的规划监督,造成了不少监督环节的空档和误区；二是规划监督权受制于规划执行权,专门的规划监督机构缺乏应有的地位和独立性；三是多元化的规划监督机制分工缺乏规范化,没有一个核心,重复监督比

---

① 朱蓄,等.法治视角下《城乡规划法》完善思路初探[J].现代城市研究,2011(2).
② 朱蓄,等.法治视角下《城乡规划法》完善思路初探[J].现代城市研究,2011(2).

较严重,不能很好地协调、配合、制约。目前,我国的城乡规划监督机制在具体运行过程中,各监督系统因职能交叉、重复,职责、权限不清,再加上整个监督体系群龙无首;缺乏必要的沟通和协调,相互扯皮、推诿的现象时有发生。"①

3. 公众参与意识淡薄,参与途径和能力有限

公众参与城乡规划的积极性不高,这一方面来源于公民对公共生活的漠然,另一方面来源于参与规划的途径有限,即使实现了实际的参与,他们对规划产生的影响仍是少之又少,加之城乡规划所需的专业背景、素质要求比较高,公众的有心无力更进一步削弱了他们参与城乡规划的积极性。

应巧艳、王波首先从主客观两方面进行具体阐述,一方面,就主观意识而言,公众利益主体缺位,"当公众参与中不涉及具体利益矛盾时,对公共利益的参与往往缺少代言人","但是当城乡规划关系到普通市民的个人利益时,他们很快就会形成利益同盟……其中也不乏打着公众参与的旗号,以公众参与的名义维护一己私利的情况"。另一方面,就客观而言,首先,公众缺乏规划的信息来源和参与渠道。"长期以来,我国城乡规划的制订大多仅限制在由专家、领导和相关部门人员形成的一个小圈子里。在城乡规划过程中,公众获取信息的渠道主要来自政府有关信息的公开许多市民对是否要参与规划、怎样参与规划和参与的内容一知半解由于信息不对称而失去参与的时机。"其次,公众参与缺乏评判机制。"公众不知道自己的意见有没有被采纳,也不知道自己的意见哪些合理,哪些不合理……解决不了评判问题,或者说没有一个评判机构独立行使对公众参与中出现的争议问题的裁决权,就无法真正深入地解决公众参与城乡规划效果不佳的问题,从而使公众参与城乡规划流于形式。"再次,公众缺乏参与城乡规划的知识背景。"城乡规划是一项综合性的工作,它具有较强的专业性,还包含诸如社会经济等学科的背景知识。正是由于它的综合复杂性,普通市民即使参与城乡规划也会由于无法真正读懂和正确理解一些规划内涵和意图,导致参与决策的效率低、效果差。"②

---

① 李明.城乡规划监督机制的创新研究[J].福建建设,2010(3).
② 应巧艳,王波.城乡规划中公众参与的有效性研究[J].广西社会科学,2011(1).

第五节　法治视角下《城乡规划法》的完善思路

每一项法律真正发挥实效都离不开两大因素,一是法律自身具备实体的正义性和严密的逻辑结构;二是法律运行的良好客观环境。促进《城乡规划法》日臻完善也离不开对这两点的思索和探究。

一、程序正义视角下《城乡规划法》的立法完善建议

按照季卫东教授的定义:"程序,从法律学的角度来看,主要体现为按照一定的顺序、方式和步骤来做出法律决定的过程。其普遍形态是:按照某种标准和条件整理争论点,公平地听取各方意见,在使当事人可以理解或认可的情况下做出决定。"①城乡规划的制订、修改、实施正是在听取利益各方意见的基础上阶段性输出决定的过程,可以说,整部《城乡规划法》就是一套精心设计的程序构建。因此,作为一种程序设定,《城乡规划法》必须满足以下程序价值:"四项基本原则,即正当过程,(判断者)中立,(法律决定的)条件优势,(行为与结构互动关系的)合理化。"②以及程序中包含的独特的道德内容,主要指富勒的八项法治原则,即一般性、公开性、尽量不溯及既往、明晰性、非矛盾性、现实可能性、稳定性、权力与法律的一致性。季卫东教授另外总结出六项具体构成要素:"当事人平等、参与、问责、程序结果的实行力,对违背行为的威慑效果、容纳和适当处理异议。"③按照这些程序价值对《城乡规划法》进行反思,可以发现《城乡规划法》在正当过程的设计方面主要存在两大疏漏:一是法律内容的非明晰性;二是关键参与主体——公众在诸方面的缺位。首先,法律的原则性方面用词的模糊歧义导致在法律适用上的困难和分化。其次,公众参与制度薄弱导致城乡规划中公共利益集体缺位,缺乏全程性公众监督导致在整个城乡规划过程中政府又当裁判员又当运动员,屡屡出现程序性错位。此外,实际的公众参与对规划中的违法行为无法起到威慑作用,也无法对规划结果产生实质性影响,由此导致城乡规划实效大大降低。因此,笔者将公众参与的法制构架作为讨论

---

①　季卫东.法律程序的意义[J].中国社会科学,1993(1).
②　季卫东.法律程序的意义[J].中国社会科学,1993(1).
③　季卫东.法律程序的形式性与实质性——以对程序理论的批判和批判理论的程序化为线索[J].北京大学学报,2006(1).

的重中之重,它是解决全局性问题的关键。

(一) 加强城乡规划法律细化工作,出台相关配套法律

立法是实施城乡规划的前提和基础。法律的实施首先要制定法律,没有法律,无法可依。有了法律,如果规定粗略,也会有法难依,甚至有人钻法律的漏洞。城乡规划的法律细化工作是指制定出完备细致的法律制度,使城乡规划的各方面都有法可依,有章可循。因此,首先要保证做好城乡规划法律本身的细化工作。国家立法机关要做到健全配套的城乡规划法律体系,通过一个逐步完善和逐步严密的过程健全城乡规划的法律制度。

潘加涛倡导构建以《城乡规划法》为核心的协调的城乡规划法规体系。首先,对《城乡规划法》自身内容做出丰富和完善,制定相关实施细则或配套解释。其次,"城乡规划管理是一个复杂的系统工程,绝不是一、两部规划法规所能涵盖的。因此,必须强化规划法规体系的建设。规划法规体系应包括垂直体系和平行体系。所谓垂直体系就是指建立以《城乡规划法》为主体的从国家到各地区、到各城市的层层相关的法规体系。这其中包括与各级规划法规相配套的解释性、实施性的细则。平行体系是指《城乡规划法》隶属于行政法律体系,要与其他行政法律、法规相协调并在实施细则中明确反映出相互之间的协调关系。"①

笔者认为,《城乡规划法》的完善不仅要注重实体内容的优化,也要重视程序性的法律规范。我国长期以来"重实体,轻程序"的传统,在法律细化过程中尤其要强调程序性法律规范的制定。正如哈耶克所说:"正是对这些程序性保障措施的尊重,才使得英语世界能够将中世纪的法治观念维续下来。"②如果缺乏程序性保障措施,法治就难以延续。强调程序法律规范的制定,要明确一些"刚性"指标非经法定次序,不得变更,这样可以对具体规划设计和建设项目进行有效的规划控制。当然,必须同时在程序上保证这些实体内容的制定和修改的程序,以保障规划意图得以贯彻。

(二) 公众参与的法制化重构

1. 保障参与主体的广泛性,确认非政府组织的参与地位

为保障参与主体的广泛性,杨达青认为,首先,法律应保障最广泛意义上的

---

① 潘加涛.关于我国《城乡规划法》实施的思考[J].中国集体经济,2008(9).
② 冯·哈耶克.自由秩序[M].邓正来,译.北京:生活·读书·新知三联书店,1997:27.

公众参与，无论与规划事项有无利害关系，无论是专家等特殊主体抑或是普通公众，都可以凭借恰当的方式进行参与。其次，以法律形式确认非政府组织的合法参与地位。分散的、未经组织化的社会公众参与城乡规划过程，不仅使其参与的成本大大增加，而且其在参与的过程中往往处于被忽视的境地。非政府组织参与到城乡规划中作为一种新的趋势。与公民个人相比，非政府组织更加专业，所掌握的资源也更丰富。①

2. 以法律手段保障公众的过程性参与

城乡规划从编制、修改、实施全过程均应有公众全面的、主动的、积极的参与。董秋红指出，规划的立项、规划草案的编制、规划的审议、规划的审查批准以及规划的实施许可是规划主管部门、专家与公众共同就什么是最好的城乡规划进行论证商谈而最终达成一致共识的结果。只有根据不同阶段的工作特点，采用不同的公众参与内容和方式，使各个阶段各有侧重。将公众参与工作融入城乡规划的各个阶段，才能最大限度保障公众的知情权、参与权和监督权，才能切实提高公众参与城乡规划的有效性。② 具体而言：

在规划的编制阶段，着重保障利害关系人的知情权，基本利益主体的监督权以及专家主体的参与权。这一目标的实现，依赖于规划编制程序的法制化。首先，应对编制程序各阶段的具体事项进行法制化规定；其次，对相应机构的职责及违反处罚等事宜进行法制化规定。此外，明确相关机构、人员违反程序性规定的法律责任，确立编制阶段公众参与的制度性保障。

在规划实施阶段，着重保障利害关系人的参与权和基本利益主体的监督权。为此，应从法律上完善规划行政许可听证制度。王勇、李广斌认为，首先，对涉及申请人重大利害的行政许可事项必须经过法定公示环节，对于规划条件、建设工程规划许可证，应建立强制性的批前公示制度，以征求相关权利人的意见；其次，构建公正透明的规划许可听证制度的程序，明确公众参与主体范围和参与方式；再次，建立违反听证制度的申诉救济等一系列法定程序。③

在规划修改阶段，着重保障利害关系人的参与权与知情权。在规划修改时，主动征询规划利害关系人的意见，以确定规划修改的内容不会与相关公众的利益发生冲突。明确利害关系人参与的途径，确定给利害关系人的合法权益

---

① 杨达青.城乡规划建设中公众参与制度法律问题研究[J].法制与经济,2013(11).
② 董秋红.行政规划中的公众参与：以城乡规划为例[J].中南大学学报,2009(2).
③ 王勇,李广斌.程序正义视角下的城乡规划公共利益实现初探[J].规划师,2010(2).

造成损害的补偿标准,严格界定修改过程中行政不作为给利益相关人带来损失的制度性救济渠道和相关人员的法律责任。

3. 进一步规范公众参与的方式

公众参与城乡规划有多种方式,为了保证相关公众的参与并保证参与渠道的通畅,应当从立法角度进一步规范参与方式,对参与的主体、适用范围、程序等尽可能明确。

（1）听证会制度。

马怀德教授将听证会制度界定为:"国家机关做出决定之前,给利害关系人提供发表意见、提出证据的机会,对特定事项、进行质证、辩驳的程序,其实质是听取利害关系人的意见。"①结合城乡规划的特殊情境,王青斌认为,一方面应该明确规划听证制度适用的主体,保证利益直接受到规划影响的个人或团体能够参与听证。另一方面应明确规划听证制度的使用情形,一是对相对人的利益有重大影响;二是涉及公共利益。对应当适用听证程序的,不能以其他参与方式替代。此外,须构建公正的听证程序。听证程序应当让听证参与人的意见得到充分表达、听证参与人能够获得听证所需要的必要信息等。②

（2）专家论证制度。

专家论证制度是《城乡规划法》中明确规定的公众参与行政的另一重要方式,然而在实际运行过程中专家论证流于形式,部分专家甚至成为行政机关的"喉舌"。因而王青斌指出应采取措施保证专家地位的独立性,使专家的意见避免受到不正当因素的干扰。在规划运行的不同阶段均可以采用专家论证的形式以听取专家意见。行政机关在做出决定时应充分参考专家意见。此外,应明文禁止在城乡规划过程中简单以专家意见代替普通公众的参与,该种做法的实质是以专家为幌子而为行政机关的意见寻找合法借口,以专家意见否定公众意见。③

此外,从程序正义角度反思城乡规划中的公众参与制度,除了从主体、客体、手段进行重构,还需考量两项关键因素:裁判者中立,行为与结构互动关系的合理化。因此学者们构想在法律规范中融入两项机制:建立中立的规划仲裁组织,保障裁判者中立;建立规划意见回应机制、设立案卷排他原则,促进城乡

---

① 马怀德. 论听证程序的基本原则[J]. 政法论坛,1998(2).
② 王青斌. 论公众参与有效性的提高——以城市规划领域为例[J]. 政法论坛,2012(4).
③ 王青斌. 论行政规划的程序控制[J]. 国家行政学院学报,2009(6).

规划中互动机制的有效性。一方面,"应当构建一个专门性的规划仲裁协会或仲裁委员会,由它进行最终裁定,以期保证仲裁的公平、公正。"①另一方面,回应机制的建立必须设置相应的程序规则来保证。"具体的信息反馈要求政府必须对每一个建议的处理情况说明理由,采纳建议的情况要说明原因,未接受的建议更要说明原因,并将这些意见附随说明理由一起,以备日后公众的查阅。"②包括回应的期限、回应的主体、回应的内容及理由以及不回应的法律后果。

二、提升《城乡规划法》运行的制度环境

可以说,《城乡规划法》的制定相对先前的《城市规划法》往前迈进了一大步,在促进依法行政,统筹城乡发展,突显公众利益等方面的立意具有发展预见的视野和目光。从具体内容而言,《城乡规划法》也正确地构架了规划运行机制,并为规范中的违法行为提供制度性保障——法律责任的设定。然而,《城乡规划法》的运行则略显差强人意,这方面和该法的落实者——行政机关的宏观制度构架有着千丝万缕的联系,因此,完善宏观制度环境引起了学者们的热议。

(一)完善政府信息公开制度

首先,信息公开要具备一定的广度。规划信息是公众参与的基础,不能只对某一阶段或某种规划进行公开,而应该除了涉及国家保密等不适宜于公开的内容外,实现全方位覆盖。尤其是规划草案形成过程的信息公开。公众参与不一定覆盖规划的所有方面,但信息公开是可以做到的。其次,加强信息公开的程度。规划信息公开的内容以满足公众参与的目的和必要性为标准,"公开原则是制约自由量权专横行使最有效的武器"。裴娜认为,除非有法律规定的特殊情形,其余都应当无保留公开。③再次,信息公开的方式转为主动公开。规划信息公开很大程度上还表现为信息的依申请公开,如规划调整的内容。这在实践中明显不能满足公众参与的需求。城乡规划之信息公开主要应当表现为主动公开,而且对于规划行政主体而言,这是权利亦是义务。最后,其他相关内容应当一并公开。规划领域之信息公开绝不仅限于规划方案之公开,与规划方案编制、确定、修改相关的信息也属于公开的范畴。

---

① 王勇,李广斌.程序正义视角下的城乡规划公共利益实现初探[J].规划师,2010(2).
② 胡童.论利益保障视域下城市规划中的公众参与——基于德国双层可持续参与制度的启示[J].研究生法学,2012(2).
③ 裴娜.城乡规划领域公众参与有效性探究[J].经济研究导刊,2013(14).

(二) 完善城乡规划部门设置,明晰事权范围

规划管理体制是规划工作的首要保障。《城乡规划法》规定了各级人民政府在制定与实施、监督与检查、制止与查处违法建设等方面的职责和法律责任,明确了城乡规划主管部门负责城乡规划管理工作。但是,实践中因为行政部门设置名称庞杂,事权又存在交叉,导致《城乡规划法》的运行效果大打折扣。

由此,一方面必须完善地方各级人民政府城乡规划主管部门的设置。张俊杰、张乐原建议:"从国家层面明确各级城乡规划主管部门为行政机关,工作人员为国家公务员,使各地城乡规划主管部门贯彻实施《城乡规划法》的力度、手段取得一致。""建立城乡一体规划管理体制,设区市规划局要更名为城乡规划局,所辖各区和开发区设立城乡规划分局;各县(市)要在现有机构编制限额内设立城乡规划局,并按照编制管理权限审批。"①另一方面,明确地方各级人民政府城乡规划主管部门的事权范围。从国家或省级政府层面明确要求修改各级地方城乡规划主管部门(城乡规划主管部门和建设行政主管部门分设的地方政府)的"三定"方案,将乡村建设规划许可事权从建设行政主管部门划至城乡规划主管部门,理顺规划管理体制,有利于城乡规划主管部门尽快依法开展乡村规划管理工作。

第六节 结 语

《城乡规划法》整体运行过程中出现的瑕疵,不仅来自于法律本身,也涵盖相关配套法规及技术标准的建设问题,以及地方如何规范规划权分配、结合当地特殊情况贯彻实施好《城乡规划法》的问题。从理想到现实,《城乡规划法》立法目标的实现还需要很多后续努力。必须承认,作为一种调整社会关系的制度工具,立法不可能只考虑眼前的现实操作问题,还应着眼于更长远的制度建设,也就是说,一定的前瞻性是必要的。就《城乡规划法》的立法精神而言,如城乡统筹、促进依法行政等,其价值取向显然是与中国当前的社会发展趋势相一致的。《城乡规划法》实施中存在的诸多问题,不妨看作是中国城乡规划改革发展进程中必须跨越的某些障碍。障碍是客观存在的,但它无法阻挡社会发展的基本方向。

---

① 张俊杰,张乐原.对实施《城乡规划法》的几点思考[J].西安建筑科技大学学报(社会科学版),2009(3).

第十章　中国当代城镇化模式的研究综述

国内有关城镇化的研究已经有 20 余年历史,学界关于城镇化模式研究的重心从借鉴国外城镇化路径以探讨中国城镇化模式的应然性研究,逐渐转移到当代城镇化模式的实证研究上,而有关中国当代城镇化模式的研究主要从两个角度展开:宏观上的整体性模式和区域性城镇化模式。本章着重于对当代城镇化模式的发展状况和典型模式的相关论著做归纳分析,以期对我国新型城镇化的建设提供有益参考。

第一节　关于城镇化模式概念的研究

学术界对于城市化模式的概念并没有一致性的定义,不同的学者有着各自不同的理解和表述。

许多学者从总体性角度对城镇化模式进行广义界定,简新华、刘传江认为,城镇化模式是社会、经济结构转变过程中的城镇化发展状况及动力机制特征的总和。① 姚士谋、王成新、解晓南认为,所谓城镇化模式,就是从全局和长远的战略高度予以明确的城镇化的本质特征、主要途径、主要导向和动力机制等。② 周英则从过程性角度进行概括:城镇化模式是社会、经济结构转变过程中,由城镇化动态演进所变现出来的相对静止稳态和连续变动态的系统结构、动力机制、内容特征的总和。③ 简新华更强调城镇化模式是一个总体概念,是指城镇化发展的状况和道路的总和。不同的城镇化模式,应该具有不同的发展状况、不同

---

① 简新华,刘传江.世界城市化的发展模式[J].世界经济,1998(4).
② 姚士谋,王成新,解晓南.21 世纪中国城市化模式探讨[J].科技导报,2004(7).
③ 周英.城市化模式选择:理论逻辑与内容[J].生产力研究,2006(3)

的实现城镇化的动力、机制、原则和方式。①

有学者从狭义角度将城镇化模式定义为具体的发展方式。赵光瑞认为:城镇化模式是一个国家或地区基于城镇化发展规律、要素禀赋条件、政治经济体制和工业化发展模式等条件下的城镇化发展的具体形式。② 盛广耀认为:城镇化模式是指一个国家或地区城镇化的实现途径和方式。具体而言,它是对特定国家或地区、特定时一期城镇化的演进过程、城镇化模式包含动力模式、空间组织模式、城乡关系模式、管理调控模式、建设模式等不同研究内容。③

部分学者从广狭义角度分别给出综合定义。曹宗平城镇化发展模式的定义有广义和狭义之分。狭义的城镇化发展模式是指城镇化进程的途径或方式,或者是指推动城镇化进程中所采取的某种模式或战略安排;广义的城镇化发展模式是指城镇化的方向、目标、战略、速度、实现途径及相关方针政策的总称。④

第二节　中国当代城镇化模式分析

一、中国城镇化模式的发展阶段

对中国城镇化模式发展阶段进行阶段分析属于当代中国城镇化研究的基础性课题,对于把握中国城镇化模式的发展脉络、形成机制具有十分重要的作用,从而为把握其未来趋势提供可能。与城镇化发展阶段相关研究文献主要有两种类型:历史分期型和程度分段型,即按照年代变迁对发展阶段进行区分以及按照城镇化发展实现程度进行划分。此外,还有学者主张将相关研究文献分为城乡互动关系分阶型和综合分阶型。

但是,关于发展阶段主要是附带性讨论,即这类文献的重点是讨论其他内容,但由于与城镇化发展相关联,所以只作为一种背景状况加以描述,因为城镇化常常涉及社会经济发展的方方面面,此类文献为数众多,但往往篇幅有限,论述相对简单,较多属于浅层的讨论,其深度和广度均难以满足认识中国城镇化发展这一宏大主题和复杂对象的客观需要。另一类文献则属于相对专门的对

---

① 简新华.中国城镇化水平和速度的实证分析与前景预测[J].经济研究,2010(3).
② 赵光瑞.日本城市化模式与中国的选择[M].北京:中国书籍出版社,2007:4-5.
③ 盛广耀.关于城市化模式的理论分析[J].江淮论坛,2012(1).
④ 曹宗平.三种城市化发展模式述评[J].改革,2005(5).

新中国的城镇化发展或其历史分期进行讨论,有关代表性研究成果如下:

姜爱林①、朱文明②从历史发展、制度变迁角度讲城镇化模式发展分为三个阶段。第一阶段:工业化起步时期的城镇化研究阶段(1949—1957年),这期间国家对过去半殖民地半封建社会条件下形成的城市进行了改造,整顿了城市社会秩序,强化了城市生产功能,生产迅速恢复,使城镇吸收劳动力能力在恢复的基础上得到了扩展。第二阶段:人民公社时期的城镇化研究阶段(1958—1977年),其中1958年的大跃进狂潮,引致大量农民涌进城市,特别是"大炼钢铁"运动更进一步加速了城镇化的发展步伐。1961年国民经济开始进行调整,出现第一次逆城镇化现象。1966年"文化大革命"开始后,大批知识青年上山下乡,不少干部被下放到农村,导致城市经济明显衰退,城市人口机械增长已成负值,出现第二次逆城镇化现象。第三阶段:改革开放时期的城镇化研究阶段(1978年至今)随着农村改革的逐步推进,城市改革也开始起步,中国的城镇化迈入一个新的发展阶段。

R.M.诺瑟姆(Ray M. Northam)根据不同地区和时间上城镇化进程状况进行分析,得出城镇化进程的三个层次为:初级水平,即城镇化发展水平较低,是传统的农业社会,以农业经济为主,人口分散在乡村;中级水平,即城镇化发展水平提高,人口和产业迅速向城镇集中,打破传统的农业社会,工业和日益发展的服务业逐渐占据了主要地位;高级水平,即城镇化水平达到了较高水平,服务业占据优势地位,人口达到最大值并有下降趋势,经济部门结构发生了变化。这三个层次可以用"S"型曲线表示。"S"型发展规律可依次将城镇化进程划分为四个阶段,即起步阶段、快速发展阶段、基本实现阶段和完全实现阶段(见图10-1)。③

---

① 姜爱林.中国城镇化理论研究回顾与述评[J].城市规划汇刊,2002(3).
② 朱文明.中国城镇化进与发展模式[J].国土资源管理,2003(2).
③ 方亮.过程视角下的国内城镇化研究综述[J].昆明理工大学学报(社会科学版),2013(5).

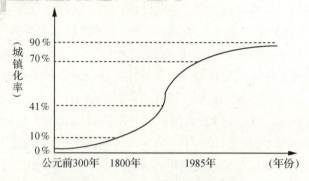

图 10-1 城镇化进程的"S"型曲线

国内部分研究者依据这个标准对中国城镇化进程进行划分。姜爱林认为中国城镇化发展正处在加速发展时期。理由是：第一，从近年来中国城镇化发展状况看，中国城镇化呈现出稳定、快速发展态势，城镇人口不断增长、数量不断增加、区域不断扩大；第二，从城镇化发展水平来看，2000 年前后中国的城镇化率大约在 30%～40%，根据城镇化发展的阶段性规律，当一个国家城镇化水平达到 30% 时，这个国家城镇化发展处在加速发展时期，也就是处在城镇化发展的中期阶段。①

李圣军依据城镇化过程中城市和农村的互动关系将城镇化进程分为四个阶段，分别为：城市剥夺农村阶段、城市病与农村病并存阶段、城乡综合治理阶段、城乡一体化阶段，认为目前我国城镇化处于城乡综合治理阶段。②

马晓河、胡拥军综合历史发展、进程状况、城乡互动关系，将中国城镇化发展的历史进程分为四大阶段。1978—1984 年是中国城镇化恢复发展阶段；1984—1992 年是中国城镇化平稳发展阶段；1992—2003 年是中国城镇化加速发展阶段；2003 年至今是中国城乡统筹发展阶段。2009 年我国城镇人口为 62186 万，比 2003 年增加 9810 万，年均增加 1635 万，城镇化率达到 46.59%，比 2003 年提升 6.06 个百分点，年均提升 1.01 个百分点。③

二、当代中国城镇化的发展模式及其反思

按照不同的标准可以对城镇化的模式进行多角度的分类，每一标准分别体

---

① 姜爱林.加速发展阶段的中国城镇化——对中国城镇化水平的实证分析[J].天府新论,2004(2).
② 李圣军.城镇化模式的国际比较及其对应发展阶段[J].区域经济,2013(3).
③ 马晓河,胡拥军.中国城镇化进程、面临问题及其总体布局[J].改革,2010(10).

现城镇化模式的一个面向,学者们针对不同的面向分别对当代中国的城镇化模式做出界定和反思,其主要观点如下:

(一)滞后型城镇化模式

依据城镇化与工业化相互依存关系角度看,城镇化发展可分成同步城镇化、过度城镇化和滞后城镇化三种模式。陈仲常、王芳[1]、王义高、罗劲松、王赟等[2]认为中国的城镇化模式主要属于滞后城镇化,即城镇化水平落后于工业化和经济发展水平。具体表现为:一方面,中国城镇化率与工业化率的比例一直小于合理比例,按照中国现在的工业化水平,中国的城镇化率目前偏低;另一方面,三大产业就业结构与GDP结构转移不同步。他们认为我国城市化总体上滞后于工业化发展,其原因是多方面的:其一是人口因素。中国庞大的人口基数,人地矛盾突出,农村存在大量的剩余劳动力。其二是历史因素。在计划经济条件下,通过户口政策强制地将农村剩余劳动力锁定在有限的土地上,阻止农村剩余劳动力向城市转移。其三是中国长期形成的二元经济结构。

滞后型城镇化模式带来的弊端是显而易见的,姜爱林认为城镇化滞后于经济发展的后果,主要表现在以下方面:第一,造成城乡失衡。城镇化滞后直接影响市场容量抑制消费需求增长,形成持续性的城乡消费断层或差距长久对峙。第二,使农业劳动力严重过剩,影响了农业经营的规模化、产业化和劳动生产率的提高。人口城镇化和地域城镇化都是城镇化的重要组成部分。然而,由于人口城镇化滞后,即农村大量剩余劳动力无法移到城镇,使得人地矛盾日趋尖锐,特别是户均耕地的不断下降,直接影响劳动生产率的提高。因为,过多的劳动力滞留于农村,既影响农业专业人才的产生,又影响资本积累,从而导致农业副业化,农产品市场也无从扩大。第三,阻碍产业结构调整和第三产业发展,造成产业失衡。人口城镇化是城镇第一、第二、第三产业结构协调发展的润滑油和催化剂。农村人口向城镇转移,不仅推动了第三产业的发展,而且也为第三产业的发展提供了劳动者和经营者。但如果城镇化滞后,不但第一、第二产业发展受阻,也将严重影响第三产业的发展。第四,影响城乡区域均衡发展,导致地区失衡。第五,加人农村人口负担,加剧人口与土地之间的紧张关系,恶化了城

---

[1] 陈仲常,王芳.中国城市化进程中的滞后城市化、超前城市化与城市中空化趋势[J].当代经济科学,2005(2).

[2] 王义高,罗劲松,王赟,等."两型"社会的理论与实践[M].长沙:湖南人民出版社,2008:329.

乡生态建设。①

（二）政府主导型城镇化模式

从推动主体角度来看，城镇化可以分为市场主导型、政府和市场结合型、政府主导型三种模式。秦震②、王晓南③认为中国政府在城镇化进程中起主导作用，属于政府主导型城镇化进程。政府主导的因素大于市场自然演变的因素，政府行为在城镇化进程中起着关键性的作用。无论是原先限制城镇发展，还是现在推动城镇化进程，中国城镇化进程中政府的作用都是重要因素。在目前城镇化快速发展阶段，政府的干预、指导与调控仍是推动我国城镇化进程的重要手段。我国在城镇化过程中，政府一度表现出全面主导的特征。姚士谋、王成新、解晓南④指出，以行政调控为特色从新中国成立之初到20世纪80年代，中国城镇化的速度和规模一直由政府进行严格的计划与控制，城镇人口总量成为计划控制的主要目标，户籍制度成为城镇发展的严重羁绊。近十几年来，城镇化进程又明显带有制度转型的特点，城镇化既有市场作用的成分，又有政府主导的色彩，尤其是在审批和城市规划方面政府主导行为表现得非常明显。因此，我国的城镇化建设走的是一条政府主导发展的道路模式，在此过程中，政府运用各种手段对城镇化的发展进行调控从而发挥其重要的主导作用。

这种政府主导的城镇化模式一定程度上迅速提升了我国的城镇化率，也有利于政府对人口流向、产业发展等方面进行适当的调节，但是这种模式所带来的负面影响也是突出存在的。盛广耀认为政府主导型的城镇化模式易受政府主观意识的影响，缺乏资源合理配置的内在机制，由于对城镇化规律认识的偏差，常会产生矫枉过正的情况。⑤王晓南具体阐述了主观认识上的偏差引发的问题：①在观念上，政府没有认清与市场的关系。政府未能与市场形成良好积极的互动作用，没有科学合理地处理与市场的关系，无视市场在资源配置中的决定作用，这样既不利于企业的长远发展，也损害了农民、市民的利益。②在管理方式上，政府注重单一直接的行政手段。现实中，政府忽视客观规律，采取用行政手段强制性推动城镇化建设，这样就很容易把城镇化建设变成一场盲目的

---

① 姜爱林. 加速发展阶段的中国城镇化——对中国城镇化水平的实证分析[J]. 天府新论，2004(2).

② 秦震. 论中国政府主导型城镇化模式[J]. 华南师范大学学报(社会科学版)，2013(6).

③ 王晓南. 我国政府主导型城镇化道路的问题及对策[J]. 福建党校学报，2014(1).

④ 姚士谋，王成新，解晓南. 21世纪中国城市化模式探讨[J]. 科技导报，2004(7).

⑤ 盛广耀. 中国城市化模式的反思与转变[J]. 经济纵横，2009(9).

"造城运动"。在这种过度行政化模式的推动下,就会出现有速度无质量的城镇化,影响城镇化的健康有序发展。③在职责上,政府重视经济职能却忽视服务职能。在传统城镇化进程中,政府往往较多地注重经济管理的职能,而忽视了社会管理与服务的职能,对于涌进城镇的大批农民工,政府对他们的需要和权益缺乏足够重视,最终农民工难以融入城镇之中,边缘化问题严重,社会责任感缺失,这很有可能引发更大社会潜在危机。①

(三) 以小城镇为主的城镇化模式

根据规模结构的大小,城镇化可以划分为小城镇模式、大城市模式、中等城市模式和大中小城市相结合模式。姚士谋、王成新、解晓南②、盛广耀③认为中国城镇化模式实际上采取了以小城镇为主的发展模式,这一点从国家政策中可见:最早于20世纪50年代中国政府就采取了"控制大城市、发展小城镇"的做法;改革开放以来,中国先后提出多种城市发展模式,都是强调了以小城镇发展为主。1980年,国家建设委员会就提出"控制大城市规模,合理发展中等城市,积极发展小城市"的城市发展方针。20世纪90年代中后期以后,中国城镇化进程进入了加速发展阶段。尽管国家仍十分重视小城镇的发展问题,但在市场机制的作用下,人口和经济在大中城市集聚的态势十分明显。从实际的发展来看,大城市发展最快,中小城市次之,小城镇最慢。同时,小城镇一哄而上、盲目发展、规模普遍偏小、城市效应不足等问题日益暴露。

小城镇模式有利有弊,李庄对此总结认为:小城镇化模式的主要功绩包括,第一,有利于加快农村富余劳动力的转移;第二,有利于解决城乡分割的二元结构;第三,有利于加速农业的现代化过程;第四,有利于增加农民收入;第五,有利于提高农民的素质。主要弊端则体现在:第一,这种模式不利于彻底改变城乡二元结构的格局,不利于"把城镇化进行到底",而是"小富即安",满足于低层次的城镇化。第二,这种模式忽略了城市化进程中资源的有限性和城镇的综合承载能力,使城镇化的持续能力减弱。第三,这种模式不利于资源的合理配置,降低了资源配置的效率,是一种成本较高的城镇化模式。第四,这种模式不利于区域城镇化协调发展。④

---

① 盛广耀.中国城市化模式的反思与转变[J].经济纵横,2009(9).
② 姚士谋,王成新,解晓南.21世纪中国城市化模式探讨[J].科技导报,2004(7).
③ 盛广耀.中国城市化模式的反思与转变[J].经济纵横,2009(9).
④ 李庄.论我国城市化模式的战略选择[J].求实,2006(12).

(四)粗放型的城镇化模式

根据城镇化进程中的资源利用方式,城镇化可以划分为粗放型城镇化和集约型城镇化。多数学者都认可中国城镇发展总体上没有摆脱粗放型的扩张模式,但是学者们研究的侧重点略有不同。

任太增、李敏重点分析了中国粗放型城镇化道路的表现和形成原因,认为我国城镇化进程中的粗放型主要表现为城镇化进程中出现的质与量的失衡,即一方面城镇化率快速提高,另一方面城镇化质量却不断下降,具体表现为:①只注重人口数量增加,忽视人口质量的提高,城镇化率被人为拔高。②忽视"软件"建设,城市特色消失,导致千城一面。③生态环境恶化,资源矛盾突出。而引发该问题的原因主要来自于:①粗放化的城市理念;②是20世纪80年代以来我国选择的城镇化道路带来的必然结果;③地方政府对城镇化认识不足。[①]

反观这种粗放型的城镇发展模式,盛广耀认为其过分追求城镇化的速度和规模,而忽视城镇化的质量和效益,造成城镇资源利用效率低,浪费严重,进一步加剧了我国资源短缺、环境恶化,严重阻碍了城镇质量的提高和功能的正常发挥,降低了城镇的综合承载能力,制约和影响了城镇化的健康发展。目前,我国城市资源短缺和环境污染的问题已相当严重,如果还继续延续原有的城镇化发展模式,现有的资源环境状况根本无法支撑工业化、城镇化的持续健康发展。[②] 成艾华、魏后凯则侧重于研究粗放型城镇化带来的资源环境问题,主要包括:土地资源相对短缺,耕地面积继续减少;城镇用水量逐渐提高,水污染严重;城镇能耗水平居高不下,能源利用效率低;城镇环境污染问题严重,生态压力日益显现。[③]

(五)城乡分割的城镇化模式

从城乡政策和城乡互动关系的变化,可以将城镇化划分为城乡分割的城镇化与城乡统筹的城镇化。盛广耀指出,在城乡二元体制的制度约束下,以往的城镇化是城乡分割的城镇化,城乡发展相互隔离。在城乡分割的城镇发展思路下,城镇发展始终没有摆脱长期依赖农村输血的传统模式。在先工业后农业、先城市后农村的资源分配体制下,政府对农村不仅投入少,而且长期从农村和农业部门抽取剩余,导致城乡间资源配置严重失衡,农业发展后劲和农村积累

---

① 任太增,李敏. 中国粗放型城市化道路原因探析[J]. 现代城市研究,2006(3).
② 盛广耀. 中国城市化模式的反思与转变[J]. 经济纵横,2009(9).
③ 成艾华,魏后凯. 中国特色可持续城镇化发展研究[J]. 城市发展研究,2012(1).

不足。更为重要的是,城乡分割的城市化进程限制了农村人口向城镇的转移,农民进城就业和落户面临着各种各样的"壁垒"。①

此外,在城镇化过程中,农村资源向城市流动有其客观的规律性。但偏向城镇的二元体制扭曲了这一资源配置过程,强化而不是缩小了城乡二元经济结构,土地等资源要素加速向城镇流转,而人口却不能有效转移,城镇化与广大农村和农民的发展要求不相适应。这种城乡分割的城镇化模式使城乡良性互动的发展机制无法建立起来,对农村发展的拉动作用是有限的。

(六)"离乡不离土"与"离土不离乡"的城镇化模式并存

部分学者以城镇化过程中方向为研究对象,冯云廷总结认为,与西方经典的城镇化模式相比较,中国的城镇化道路表现出一个独有的特点,那就是,不仅表现为城镇的扩大和向乡村的辐射,更主要的趋势是乡村自身的城镇化,即城镇的扩展辐射与农村自身城镇化的双向运动。由此,形成了两种特色鲜明的城镇化模式:基于中心城镇集聚与扩散的城镇化模式与基于小城镇和乡镇工业的城镇化模式。通常,人们称前者为"离乡不离土"的"农民进城"的城镇化模式,称后者为"离土不离乡"的城镇化模式。这种双向运行的城镇化模式不是并行不悖的,两者间存在着内在的矛盾与冲突,体现为:农村劳动力就业扩张与城镇就业弹性下降的矛盾,城镇化过程中地方化效应与城镇化效应的偏离,规模效益的追求与城镇承载力之间的相互掣肘。②

冯云廷进一步指出"离土不离乡"的城镇化模式其实是在农民不能进城就业而日渐减少的耕地又无法容纳边际生产率为零的农村劳动力的情况下,农村剩余劳动力产业转向和空间转移的被迫分离。在制度安排上,它属于一种诱致性制度变迁模式。但由于乡镇工业和小城镇的盲目、粗放式发展而忽略了资源的配置效率和可持续性,很难说它是一种成本较低的城镇化模式。

三、城镇化发展模式的宏观道路选择

当前,我国正处于重要的转型时期,在新的发展阶段和发展条件下,原有的城镇化模式面临着全新的挑战。在对原有的城镇化模式进行充分反思的基础上,学者们积极探寻适合现阶段中国国情的新型城镇化模式。除了从传统的发展速度、管理体制、规模结构、城乡关系方面进行思考,学界越来越重视可持续

---

① 盛广耀.中国城市化模式的反思与转变[J].经济纵横,2009(9).
② 冯云廷.两种城市化模式的对接与融合[J].中国软科学,2005(6).

的、节约型城镇化模式建构,注重城镇化发展中"质"的提升。此外,从人本身出发、关注人的发展权的人的城镇化模式也逐渐进入学术视野,城镇化模式研究真正进入异彩纷呈、百花齐放的阶段。

(一)尊重客观规律,稳步推进城镇化建设

我国的城镇化模式属于滞后型模式,但近年来城镇化建设进入加速发展阶段,城镇化率飞速提高,令人欣喜的同时也埋藏着隐患。由此李庄特别强调了对城镇化本身内在规律的尊重,中国的城镇化滞后,是多数人的共识;中国城镇化进入加速发展时期,是个不争的事实;中国全面建设小康社会需要城镇化来支撑,也是现实的需求。① 我们不能因此患上城镇化的急性病,人为地拔苗助长,盲目地加速城市化进程。城镇化的速度应该充分考虑国情、省情、区情,把城镇化的速度和经济发展水平、工业化水平、市场条件、资源情况、环境因素等有机结合起来。城镇化绝不是意味着把农村人口"化"为城镇人口,把农村用地"化"为城镇用地,也不是仅仅让现有的城镇绿起来、亮起来、高起来和宽起来。总之,城镇化的推进速度要适度,宜快则快,宜慢则慢,过快和过慢都会带来不好的结果。

(二)推进城镇化模式由行政主导向市场主导、政府引导转变

由分析可知,城镇化的诸多问题来自于政府制度安排的非科学性,盛广耀认为城镇化的过程实质上是生产要素集聚、资源优化配置的过程。在此过程中,市场机制发挥着基础性作用,是城镇化推进的内在机制。只有通过市场机制的基础性作用,才能保证与城镇化相关的人口、土地、资本等要素的合理流动,优化配置城乡资源要素,促使产业和人口的集聚与扩散。② 实践证明,市场主导下的城镇化进程是最有效率的城镇化方式。但是完全由市场引导的城镇化存在着公共产品等社会资源配置失衡和社会公平的问题。如果单靠自由市场机制的调节,而没有政府的参与和引导,必然会造成城镇建设的混乱和社会发展的失调。具体而言,城镇化的进程管理应以市场为主导,发挥市场机制的资源配置作用;城镇化的质量管理则需要以政府为主体,发挥政府的政策调节和公共服务职能。应转变行政主导的推进模式,既不能采取放任自流的完全市场化,也不能完全依靠行政手段,而应以市场机制为基础,合理发挥市场主导和

---

① 李庄.论我国城市化模式的战略选择[J].求实,2006(12).
② 盛广耀.中国城市化模式转变的方向与策略[J].理论参考,2010(2).

政府引导的作用。秦震[①]、王晓南[②]进一步勾勒了政府的角色定位,认为政府应当树立正确的城市观和政绩观,理性回归到"城市公共服务者"的角色,应该在构建适合城镇化的公共服务体系上多下功夫,解决好符合条件的农业转移人口在城镇就业、落户的现实问题,加大对小城镇公共基础设施的投入,提供均等化的教育、医疗、户籍、养老、住房等公共服务,搞好公共设施、公共卫生、公共交通、公共教育等属于政府兴办及监管的事业。

(三) 由小城镇发展模式向大中小城镇协调发展模式转变

城镇化规模结构一直是学界讨论的热点,主要倾向于小城镇发展说和大中小城镇协调发展说,随着小城镇发展模式局限性的突显,从学界到政策层面都纷纷倒向大中小城镇协调发展说。我国首部城镇规划——《国家新型城镇化规划(2014—2020年)》将中小城市间的协调发展提上日程。李庄认为中国的城镇化水平还比较低,各种规模的城市都需要大力发展。各种规模的城市承担着不同的功能,同时又各有优势。它们之间是优势互补而不是互相替代的关系,只有它们协调发展,才能形成合力。[③] 盛广耀也认为城镇化模式应实现由以小城镇为重点向大中小城市和小城镇协调发展的转变。他援引区域空间结构演变的理论,认为促进大中小城市和小城镇的协调发展,形成合理的城镇体系,是区域城镇化和经济发展的内在规律所要求的。大中小城市和小城镇协调发展的模式不是城镇化发展的规模模式,而是城市化发展的区域模式,是适应我国城镇化发展阶段的集中型城镇化与分散型城镇化的结合。[④]

(四) 由粗放型发展模式向集约型发展模式转变

随着经济的发展,资源短缺、环境保护的压力将更加尖锐,因此我国的城镇化由粗放型发展模式向集约型发展模式转变势在必行。对于如何开展集约型发展模式,学者们的研究方向基本相似,都强调了紧凑型的城镇规划方式、产业结构的调整、资源的循环高效利用,只是在模式涵盖范围和角度选择上略有不同。

有学者引用了生态经济学家莱斯特·R.布朗(Lester R. Brown)的理论,强调"A模式"和以"反增民计划"为代表的采取消极的城镇化的"B模式"存在种

---

① 秦震.论中国政府主导型城镇化模式[J].华南师范大学学报(社会科学版),2013(6).
② 王晓南.我国政府主导型城镇化道路的问题及对策[J].福建党校学报,2014(1).
③ 李庄.论我国城市化模式的战略选择[J].求实,2006(12).
④ 盛广耀.中国城市化模式转变的方向与策略[J].理论参考,2010(2).

种弊端及不可行性。同时在对A、B模式扬弃和超越的基础上提出了"C模式",即在坚持发展的前提下,既充分利用市场机制的高效,又能低成本地补偿其负面影响的新型城镇化模式。倡导建设生态社会,推动绿色消费和循环经济,强调可再生能源应用与建筑一体化。

蒋国平倡导节约型城镇化发展模式,其一,坚持走可持续发展的城镇化发展道路。其二,必须坚持"紧凑型"的城镇化规划建设方针。其三,必须坚持以"新型工业化"带动城镇化发展的原则。其四,城镇分布必须顺应自然资源的约束。①

郭强、郭根倡导构建节约型城镇化模式模型,其中包含三个相互联系、彼此作用的结构体系:节约型经济体系、节约型社会模式、节约型管理系统。构建节约型经济体系,关键在于构建节约型的经济增长方式和节约型的产业结构。构建节约型社会模式,重点在于形成全民节约的公共意识和节约的行为方式。构建节约的管理系统,就是要形成新型行政管理体制和协调管理机制。②

国务院发展研究中心课题组就实现我国城市可持续发展的几个关键问题做出阐述:实现精明增长,控制城市的无序蔓延;构建紧凑型城市,推行土地利用的集约模式;产业发展实现产业结构和空间布局的优化调整,并提出关于传统城区的改造和新城区的发展,大城市发展由单中心向多中心转变,城市交通追求公共交通与私人交通的平衡等具体模式调整意见。③

(五)实现由城乡分割向城乡统筹模式转变

盛广耀认为转变城市与农村相脱节的发展模式,应从制度再造与结构优化相结合的角度,通过改革城乡体制、调整城乡结构,寻求城乡发展失调的解决之路。推进城乡统筹的城镇化,重在创造平等统一的新型城乡关系,营造城乡互动发展的制度环境。通过建立新型城乡关系,改变城乡分割、相互脱节的发展模式,使城镇化成为城乡之间互相吸收发展要素、相互融合、共同发展的过程,实现城乡双向、互动的发展。在城镇化进程中,按照统筹城乡发展的原则,改变城乡分割的体制、城乡分治的做法和重城轻乡的倾向,把城镇和乡村纳入统一的经济社会发展大系统,调整城乡结构,既要发挥城镇化对城乡发展的带动作

---

① 蒋国平.资源节约型城镇化发展道路探析[J].改革与战略,2006(8).
② 郭强,郭根.节约型城镇化模式的理论建构[J].南阳师范学院学报(社会科学版),2008(2).
③ 国务院发展研究中心课题组.中国城镇化:前景、战略与政策[M].北京:中国发展出版社,2010:197.

用,又要加大对农业、农民、农村发展的支持力度,以城带乡、以乡促城、城乡互动,实现城乡经济社会的协调发展。① 国务院发展研究中心课题组则重点关注了城镇化过程中的农民就业与市民化问题以及农民土地权益保护问题,并提出相应的对策和建议。②

(六) 以人为本的城镇化发展模式

城镇化的核心是人的城镇化,人也是城镇化进程的出发点和归宿,但是在城镇化的实际建设和理论研究中,人始终是缺位的。近年来人的城镇化模式的理论研究开始兴起,李玉明、陈建平认为人的城镇化就是城镇人口发展与城镇合理建设相结合,实现人口市民化与体制机制改革、公共服务完善、基础设施建设以及城镇环境保护等互相协调发展,走有序、全面、合理、集约的新型城镇化道路,集中体现了以人为本的城镇发展理念。具体来说:对于人与人的关系应倡导平等自由精神;对于人与社会的关系,应追求人的全面发展;对于人与环境的关系,应注重人与自然和谐;人与城镇的关系,应强调人与城统筹发展。他同时为城镇建设向人的城镇化转型提供具体方案:①转变发展理念,为人的城镇化提供思想保障;②改革户籍制度,为人的城镇化提供主体保障;③统筹城乡发展,为人的城镇化提供服务保障;④完善财政体制,为人的城镇化提供物质保障;⑤创新社会管理,为人的城镇化提供管理保障。

除上述六种典型的城镇化推进模式外,部分学者开始关注突显城镇个性的多元化城镇化理论,连季婷、王稚莉③认为中国经济发展不平衡,在进城农民待遇公平、产业支撑、真正意义的土地城镇化的内在要求下,中国的新型城镇化应该走多元化发展模式。李庄也提到多元化城镇化模式应该具备的特征。④ 综合学者们关于多元化模式的论述,本质上属于综合型的城镇化理论,融合了集约化模式、以人为本模式、大中小协调发展模式等以上六种典型模式的基本特征,因此这里不再赘述。

---

① 盛广耀.中国城市化模式的反思与转变[J].经济纵横,2009(9).
② 国务院发展研究中心课题组.中国城镇化:前景、战略与政策[M].北京:中国发展出版社,2010:230-268.
③ 连季婷,王稚莉.中国新型城镇化应走多元化发展模式[J].中国管理信息化,2012(4).
④ 李庄.论我国城市化模式的战略选择[J].求实,2006(12).

第三节　区域视角下中国城镇化模式研究

根据区域城镇化理论,在一个地理区域或经济区域内,城市是由一点或者数点产生并向外扩展的。在这一过程中,城镇化在空间上是梯次推进的,这些点的发展有快有慢,有大有小,经过若干年,逐渐形成若干城镇圈、城镇带相联系,形成全国性的城市网络体系。① 因此城镇化的过程发展是由不平衡到平衡逐步演进的,2011 年我国东部、东北、中部、西部四大区域呈现"俱乐部"态势:由城镇化水平高于全国平均水平的东部和东北地区组成"发达俱乐部";由低于全国平均水平的中部和西部地区组成的"欠发达俱乐部"②,区域发展的不平衡性正是区域城镇化过程中梯次推进规律的体现。同时,由于自然地理、历史人文、经济基础等的差异,我国东部、东北、中部和西部地区城镇化表现出差异性,需要因地制宜制定对策引导。因而,除了对中国城镇化模式做整体上的剖析外,还需要在区域视角下关注区域经济发展的特性,协调区域发展。

学者们对区域城镇化发展模式的研究角度的差异主要体现在层次上,宏观上的研究范畴包括东部、东北、中部、西部地区城镇化模式研究,微观层面上结合具体的城市探求个性化发展模式,因此,笔者以四大区域的城镇化发展模式为主体脉络,辅之以典型模式,对学者们的研究成果进行梳理。

一、区域城镇化发展状况比较

钟少颖、宋迎昌认为从四大区域来看,由于自然条件和发展历史的原因,我国的城市空间格局分布非常不平衡。③ 根据 2012 年我国统计年鉴的数据显示,我国城镇化发展水平自东向西总体上呈现明显的阶梯状分布。2012 年东部地区城镇化水平最高,达到 61.46%,东北地区次之,为 59.6%,西部和中部地区分别为 49.28% 和 45.68%。2011 年之前,由于地理因素和政策原因,东北地区的城镇化率是高于东部地区的,也是从 2011 年开始,西部与中部的差距开始缓慢拉开(由 1.03 个百分点逐渐扩大到 3.60 个百分点)。

---

① 陈玉梅.东北地区城镇化道路[M].北京:社会科学文献出版社,2008:3-5.
② 陈静.中国四大区域城镇化比较及健康发展对策[J].金融经济,2014(12).
③ 钟少颖,宋迎昌.中国区域城镇化发展特征和发展对策[J].中州学刊,2012(3).

表 10-1　2012 年城镇化率超过 50% 的省（自治区、直辖市）发展情况简表

省市区	2000 年	2005 年	2011 年	2012 年
全国平均	36.22	42.99	51.27	52.57
上海	88.31	89.09	89	89.3
北京	77.54	83.62	86.2	86.2
天津	71.19	75.11	80.5	82
广东	55	60.68	66.5	67.4
辽宁	54.24	58.7	64.05	65.65
黑龙江	51.54	53.1	56.5	56.9
吉林	-	52.52	53.4	53.7
江苏	-	50.11	61.9	63
浙江	-	56.02	62.3	63.2
内蒙古	-	-	56.6	57.7
福建	-	-	58.1	59.6
重庆	-	-	55.02	56.98
湖北	-	-	51.8	53.5
山东	-	-	50.9	52.4
海南	-	-	50.5	51.6
山西	-	-	-	51.26

数据来源：根据历年《中国统计年鉴》、全国及各地统计公报整理。

陈静在对区域城镇化的速度、发展程度、城市体系发育程度进行综合比较后认为：

从城镇化的速度来看，四大区域城镇化水平均呈上升趋势，但 1981 年到 2011 年区域之间城镇化速度存在差异：城镇化率年均增长率由高到低依次是东部、中部、西部和东北地区。速度差异的比较结果是，曾经一度领先全国的东北地区在 2011 年被东部地区超越。

从城镇化的发展程度来看，东北地区最早进入城镇化中期阶段，东部地区基本与全国同步，中部地区滞后全国 5 年左右的时间，西部地区滞后于全国 12 年左右的时间。

从城市体系发育程度来看，城市群是城镇化高级阶段的产物，城镇化水平越高的地区能量等级城市越多，城镇体系发育越成熟。东部地区拥有辽中南、

京津唐、长三角、珠三角等城市群,区域内城市之间的互动比较成熟。东北地区的经济集中于哈尔滨、长春、沈阳和大连4个副省级城市,城市职能结构单一,资源型、重工业型比重大。城市群发育不平衡,辽中南已经发育成为成熟的城市群,而吉林中部和哈尔滨尚处于城市群发育的中间阶段,即城市组群阶段。中部地区虽然拥有"中原经济区""武汉城市圈""长株潭城市群""皖江城市带""太原经济区"和"环鄱阳湖城市群"等城市群,但城镇体系断层、两极分化严重,中小城市数量多、规模小、密度低、距离远。西部地区大、中、小城市数量均较少,以"关中城市群"和"成渝城市群"为代表的城市群分布比较分散,区域内城市之间的联系不太紧密。①

二、区域城镇化发展的启示

通过区域城镇化发展的比较分析,学者们认为区域城镇化需要着重把握两个方向:

陈玉梅等总结认为:应该推进多元化的区域城镇化模式,因为各区域资源的禀赋、区位优势、既有基础、文化传统、人口结构不相同,其选择的工业化、城镇化道路也不尽相同,不可能也不应该用一个模式、一个标准、一个速度来要求。各省市、各地区都应该从实际出发,走出一条适合自己的城镇化发展道路来。②

王梦奎等提出要适时推进区域城镇化均衡发展。首先,均衡不是绝对的。从中长期趋势来看,我国地区间的发展差距不仅会继续存在,而且有可能继续扩大。这是因为鼓励(至少不是遏制)资源和要素向优势地区集中,以形成若干在国际上具有较强竞争力的区域,是在当代时代背景下的现实选择;由于中国仍处在较低的发展阶段上,还不可能有太多的资源用以解决地区间的差距问题,因此均衡发展是个长期任务,不可操之过急。其次,要在发展中向均衡接近。当前中、西部地区,尤其西部地区和东部地区的经济发展差距较大。东部地区普遍达到小康水平,而西部地区还有许多人口没有解决温饱问题。在相当长的一段时期内,均衡发展的任务,一方面是促进西部和中部的经济发展,另一方面是向欠发达地区提供更多的公共产品,采取适当措施,促进其社会事业的发展,使这些地区的居民所享受到的福利水平逐步达到与发达地区接近。中、

---

① 陈静. 中国四大区域城镇化比较及健康发展对策[J]. 金融经济,2014(12).
② 陈玉梅. 东北地区城镇化道路[M]. 北京:社会科学文献出版社,2008:29-30.

西部地区发展加快了,尽管和东部地区的绝对差距在一定时期仍然很大,但相对差距在缩小,人民的生活水平提高较快,也有利于社会的和谐稳定。而且当东部地区发展起来后,也会有更大的力量支持中、西部地区的发展。再次,均衡发展是要按照市场规律办事,要按照市场规则,支持各地区通过产业转移、专业化分工、优势互补,形成合理的协调机制,达到互利共赢,共同发展的目的。东部的资金、技术、产业可以加大向中、西部转移的力度。国家应制定优惠政策、设立专项基金,鼓励东部和中、西部共同开发高科技产业,提升中、西部的创新能力。①

三、区域城镇化发展模式比较——以典型模式为例

(一)东部地区城镇化模式研究

东部地区在良好的地理区位、历史基础和政策支持共同作用下,凭借良好的工业基础、交通条件、资本市场、人才技术条件,在城镇化的各个方面均表现出了较好的发展态势,走出一条成功的城镇化道路,建立了以长三角、珠三角为中心的经济圈,构成以特大城市为核心,以中等城市为依托,以小城镇为基础的城镇化模式。总结出以乡镇企业带动小城镇建设的苏南模式,私人资本推动下的温州模式,以及依靠国际产业分工带动外资涌入形成的珠江三角洲模式。

1. 小城镇为主导的苏南城镇化模式

苏南主要是指江苏省的苏州、无锡和常州地区,这些地区毗邻上海、南京等大中型工业城市,交通便利,信息灵通,并拥有先进的技术和优秀的人才。刘文静等认为苏南模式属于典型的小城镇主导模式。20世纪70年代以来,依托上海等工业城市的辐射,苏南地区乡镇企业迅速发展,在乡镇企业的带动下,实现了百万农民"离土不离乡、进厂不进城"的非农化转移,形成了"以工建农""以工建镇"的局面,大批小城镇迅速崛起。目前,整个苏南地区建成符合国家标准要求的小城镇达到322个,形成了以乡镇企业和农村工业化发展为动力,以小城镇主导为特点的"苏南城镇化模式"。苏南城镇化发展模式主要有以下几点经验:①农村工业化带动了苏南城镇化;②城乡分工与协作促进了苏南城镇化;③乡镇企业加快了苏南城镇化;④政府管理引导了苏南城化。② 新玉言认为,除了乡镇企业的发展,外向型经济也成为促进城镇化的新动力。20世纪90年代

---

① 王梦奎.实现区域协调发展的战略思路和政策措施[J].城市经济·区域经济,2006(9).
② 刘文静,郭宁,李美荣.我国内地城镇化模式对新疆城镇化的启示[J].战略与改革,2009(7).

以来,外资的进入不仅给苏南小城镇带来了新活力,而且苏、锡、常三市的新市区的扩大主要是各种类型的开发区、工业区的建设,使城市新区和老城区连成一片,外资投入起了很重要的作用。外资的进入创造了更多非农就业机会,在为区域发展提供资金的同时,还带来了先进的技术和有益的管理经验。①

2. 私人资本推动型的温州城镇化模式

温州位于浙江东南部,辖三区六县,是全国首批沿海开发城市、全国首批农村改革试验区以及全国城市综合配套改革试点城市之一。刘文静等指出,改革开放前,温州由于人多地少,交通不发达,农业发展条件差,农村集体经济薄弱,其商业模式主要以家庭小工业和专业市场为主。改革开放后,温州地区个体经济迅速发展,私人资本的投入带动了乡镇企业的发展,促进了城镇化的进程。目前,温州有"全国电器之都"的柳市镇、"中国皮都"的水头镇等144个著名的专业化小城镇,形成了以民营经济发展为动力,以私人资本推动为特点的"温州城镇化模式"。②

3. 外资推动型的珠江三角洲城镇化模式

珠江三角洲即珠江三角洲经济区,位于广东省中南部,毗邻香港、澳门,辖有广州、深圳、珠海、东莞等14个市县,交通便利,并云集了众多的海外华侨和港澳同胞。珠江三角洲的城镇化在改革开放以来得到迅速发展,其中外资的推动,发挥着重要的作用。即珠江三角洲的城镇化属"外向型城镇化"模式,以香港学者薛凤旋为典型代表,他明确指出在资本、人力、技术和市场走向"全球化"的情况下,自1980年以来新的国际分工已成为珠江三角洲地区人口及其经济活动急剧增长与集中的主要动力。珠江三角洲地区城镇化使得非农活动迅速增长,已经导致70%以上原有农业人口完全从事非农产业,而非农工兼顾;人口流动超越地区,呈现跨区、跨省甚至跨境态势;农村劳动力常年较稳定地从事非农产业活动,使农村地区迅速工业化和城镇化。即,珠江三角洲城镇化是以小城镇和小城市为主、且具有明显的跨境性。这也是其不同于其他发展中国家或地区城镇化的明显特征。③

苏南模式、温州模式和珠江三角洲模式共同代表了我国三种典型的农村城镇化模式。农村城镇化即以小城镇为载体的城镇化,是我国人多地少国情下的

---

① 新玉言.新型城镇化——模式分析与实践路径[M].北京:国家行政学院出版社,2013:52.
② 刘文静,郭宁,李美荣.我国内地城镇化模式对新疆城镇化的启示[J].战略与改革,2009(7).
③ 薛凤旋,阳春.外资:发展中国家城市化的新动力——珠江三角洲个案研究[J].地理学报,1997(3).

一种特有形式,也是我国城镇化进程的一个特殊阶段。上述三种模式之间既存在共性也存在差异。朱文明总结认为,苏南模式依托集体资金积累和地方政府介入,是"自内"和"自下"的,乡镇企业等集体经济成分居多。但进入20世纪90年代以来,乡镇企业产权制度改革启动,制度创新的结果是民营企业迅速发展壮大,成为乡镇企业发展的重要支撑;珠江模式依托外来资金和优惠政策,是"自外"和"自上"的,以合资、合作、外资企业占大多数;温州模式则不同于前两者,主要依靠民营经济的成长。农村剩余劳动力的转化方面,苏南模式以本地农民就近转化为主;珠江模式则突出表现为外来劳动力的异地转化;温州模式则更多地表现为本地农村剩余劳动力的异地转化(主要指外出经商、投资)。①

(二) 中部地区城镇化模式研究

中部地区包括山西、安徽、河南、湖北、湖南、江西6个省。中部地区承接东西、贯通南北的区位引致的交通需求和干线汇集成为中部地区城镇化的主导动力机制。交通动脉在中部地区城镇化进程中扮演着重要角色。依靠交通和地理位置上的密切联系,以一两个核心城市区为中心,逐渐扩展为城市圈,具有代表性的模式是城市融合扩张型的长株潭一体化城镇化模式。此外,中部地区城镇化基础较好,拥有丰富的旅游资源和有色金属在内的矿产资源,同时也是我国的粮食主产区。因此,旅游资源推动型城镇化模式也发展起来,典型如张家界的城镇化模式。

1. 城市融合扩张型的长株潭一体化城镇化模式

长株潭一体化是指以长沙为中心,扩张到株洲和湘潭地区而形成的城市群。它位于我国南方腹地的核心位置,交通便利,城市之间距离非常近。《中部地区发展报告的蓝皮书》②表明,长株潭地区以全国"两型社会"(资源节约、环境友好)为契机,综合配套改革试验区,逐步扩大城市建设规模,拓展优化城市空间布局,实质性融城进展顺利,城市群核心增长极地位不断增强。形成了以资源优势互补为动力、以城市融合扩张为特点的"长株潭一体化城镇化模式"。刘文静等认为长株潭城镇化模式的特征为:① 通过各城市间的资源优势互补加快长株潭一体化城镇化的发展进程;② 通过政府之间的密切合作奠定长株潭一体化城镇化的发展基础;③ 大城市辐射中小城市是长株潭一体化城镇化的发展动力;④ 积极形成城市群,既加快这些地区的城镇化发展,也使周边的地区迅速

---

① 朱文明.中国城镇化进程与发展道路、模式选择[J].云南财贸学院学报,2003(2).
② 喻新安.中国中部地区发展报告[M].北京:社会科学文献出版社,2013(300).

发展;⑤通过发展"资源节约、环境友好"的"两型社会",为建设生态城镇化奠定基础。①

2. 飞地型的张家界城镇化模式

张家界地处湘、鄂、渝、黔、桂五省省际边境区域的武陵山区。刘文静等指出,国家批准建立大庸市之前,张家界是武陵源区的一个行政区,这里交通闭塞,经济落后,但是拥有风景秀丽的原始森林和奇峰怪石。为了开发张家界丰富的旅游资源,政府在这里兴建了机场、铁路和高速公路,形成了辐射5省市17个区县的航空、铁路、公路并用的交通运输网络。旅游业的发展使张家界的城镇化建设迅速发展,至2005年底该市94个乡镇中,建制镇达到33个,形成了以旅游业发展为动力,以"飞地型城镇化"为特征的张家界模式。②

(三)西部地区城镇化模式研究

西部地区地广人稀,交通普遍不畅,历史上欠发展,经济基础薄弱,城镇化的进展难度很大,城镇化总体水平较低。依托西部大开发战略的实施,凭借本身丰富的自然资源、地理位置的优势,西部城镇化进入了一个新的阶段,城市群效应开始显现。结合西部地区的发展状况,从地理区位、经济资源、社会文化等路径的形式来看,西部地区主要形成以下城镇化模式:

1. 工业驱动型城镇化——以柳州市为例

按照传统城镇化模式,工业化是城镇化的主要动力。柳州市位于广西壮族自治区中北部,是广西重要的区域中心城市,被誉为"广西工业名城""历史名城""旅游名城"等。潘启云通过研究分析认为,柳州市具有良好的交通优势,处于交通枢纽地位,铁路、高速公路、民航以及水运的繁荣,使得柳州的工业化之路如虎添翼,成为城镇化的主要助动力。柳州市城镇化路径的最大特点是工业经济主导推动,在长期经济发展中,形成了汽车、机械、冶金三大支柱工业,形成了制药、化工、造纸、冶金等支撑工业,因此形成了较为完善的现代工业体系。除了以上因素外,柳州模式的成功还得益于商贸服务的协调带动,当地汇聚各种各样的商品,以及有关物流、信息和商贸等服务,使得市场体系发育全面,资源要素得到有效配置。③

---

① 刘文静,郭宁,李美荣.我国内地城镇化模式对新疆城镇化的启示[J].战略与改革,2009(7).
② 刘文静,郭宁,李美荣.我国内地城镇化模式对新疆城镇化的启示[J].战略与改革,200(7).
③ 潘启云.西部欠发达地区工业驱动型城镇化探析——以柳州市为例[J].广西民族大学学报(哲学社科版),2011(3).

2. 资源驱动型城市化——以鄂尔多斯市为例

广袤的西部地区是我国资源最丰富的区域,石油、煤炭、铁矿和有色金属、非金属等矿产资源储量丰富,在一些资源富集区通过资源开采以及发展加工、转运等相关产业,可以快速推动城镇化进程。鄂尔多斯便是这种模式的典型。潘启云认为鄂尔多斯市城镇化的兴起依赖三个因素的共同作用,其一,富集的资源。鄂尔多斯市"羊煤土气"四大资源于一身,资源优势得天独厚,通过资源的采掘和开发,形成了煤炭、电力、冶金、化工、纺织等多个优势产业,成为城镇化的坚实的经济基础。其二,产业融合。鄂尔多斯充分结合自身多种资源的优势,提高产业的融合度,形成比较完整的资源开发和重工业体系,产业之间的横向联合推动了经济的持续发展。其三,金融支持。鄂尔多斯市的资本信贷、金融保险等产业异常发达,金融融资对鄂尔多斯的发展起到了巨大推动作用。[①]

3. 旅游驱动型城镇化——以九寨沟为例

西部欠发达地区中,有一类以旅游产业为主导带动城镇化快速推进的城镇,即旅游驱动型城镇。由于西部地区特殊的地理位置,旅游目的地的位置周围经济社会发展落后,城镇稀少,交通不便,工业发展极为落后,如同嵌入的孤岛,因此其城镇化模式被称为"飞地型"城镇化模式。国内学者中,王先锋较早对这种理论进行研究和阐述,环境和条件都不同于该地周围的"飞地"型区域内,由于拥有着某种或某些丰富而特殊的自然资源,因很长的时期内由于历史条件的限制,没有被人类发现和利用而长期处于落后状态;随着人类将某种或某些自然资源进行有效、合理、科学地开发和利用,使得它们成为这一区域内经济增长的极、轴心或焦点,从而在这一区域内产生一种具有较大吸引力和扩散力的推进型产业,并带动其他相关创新型产业的迅速发展,随之在其内部或附近产生一定规模的城镇类型,并且有一定的工业集中在这种有一定规模的城镇和城市中,同时在这一区域内产生了一种具有强劲潜力的支柱型产业经济——旅游经济。[②]

刘晓鹰等认为位于四川省九寨沟是典型的"飞地型"城镇化模式,从1984年到2001年,九寨沟县的城镇化率变化较小,一直维持在20%左右。但是每年旅游旺季的城镇流动人口,却是统计城镇人口的数倍,依靠旅游业发展而形成的候鸟式的"飞地型"旅游推进城镇化特征非常典型。在这一过程中,第一、第

---

① 潘启云.西部欠发达地区城镇化路径与模式[M].北京:经济社会科学出版社,2012:105-107.
② 王先锋."飞地"型城镇研究:一个新的理论框架[J].农业经济问题,2003(12).

二产业快速下降,旅游业发展带动了相关的交通运输、电信、金融、餐饮、商业等第三产业快速增长,1998 年以后其产业结构一直保持第一、第二产业继续下降,第三产业快速上升的态势,1998 年第三产业已经取代第二产业成为带动城镇化发展的主导因素,并且第三产业对其城镇化的带动作用越来越强。①

4. 边贸驱动型城镇化——以满洲里为例

中国西部疆土与许多亚欧国家接壤,随着经济全球化的到来,我国涉外经济贸易日益发展,产生了一大批口岸贸易城镇,推动了边贸驱动型城镇化的路径模式。满洲里是这一模式的典型。潘启云分析认为,满洲里具有非常便利的贸易条件,主要体现为地理区位良好和交通等基础设施比较发达,生态环境优越,这些都为吸引商贸、旅游创造了条件。此外,贸易国家互补性强也是满洲里发展的一大优势,并且满洲里依托辽阔的经济腹地,包括东三省、华北等经济发达地区,能够为边贸经济发展提供有力的支撑。②

(四)东北地区城镇化模式研究

东北地区在我国拥有战略地位,新中国成立后,由于政策倾斜,东北地区凭借丰富的资源迅速发展起来,城镇化水平在 2011 年之前一直独占鳌头。在此过程中形成了两种典型的城镇化模式,分别为重工业化工业区城镇化模式和资源型城镇化模式。

1. 重工业化工业区城镇化模式

就东北部地区而言,新中国成立之后的工业化建设是东北地区城镇化快速推进的主导动力。传统的重工业发展模式需要大量的工人,因此吸引了人口向城市的迁移,这个时期东北地区的城镇化进程速度远远高于全国其他地区。在此影响下形成了东北重工业城镇化模式,以工业区位载体逐渐扩展城镇功能。其中比较具有影响力的是"沈阳的铁西工业区、鞍山的铁西工业区、本溪的本钢工业区、抚顺的望花工业区、大连的甘井子工业区、长春的铁北工业区、吉林市的龙潭工业区、哈尔滨的动力区和齐齐哈尔的富拉尔基工业区等。这些老工业区小则几平方千米,大则几十平方千米,工作和居住在其中的人口从几万人至几十万人不等。改革开放前它们都是社会主义工业化的样板"③。

---

① 刘晓鹰,杨建翠. 欠发达地区旅游推进城镇化对增长极理论的贡献——民族地区候鸟型"飞地"性旅游推进型城镇化模式探索[J]. 西南民族大学学报(人文社科版),2005(4).

② 潘启云. 西部欠发达地区城镇化路径与模式[M]. 北京:经济社会科学出版社,2012:120-133.

③ 张平宇,等. 振兴东北老工业基地的新型城市化战略[J]. 地理学报,2004(10).

2. 资源开发型城镇化模式

资源型城市是指以自然资源开采为主,资源型产业在城市经济中占主导地位的城市。东北是我国资源型城市最为集中的地区,分为煤炭、石油和森林工业三种主要类型。"改革开放前,国家对东北地区的矿产资源、森林资源、农业资源都进行了大规模的开发,如20世纪50年代,开发了阜新、抚顺、平岗、鸡西、鹤岗、双鸭山矿区和伊春林区。20世纪60年代,开发了吉林油田、大庆油田。20世纪70年代,开发了辽河油田、大兴安岭林区、七台河矿区。一大批矿区、林区、农垦城镇相继涌现并迅速发展起来",新中国成立以后,"东北农业资源也得到了快速的开发,形成农林牧副渔五业俱全的大农业结构。全地区以农业为主的市县发展较快,在充分发挥松辽平原粮食生产基地作用的同时,还在三江平原建设国营农场群,成为全国的商品粮基地。如辽宁的昌图、铁岭、辽阳;吉林的榆树、农安、德惠、怀德、梨树、扶余;黑龙江的巴彦、海伦、呐河、绥化、双城等均成为全国重要的商品粮基地。伴随着各种基地的建设,不仅兴起了一批城镇,还加强了东北地区的内部联系,提高了城镇建设水平,形成了林业资源型城镇和农业资源开发型城镇及城镇集群。从新中国成立到改革开放前,东北地区已经呈现出不同资源类型并存的资源型城镇体系格局"①。

四、区域城镇化态势的比较分析

我国四大区域城镇化发展特征,发展水平有着自身的独特性,因此各区域的城镇化发展战略也须是有差别的,形成一个分层次发展的差别战略组合。总体而言,城镇化水平较高的东部和东北地区,已慢慢步入城市现代化进程中,应以提高城镇化质量为主要目标,致力于发展城市圈和城市带,积极打造交通、通信网络,使城市成为市场中心、信息中心、服务中心和管理中心,成为物流、人才流、资金流和信息流的集散地,成为地区、全国乃至国际的经济中心。而欠发达的中西部地区要借鉴东部地区城镇化发展的成功经验,同时要因地制宜,分层次、分阶段地在生态环境承载力和市场机制的双重导控下推进城镇化。要致力于增强现有城市对农村人口的吸纳能力,进一步完善与城市功能相配套的基础设施建设和综合服务功能。以大城市为依托,激活现有中等城市,充分发挥大城市和中等城市对周边地区的经济聚集作用和辐射作用。具体而言:

---

① 陈玉梅,张奎燕,金潮.改革开放前东北地区城镇体系的形成及特点[J].社会科学辑刊,2006(1).

(一) 东部地区发展态势研究

就东部地区而言,呈现为高级化发展。总体是按照区域城镇化的规律,由点到面,由局部到全面渐次推进的。通过苏、锡、常形成的城市圈,带动城乡形成共同发展的协调局面。未来20年内,东部地区的城镇化仍将以较高速发展,并且更加注重质量上的提高,更加国际化、现代化。

具体而言,钟少颖,宋迎昌认为东部地区要以深入参与经济全球化为方向,以产业结构高级化为途径,积极利用国内、国际两种资源和两个市场,加强与内地城市的联系和合作,促使产业在区域内和区域间的转移,成为引领中国经济转型的龙头;要以六大城市密集区为基础,网络带动,区域推进铁路等快速交通和通讯网络的建设,加强六大城市群之间的联系,构建中国环太平洋东岸城市带。统筹城乡空间整合,统筹区域生态环境治理,统筹产业空间布局加强区域协调发展,形成发展合力。东部地区要着力提升城镇化的质量。推动城镇化从量的扩张向质的提高转变。提高人口素质,优化人口结构,提高城镇化质量。大城市发展要注重土地的集约利用,防止人口过度增长,空间无序蔓延;鼓励中小城市与小城镇向企业化方向发展,与中心城市形成产业互补、联系便捷、网络状的城镇空间体系,统筹大型基础设施建设,促进城乡空间的整合和协调发展,发挥整体功能。①

(二) 中部地区发展态势研究

中部地区处在承接东西、连通南北的地理区位,平坦的地形条件以及早期国家投资与工业布局为其近年来的快速发展奠定基础。但是相比东部地区,中部地区的城镇化总体水平还偏低,从动力机制看,动力缺乏,城镇化主要靠政府推动;从城乡结构看,农村的推力有余,而城市的拉力不足;从单城市结构看,中心城市的集聚辐射功能较弱,竞争力不强,小城镇发育不充分,性质和功能不明确,缺乏特色;从多城市结构看,特大城市和大城市较少,大、中、小城市结构不协调,城市空间分布相对密集;从复杂多城市结构看,现有四大城市群相对集中,缺乏合作;从产业结构看,第二、第三产业发育不足,城市吸纳能力有限;从制度创新看,与城镇化发展相配套的体制机制改革滞后。

刘玉、冯健②、钟少颖、宋迎昌③针对中部地区城镇化发展模式的现状强调

---

① 钟少颖,宋迎昌.中国区域城镇化发展特征和发展对策[J].中州学刊,2012(3).
② 刘玉,冯健.中国区域城镇化发展态势及战略选择[J].地理研究,2008(1).
③ 钟少颖,宋迎昌[J].中国区域城镇化发展特征和发展对策[J].中州学刊,2012(3).

了三方面的协调,首先是人与环境的协调,中部地区作为我国重要的粮食基地,在城镇化进程中要十分注意耕地的保护,集约利用宝贵的土地资源,走乡协调发展的道路。其次是中部地区和东部地区的协调,中部地区在构建自己的城市体系的同时一要积极融入东部沿海地区的三大城市体系,主动承接东部地区的产业转移,加快中部地区的工业化进程,有序推动中部地区广大的农业人口就地转化为城镇人口。最后是城乡间的协调发展。中部地区农村人口众多,是我国最为主要的劳动力输出地区。只有逐步建立全覆盖的社会保障制度和实现基本公共服务均等化,特别是提供与农民工利益最直接相关的子女义务教育、医疗、住房等基本公共服务,才能为广大农村居民到城镇就业和定居创造良好的条件,提高其城乡之间、区域之间自由流动的意愿,真正融入城市经济,确保他们"留得住"且"不回流"。

郭晓燕在强调城乡统筹的同时,也突出了中部地区多元城镇化模式发展,认为需要整合中部地区城市群资源,构建中部地区城市集群;构建现代城镇体系,搭建统筹城乡发展的城镇化承载平台;加强基础设施建设,增强中部地区城市功能;促进产业结构升级,提升中部地区城镇化的产业支撑能力;重视技术创新和生态环境保护,提高中部地区城镇化结构升级效应;加快制度创新,完善推进中部地区城镇化的制度和政策保障机制。①

(三) 西部地区发展态势研究

西部地区城镇化水平总体较低,发展模式上存在较大缺陷,潘启云认为西部地区经济动力不足,除了工业驱动型、旅游驱动型、资源驱动型和边贸驱动型四种模式之外,整体经济实力依然非常弱小;产业融合度不高,难以实现工业服务业齐步发展、农业基础支撑全面发展型城镇;政策措施存在缺陷,特别是环境政策的缺陷,造成生态环境持续恶化,不利于城镇化的持续发展。未来西部城镇化的发展需要进一步加强基础设施建设,推动产业增长,提升经济增长促进社会发展。②

西部地区城镇化内部差异较大,西南地区起点低,但发展速度较快;西北地区起点较高,但增长速度较慢。钟少颖、宋迎昌从区域内部差异的角度出发勾勒西部地区城镇化的蓝图:第一,西北地区地域辽阔,能源矿产资源丰富,人口密度低,经济社会水平相对落后,生态环境脆弱,城镇化发展仍然处于初级阶

---

① 郭小燕. 城乡统筹视角下中部地区多元城镇化模式研究[J]. 城市,2009(6).
② 潘启云. 西部欠发达地区城镇化路径与模式[M]. 北京:经济社会科学出版社,2012:120-133.

段,其推进城镇化的重点应放在改造现有的中心城市和培育发展新的经济中心上,采取"以点为主,点线结合"的方式。各个中心城市的集聚和辐射作用,促进沿线经济带的形成;对于资源性城市的发展,要促进其能源产业向深加工和精细化方向发展;西北地区要以区域经济一体化发展为契机,通过边境口岸城市和通道建设,加大对外开放的力度。同时也要加快建设西北中心城市与中部地区和东部地区中心城市联系快捷的国家干线公路、铁路和航空港;西北地区城镇化要特别注意生态保护问题。西北地区生态环境条件十分脆弱,必须推行生态环境保护优先的集中式城镇化发展战略,促进地方特色经济发展。第二,西南地区的城镇化发展要对城镇密集区域和边缘区域分别采用不同的策略。在城市密集区域,要促进其域内的大中小城市迅速成长,同时—加强城市之间的经济关联,以促进中心区域形成都市圈、城市群和城市带。边缘区域要加强特色小城镇建设,根据区域的实际情况,以新的理念、新的思路指导边缘区域的小城镇建设。①

(四)东北地区发展态势研究

东北地区城镇化水平在全国处于领先地位,但近年来其增长较慢,城市整体竞争力不强。受经济体制、发展环境等方面的影响,过去促进东北地区城镇化高水平发展的动力如资源开发日渐枯竭,重工业基地或大型国有企业建设等模式现在不同程度地遇到困境,甚至成为影响城镇化进一步发展的障碍。

针对这些阻碍因素,刘玉、冯健②、陈玉梅等③认为应该着眼于老工业基地改造,加快产业机构的调整,以新型工业化推动东北地区城镇化的发展;针对资源型城市资源萎缩的问题,需要培育壮大资源型城市的接续产业,建立可持续的发展机制,加强生态环境保护,促进资源型城市人和自然的和谐相处。此外,还应寻求新的发展机遇,培育新的城镇化发展动力。东北地区地处我国与东亚、东北亚各国的交界地区,超国家层面上的区域经济合作与边境开发开放等,应成为未来东北地区城镇化发展的重要经济支撑之一。同时,重点培育区域发展核心区,发挥大城市带动作用,形成若干个城市发展轴带;充分利用较好的农业和农村发展基础,实现非农产业和农村工业化、城镇化的较快发展。

---

① 钟少颖,宋迎昌.中国区域城镇化发展特征和发展对策[J].中州学刊,2012(3).
② 刘玉,冯健.中国区域城镇化发展态势及战略选择[J].地理研究,2008(1).
③ 陈玉梅.东北地区城镇化道路[M].北京:社会科学文献出版社,2008:129-153.

第十一章 中国城镇化的发展方向研究综述

在1978年至1992年之间,伴随着农村改革而崛起的农村工业(乡镇企业),有力地打破了城乡二元结构的基本格局,农业剩余劳动力离土不离乡、就地转移至乡镇企业,在农村地区迅速形成了农业和乡镇企业并存的二元结构,加上城镇部门构成了中国特有的三元结构,即农村农业部门、农村乡镇企业和城镇正规部门。当时还在团中央任职的李克强同志正在北京大学攻读经济学硕士、博士学位,他已注意到这一现象。其学位论文《论我国经济的三元结构》就是研究农村三元结构问题。20多年过去了,中国的城镇化发展出现了新格局、新特点,引起政治高层的高度关注并进行顶层设计,积极引导城镇化发展。

本章主要评述党的十八大以来城镇化战略的领导设想、国家政策与学界中国城镇化的良性发展提供有益的对策建议。

第一节 十八大以来城镇化战略的领导设想

一、习近平同志的城镇化思路

(一)城镇化是扩大内需的最大潜力

2012年12月中央经济工作会议指出,城镇化是现代化建设的历史任务,也是扩大内需的最大潜力所在。必须实现结构调整和转变发展方式,调整经济结构最重要的是扩大内需,而扩大内需的最大潜力在于城镇化。2013年中央经济工作会议再一次强调,城镇化是扩大内需的最大潜力所在,城镇化和市民化齐头并进,会形成巨大的内部需求,从而形成新的经济动力。

(二)城镇化需要的是健康协调发展

"城镇化"早已成为一个社会热点,并成为未来中国经济、社会、文化发展的重要推动力,甚至还成为实现"中国梦"的重要支撑。但习近平同时强调:"在推进城镇化的过程中,要尊重经济社会发展规律,过快过慢都不行,重要的是质量,是同工业化、信息化、农业现代化的协调性,做到工业化和城镇化良性互动,城镇化和农业现代化相互协调。"①

习近平同志在2013年12月中央经济工作会议上指出:"推进城镇化必须从我国社会主义初级阶段基本国情出发,遵循规律,因势利导,使城镇化成为一个顺势而为、水到渠成的发展过程。推进城镇化既要积极,又要稳妥,更要扎实,方向要明,步子要稳,措施要实。"当前,城镇化已经成为不可逆转的发展趋势。中央高度重视城镇化建设,习近平同志指出当前城镇化的重点,应放在使中小城市、小城镇得到良性的、健康的、较快的发展上,并强调要坚持求真务实作风,稳步推进城镇化健康发展,促进城乡协调发展。党十八大报告对城镇化阐述从局限"区域协调发展"一隅,上升至全面建成小康社会载体的高度,上升至实现经济发展方式转变的重点。习近平同志指出,要形成节约资源和保护环境的空间格局、产业结构、生产方式、生活方式,"划定并严守生态红线,构建科学合理的城镇化推进格局、农业发展格局、生态安全格局"。

2015年2月10日,习近平同志在中央财经领导小组第九次会议上强调,城镇化是一个自然历史过程,涉及面很广,要积极稳妥推进,越是复杂的工作越要抓到点子上,突破一点,带动全局。

(三)农村城镇化与城市城镇化同等重要

习近平同志在浙江工作时就曾经指出:"走新型城镇化道路就是要坚持把城市发展与新农村建设结合起来,走城乡互促共进的城镇化道路。"因此,我们认为城镇发展离不开"三农"问题的解决,"三农"问题的解决也离不开城镇的发展。只有坚持以城带乡、城乡互动,才能推进城乡一体化发展。习近平同志2013年在谈及城镇化时,曾做出精辟论断,将城镇化提升到重要高度,强调了城镇化的健康发展,需要有高度发达的农村作为支撑。这些都为农村人口实现就近就地城镇化提供了难得机遇。要"推动城乡发展一体化,逐步缩小城乡区域发展差距,促进城乡区域共同繁荣。农村发展水平高了,城镇发展水平也会提高,城镇发展水平高了,人们就不会都挤到大城市去"。这一指示,无疑勾画出了我国城镇化的纲领。② 习近平同志在中央城镇化工作会议上强调,新型城镇

---

① 习近平. 城镇化过快过慢都不行[N]. 人民日报,2013-03-09.
② 李扬. 中国经济发展新阶段的金融改革[J]. 经济学动态,2013(6).

化的推进一定是城乡统筹的城镇化。

（四）发展城市群

习近平同志早在 2006 年浙江省城市工作会议上就指出："要突出城市群这个推进城镇化的主体形态。城市群是现代生产力集聚过程中出现的一种城镇化新形态。从近年来的实践看，浙江省依托沪杭甬、甬台温、杭金衢等交通廊道，已经初步形成了环杭州湾、甬台温沿海、浙中三大主体城市群。"历史将证明，如果我们以城市群的发展作为我国推进城镇化的主体形态，就有可能集大中小城市和小城镇之长，避大中小城市和小城镇之短，走出一条具有中国特色的城镇化之路。①

（五）城镇化应该是生态的

习近平同志强调，积极稳妥推进城镇化，合理调节各类城市人口规模，提高中小城镇对人口的吸引能力，始终节约用地，保护生态环境，严控增量，盘活存量，优化结构，提升效率，切实提高城镇建设用地集约化程度。按照促进生产空间集约高效、生活空间宜居适度、生态空间山清水秀的总体要求，形成生产、生活、生态空间的合理结构。要抓好村庄环境治理，加强用地功能管理，打好治理"城市病"攻坚战，珍惜自然禀赋，积极传承乡土文明，加快形成都市农田、城市森林、生态水系、绿色廊道、山区生态屏障相融通的格局，保护生物多样性，增强农林水对生态平衡的贡献率。全面推进农村地区新能源改造工程，严格落实工地和道路的扬尘污染控制措施，努力调整低端业态。继续开展"减煤换煤、清洁空气"行动，通过城镇化改造上楼、炊事气化、城镇管网辐射、优质燃煤替代等方式，完成减煤换煤。加强农业面源污染防治，探索实施土壤有机质提升项目和污染耕地修复项目。新建和改造绿地林，推进生态文明建设，着力提高公共环境的整体水平，打造水林相依、功能齐全、可赏可游、生态良好的居住环境。②

（六）走新型城镇化之路

习近平同志 2013 年 11 月底在山东调研面对农科部门和基层干部时多次强调的，这也将是城镇化必须坚守的底线。在我们这个拥有十三亿多人口的发展中大国实现城镇化，在人类发展史上没有先例。粗放扩张、人地失衡、举债度

---

① 王国平.中国城镇化推进过程中的五个问题[J].中国市场，2013(15).
② 许云.把以民为本要求落实到城镇化建设之中——学习习近平总书记系列重要讲话体会之七十五[J].前线，2015(2).

日、破坏环境的老路不能再走了,也走不通了。在这个十分关键的路口,必须走出一条新型城镇化道路,切实把握正确的方向。新型城镇化是以人为本的城镇化,习近平总书记强调"新型城镇化的核心是以人为本",要有序推进农业人口转化,促进人的全面发展和社会公平正义,让全体社会成员共享现代化建设成果。新型城镇化的推进,一定是在当前农业人口实现市民化道路上的努力,只有这样才能干得好,而且干得长。

新型城镇化的关键是提升发展质量,要努力实现包容性增长、绿色增长。城镇化发展的目标是"望得见山,看得见水,记得住乡愁"。2012年末召开的中央经济工作会议提出"要把生态文明理念和原则全面融入城镇化全过程,走集约、智能、绿色、低碳的新型城镇化道路",习近平同志指出新型城镇化要"节约用地,保护生态环境"。体现尊重自然、顺应自然、天人合一的理念,依托现有山水脉络等独特风光,让城市融入大自然,保护和弘扬传统优秀文化,延续城镇的历史文脉。文化决定着一座城市的定位,在城镇化进程中,要明确城镇的文化定位,保留住具有文化特色的建筑、景观。要以区位优势为依托,以建设资源节约型、环境友好型社会为目标,把生态文明和绿色发展的理念贯穿到城镇发展的全过程。从建设一个个美丽社区、美丽乡村、美丽城镇做起,城乡联动,标本兼治,让绿色成为城镇主色调。加大生态治理力度。加快河流综合治理,让人民群众既能安居、乐业、增收,又能共享山清、水秀、天蓝的"绿色福利",努力传承文化,发展有历史记忆、地域特色、民族特点的美丽城镇。

党的十八大以来,围绕推动新型城镇化发展,习近平同志做出了一系列重要指示,十八届三中全会明确提出了坚持走中国特色新型城镇化道路,推进以人为核心的城镇化,推动大中小城市协调发展,产业和城镇融合发展,促进城镇化和新农村建设协调发展。

二、李克强同志的城镇化思想

1998年到河南工作后,李克强同志提出了加快城镇化发展是农业大省跨越发展的必由之路,把城镇化作为河南经济社会发展的战略,提出区域中心城市、中小城市和小城镇三头并进的发展战略,提出"中原崛起"的构想并付诸实践。2004年底,李克强同志调任辽宁工作,辽宁与河南不同,因为是老工业基地,有着相对较高的城镇化水平。李克强同志提出,要积极稳妥地推进城镇化建设,提高县域城镇化水平,重点建设县城和一批中心镇,促进农村劳动力转移。从某种意义上讲,正是李克强同志在地方实践中大胆"试"出来的经验,城镇化才有了全国层面的大力推动。

2012年9月7日,在中央组织部、国家行政学院和国家发改委联合举办的省部级领导干部推进城镇化建设研讨班学员座谈会上,李克强同志从世界现代化发展的规律、从我国经济增长的内生动力、从解决"三农"问题的有效手段、从能够使我国巨大的回旋余地得以充分施展等方面,提出了中国城镇化发展战略问题。李克强同志在讲话中指出,城镇化是中国现代化进程中一个基本问题,是一个大战略、大问题。

李克强同志把我国推进城镇化发展的战略意义,放在国家现代化建设、国际经济环境发生深刻变化、我国进入中等收入国家行列、经济增长阶段转换等背景中加以说明。李克强同志指出,城镇化是一国现代化的重要标志,要依靠城镇化营造一个国际合作发展的空间。实施城镇化战略,能够使我国巨大的回旋余地得以充分施展。

(一) 释放新阶段经济增长的内生动力

李克强同志指出城镇化是释放新阶段经济增长的内生动力。第一,中国城镇化拉动内需的规模和潜力是巨大的。我国正处于城镇化快速发展阶段,城镇化不仅可以扩大投资,而且能够促进消费,对扩大内需具有重要推动作用。第二,扩大内需是保持经济平稳增长的动力。扩大内需是我国经济社会发展的战略基点。

(二) 城镇化的核心是人的城镇化

李克强同志指出,城镇化的核心是人的城镇化,关键是提高城镇化质量,目的是造福百姓和富裕农民。也就是说,城镇化的发展要从要素驱动转向创新驱动,当前创新驱动的核心就是人的城镇化。有序推进农业转移人口市民化。一是把符合条件的农业转移人口逐步转为城镇居民。在人口城镇化进程中,各类城镇要根据综合承载能力和发展潜力,制定农村转移人口的落户政策。可以将在大城市工作生活多年的业主、小企业家、有稳定工作者一次性转为城市人口。二是分离户籍与公共福利制度。加速推进城乡发展一体化,使得城乡基本公共服务制度统一。三是各级政府要分担户籍改革的成本。目前农村转移人口有六成在地级以上城市,两成在县城,不到一成在小城镇。大城市的困难在于,人口越来越集中。农村转移人口市民化,涉及大量成本,国家应从顶层设计的角度,出台相关政策,使各级政府合理分担改革的成本。

(三)城镇化要注重生态环境的改善

城镇化要注重生态环境的改善。必须树立尊重自然、顺应自然的生态文明理念,在推进城镇化过程中,一定要控制好开发强度,留下充分的生态空间,给城市居民一个好的栖身之处。

(四)城镇化要统筹发展

城镇化发展要处理好四化协调的关系。李克强同志指出,工业化、城镇化是现代化的必然要求和主要标志,尽管工业化、城镇化进程中会面临着粮食安全、能源资源支撑、生态环境承载能力等问题和挑战,但城镇化这条路是绕不过去的,我们没有别的选择,只能沿着工业化、信息化、城镇化和农业现代化协调发展的道路走下去。

其一,城镇化与工业化的关系。就是在城镇化发展过程中,注重人的城镇化,增加人的发展机会,提高人的生活质量。其二,城镇化与农业现代化的关系。就是在城镇化发展中,要平等对待农村和农民,支持新农村建设,支持农业发展。其三,城镇化与信息化的关系。我国的工业化、城镇化与国外相比起步较晚,但在信息化上与发达国家差距不大,完全可以利用信息化更好地促进城镇化发展。

2012年12月的中央经济工作会议提出,要积极稳妥推进城镇化,着力提高城镇化质量,走集约、智能、绿色、低碳的新型城镇化道路。这是一个新表述。新型城镇化,最重要的是强调人的城镇化。从李克强同志的一系列讲话中我们感觉到,从偏重物的城镇化,特别是土地的城镇化向重视人的城镇化转变,将是城镇化政策改革的重点。新型城镇化是继人口数量红利之后的发展新红利。从新一届政府组建后释放的政策信号来看,新型城镇化已成为当前中国经济发展的总抓手。①

(五)李克强同志论新型城镇化

"新型城镇化是关系现代化全局的大战略,是最大的结构调整,事关几亿人生活的改善。"2014年9月16日,中共中央政治局常委、国务院总理李克强主持召开推进新型城镇化建设试点工作座谈会,强调要加快基础设施建设,在"十三五"时期重点向中西部倾斜;中西部地区要积极承接产业转移,在有条件的地方设立国家级产业转移示范区,促进约1亿人在中西部就近城镇化。

---

① 张占斌.李克强总理城镇化思路解析[J].人民论坛,2013(7).

李克强同志对各地的积极探索给予肯定。他说,我国经济保持中高速增长、迈向中高端水平,必须用好新型城镇化这个强大引擎。新型城镇化是一个综合载体,不仅可以破解城乡二元结构、促进农业现代化、提高农民生产和收入水平,而且有助于扩大消费、拉动投资、催生新兴产业,释放更大的内需潜力,顶住下行压力,为中国经济平稳增长和持续发展增动能。必须认真贯彻中央城镇化工作会议精神,按照科学发展的要求,遵循规律,用改革的办法、创新的精神推进新型城镇化,促进"新四化"协同发展,取得新的突破。

李克强同志指出,我国各地情况差别较大、发展不平衡,推进新型城镇化要因地制宜、分类实施、试点先行。国家在新型城镇化综合试点方案中,确定省、市、县、镇不同层级,东、中、西不同区域共62个地方开展试点,并以中小城市和小城镇为重点。所有试点都要以改革为统领,按照中央统筹规划、地方为主、综合推进、重点突破的要求,紧紧围绕建立农业转移人口市民化成本分担机制、多元化可持续的投融资机制、推进城乡发展一体化、促进绿色低碳发展等重点,积极探索,积累经验,在实践中形成有效推进新型城镇化的体制机制和政策措施,充分发挥改革试点的"先遣队"作用。同时鼓励未列入试点地区主动有为,共同为推进新型城镇化做贡献。

李克强同志说,新型城镇化贵在突出"新"字、核心在写好"人"字,要以着力解决好"三个1亿人"问题为切入点。要公布实施差别化落户政策;探索实行转移支付同农业转移人口市民化挂钩;允许地方通过股权融资、项目融资、特许经营等方式吸引社会资本投入,拓宽融资渠道,提高城镇基础设施承载能力;把进城农民纳入城镇住房和社会保障体系,促进约1亿农业转移人口落户城镇,不能让他们"悬在半空"。要科学规划,创新保障房投融资机制和土地使用政策,更多吸引社会资金,加强公共配套设施建设,促进约1亿人居住的各类棚户区和城中村加快改造,让困难群众早日"出棚进楼"、安居乐业。要加快基础设施建设,在"十三五"时期重点向中西部倾斜;积极承接产业转移,在有条件的地方设立国家级产业转移示范区,鼓励东部产业园区在中西部开展共建、托管等连锁经营,以"业"兴"城",做大做强中西部中小城市和县城,提升人口承载能力,促进约1亿人在中西部就近城镇化,逐步减少大规模人口"候鸟式"迁徙。

第二节 国家政策

一、十八大报告中的城镇化

2012年11月党的十八大报告里城镇化出现了七次,并首次提出"新型城镇化"这一全新概念,报告指出:"坚持走中国特色新型工业化、信息化、城镇化、农业现代化道路,推动信息化和工业化深度融合、工业化和城镇化良性互动、城镇化和农业现代化相互协调,促进工业化、信息化、城镇化、农业现代化同步发展。""推进经济结构战略性调整。这是加快转变经济发展方式的主攻方向。必须以改善需求结构、优化产业结构、促进区域协调发展、推进城镇化为重点,着力解决制约经济持续健康发展的重大结构性问题。"

2013年12月中共中央政治局首次将"城镇化"作为会议主题,讨论城镇化相关战略决策。会议指出城镇化是现代化的必由之路。推进城镇化是解决农业、农村、农民问题的重要途径,是推动区域协调发展的有力支撑,是扩大内需和促进产业升级的重要抓手,对全面建成小康社会、加快推进社会主义现代化具有重大现实意义和深远历史意义。会议要求推进城镇化必须从我国社会主义初级阶段的基本国情出发,遵循规律,因势利导,使城镇化成为一个顺势而为、水到渠成的发展过程。既要积极,又要稳妥,更要扎实,方向要明,步子要稳,措施要实。要紧紧围绕提高城镇化发展质量,稳步提高户籍人口城镇化水平;大力提高城镇土地利用效率、城镇建成区人口密度;切实提高能源利用效率,降低能源消耗和二氧化碳排放强度;高度重视生态安全,扩大森林、湖泊、湿地等绿色生态空间比重,增强水源涵养能力和环境容量;不断改善环境质量,减少主要污染物排放总量,控制开发强度,增强抵御和减缓自然灾害的能力,提高历史文物的保护水平。要以人为本,推进以人为核心的城镇化,提高城镇人口素质和居民生活质量,把促进有能力在城镇稳定就业和生活的常住人口有序实现市民化作为首要任务。新型城镇化要找准着力点,有序推进农村转移人口市民化,推进农业转移人口市民化。解决好人的问题是推进新型城镇化的关键。

二、十八大以来国务院关于城镇化的政策

2012年1月国务院关于《印发全国现代农业发展规划(2011—2015年)的

通知》在工业化、城镇化深入发展中同步推进农业现代化,是"十二五"时期的一项重大任务。国外经验表明,在工业化、城镇化快速推进时期,农业面临着容易被忽视或削弱的风险,必须倍加重视农业现代化与工业化、城镇化的同步推进和协调发展。2012年8月国务院关于《大力实施促进中部地区崛起战略的若干意见》随着工业化、城镇化的深入发展和扩大内需战略的全面实施,中部地区广阔的市场潜力和承东启西的区位优势将进一步得到发挥;但也应看到,中部地区经济结构不尽合理、城镇化水平偏低。中部地区是全国"三农"问题最为突出的区域,是推进新一轮工业化和城镇化的重点区域,是内需增长极具潜力的区域,大力实施促进中部地区崛起战略,在工业化、城镇化深入发展中同步推进农业现代化,加快形成城乡经济社会一体化发展的新格局。实施中心城市带动战略,支持省会等中心城市完善功能、增强实力,培育壮大辐射带动作用强的城市群,促进城镇化健康发展。

2012年12月中共中央、国务院关于《加快发展现代农业进一步增强农村发展活力的若干意见》必须统筹协调,促进工业化、信息化、城镇化、农业现代化同步发展,着力强化现代农业基础支撑,深入推进社会主义新农村建设。把推进人口城镇化特别是农民工在城镇落户作为城镇化的重要任务。加快改革户籍制度,落实放宽中小城市和小城镇落户条件的政策,有序推进农业转移人口市民化。

2013年3月国务院发布关于落实《政府工作报告》和国务院第一次全体会议精神重点工作部门分工的意见,积极稳妥推动城镇化健康发展。按照推进主体功能区建设的要求,着力构建与我国国情相符合的城市空间格局。遵循城镇化的客观规律,坚持科学规划、合理布局、城乡统筹、节约用地、因地制宜、提高质量。特大城市和大城市合理控制规模,充分发挥辐射带动作用;大中小城市和小城镇、城市群要科学布局,与区域经济发展和产业布局紧密衔接,与资源环境承载能力相适应,增强产业发展、公共服务、吸纳就业、人口集聚功能。提高城镇建设和管理科学化水平,要把生态文明理念和原则全面融入城镇化全过程,走集约、智能、绿色、低碳的新型城镇化道路。做好召开全国城镇化工作会议准备工作。研究提出提高城镇化质量,积极引导城镇化健康发展的指导思想、重大方针、主要任务和政策措施。

2013年5月国务院发布《批转发展改革委关于2013年深化经济体制改革重点工作意见的通知》,确定2013年改革重点工作是,深入推进行政体制改革,加快推进财税、金融、投资、价格等领域改革,积极推动民生保障、城镇化和统筹城乡相关改革。

2014年3月12日发布的《中共中央、国务院关于印发〈国家新型城镇化规划(2014—2020年)〉的通知》是今后一个时期指导全国城镇化健康发展的宏观性、战略性、基础性规划。

《国家新型城镇化规划(2014—2020年)》的指导思想是紧紧围绕全面提高城镇化质连加快转变城镇化发展方式,以人的城镇化为核心,有序推进农业转移人口市民化;以城市群为主体形态,推动大中小城市和小城镇协调发展;以综合承载能力为支撑,提升城市可持续发展水平;以体制机制创新为保障,通过改革释放城镇化发展潜力,走以人为本、四化同步、优化布局、生态文明、文化传承的中国特色新型城镇化道路,促进经济转型升级和社会和谐进步,为全面建成小康社会、加快推进社会主义现代化、实现中华民族伟大复兴的中国梦奠定坚实基础。

三、强化城镇化领域国际合作

2012年2月在《第十四次中欧领导人会晤联合新闻公报》中,中国和欧盟双方领导人宣布建立中欧城镇化伙伴关系,重点推动在城镇可持续发展领域的广泛交流与合作。

2012年5月,时任国务院副总理李克强与欧盟主席巴罗佐在欧盟总部签署了《中欧城镇化伙伴关系共同宣言》。目前,国家发展和改革委员会改革委与欧盟能源总司正在积极落实共同宣言,筹备开展中欧城镇化伙伴关系论坛、中欧城市博览会等,着力推进中欧城市间、企业间务实合作。国务院有关部门还积极推进与联合国人居署、世界银行、亚洲开发银行、经济合作与发展组织等机构的合作交流,筹备与金砖国家开展城镇化领域合作。

2012年9月发布的《第十五次中欧领导人会晤联合新闻公报》强调中欧城镇化伙伴关系取得进展,双方强调按照《中欧城镇化伙伴关系共同宣言》引导和支持双方的对口合作,推进中欧城镇化伙伴关系。

2012年12月12日,中国、柬埔寨、老挝、越南、泰国、缅甸共同签署《大湄公河次区域合作第十八次部长级会议部长联合声明》,提出在大湄公河次区域(简称"GMS")六国共同努力发展交通,有效满足城镇化发展,鉴于需要深化合作以支持并实现更全面的部门目标,我们要快速推进已经开始的制度创新,包括全面运作RPCC(区域电力协调中心)、建立GMRA(GMS铁路联盟)以及成立特别工作组来协调包括促进知识共享在内的城镇化发展工作。

2013年5月发布的《中德关于李克强总理访问德国的联合新闻公报》认为,中国的工业化、信息化、城镇化和农业现代化同步协调发展,将为中德、中欧关系带来新机遇,为世界经济注入新动力。双方决定落实城镇化伙伴关系,并进一步加强农业、林业、粮食、消费者保护、食品安全和环保标识等领域的双边合作。2013年10月发表的《活力亚太,全球引擎——亚太经合组织第二十一次领导人非正式会议宣言》指出,包括但不局限于结构改革、亚太经合组织增长战略、城镇化、创新以及粮食安全等领域,提出城镇化是推动亚太地区实现强劲、可持续、平衡和包容增长的重要动力。2013年11月《中欧合作2020战略规划》重申加强在可持续增长和城镇化等战略领域的协作。进一步探索在食品、农业和生物技术、城镇化可持续发展、航空、水资源、医疗和信息通信技术领域的联合科研创新合作倡议,制订联合资助计划。

办好中欧城镇化伙伴关系论坛、中欧城市博览会和中欧市长论坛。完善中欧伙伴关系组织框架,支持相关城市结对,依靠中欧城镇化伙伴关系联合指导委员会,统筹推进中欧城镇化伙伴关系发展。支持"中欧低碳生态城市合作项目"平台,提高中欧城镇化伙伴关系的影响力。

第三节 学界建议

中国城市规划设计研究院在《中国城镇化道路、模式与政策》研究报告综述中认为我国目前的城镇化存在以下几个突出问题:过度依赖投资与土地扩张,投资与需求失衡;资源过度向大城市集聚,中小城市和小城镇发展受限;大量流动人口就业地与家庭长期分离,影响社会稳定;区域与城乡发展不平衡,制约全面小康实现;能源资源过度消耗,生态环境持续恶化;基础设施建设滞后,制约居民生活水平提高;地方政府推进城镇化方式出现偏差,影响城镇化质量。面对种种困境,课题组提出以下建议:坚持实现小康社会和现代化目标以人为本,四化同步;坚持立足解决近期发展的主要矛盾,远近结合,积极稳妥;坚持转变城镇化发展路径,体制创新,政策配套;坚持实事求是,多层级、多方式推进城镇化;推进体制改革,建立市场主导的城镇化调控机制;实施差异化政策,加快缩小区域差距;构建弹性城乡关系,保障城镇化进程中的人口双向流动;加快转型升级,发挥城镇群和大城市的引领作用;激发县级单元的发展活力,促进全面实现小康;推进农村转移人口住有所居,平等享用基本公共服务;建设低碳生态智慧城市,提高民生环境基础设施建设水平;保护自然与文化遗产,体现地域文化与特色风貌;坚持规划调控和交通引导,促进城镇合理布局。①

国家发展改革委员会宏观经济研究院课题组2004年的文章认为要深化户籍管理制度改革,放开对农民进城的落户限制,在城市住房、教育、社会保障等方面实现均等化;要在城镇扩展政策上有新的思路,突出市场导向和产业支撑作用。比如在产业发展政策上,要积极引导发展劳动密集型的制造业和第三产业,以工业化促进城镇化;在行政区划政策上,要根据经济社会发展需要,因地制宜扩展城镇规模;在区域布局政策上,要突出中部的承东启西的作用,实现中部的崛起;实行土地使用政策创新,完善农村土地流转制度,强化城镇土地集约使用;深化投融资体制改革,积极探索多元化的城镇投资建设方式;加大城镇信息化政策的引导作用,推动城镇信息基础设施建设,以信息化带动工业化和城镇化。②

关于推进新型城镇化的方案设计和政策举措,主要包括:破除"土地财政",改革户籍制度,改革土地制度,改革政绩考核评价机制,改革财税体制,均等化社会保障等。③城镇化问题牵一发而动全身,必须以推进新型城镇化为突破口,跳出就城镇化论城镇化的思维循环,构建包括土地制度、市场化融资体系建设、房价调控、粮食安全、财税体系、社会保障和公共服务均等化、环境保护等在内的一揽子改革方案,协调推进,才能推动新型城镇化,打造中国经济的升级版。④

一、改革户籍制度

改革户籍制度为突破口,消除城市内部二元结构。改革开放30多年来,中国城镇化率保持平均每年1%的增速。国家统计局数据显示,这一数字由1978年的17.9%上升到2012年的52.6%,已与世界平均水平大体相当。然而,按户籍人口计算,2011年中国的城镇化率仅为35%左右,远低于世界52%的平均水平。国务院总理李克强多次指出,新一届政府强调的新型城镇化是以人为核心

---

① 李晓江,尹强,等.《中国城镇化道路、模式与政策》研究报告综述[J].城市规划学刊,2014(2).
② 国家发展改革委员会宏观经济研究院课题组.加快城镇化的政策措施研究[J].中国经贸导刊,2004(14).
③ 华生.新型城镇化探寻[N].中国青年报,2013-05-22;吴敬琏.我国城市化面临的效率问题和政策选择[J].新金融,2012(11);李程骅.科学发展观指导下的新型城镇化战略[J].求是,2012(14).
④ 中国金融40人论坛课题组.加快推进新型城镇化:对若干重大体制改革问题的认识与政策建议[J].中国社会科学,2013(7).

的城镇化。城镇化不能靠"摊大饼",要注意防止城市病,不能一边是高楼林立,一边是棚户连片。2014年5月,李克强主持召开的国务院常务会议,为提高城镇化质量、推进人的城镇化提出具体举措:出台居住证管理办法,分类推进户籍制度改革,完善相关公共服务及社会保障制度。6月,《国务院关于城镇化建设工作情况的报告》首次明确了城镇化路径,提出户籍制度改革。12月,中央城镇化工作会议为户籍制度改革定调:"推进农业转移人口市民化,主要任务是解决已经转移到城镇就业的农业转移人口落户问题。""全面放开建制镇和小城市落户限制,有序放开中等城市落户限制,合理确定大城市落户条件,严格控制特大城市人口规模。"

"放开户籍制度只是农业转移人口市民化的一个方面。"国家发改委宏观经济研究院国土开发与地区经济研究所所长肖金成指出,关键还是要让农业转移人口享受到与城市居民相同的基本公共服务。比如子女教育、医疗、社会保障、住房等方面,都应该纳入农业转移人口市民化的重要内容中。

对此,党的十八届三中全会明确,要稳步推进城镇基本公共服务常住人口全覆盖,把进城落户农民完全纳入城镇住房和社会保障体系,在农村参加的养老保险和医疗保险规范纳入城镇社保体系。目前,一些解决城市内部二元结构的城镇化措施已经设定了具体的时间表。国务院《关于加快棚户区改造工作的意见》明确提出:5年内全国改造城市棚户区、工矿棚户区等各类棚户区1000万户。公安部副部长黄明在接受采访时也表示,公安部已经会同国家发改委等12个部门组成工作班子,形成了《关于加快推进户籍制度改革的意见》稿,赴东、中、西部的一些省区市听取意见。到2020年,要基本形成以合法稳定住所和合法稳定职业为户口迁移基本条件、以经常居住地登记户口为基本形式,城乡统一、以人为本、科学高效、规范有序的新型户籍制度。

我国城镇化是在人口多、资源相对短缺、生态环境比较脆弱、城乡发展不平衡的背景下推进的,这决定了必须从基本国情出发,遵循城镇化发展规律,积极稳妥推进城镇化健康发展。要紧紧围绕推动城镇化转型发展,以人口城镇化为核心,以城市群为主体形态,以综合承载能力为支撑,以体制机制创新为保障,促进产业发展、就业转移和人口集聚相统一,走以人为本、集约高效、绿色智能、四化同步的中国特色新型城镇化道路,全面提高城镇化质量。

以人口城镇化为核心,就是要有序推进农业转移人口市民化,不断提升城镇居民生活品质。以城市群为主体形态,就是要以大城市为依托、以中小城镇为重点,逐步形成辐射作用大的城市群,促进大中小城市和小城镇协调发展。

以综合承载能力为支撑,就是要增强城市经济、基础设施、公共服务、资源环境对人口集聚的支撑作用,提升城镇可持续发展能力。以体制机制创新为保障,就是要营造有利于城镇化健康发展的制度环境;以改革的红利释放发展的潜力。

促进城镇化健康发展,必须坚持公平共享,有序推进农业转移人口市民化,推动城镇基本公共服务常住人口全覆盖,使全体居民共享城镇化发展成果;坚持合理布局,根据资源环境承载能力、发展基础和潜力,科学规划城市群规模和布局,促进大中小城市和小城镇协调发展;坚持产城融合,繁荣城镇经济,加快产业转型升级和服务业发展壮大,统筹产业功能和居住功能,促进城镇化与工业化、信息化良性互动;坚持集约低碳,合理控制城市开发边界,提高现有空间利用效率,推进绿色循环低碳发展;坚持统筹城乡,加快城乡发展一体化,促进生产要素在城乡之间自由流动和平等交换、公共资源在城乡之间均衡配置;坚持制度创新,深化重点领域和关键环节改革,更好地发挥市场主导和政府引导作用,为城镇化健康发展奠定制度基础。

二、城镇化进程中要充分保障农民权益

城镇化和新农村建设协调推进,要尊重农民的意愿、保障农民权益同样是衡量新型城镇化以人为本的重要标尺。其中关键环节之一便是土地制度改革。长期以来,政府主导通过土地扩张来扩张城镇边界,通过征地来满足城镇化用地需求,而农民在被征地过程中缺乏话语权,往往"被代表"或"被同意"。

为此,党的十八届三中全会明确提出"建立城乡统一的建设用地市场。在符合规划和用途管制前提下,允许农村集体经营性建设用地出让、租赁、入股,实行与国有土地同等入市、同权同价。缩小征地范围,规范征地程序,完善对被征地农民合理、规范、多元保障机制","赋予农民更多财产权利"。中央农村工作领导小组副组长、办公室主任陈锡文指出,农村土地制度改革,有三条底线是不能突破的:第一,不能改变土地所有制,就是农民集体所有;第二,不能改变土地的用途,农地必须农用;第三,不管怎么改,都不能损害农民的基本权益。对于"进城"农民在农村的土地处置办法,发改委城市和小城镇改革发展中心发展改革试点处副处长郑明媚表示,在现在这个城镇化过渡阶段,借鉴四川成都、重庆等地探索的农民"穿衣戴帽"进城是一个主方向。所谓"穿衣戴帽"进城,就是农业劳动力可以自由进入城市就业务工,但仍保留农村的承包田和宅基地。

同时,中央城镇化工作会议还对控制城镇建设用地扩张提出了要求:切实提高城镇建设用地集约化程度。城镇建设用地特别是优化开发的三大城市群地区,要以盘活存量为主,不能再无节制扩大建设用地。按照促进生产空间集约高效、生活空间宜居适度、生态空间山清水秀的总体要求,形成生产、生活、生态空间的合理结构。"让居民望得见山、看得见水、记得住乡愁。""在促进城乡一体化发展中,要注意保留村庄原始风貌,慎砍树、不填湖、少拆房,尽可能在原有村庄形态上改善居民生活条件。"

早在2012年7月,习近平总书记在湖北考察时就指出,即使将来城镇化达到70%以上,还有四五亿人在农村。农村绝不能成为荒芜的农村、留守的农村、记忆中的故园。城镇化要发展,农业现代化和新农村建设也要发展,同步发展才能相得益彰。

"必要的并村及撤村建镇是需要的,但要经历一个较长的过程。楼盖得很高,农民上楼了,但生产、生活不方便了,生活成本高了,没有田园式生活了,生活废弃物也没有消解的空间了,农民是不高兴的,不愿意接受的。一定要从农村实际出发,一定要尊重农民意愿。"农业部部长韩长赋如是说。

三、发展城市群(带),推动区域经济社会一体化

长三角、珠三角等已经明显成为快速发展的城市群。与发达国家相比,我国城市群发展有巨大潜力。城市群实现了大城市"高"就业机会和中小城市"低"生活成本的优势互补。发达国家经验显示,没有全球竞争力的城市,就没有全球竞争力的国家经济,同时,没有相当规模和质量的城市群作为腹地依托,也难以形成像纽约、东京和伦敦等那样的国际性大城市。我国长三角、珠三角等十大城市群的土地面积、人口和GDP已分别占全国的11%、1/3和2/3,与美国和日本等国家城市群容纳全国50%以上人口和创造70%以上GDP相比,我国城市群发展有巨大潜力。下一步需尽快构建城市群内部基础设施建设、产业发展协调和公共服务衔接等体系,促进城市群内部区域经济一体化。① 由国家发改委牵头,财政部、国土资源部、住建部等十多个部委参与编制的《全国促进城镇化健康发展规划(2011—2020年)》将适时对外颁布。该规划将涉及全国20多个城市群、180多个地级以上城市和1万多个城镇的建设,为新型城镇化提供了发展思路,提出了具体要求。

---

① 马庆斌.新时期中国城镇化政策选择[J].中国市场,2013(4).

按照上述规划,未来中国新型城镇化建设,将遵从"公平共享""集约高效""可持续"三个原则,按照"以大城市为依托,以中小城市为重点,逐步形成辐射作用大的城市群,促进大中小城市和小城镇协调发展"的要求,推动城镇化发展由速度扩张向质量提升"转型"。随着经济发展,城市规模扩大,发达地区城市之间、大中小城市和小城镇之间已经开始联片发展,并逐步成为城市群。这产生了很多跨区域的资源使用和环境保护、交通、公共基础设施建设和使用以及产业分工等问题。我们必须尽快建立跨区域协调机制。

第三部分

城镇化发展中的社会
问题研究综述

第十二章 城镇化发展中的农民问题研究综述

本章主要评述学界有关农民身份、地位、权利方面的研究成果,特别是对失地农民的社会保障与创业能力的研究成果进行综合性评价。

第一节 农民身份

根据现代化经典理论,现代化意味着工业化和城镇化,意味着城镇和乡村的中心—边缘、支配—被支配的关系。在现代化进程中,传统的乡村将面临严峻的挑战:生存还是毁灭,衰败或是复兴,遗弃抑或重建……任何走向现代化的国家都必然面临并必须解决这一"哈姆雷特"式的难题。中国农村和农民问题正是在现代化背景下提出来的一个社会改造和发展问题。在20世纪中国现代化进程中,农村和农民问题日益凸显,成为知识界和政府十分关注并致力于解决的重大问题,也成为国外研究中国问题的热点。20世纪学者对中国农村和农民问题的研究出现了两次高潮,20世纪上半期农村的衰败与农村和农民问题研究的第一次高潮,80年代以来随着农村的改革开放出现第二次研究高潮。① 而今,农民问题作为一个影响我国经济和社会发展全局的重要问题,得到了多数学者的关注,几乎所有著名的学者都对农民问题发表过自己的观点,如吴敬琏、陆学艺、林毅夫、魏杰、樊纲等。② 不同领域的学者,对农民问题的认识也是不一样。有传媒学学者认为,解决现代化进程中的农民问题,关键就是解决农民的身份转化问题③;有经济学学者认为,我国农民问题的实质是人均资源占有量太

---

① 徐勇,徐增阳.中国农村和农民问题研究的百年回顾[J].华中师范大学学报(人文社会科学版),1999(11).
② 赵俊超.论解决农民问题的基本思路[J].经济体制改革,2006(4).
③ 杜刚.现代化进程中的农民身份转化[J].阜阳师范学院学报(社会科学版),2007(6).

少的问题①;有法学家认为,中国当代农民问题的核心是权利问题,是制度性的权利缺失或者贬损。②然而,我们发现,几乎所有学者的研究都是围绕着农民身份、农民社会地位、农民权利展开的。另外,当今社会备受关注的一类特殊群体——失地农民的问题也是学者研究的重点。

因药家鑫一案,《南方农村报》于2011年5月19日刊出"谁是农民"专题,并特别专访了11位领域内有关学者③,请其就"谁是农民"这一问题从不同角度各抒己见。这些学者大多认为中国的"农民"从职业或户口等不同角度有不同意指,难以统一定义。其中,作为农业劳动者或从事农业生产的农民,现在可以从事的行业越来越多,他们的职业角色正在淡化;而与此相对,农民称谓更多体现了一种社会身份,特别是随着"农民工""农民企业家"等叫法的盲目出笼,"农民"这一身份符号被进一步固化并不断延伸,农民日益成为弱势群体,基本权利得不到保障,无法与市民享受同等待遇,甚至在有些社会空间,部分农民群体被看成是"二等公民"。上述关于"谁是农民"的讨论,毫无疑问可以加深大众对农民的认识,但尚不足以让人们明白其中的来龙去脉。"农民"在我国历史上,不论是词义,还是其所代表的内容,本身就是不断变化着的。

农,古汉语本作"農"。"農"的甲骨文字形,从林,从辰。上古之世,森林遍野,如要耕种,必先伐木开荒,故从"林";同样,其时以唇蛤的壳为农具进行耕耨,故从"辰";小篆"農"从"晨",取日出而作、日入而息之意;《说文解字》以"耕"释"农"。《汉书·食货志》曰:"辟土植谷曰农。"可见,在词义上,农指"耕种"。"农"与表意字"民"结合就组成了一个名词"农民",它的含义很简单:直接或间接从事耕种者。这里的"直接"很好理解,"间接"是指从事与耕种有关的经济管理的人,即地主。而"民",用今天的话来说,就是"民"是愚昧无知而需他人指路的"群众"。这是国家权力的兴起与社会分层在语言上留下的痕迹,它表明农业生产者的地位下降,表明官、民分野与对立的显性化。虽然"农民"是"民"而不是"伙"(狭义),但是相对于其他"民"而言,农民的地位还是较高的。在士、农、工、商四民中,士人居首,农仅次于"士",如果除去"准官员"的"士",则"农民"为"民"之首。之所以如此,是因为中国古代以农立国,统治者

---

① 赵俊超,孙慧峰,朱喜.农民问题新探[M].北京:中国发展出版社,2005:15.
② 周永坤.中国现代化进程中的农民问题[J].河北学刊,2012(1).
③ 这11位学者分别是:陆学艺、于建嵘、徐勇、张晓山、程同顺、党国英、贺雪峰、张鸣、许耀桐、吴理财和竹立家。相关报道参见:学者热议谁是农民,网议有放大歧视农民之嫌?[EB/OL].[2015-04-20].http://week-hzrb.hangzhou.com.cn/system/2011/05/25/011353188.shtml.

无不标榜"以民为本",其"民本"常常与"农本"相通,"民本"其实是"农民本"。①

研究当代中国社会,特别是当代中国农村社会的一些中外学者的既往著述,可以发现,"农民"一词实则是经过日语重新加工、具有了现代意义的新词,多作为 peasant 或 peasantry 讲。现代意义上的"农民"主要出现在中国一些知识分子和政治精英的语言中。由此可知,"农民"(peasant)这个在中国古已有之、但却经过现代加工的国际词汇,它在现代语境中的使用已经发生了一定的变化。但是在它重回中国语境、被普遍接受并作为标准词条确定下来之时,它不仅是一个承载了现代意义的现代词汇,而且是混淆了传统社会普遍意义上的"农夫""田吏"等普通劳作者这层涵义。② 至于近代为何重新要求使用"农民"一词,其中重要的原因就是迫切革命的需要。

在漫长的历史长河中,农民一边接受既定的政治秩序安排,一边也未曾放弃试图通过政治参与来改变自身命运的努力,因此从古至今我国农民往往是政权更替的直接推动力量和决定力量。③ 在半殖民地半封建社会里,农民处于社会底层,对土地的渴望和对翻身的祈愿是他们多年的梦想。中国共产党人在经历了多次尝试之后,也开始把农民作为革命的重要依靠力量。至此,农民作为一个阶级已是不断得到确认,这也为日后农民、工人、城市居民等的不同的身份划定奠定了基础。

"身份"(status)是社会学研究社会分层的一个重要概念。最早和最系统阐述"身份"概念的是德国社会学家马克斯·韦伯。他认为所谓"身份"是在社会声望方面可以有效得到肯定或否定的特权。它建立在如下一种或数种因素之上:①生活方式;②正式的教育过程;③因出身或因职业而获得的声望。身份制就是建立在上述基础之上的一套由法律、法规、规范认可的制度体系。④ 按照韦伯的界说,"农民"在中国社会就是一种身份。这种身份的形成是国家制度安排的结果,是当时国内外客观条件和环境所决定的。新中国成立后,中国农民的身份也是随执政理念、政策不同而变动着,但总体来说可以以改革开放为基准,分为两个阶段。

1949年新中国成立后,我国农村发生了巨大而深刻的变革,国家开展了轰

---

① 周永坤.中国现代化进程中的农民问题[J].河北学刊,2012(1).
② 张文博.现代化进程中农民身份构建[D].中央民族大学博士学位论文,2012.
③ 黄花.我国农民身份转化问题的政治学思考[J].延边大学学报(社会科学版),2013(2).
④ 李强.转型时期的中国社会分层结构[M].哈尔滨:黑龙江人民出版社,2002:8.

轰轰烈烈的社会主义改造运动,各地农村普遍采取政权建设、土地改革和农业合作化运动等形式进行政治重建。相对于后来的人民公社时期,此时的农民仍然可以在城乡之间自由迁徙、自由流动与自由就业。这时候的农民是被动分化、组合形成的利益主体,他们的身份状态是被动教育下形成的文化状态,同时又是户籍制度下的被动束缚状态。①1958年1月9日《中华人民共和国户口登记条例》的颁行,标志着中国以严格限制农村人口向城镇流动为核心的户口迁移制度的形成。正是这一规定,使户籍成了农民身份的主要特征,也使广大农民的迁徙自由权利受到损害,对农民乃至全国人民的社会生活产生了极其深远的影响,户籍制度成了各行政部门限制或控制个人迁徙和居住自由的法律依据,也是固定农民身份的依据。就这样,农村和城市处在了两种完全不同的制度体系之下,城乡分割的完备制度壁垒最终形成,城乡二元社会结构开始凸现,农民身份特征开始凸显。农民身份开始具有政治色彩和计划经济色彩,农民相对来说也显得封闭,其生产效率也日益下降。有学者归纳后认为,城乡二元社会结构的出现、农民身份制度的形成,有四个必备的基本条件:①户籍制度;②统购统销制度;③人民公社制度;④城市劳动和就业保障制度。②

改革开放后,一方面,农村人民公社体制解体,家庭生产承包责任制普遍实行,农村劳动力得以挣脱土地的束缚,要求放宽户口迁移政策的需求与呼声日益高涨。另一方面,中国社会的稀缺资源配置制度也发生了变化,出现了国家权力授予关系、市场授予关系与非制度性安排(社会关系网络)三种资源配置关系。③为适应形势发展需要,一些限制农民的政策在20世纪80年代以后开始或多或少地进行了调整。农村"两个飞跃"对于农民身份变迁产生了巨大影响,在生产经营上,农民有了更多的自主权;在粮食支配上"交够国家的,留足集体的,剩下自己的"。这种自主性给农民的心理意识带来了生机,促使他们尝试在过去不敢想、不敢做的事情,随之而来的经营自由、思想活跃都是在这种相对宽松的环境下生成的。乡镇企业的发展使农民不仅有了在本地选择工作的机会,也能够走出家门或走出大山去感受外面的世界,去体验生活的变迁。

可见,自改革开放以来,政府对农民的控制逐步减弱,农民流动性明显增强,农民身份转化有了更多空间。特别是如今,新型农民是以新农村建设为背

---

① 张明霞.新中国成立以来农民身份变迁论析[J].求实,2012(10).
② 陈祥福.关于我国农民身份的思考[J].长白学刊,2005(6).
③ 张宛丽.非制度因素与地位获得—兼论现阶段中国社会分层结构[J].社会学研究,1996(1).

景界定的,也是在构建社会主义和谐社会与科学发展观的背景下定位的,包含以人为本的发展理念。① 然而,我国农民身份的固化,历史积淀很深,制度惯性还在,很难在短期内有所突破。因此,这一时期,农民身份虽然开始淡化,但是要彻底解决我国农民身份的固化问题,任重而道远。

第二节 农民权利

众所周知,"农民权利"不是权利的分类,亦不是已经约定俗成或由学界普遍认同其含义的专门术语。② 农民是现实的人,也是国家的公民。作为现实的人,农民理所当然享有国际人权法规定的人的基本权利;作为我国公民,农民也理所当然享有我国宪法规定的各项公民基本权利。然而,农民的权利,并非独立于人的基本权利和公民基本权利之外的其他任何一种权利,而是农民问题所集中而突出地涉及的那一部分人的基本权利或公民的基本权利。

农民权利概念的存在本身就是一种不正常的现象。然而,权利存在的客观现实分化出了农民权利和市民权利。③ 依据我们对农民概念的分析,农民是以行政确认方式被限定的群体,农民权利是基于法律上这一特殊主体身份产生的与市民权利不同的一种权利状态。正如有学者所言:"农民是相对于城市来限定自身的。如果没有城市,就无所谓农民;如果整个社会全部城市化了,也就没有农民了。"④

时至今日,"中国农民作为一个整体仍然被制度性地从公民共同体中分离出来,而成为一个与城市居民存在着迥然差异的特殊群体"⑤。权利困境才是中国农民不能承受之重。诺贝尔经济学奖获得者阿玛蒂亚·森指出:"农民贫困的根源并不在农民贫困本身,而是深藏在农民贫困背后的另一种贫——权利贫困。贫困不单纯是一种供给不足,而更多的是一种权利不足。"⑥ 农民的贫困形式一般表现为经济贫困,但经济贫困的深层次原因是权利贫困,包括经济、文

---

① 张明霞.新中国成立以来农民身份变迁论析[J].求实,2012(10).
② 王佳慧.当代中国农民权利保护的特殊性及其内容建构[J].北方法学,2009(4).
③ 马涛,李菊.法治视阈中的农民与农民权利保障[J].西南农业大学学报(社会科学版),2011(10).
④ H.孟德拉斯.农民的终结[M].李培林,译.北京:中国社会科学出版社,1991:8.
⑤ 江国华.从农民到公民:宪法与新农村建设的主体性视角[J].法学论坛,2007(2).
⑥ 阿玛蒂亚·森.贫困与饥荒——论权利与剥夺[M].王宇,王文玉,译.北京:商务印书馆,2001:13.

化、政治、社会、生态诸方面。农村社会治理的治标之道是消除经济贫困,而消除经济贫困的治本之道应是消除权利贫困。

一、农民权利的现状

具体到目前的中国农村而言,农民的贫困虽然体现在诸多方面,但权利贫困无疑是其中最为突出的部分。由于一些正式制度和非正式制度的限制和歧视,农民的权利认知程度普遍较差,致使政治、经济、文化、社会等各种类型的权利普遍存在虚化或缺失的现象,并由此进一步加剧了其他方面的贫困。如我国宪法第33条规定:"中华人民共和国公民在法律面前一律平等。"但在农民与城镇居民这两种不同身份的背后,却隐含着一系列的不平等:农民享有的政治权利不平等、农民享有的社会保障权利不平等、农民享有的受教育权利不平等、农民享有的劳动权利不平等。在当代中国,农民的概念有两重含义,即从事农业生产的职业身份和拥有农业户口的户籍身份。然而,作为职业的农民,农民没有获得完整的土地权利;作为身份的农民,农民没有获得平等的公民权利。① 农民权利的缺失体现在生活的方方面面。

在政治权利方面,权利贫困的主要表现是,农民缺少对涉及自己切身利益的决策活动的话语权和参与权。其中最为典型的是农民对作为村民自治组织中最高级、最完整、最权威的组织形式的村民委员会的参与度普遍不高,自身的利益诉求和意愿很难得到有效表达。就经济权利而言,由于缺乏独立的市场经济主体地位,我国农民的基本财产权利经常遭受侵害。但现阶段我国农民的社会权利极其匮乏,就业权、受教育权、社会保障权等基本社会权利均有所缺失。长期以来,农民缺乏权利主体地位,对于权利所能带来的利益感知较弱。同时由于权利保护不力,大量农民对通过行使权利满足需求信心不足。② 概括来说,从政治、经济、社会、文化四方面划分,农民权利的缺失主要是指:①政治权利受到不合理限制,公民身份权受歧视、政治参与权不平等、自由权缺失;②经济权利受到不正当的剥夺,土地财产权受损、平等市场主体权利的缺失;③社会权利受到不公正的侵害,劳动权利不平等、社会保障权缺失;④农民文化权利受到不公平对待,城乡教育资源分配不均、文化资源上的不平等。

然而,城镇化的发展势不可挡,城镇化对农村的影响已经悄然发生变化,逐

---

① 邢乐勤,刘涛.论农民的权利缺失与保护[J].浙江工业大学学报(社会科学版),2011(9).
② 赵万一.中国农民权利的制度重构及其实现途径[J].中国法学,2012(3).

渐成为一种内生的力量,不断消解村庄的固有结构。这种变化绝不是表面上显示出的征地、建村社这么简单,而是表现为农民各种权利的诉求迅速增长,表现在以下两个方面:第一,城市中市场经济的发展促使农民要求与城市市民拥有平等的权利;第二,集体权利向个体权利的转变,促使农民的主体意识提高,个体权利诉求增多。① 当然,农民权利保障不足并不是如今社会的突发现象,其实是诸多因素共同作用的结果。

二、农民权利缺失的原因

农民权利的实现通常受以下几个因素的影响:国家法律对农民权利的确认以及确认的程度,农民对法定权利以及现实权利的行使程度,国家政策、法律对农民权利的制度保障。有学者结合中国的现实状况,认为农民权利缺失主要由于歧视性城乡二元结构体制、宪法和法律的保护缺位、统一的利益表达机构缺乏、农民维权意识与能力不强造成的。② 然而,本质上最主要因素的是国家权力与农民权利的关系定位。

农民权利缺失有着主观和客观两个方面的原因。也就是说,农民权利的制度性消解,既有国家对乡土社会进行整合过程中的制度性不规范方面的原因,也与农民自身权利意识淡漠、主体地位缺失及农民自组织的程度较低有关。单有国家制度上对乡村的倾斜,难以塑造农民的积极公民资格;而仅有农民对国家的非制度性抵制,没有国家的支持与互动,同样也是难以实现农民权利的有效保障的。③ 主观原因主要是农民自身的缺陷或弱点。但其并不是造成农民弱势的根本原因,我们更多的需要分析客观上的原因。

客观原因之一:农民权利的缺失很大程度上在于国家资源的不平等配置,缺乏公平的制度环境和平等的机会。诚如尼赫鲁在《印度的发现》一书中所述:"没有一个种族或集团是不能用它自己的方式来求得进步或取得成就的,如果给它机会这样去做的话。因此,任何一个集团的落后或堕落并不是由于它固有的缺点,而是主要由于缺乏发展的机会和长期受到其他集团压迫的缘故。"④ 而造成农民缺乏公平的制度环境和平等的机会的原因在于国家资源的不平等分

---

① 张琳琳.中国城市化进程中的农民权利诉求[J].法制与社会发展,2011(1).
② 苏玉娥.我国农民权利缺失与制度保障研究[J].农民问题,2012(1).
③ 罗大蒙,任中平.现代化进程中的中国农民权利保障—从国家与乡村社会关系的视角审视[J].西华师范大学学报(哲学社会科学版),2009(5).
④ 贾瓦哈拉尔·尼赫鲁.印度的发现[M].向哲濬,朱彬元,杨寿林,译.上海:上海人民出版社,2016:683.

配。虽然中国经过几十年的改革开发,经济高速发展,社会资源得到了极大的增加,但是社会资源的增加和社会公平之间并没有直接的因果联系,因这其中的关键因素是社会资源如何分配的问题。

客观原因之二:农民权利缺失最主要的原因是国家权力对农民权利的忽视和侵犯。国家进行资源的分配依据和后盾是国家权力,透过资源配置、利益分配不平等的外在表现,我们可以看到农民权利缺失的根源在于国家在制定和实现发展战略、政策、制度的过程中对农民权利的忽视与侵犯。

通过上述分析我们不难看出,农民权利之所以缺失,其主要症结在于:农民身份博弈公权力,即以农民的弱势身份与掌握国家权力的政府进行博弈,农民的权利贫困也就顺理成章了。农民与市民的境遇有着天壤之别,造成这一结果的直接原因是国家权力在资源配置上的不平衡。由此可见,农民问题的根源正是国家权力的膨胀,侵犯了农民的权利,导致农民权利萎缩。① 由此观之,保障农民的权利,其根本必将是对国家权力的规制。

三、农民权利保护完善的方式

有专家指出:"一个人或一个社会集团的贫困,大体是两个类型的原因引起的:一个是他们的资源(资本、土地以及教育水准)不足,再一个是他们没有享有与其他人一样的平等权利。一般经验证明,如果仅仅是前一个原因引起的贫穷,这种贫穷是相对容易克服的。土地资源充裕的美国农民可以富裕,而土地资源不足的日本农民也可以富裕,虽然后者的致富过程需要相当长的时间。在社会经济生活多元化以后,由教育转化成的人力资本在增加农民收入方面往往不比物质资本的作用来得小,这就给穷人致富提供了可能。但如果是因为权利不平等引起的贫穷,问题要解决就不容易了。"② 因权利不平等引起的贫穷,尽管问题不容易解决,但不意味着不能解决。我国学者对此进行了诸多的探讨。

赵万一教授认为如何构建合理的农民权利体系并在此基础上形成权利认同、权利享有、权利实现的自然推进,这既是解决城乡差距的应有内容,同时也是实现城乡统筹协调发展的重点和难点问题。因此,要实现以上目标,当务之急是转变制度设计的理念,从思想认识上明确农民权利保护的重要性,将有效保护农民权益作为我国农村一切制度改革的出发点和最终目标。农民权利重

---

① 邢乐勤,刘涛.论农民的权利缺失与保护[J].浙江工业大学学报(社会科学版),2011(3).
② 阿玛蒂亚·森.贫困与饥饿[M].王宇,王文玉,译.北京:商务印书馆,2001:13.

构的基本理念建构非一日之功,具体来说,首先要在保护理念上实现由平等保护向倾斜保护的转变;其次,在主体地位上实现由身份概念向职业概念的转换;最后,在权利内容的设置上逐步实现由现实性权利向目标性权利的过渡。

对于中国广大农民来说,生存型权利、保障型权利和发展型权利缺一不可。为了更好地全方位保护农民的这一系列权利,我们应当遵循"倾斜保护"的理念,将农民视为一种职业,设计以改变农民弱势地位为核心、旨在实现目标性权利的具体措施。实现农民权利的路径选择包括:①确立农民的主体地位(职业身份);②培养农民的权利意识;③废除对农民区别对待甚至带有歧视性的政策和规定;④建立公私协力的保护机制;⑤发挥非政府组织对农民权利的保护功能。① 无论是基于社会稳定抑或渐进式改革的考量,那些横亘在我们面前的制度性障碍依旧存在。知易行难,正视农民作为权利主体在社会发展中的集体失语问题,肯定农民基本权利在社会结构中的正当性,平等地对待每一个农民的权利与人格,这些基本的权利理念是我国农村社会法律治理的价值基础。具体而言,这些权利理念包括:一是农民权利的平等性理念;二是农民权利的正当性理念;三是农民权利的主体性理念。② 毫无疑问,这些基本理念的树立是我们保障农民权利的基础。

然而,单有国家制度上对乡村的倾斜,难以塑造农民的积极公民精神;而仅有农民对国家的非制度性抵制,没有国家的支持与互动,同样也是难以实现农民权利的有效保障的。因此,要实现农民权利的有效保障,需要国家与乡村之间形成良性互动,既有国家的制度性配合又有农民自身积极公民精神的培养,农民权利就不再是一个难以实现的问题。通过改革户籍制度,确保农民与市民享有同等的公民资格;厘清国家与社会的边界,重塑农民权利主体的独立品格;加强农民群众文化素质教育,增强农民的维权意识和能力;完善农民利益表达机制,保障农民话语权;推动农民组织化,改变其弱势地位将有助于农民权利的实现。③

当然,处理好国家权力与农民权利的关系是解决农民问题的根本。第一,在国家权力与农民权利的关系上,必须以农民权利为本位。第二,在处理国家

---

① 赵万一.中国农民权利的制度重构及其实现途径[J].中国法学,2012(3).
② 刘同君.新型城镇化进程中农村社会治理的法治转型——以农民权利为视角[J].法学,2013(9).
③ 罗大蒙,任中平.现代化进程中的中国农民权利保障——从国家与乡村社会关系的视角审视[J].西华师范大学学报(哲学社会科学版),2009(5).

发展与农民利益关系的时候,必须较多地考虑农民利益的保护和实现,以牺牲和歧视农民的方式发展经济的做法在法治的背景下早应彻底废除。当前最迫切的任务是明晰农民对土地的产权。第三,在农民权利的保护上,必须较多地强调国家应承担的义务和责任,尤其是各级行政机关政府职能的转变以及执法行为的合法性。第四,提高农民组织化程度,逐步改变农民的弱势地位。因此,解决当前我国农民问题的关键与核心是限制国家权力的侵犯,在运用国家权力进行资源分配和制定发展战略时充分尊重和保护农民的权利。①另外,农民权利的实现在很大程度上依赖于包括农村在内的一国的经济发展水平,而农民权利保护最大化又会促进经济的发展。在后农业税时代,要构建立法、执法、司法及提高农民法律意识四位一体的保障机制,才能最大限度地实现农民权利!②

农村与农民是国家最坚实的基础和根本。无论是从人口的比例,还是从亟待提高的程度上,我们都可以说,中国最重要的公民权利,当是农民的权利;中国最重要的人权,当是农民的人权。当前,保障农民权利意义重大,我们必须高度重视并采取有效措施切实保障农民权利。首先,农民权利诉求影响着中国城镇化发展。①农民权利诉求满足与否影响着城市化的动态平衡发展:第一,利益差别和权利冲突是社会心理产生剥夺感的根源。第二,农民权利诉求满足与否影响社会秩序,进而影响城镇化进程的动态平衡发展。第三,农民权利的确认和保障是城镇化进程中社会整合的最重要手段。②农民权利诉求对城镇化进程中制度设计的影响。③农民的权利诉求规定着城镇化的发展目标。③其次,保障农民权利具有以下价值:①保障农民权利是巩固党的执政地位的基础;②保障农民权利是落实科学发展观的要求;③保障农民权利是社会公平正义的体现;④保障农民权利是建设法治国家的前提;⑤保障农民权利是构建和谐社会的根本;⑥保障农民权利是解决"三农"问题的关键;⑦保障农民权利是改善国家形象的举措。④再次,在我国农民问题已凸现为农民权利问题的背景下,农民权利更需要得到保障。保障农民的权利不仅是必要的,而且是重要的。保障农民权利,促进农村发展,对我国社会主义现代化建设具有重大意义:①保障农民权利有助于发展社会主义民主政治;②保障农民权利有助于建设社会主义法

---

① 邢乐勤,刘涛.论农民的权利缺失与保护[J].浙江工业大学学报(社会科学版),2011(3).
② 吴兴国,兰松.略论农民权利的性质和表征——兼及实现农民权利的路径选择[J].安徽农业大学学报(社会科学版),2009(1).
③ 张琳琳.中国城市化进程中的农民权利诉求[J].法制与社会发展,2011(1).
④ 王刚.保障农民权利的价值及路径[J].河南社会科学,2011(4).

治国家;③保障农民权利有助于全面建设小康社会;④保障农民权利有助于构建社会主义和谐社会。①因此,我们在我国的新农村建设中必须高度重视保护农民权利。

第三节 农民社会地位

一、社会地位的含义和现状

人的社会地位决定了人在社会中享有的政治权利、经济权益、自由权及其他各种权利。新中国成立后,特别是改革开放以来,我国农民的地位虽然有所改善,但其总体状况不容乐观。从理论和法律地位上讲,农民是全体国民中具有平等地位的组成部分,与工、干、兵、学、商享有相同的权利,并不低人一等。但是,农民的名义地位与实际地位相差悬殊。农民在社会结构中的实际地位处于最低层。②

在改革开放的三十多年里,我国农业有了很大发展,农村发生了翻天覆地的变化,农民的经济和社会地位也有了很大提高,但是相对整个国家经济和社会发展形势,"三农"问题尤其是农民问题仍是制约农业现代化和农村繁荣发展的瓶颈,特别是农民积弱积贫的弱势地位问题备受社会关注。农民的弱势地位,就是指与其他群体相比,他们在社会资源和机会的占有方面相对贫乏,往往无法与其他群体展开公平的竞争。③无论从横向不同群体间的比较,还是从纵向群体地位的发展来看,农民地位均呈现出全面性弱势的特点:①收入低下与经济上的相对贫困与绝对贫困;②松散群体结构与政治参与上的结构性缺席;③社会排斥与农民权利保障的缺失。④

在城乡二元体制下,不同社会成员具有不同的社会身份,而各种不同身份决定了其主体对社会资源的占有量、拥有的基本权利和发展机会各不相同。因此,在这种体制下,农民的身份标识,使其在社会公共意识中一直处于"二等公民"的地位,在资源配置和权利设置的框架内享受不到应有的"国民待遇"。主

---

① 胡美灵.保障农民权利的价值分析[J].湖南师范大学学报(社会科学版),2008(5).
② 张晓雯.提高农民地位是解决"三农"问题的关键[J].成都行政学院学报,2003(5).
③ 张翠凤.当代中国农民弱势地位分析及对策研究[J].兰州学刊,2010(9).
④ 张翠凤.当代中国农民弱势地位分析及对策研究[J].兰州学刊,2010(9).

要表现为：①选举权不平等；②财富分配不平等，收入差距大；③迁徙受限制；④就业歧视；⑤社会保障体系不平等。

二、社会地位低的原因

其实，农民的弱势地位并不是从来就有的。千百年来，我国农民一直生活在社会的最底层。新中国的建立，彻底改变了农民的弱势地位，农民的生存发展进入了"黄金时期"。后来，由于我们一系列的错误政策和采取了"牺牲农业发展工业，牺牲农村发展城市"的发展战略，才使农民地位一落千丈。① 从1956年至今是我国农民"弱势群体"的形成和发展时期。从此阶段开始，农民逐渐面临以下状况：①农民政治地位不平等；②城乡居民收入差距拉大；③劳动就业机会不均等；④受教育机会不平等；⑤农村社会保障严重缺乏；⑥土地非农，农民失地；⑦市场准入的失衡；⑧人的发展机遇不均等。②

在我国长期的发展过程中，由于历史和现实的原因，我们实行的政策，很大程度上是以牺牲农民的利益为代价的，在政策的执行过程中形成了城乡二元经济结构，造成了城市公民与农民地位上的实际不平等，因而在某些领域形成了对农民的歧视政策。首先，我国长期以来实行"以农养工"向城市倾斜的政策。其次，实行严格的二元户籍管理制度。再次，国家相关法规政策尚有忽视对农民地位和利益保护的地方。这主要表现在对于农民基本权益的维护还很不够。③ 农民"弱势群体"的形成和发展，有其内在的社会经济根源：①在国家发展战略上，坚持工业优先，用牺牲农业的办法来发展工业；②政治上将农民看作"改造对象""落后势力"；③社会普遍歧视农民。④ 在我们的现实生活中，对农民的歧视常常表现为整个社会或居于强势地位的社会集团对农民群体的种种限制上，这些限制日益制度化、经常化，事实上已经构成了中国社会的最大不公。⑤

当前我国社会已经进入一个全面发展的转型时期，社会转型是整个社会系统由一种结构状态向另一种结构状态的过渡，社会转型不仅意味着经济结构的转换，还意味着其他社会结构层面的转换，是一种全面的结构性过渡，它以结构

---

① 周维松.关于农民"弱势群体"地位形成的历史分析[J].中共四川省委省级机关党校学报,2006(1).
② 章民生,章黎.农民社会地位是中国"三农"问题的内核[J].中共浙江省委党校学报,2005(5).
③ 张晓雯.提高农民地位是解决"三农"问题的关键[J].成都行政学院学报,2003(5).
④ 周维松.关于农民"弱势群体"地位形成的历史分析[J].中共四川省委省级机关党校学报,2006(1).
⑤ 赵保胜,许成坤.关于农民地位与脱贫问题的思考[J].学术交流,2004(10).

转换为核心,同时带动社会体制的转机、社会地位的分化、利益的调整、观念的变化等多方面的变化。① 社会地位分化是社会结构转换中最主要的社会现象,因而被视为现代社会变迁的焦点,也因此而成为社会学研究的一个核心领域。② 改革开放以来中国农民社会地位分化的速度明显加速。由于在农村集体经济之外引入了个体经济和私营经济,所有权与经营权的分离,在农业劳动之外引入了其他多种职业类型,农民相互之间的社会地位差别变得明显起来。③ 自从1985年中国社会学年会上,许多学者提出应研究农民分化问题以来,1986年,先后有何建章、朱庆芳、金榜等学者撰文探讨农民社会地位分化问题。④ 中国农民已大体分化为八个阶层:农业劳动者阶层、农民工阶层、雇工阶层、农民知识分子阶层、个体手工业劳动者和个体工商业户阶层、私营企业主阶层、乡镇企业管理者阶层、农村管理者阶层。

三、社会地位提升的措施

要从根本上解决"三农"问题,只从经济的角度考虑问题,投入某些物质性硬件,是很不够的。有鉴于此,笔者认为"三农"问题的根本出路不仅在于强化农业的基础地位,而且要解决农民的地位问题,因为农民才是农业和农村的主体,其积极性与活力决定着农业和农村的兴衰。

具体来说,可以从以下几点着手:第一,调整国家宏观经济发展战略,逐步矫正以牺牲农业为代价的、扭曲的、不合理的工农关系和城乡关系,并对农业实行长期保护政策;第二,全面取消城乡分割的户籍制度,给农民以平等的公民权;第三,恢复农会组织;第四,积极废除原有的歧视性政策法规与法律,以保护农民的合法权益。⑤ 抑或如另外一些学者提出的:第一,加强农村金融体制改革的力度,在信贷、融资、投资上给农民以平等待遇;第二,加大农村公用基础设施建设,在建设投资上给农民以平等待遇;第三,加强农村社会保障制度建设,在各种福利政策上给农民以平等待遇;第四,加大城市管理体制改革的力度,在户籍管理、就业与教育上给农民以平等待遇;第五,加强法制建设,在立法上给农

---

① 付少平.农民社会地位测量指标初探[J].西北农林科技大学学报(社会科学版),2002(1).
② 张宛丽.对现阶段中国中间阶层的初步研究[J].江苏社会科学,2002(4).
③ 张灿霞.浅析农民分化的原因[J].社会学研究,1991(3).
④ 许欣欣.当代中国社会结构变迁与流动[M].北京:社会科学文献出版社,2000:8.
⑤ 张晓雯.提高农民地位是解决"三农"问题的关键[J].成都行政学院学报,2003(5).

民以平等的公民待遇。① 如此,也许不能在短期内改变农民社会地位低的现状,但长远来说一定能够使农民的社会地位获得提升。

"三农"问题非常复杂,解决"三农"问题的任务也很艰巨。现阶段政府要本着"多予少取"的民生精神,对户籍制度改革、城乡统筹、农业产业化、增加农村教育投入等大的层面进行制度创新和政策扶持:①确立"多给少取"的观念;②改革二元户籍制度;③推进城乡一体化;④加大对农村教育的投入;⑤允准农民组织化;⑥积极创造条件推进农业产业化。② 为了适应转型时期社会发展的要求,消除现行阻碍农民地位转型的法律障碍,改变法律路径走向则成为保障农民地位转型的必然要求。法律路径应完成如下转变:①保障财富平等、权利平等向保障可行能力平等的转化;②保护经济权益向保护政治、经济、文化、社会权益的全面保护的转化;③实现保障性法律制度向保障性与发展性并重法律制度的转化;④赋予抽象权利向落实具体权利的转化。

第四节 失地农民的就业与保障

新中国成立后,城市建设、基础设施建设都征收了大量的农地,但是由于当时实行的是集体经营土地方式,没有产生大量的失地农民。1978年改革开放以后,伴随着快速城市化,我国在20世纪80年代中期、90年代初期曾发生过两次"圈地热",失地农民问题已经产生,但在政府计划安置下,失地农民问题和矛盾没有激化。直至2000年以后发生了第三次大规模"圈地热",城镇、工业区等以前所未有的速度急剧膨胀,加之大量的基础设施建设占地,越来越多的农村集体土地以种种合法的或非法的、公开的或隐蔽的形式变为城镇建设用地,农民赖以生存的土地越来越少,部分农民甚至彻底丧失自己所有的土地,失地农民数量剧增。可以说,伴随着经济社会发展,失地农民问题逐渐"浮出水面",并且逐渐成为各界关注的研究对象。③ 目前,对失地农民的研究主要集中在两个方面,一方面是失地农民的就业;另一方面是失地农民的社会保障。

---

① 赵保胜,许成坤.关于农民地位与脱贫问题的思考[J].学术交流,2004(10).
② 章民生,章黎.农民社会地位是中国"三农"问题的内核[J].中共浙江省委党校学报,2005(5).
③ 杨涛,施国庆.我国失地农民问题研究综述[J].南京社会科学,2006(7).

第十二章 城镇化发展中的农民问题研究综述

一、失地农民的含义

对失地农民概念的界定,学者们都各有表述。正如黄建伟指出的,对失地农民的概念理解可以从广义、中义和狭义三个角度来探讨,不管从哪个角度出发,都会存在其理解的合理性与偏差性,因此,在研究过程中,学者们应根据实际研究需要对失地农民的概念做合理的界定。也就是说,在对失地农民进行相关概念界定时,其前提应该是确定研究背景与研究需要,而目的则应是实现研究的具体化与深入化。在国家政策文件中,这一特殊群体一般被表述为"被征地农民"。如国务院文件《转发劳动保障部关于做好被征地农民就业培训和社会保障工作指导意见的通知》、劳动和社会保障部《关于切实做好被征地农民社会保障工作有关问题的通知》。

从其本身的意义上来说,失地农民是指因各种不同的原因而失去土地的农民。他们失去的土地包括退耕还林、退草还牧的部分土地,包括因自然原因而损毁以致无法再继续耕作的土地,还包括修建道路、绿地等公共设施或者是扩大城镇规模而被各级政府征用或被单位及个人租用的土地。在当今快速推进的城镇化进程中,由于城市规模的扩大和范围的扩张而导致城郊接合部大量土地被政府征用,土地的使用权不再属于原有的农民。严格地说,这里仍使用失地"农民"这一说法是不妥的,因为在绝大多数城市中特别是处于城郊接合部的这一特殊体在失去土地之后其身份就已经从"农村居民"转变成了"城镇居民"。但是,由于中国根深蒂固的二元经济结构以及其他政治、社会因素,虽然在城镇化进程中城乡接合部的被征地农民在身份上已经是城镇居民,但在本质上依然是城镇边缘人,仍然没有真正融入其所在的城镇。① 自然而然,我们也就无法将其完全视同为城镇居民。

失地分为完全意义上的失地和相对意义上的失地两种情形。完全意义上的失地,顾名思义,指完全失去土地;相对意义上的失地包括不完全的失地(有的地方以人均地少于 $0.02km^2$ 的农民为失地农民)和变更失地(变更性失地也称调整型失地,是指征收土地后用质量档次不对等的土地来以次换好)。多数完全意义上的失地一般发生在城中村和距离城市较近的城乡接合部。由于这部分农民的土地普遍被完全征收,在征收土地时一般对其户口进行"农转非";并将该村纳入城镇管理,并计划进行或已进行旧村改造,失地农民从生活方式

---

① 驼铃,等.城市化与农民[M].重庆:西南交通大学出版社,2006:73-74.

和就业方式已经成为城镇居民或者城里人。多数相对意义上的失地一般发生在距离城镇相对较远的城乡接合部,由于个别建设项目的实施致使土地被征收,这些项目的土地征收一般涉及村庄中的个别农户,在全村并不具有普遍意义。这种类型的农民生活仍居住在农村,从形式上仍旧是农村人,但因为土地被征收,就业方式和生活方式与一般农民有明显差别。① 同时,不管是完全意义上的失地,还是相对意义的失地,这些农民在就业和社会保障方面都存在着诸多的问题。

二、失地农民的就业

农民问题是中国最大多数人的问题。随着我国工业化和城镇化的进程,一方面农民从土地上走出来,进城打工,形成了滚滚的民工潮;另一方面,农村城镇化征用了农民的大量耕地,形成了大批失地农民。农民问题本身涉及多个方面,而就业问题是其中非常关键和迫切需要解决的一个问题。② 失地农民的就业问题日益成为各级地方政府工作的重点和难点,顺利实现就业是解决失地农民生活来源和保持社会稳定的大问题。

土地是农民的生产资料,为农民提供就业机会,是农民的主要收入来源。当前我国农民就业的最大特点就是多元化和兼业化。目前按就业模式来划分农民主要有四种类型:一是纯农民。这类农民完全从事农业的生产经营,不同时从事非农业。二是一兼农民。这类农民的收入来源以农业为主,非农业为辅。三是二兼农民。这类农民的收入主要来自非农业,但又辅之以农业的生产经营。四是纯非农民。这类农民已经完全脱离农业的生产经营,并转而专门从事非农产业。只有一部分农民是完全地脱离农业而变成了从事工商业的专业人员,大量的农民仍然是农工兼业或农商兼业的兼业农民。土地依然是绝大多数农民,特别是大龄农民的最基本的生活来源。③

(一)失地农民就业难,失地又失业问题严重

由于历史的原因,大部分农民的文化素质和知识水平相对低下,在竞争激烈的劳动力市场中,他们是弱者。农民失地就意味着失业,他们很难再找到合适的工作岗位。对于大多数专业事农的农民来说,失地就意味着失业,他们很

---

① 李蕊.失地农民权益保障[M].北京:知识产权出版社,2009:4-5.
② 严新明.失地农民的就业和社会保障研究[M].北京:中国劳动社会保障出版社,2008:127.
③ 曹玉冰.农村现代化进程中的社会保障问题研究[M].长沙:中南大学出版社,2006:216.

难再找到合适的工作岗位。而对于兼业农民来说,失地就等于割断了他们与土地的联系,他们只能成为专业工商业劳动者;一旦失业,不仅很难重新上岗,而且也无法再回到农田上耕作。

进一步分析可以发现,失地无业农民中,就业最困难的主要有三类群体:其一是大龄失地农民。这部分人多以农业生产为主,现在没有了田地,由于年龄、文化、体力、技能等限制,其转业十分困难。其二是失地前完全依赖土地为生的纯农民。农业生产技能具有很强的专业性和指向性,对其他产业或行业的适应性不高,对于他们来说,失地就意味着失业,大多数人很难找到合适的工作岗位。其三是生活在远郊和偏远地区的失地农民。相对于分布在城乡接合部或经济发达地区的失地农民,这部分人的就业机会或就业选择性更小,其就业意识和择业观念也比较保守,因而失去土地对他们就业影响很大。① 这部分群体是需要帮扶的重点对象。

(二) 失地农民从业状况

目前,失地农民主要靠自谋职业解决生活的来源。从自谋职业的方式来看,一种是自我雇佣,另一种就是受雇于人。自我雇佣主要是指各类个体经营户,如开办各种店面、街头巷尾的摆摊设点、各种小手工业者等。这类人群成为就业的失地农民中的主力军。受雇于人主要是进城打工,打工的单位主要是私营民营的各类企业、集体企业和三资企业。从工种来看,主要是操作工人,如锻造工、车工、焊工,只有少数的管理员、检验员和会计,还有少量的自由职业者如驾驶员、跑营销、在外搞工程等。总体来看,失地农民的就业,可以分为政府部门的安置就业、自谋职业中的自我雇佣、自谋职业中的受雇于人以及自我创业四种类型。② 当然,依据不同的标准,也会有很多其他的分类。

农民失去土地便失去了最根本的就业岗位。除了部分原来以第二、第三产业为主的农户能顺利生产经营外,靠近城郊的通过自谋职业和进入本地企业可以就地安置一些,还有一些部分失地农民外出务工挣钱,但他们主要从事一些技术要求不高的体力劳动。从劳动力转移方向看,多是农村内部第二、第三产业转移,主要转向村镇集体企业,以及农村批发零售、交通运输、社会服务等第三产业,并且更多的是以个体私营为主的三产行业。失地农民身处劳动力市场供大于求的宏观社会背景,再加上文化素质普遍偏低、没有其他劳动技能,又不

---

① 李蕊.失地农民权益保障[M].北京:知识产权出版社,2009:43.
② 叶继红.失地农民就业的类型、路径与政府引导——以南京为例[J].经济经纬,2007(5).

善于从事商业等市场活动,绝大多数只能在非正式市场寻找就业机会(调查显示约有80%的劳动力在非正规就业市场就业),即使勉强就业,也往往受到歧视与不公正待遇。① 就业安置的特点是失地农民能及时就业,有较稳定的收入。就业安置具有就业指向性意义,但随着市场经济体制的逐步建立和户籍制度、劳动用工制度的改革,原有的招工安置和农转非等办法,在实践中已失去作用和意义。

(三)失地农民就业培训现状

特别值得一提的是,有众多的学者认同教育培训对解决失地农民就业问题的作用并把教育培训看作解决失地农民就业问题的基本途径。加强失地农民的教育培训的主要目的是增加失地农民的生计资本,帮助其谋生,特别是实现其顺利就业。而实际生活中失地农民就业培训的现状是:培训机构数量不足,不能满足失地农民的需求;培训缺乏针对性,职业培训形式化;培训机构水平低,内容陈旧,实用性差;培训机构资金短缺,运作困难;失地农民培训意识不够。

调查显示,目前中老年失地农民失业率居高不下,一方面是基于成本收益考虑其不愿意背井离乡在异地寻找工作,另一方面则是由于地方政府没有对他们进行职业培训。一些地方政府在对失地农民就业培训上,往往避重就轻,嫌老爱青,免费培训的对象主要是18～30岁、学习接受能力强的年轻人,而失业率相对更高、更需要得到就业培训的中老年失地农民却被排斥在外。② 可见,当前失地农民就业培训现状总体来说令人堪忧。

安排失地农民就业是被动寻找可以谋生的路,而引导失地农民创业却是主动创造谋生之路,并能带给其他失地农民更多的就业机会,可谓多方受益。唤醒失地农民的创业意识,鼓励和支持其自主创业,引导其分析并抓住城镇化带来的机遇,并给予必要的政策倾斜——为其提供必要的金融支持。此外,工商、税务、城管、卫生等部门在法律范围许可内尽可能地提供扶持和帮助,最终使失地农民成为创业主体。③ 这也符合当前社会发展的潮流,符合当前政府政策扶持的方向。

---

① 李蕊.失地农民权益保障[M].北京:知识产权出版社,2009:47-51.
② 胡静,苏楠.城市化中非自愿失地农民权益保障问题初探——以湖北武汉为例[J].农村经济与科技,2007(6).
③ 赵兴玲,等.可持续生计视角下失地农民长远生计问题研究[J].云南地理环境研究,2009(1).

第十二章 城镇化发展中的农民问题研究综述

同时,我们必须意识到失地农民就业难是多种因素共同作用的结果。从失地农民自身而言主要有以下因素造成就业难:传统小农意识和依赖思想比较严重,观念保守,缺乏竞争意识和创业意识;整体素质较低,再就业困难;自身的机体和经验态度的影响;资金资本有限,社会保障制度尚未完善,导致失地农民自主创业艰难。① 未来需要引导失地农民转变就业观念,提高自身就业能力;出台扶持失地农民就业的优惠政策,鼓励失地农民自谋职业;培育和规范职业中介市场,发挥市场配置资源的作用;开辟失地农民灵活就业的新领域;推行就业方式的制度创新,建立"合作主义"的就业模式。

三、失地农民的保障

社会保障是指国家或社会通过立法和采取行政手段对国民收入进行再分配,以社会消费基金的形式,向由年老、疾病、伤残、死亡、失业及其他不幸遭遇的发生而使生存出现困难的社会成员给予一定的物质上的帮助,以保证其基本生活权利的措施、制度和活动的总称。② 按照马克思的观点,由于土地具有稀缺性和垄断性,因而具有价格。在城镇化和工业化过程中,一方面对土地的需求也会增加,进而会提高土地的价格;另一方面,会产生大量失地农民。在土地增值的过程中,土地对农民的保障性也在逐渐提高。当地价高到一定程度,或者经济发展到一定程度的时候,土地就具备了对农民进行保障的物质基础。这个时候出让土地,就可以保障失地农民未来的生计。③ 农民的生活也就有了基本保证,甚至可能因此过上美好的生活。

实际上,如果失地农民的社会保障机制健全,就不需要那么多详细复杂的、针对具体项目的补偿。换句话说,如果把解决失地农民的社会保障问题作为征地的前置条件,不仅有助于防范失地农民陷入贫困的风险,也有利于国家必要的征地工作高效健康地运行。④ 正如李蕊概括认为完善失地农民社会保障制度有以下的必要性:①建立社会保障制度是维护宪法赋予失地农民基本权益的需要;②建立失地农民社会保障制度可以弥补城乡二元结构下社会保障制度的不足;③建立失地农民社会保障制度是科学发展的必然要求;④建立失地农民社

---

① 李蕊.失地农民权益保障[M].北京:知识产权出版社,2009:235.
② 童星.社会保障与管理[M].南京:南京大学出版社,2002:6.
③ 潘久艳.土地换保障:解决城市化过程中失地农民问题的关键[J].西南民族大学学报,2005(5).
④ 刘炳君.农民具体权利的有效保护——一个法社会学的多维视角[J].法学论坛,2007(1).

会保障制度是构建和谐社会的需要。① 失地农民社会保障可理解为"以国家为主体,通过立法和行政措施确立,对支援国家经济建设而被征地,以致权益受损、生活难以为继的农民给予经济、物质和服务的帮助,以确保其基本生活需要的社会保障措施"。② 其根本宗旨在于使失地农民个人与家庭相信他们的生活水平和生活质量不因失去土地而受到很大影响。

对个人来说,失地农民社会保障要形成三个层次,即最低生活保障——济贫、基本生活保障——防贫、福利生活保障——提高;对社会来说,失地农民社会保障对保障社会稳定、实现社会公平、促进经济发展也具有举足轻重的作用。

---

① 李蕊.失地农民权益保障[M].北京:知识产权出版社,2009:232-236.
② 李蕊.失地农民权益保障[M].北京:知识产权出版社,2009:237.

第十三章　城镇化发展中的土地问题研究综述

　　城镇化和土地制度密切相关,城镇化对土地产生大量需求,加快城镇化进程离不开土地制度的保障,而我国的土地制度也正是在城镇化的推动下不断地朝着市场化的方向改革。城市化发展中涉及很多土地问题,主要包括三类:农村集体土地所有权问题、农村集体土地使用权问题、农村集体土地征收问题。

第一节　土地制度的历史沿革、现实特征以及与城镇化的关系

一、土地制度的历史沿革

　　我国现行的农村土地制度,是新中国成立之后经过几次重大改革逐步形成的:

　　第一阶段:1949—1953 年,封建地主土地私有制到农民拥有完整的土地产权。

　　第二阶段:1953—1978 年,从农民土地私有制到土地的集体所有。

　　这一过程并非一蹴而就的,由农民拥有完整的产权到农民拥有不完整的产权,到最后的完全的公有产权。主要包括以下阶段:

　　① 1953—1956 年,初级农业合作化时期。农民将土地等主要生产资料作股入社,由合作社实行统一经营,因此经营权已离开农民家庭,与农户初步分离,即所有权与经营权分离。①

---

①　刘广栋,程久苗.1949 年以来中国农村土地制度变迁的理论和实践[J].中国农村观察,2007(2).

② 1956—1958年,高级农业合作化时期。取消按土地福利分红的规定,经济上否定了农民对土地的私有权。①

③ 1959—1978年,人民公社时期。土地变成了完全的公有,其特点是土地和其他主要生产资料分别归入人民公社、生产大队、生产队三级集体经济所有和经营,各自独立核算,自负盈亏,但生产队一级的所有和经营是三级所有中最基本的和主要的部分。②

第三阶段:1978年之后,完全的集体所有到"集体所有、农户经营"。

改革开放后农村土地确定了家庭承包经营为基础、统分结合的双层经营制度。家庭联产承包责任制重新确立了家庭经营的主体地位,形成了集体统一经营与家庭分散经营相结合的体制。此时的土地产权格局为:土地所有权仍归集体所有,农民掌握了土地的经营权,即占有、使用和一定程度上的收益权,但不能处分土地。③

二、现行农村集体土地产权制度法律特征

茆荣华博士将我国现行土地制度的法律特征总结为三点:④

(一)土地归国家和集体所有,适用二元土地权利制度

根据法律规定,城市市区的土地属于国家所有。农村和城市郊区的土地,除法律规定属于国家所有的以外,属于农民集体所有;宅基地和自留地、自留山,属于农民集体所有。集体土地所有权具有众多的所有权主体,每一个农村集体经济组织,都是该集体土地的所有权人。

(二)土地使用权从所有权分离,成为独立物权形态

传统民法的所有权理论,将土地所有权划分为占有、使用、收益、处分四项权能,除处分权通常与所有权紧密相连之外,其余权能均与所有权分立。改革开放前,我国土地所有权和使用权不相分离,土地使用权不脱离所有权单独存在。改革开放后,尽管土地公有制没有改变,但土地使用权可以通过国有土地的行政划拨、国有土地的有偿出让、集体土地的发包等方式产生,土地使用权逐

---

① 康雄华.农村集体土地产权制度与土地使用权流转研究[D].华中农业大学博士学位论文,2006.
② 袁铖.制度变迁过程中农民土地权利保护研究[M].北京:中国社会科学出版社,2010:87.
③ 茆荣华.我国农村集体土地流转制度研究[D].华东政法大学博士学位论文,2009.
④ 茆荣华.我国农村集体土地流转制度研究[D].华东政法大学博士学位论文,2009.

步与所有权相分离。《民法通则》将土地使用权作为一项单独的财产权加以规定,《土地管理法》也将土地使用权与土地所有权做并列规定,《物权法》则明确将建设用地使用权、土地承包经营权、宅基地使用权、地役权纳入用益物权范畴明确予以保障。

(三) 实行土地征收制度,国家垄断土地一级市场

无论是国有土地还是集体土地,为了维护土地公有的基本制度,国家禁止土地所有权的流转交易。这意味着国有土地的所有权是唯一的和不可出让、不可改变的,国有土地所有权在任何情形下都不得转为集体所有权;集体土地除了被依法征收而成为国有土地外,其所有权性质也是不能改变的。

三、现行土地制度与城镇化的关系

农村土地制度对农村城镇化进程中的土地与人口同步聚集产生着非常重要的影响。由于中国实行国家所有制和集体所有两种土地所有制形式,在城镇化进程中将涉及城乡之间土地转换和优化配置问题,因而土地制度设置是否科学合理,对促进城镇化进程起着非常关键的作用。孙正林认为,目前土地制度在很多方面形成了阻碍城镇化进程的因素。① 许多学者从不同的层面着重对农村土地问题进行研究,具体包括以下:农村集体土地所有权问题、农村集体土地使用权问题、农村集体土地征收问题,下面将分别对这三类问题进行详细介绍。

第二节 农村集体土地所有权制度相关研究

一、农村集体土地所有权制度的缺陷研究

(一) 集体土地所有权性质模糊不清

长期以来,理论界对集体土地所有权的性质存在着不同的认识,首先在集体土地所有权是私权还是公权这个问题上,就存在两种截然相反的观点。张先贵认为,不宜将集体土地所有权性质定位为一项纯粹私权,不能按照民法私法

---

① 孙正林.破解中国农村城镇化的体制性障碍[M].哈尔滨:东北林业大学出版社,2006:104 - 105.

理念来"做实"此项权利。理由有三：其一，从形式层面来看，集体土地所有权并非按照传统民法所有权理念而产生和运行。从集体土地所有权制度体系建立以来，其第一位的价值在于其政治论理价值，而不是其私法权利属性和经济属性。集体土地所有权上承载着集体主义与社会主义价值观念和伦理道德，其与传统私法性质的所有权存在本质区别。其二，从逻辑层面来看，如果将集体土地所有权视为一项纯粹私权，意味着集体土地所有权人可以按照自己的意志处分集体土地所有权，这在中国现行法上是不允许的。其三，从价值层面来看，将集体土地所有权视为一项纯粹的私权，赋予集体土地所有权人完整的占有、使用、收益和处分的权利，将会给中国现行的结构带来颠覆性的变动，并由此引发诸多的社会问题。① 不少学者也反对将农村集体土地所有权界定为一项私权，其理由是以土地资源属性、公平价值理念和生存保障目标形成的集体土地所有权，从制度创设目标上，就没有打算也不希望其进入市场流转。此外，以农村生存保障为价值目标建立起来的集体土地所有权法律制度，体现了党的政治价值取向与普适性的共产主义理念和思想，符合资源时代土地资源利益社会成员公平分享的原则，也正因如此，其才能作为中国土地公有制的重要组成部分。如果简单的依据集体土地所有权这样一个私法称谓认定它就是一项传统民法中的私权，这不仅会将农村集体土地制度改革引向歧途，而且也会导致中国相关土地法律制度在方向上的错误。②

与前者相反，有学者指出：集体土地所有权应向私权地位回归，分离公权力，使集体土地所有权与公权力保持独立性，恢复集体土地所有权的完全支配力③；也有学者认为集体土地所有权从本质上而言是一种具有公有特点的私权。④ 但是，即使认为集体土地所有权应该是私权的学者，观点也不相同，主要的有以下几种：

1. 法人所有权说

这些学者都认为集体土地所有权是一种由"农村集体经济组织"享有的单独所有权；所不同的是，有的学者直接将农村集体经济组织视为是有法人资格的组织，有的学者仅仅说农村集体经济组织或农村集体经济组织法人享有单独

---

① 张先贵.集体土地所有权改革的法理思辨[J].中国土地科学,2013(10).
② 刘俊.中国集体土地所有权法律制度改革——方向与出路[C]//刘云生.中国不动产法研究(第五卷)[M].北京:法律出版社,2010:232-233.
③ 郭洁.土地所有权一体保护立法研究[M].北京:知识产权出版社,2011:155.
④ 董景山.农村集体土地所有权行使模式研究[M].北京:法律出版社,2012:35.

所有权。前者如孔祥俊和关涛,孔祥俊认为农民集体土地所有权是"个人化与法人化的契合",集体土地为集体组织法人所有,而集体组织成员对集体土地享有股权或社员权。① 关涛主张应以法人模式来规范集体土地所有权的主体,即所谓农民集体经济组织是有法人资格的组织。村农民集体具体表现为各个独立的集体经济组织,这些集体经济组织是由个人联合起来的具有法人资格的组织,每个组织应该是具体的所有权主体。② 后者如王卫国,他认为集体土地的所有权主体一般是村集体组织,但在照顾既成事实的情况下可以是乡(镇)集体组织或村内不同的集体组织。③

2. 新型总有说

"总有"是日耳曼法上的概念,土地所有权总有是指由多数人结合而成的尚未形成法律人格的共同体共同享有土地所有权的制度。④ 土地所有权总有说强调了"农民集体土地所有权"与成员权的权利不可分割,其主体是共性主体与单个主体的统一。有学者认为,我国的"农民集体土地所有权"是一种新型的总有,在法律性质上,我国的"农民集体土地所有权"与传统总有进行比较,前者对后者既有继承又有更新。⑤ 继承主要表现在:其一,多数人及其结合之团体总有一个所有权,这适合由一定范围内全体农民集体直接享有所有权;其二,所有权的行使受团体的强烈约束,这适合维持农民集体的统一意志和利益;其三,总有以团体利益为先,唯有在全体利益与个人利益一致的情况下才允许成员行使个别权利,这适合于农民集体土地所有权将集体利益与其成员利益有机统一;其四,总有成员对总有财产的应有份并不具体划分,永远属于潜在份,不得要求分割、继承或转让,这适合于维护集体公有制的巩固和发展。更新主要表现在:其一,总有成员和其团体对总有具有抽象的统一支配权。不再是团体的管理处分和成员的使用、收益权的简单相加,而首先是总有成员通过对总有财产按照"平等自愿、决议一致"的原则行使占有、使用、收益和处分的权利;其二,集体成员对集体财产享有收益权,即从所有权总体上享有利益如承包经营、使用总有财产的资格,有权利用公共设施、享受公共福利等。⑥

---

① 孔祥俊.民商法新问题与判解研究[M].北京:人民法院出版社,1996:378.
② 关涛.我国不动产法律问题专论[M].北京:人民法院出版社,1999:103.
③ 王卫国.中国土地权利研究[M].北京:中国政法大学出版社,1997:114.
④ 陈华彬.物权法[M].北京:法律出版社,2004:234.
⑤ 温世扬.集体所有土地诸物权形态剖析[J].法制与社会发展,1999(2).
⑥ 韩松.我国农民集体所有权的享有形式[J].法律科学,1993(3).

3. 共有权说

在共有权说中,仍有不同的观点。王利明教授认为集体土地所有权是一种农民的共同所有,由农民共同享有所有权,但这种共同所有是不分份额而且永不分割的,即集体所有权是一种特殊的共有。① 王景新认为无论哪一级集体的土地,都是农民共同公有,应该按照农民共同公有的原则理解集体所有权,按照"按份共有"的原则分享土地承包权。②

4. 新型所有权说

丁关良、周菊香认为集体土地所有权之性质应为农民集体享有的单独所有权,集体是一种新型民事主体,是继自然人、法人、非法人团体之后出现的第四类民事主体,因此集体土地是一种新型的所有权类型。③

5. 新型合有权说

合有是普通法所特有的所有权形式。它是指熟人平等的、永不分割的对不动产整体所享有的所有权,其中若有合有人死亡,其权利便丧失并自然地添加于其他合有人的一种共有权制度。④ 社会主义新型的合有权制度系指一定社区范围内有农村户籍的全体现存成员对集体土地依法共同享有的全面支配的权利。普通法之合有制度与我国集体土地所有权制度具有内在的一致性,是完善我国集体土地所有权制度的理想模式。⑤

(二)集体土地所有权主体虚位

我国关于农村土地所有权的归属的问题主要涉及以下法律规定。《宪法》第10条第2款规定:农村和城市郊区的土地,除由法律规定属于国家所有的以外,属于集体所有。《民法通则》第74条第2款规定:集体土地所有的土地依照法律属于村农民集体所有,由村农业生产合作社等农业集体经济组织或村民委员会经营、管理。已经属于乡(镇)农民集体经济组织所有的,可以属于乡(镇)农民集体所有。《土地管理法》第10条规定:农民集体所有的土地依法属于农民集体所有的,由村集体经济组织或村民委员会经营、管理;已经分别属于村内两个以上农村集体经济组织的农民集体所有的,由村内各该农村集体经济组织或村民小组经营、管理;已经属于乡(镇)农民集体所有的,由乡(镇)农村集体

---

① 王利明.物权法论[M].北京:中国政法大学出版社,2003:332.
② 王景新.现代化进程中的农地制度及其利益格局重构[M].北京:中国经济出版社,2005:35.
③ 丁关良,周菊香.对完善农村集体土地所有权制度的法律思考[J].中国农村经济,2000(11).
④ 王铁雄.集体土地所有权制度之完善——民法典制定中不容忽视的问题[J].法学,2003(2).
⑤ 王铁雄.集体土地所有权制度之完善——民法典制定中不容忽视的问题[J].法学,2003(2).

经济组织经营、管理。尽管《民法通则》规定了乡、村两级农民集体所有,《土地管理法》规定了乡、村、村民小组三级农民集体所有,但两部法律对于农村土地所有权主体的规定,完全与宪法规定保持一致,即农村土地所有权主体是"农民集体"。①

虽然我国立法明确规定"农民集体"是农村土地的所有者,但是现行法律没有对"农民集体"的内涵及其外延做出界定,于是"什么是农民集体"和"农民集体的具体表现形式是什么"以及"农民集体是否具有民事主体资格"等问题,曾一度成为理论界的焦点话题。民法学界多数学者研究后得出结论:农村土地所有权的主体是缺位的。② 学者期待《物权法》能对这个问题进行明确,虽然2007年出台的《物权法》对农村土地所有权有了新的表述,其中第59条规定:农民集体所有的不动产和动产,属于本集体成员集体所有。但是遗憾的是,《物权法》在农地所有权主体制度方面墨守成规,并未取得必要的进步,集体土地所有权主体虚位的问题仍然没有得到解决。

大部分学者认为我国农村土地存在所有权主体虚位的问题,有的学者甚至认为,在物权法上,所有制意义上的农民集体永远不能成为物权法的主体。所以,农村集体的物权法主体地位问题,是一个没有答案的死问题。③ 但是也存在少数观点认为我国集体土地所有权主体是明晰的,黄和亮从我国幅员辽阔,农村地区属于平原或者山地等不同地形,造成了宪法和相关法律规定目前我国农村土地所有权主体可以是乡、村集体经济组织或村民小组,他认为这恰恰说明了相关立法充分考虑我国农村土地集体共同所有和共同使用中"集体"范围的区域差异,以及集体土地财产形成的历史。④

张先贵认为,以往学者一致认为农民土地所有权主体是"农民集体",并且处于"虚位"状态,这种看法过于简单化甚至误读了中国现行立法对农民集体土

---

① 李永安.中国农户土地权利研究[M].北京:中国政法大学出版社,2013:40.
② 江平.中国土地立法研究[M].北京:中国政法大学出版社,1999:253-254;吕来明.走向市场的土地——地产法新论[M].贵阳:贵州人民出版社,1995:196;王卫国.中国土地权利研究[M].北京:中国政法大学出版社,1997:99;中国物权法研究课题组.中国物权法草案建议稿[M].北京:社会科学文献出版社,2000:271;王卫国,王广华.中国土地权利的法制建设[M].北京:中国政法大学出版社,2002:9;孙宪忠.物权法基本范畴及主要制度的反思(上)[J].中国法学,1999(5);王利明.物权法专题研究(上)[M].长春:吉林人民出版社,2002:168.转引自:李永安.中国农户土地权利研究[M].北京:中国政法大学出版社,2013:31.
③ 尹田.物权主体论纲[J].现代法学,2006(2).
④ 黄和亮.关于我国集体土地所有权主体和使用权主体明晰性的考察[J].经济社会体制比较,2006(6).

地所有权主体的规范安排。结合中国现行法和实践,集体土地所有权主体应包括两个层面:集体土地所有权享有主体和集体土地所有权行使主体,即集体土地所有权主体的二元性。

丁关良也将集体土地所有权主体分为享有主体和行使主体,所不同的是,他认为集体土地所有权的享有主体是农民集体已经成为通说,因为"农民集体"不是民法上的民事主体,且农民集体内无业务执行机关,因此探讨集体土地所有权到底由谁来代表比探讨集体土地所有权的行使主体更为重要,集体土地所有权的行使主体在当前理论界和实践中是一个模糊不清的问题,因此针对此问题进行了梳理,具体观点如下:①

1. 乡(镇)农民群众集体所有的土地,其所有权由乡(镇)人民政府代表全乡(镇)农民行使;村农民群众集体所有的土地,由村民委员会代表全村农民行使;村内经济组织农民集体所有的土地,由该集体经济组织内的全体农民通过农民大会来行使。②

2. 从理论上来说,集体土地应归某一农村集体经济组织的农民集体所有。但农民集体无法行使所有权,因此须由某一农村集体经济组织代表农民集体行使所有权。第一,集体土地归村农民集体所有,如果村级单位有统一的农业集体经济组织,如生产队,则由该组织行使所有权;如果没有统一的农业集体经济组织,则由村民委员会行使所有权。第二,村级单位以内有两个以上农业集体经济组织(如生产队或村民小组)的,集体土地可以归该组织农民集体所有,并由该农业集体经济组织行使所有权。第三,集体土地已经属于乡(镇)农民集体所有的,可以由乡(镇)农民集体经济组织行使所有权。③

3. 集体土地所有权的行使主体为乡(镇)农村集体经济组织和村农村集体经济组织两种。如确定农村集体土地所有权的代表应区分农业用地与非农业用地,对于农业用地,其土地所有权的代表应一律确定为村级集体经济组织……对于非农业用地所有权的代表,可确定为乡、村两级集体经济组织,具体应根据实际占有的界线来确定。④

4. 集体土地所有权的行使主体为乡(镇)人民政府和村民委员会两种。集

---

① 丁关良.农民集体土地所有权多元行使主体研究[J].淮阴师范学院学报(哲学社会科学版),2007(3).
② 温世扬,宁立志.房地产法教程[M].武汉:武汉大学出版社,1996:37.
③ 赵红梅.房地产论[M].北京:中国政法大学出版社,1995:105.
④ 金俭.关于农村集体土地使用权制度改革的法律思考[J].政治与法律,1995(4).

体所有的土地实行二级制：即村农民集体所有和乡（镇）农民集体经济组织所有。① 村农民集体所有的土地由村民委员会行使所有权，而乡（镇）农民集体所有的土地由乡（镇）人民政府行使所有权。②

5. 集体土地所有权的行使主体只有一类，即村民委员会。如"根据《中华人民共和国宪法》《中华人民共和国土地管理法》《中华人民共和国民法通则》的有关规定，应当确立村民委员会是农村土地集体所有制的法人代表或所有权的主体"③；又如"应统一规定集体土地归行政村全体农民集体所有，其所有权代表者为村民委员会"④。"村委会作为村集体土地所有权的行使代表，在中国农村有其现实性、合理性和可行性。集体土地所有权由谁来代表行使，实际上是村民自治权的行使问题。"⑤根据这一规定，农村集体土地所有权的主体有三种：村内集体经济组织、村集体经济组织和乡（镇）集体经济组织。村集体经济组织的执行机构是村民委员会，至于村内集体经济组织和乡镇集体经济组织的执行机构目前我国法律尚未明确。⑥

6. 集体土地所有权的行使主体只能为农村集体经济组织或村民委员会。如"土地集体所有权，分别由村农业生产合作社等农业集体经济组织或村民委员会、乡（镇）农民集体经济组织行使"⑦。

7. 集体土地所有权的行使主体必须是其相应的村民大会或代表大会。如"这就说明村民小组、村和乡镇三级集体的土地所有权的行使主体，必须是其相应的村民大会或代表大会，组长、村长和（乡）镇长只是其行使代表"⑧。

8. 集体土地所有权的行使主体是土地股份合作社。如"从我国农村经济的现实情况和政府管理的角度考虑，农地所有权有固定的代表机构将会有助于集体成员利益的维护和产权效率、行政效率的提高"⑨。

9. 农村集体经济组织不是集体土地所有权的行使主体，而是集体土地产权

---

① 黄贤金.土地政策学[M].北京：中国矿业大学出版社，1995：71.
② 贾生华.论我国农村集体土地产权制度的整体配套改革[J].经济研究，1996（12）.
③ 张跃庆.中国房地产市场研究[M].北京：经济日报出版社，1996：120.
④ 曾宝凡，姜兵.农地征用与农地保护法律制度构建的探讨[J].中国土地科学，1996（5）.
⑤ 王菊英.集体土地所有权立法的妥当性分析[J].行政与法，2006（5）.
⑥ 关涛.我国土地所有权制度对民法典中物权立法的影响[J].法学论坛，2006（2）.
⑦ 王家福，黄明川.土地法的理论与实践[M].北京：人民日报出版社，1991：23.
⑧ 张康林，程黎明.论农村土地集体所有权及其行使的主体：兼评《物权法（草案）》第六十二条[J].法制与社会，2006（22）.
⑨ 束景陵.试论农村集体土地所有权主体不明确之克服[J].中共中央党校学报，2006（3）.

之使用主体。如"土地的法律产权主体为行政村或行政乡、镇范围内的农民共有,而村农业生产合作社或者其他集体经济组织只是以经营者或管理者的身份出现,就是说它们取得的是产权之使用权主体的地位"[1]。

在对上述观点进行点评并深入分析后,丁关良认为应明确界定农民集体土地所有权多元行使主体:第一,农民集体土地所有权的行使主体为乡(镇)农村集体经济组织、村集体经济组织、组农村集体经济组织;第二,农民集体土地所有权代行使主体为乡(镇)人民代表大会、村民委员会、村民小组;第三,农民集体土地所有权委托代理行使主体为村集体经济组织或者村民委员会。[2]

与很多学者从理论层面论证集体土地所有权主体这一角度不同,高飞对全国10省30县的集体土地所有权主体制度运行状况进行了实证分析。通过对相关法律的梳理,他认为除国家所有的农村土地外,农村土地的发包人就是该土地的所有权人,如果能够确认农村土地非国家所有,通过考察承包地的发包人,就可以明确该农村土地的所有权人。调查结论如表13-2所示[3]:

表13-2 受访农户承包地的发包人状况分布表

项目	山东	江苏	广东	贵州	四川	山西	黑龙江	河南	湖北	湖南	均值
国家	3.37	0	1.10	10.50	3.41	5.56	2.21	12.36	2.21	6.01	4.67
乡(镇)集体	7.30	0	1.10	12.71	11.36	5.00	3.87	11.24	3.31	7.10	6.28
村集体	78.65	44.44	92.27	38.12	27.84	83.89	83.43	44.38	73.48	18.03	58.48
村小组	6.18	55.56	4.97	4.97	25.00	3.33	2.21	25.38	14.92	34.43	17.68
个人	1.12	0	0.56	2.76	1.70	1.11	1.66	1.12	0	0	1.00
其他	2.25	0	0	29.28	29.56	0	5.52	4.49	6.08	33.33	11.06

注:因存在受访农户未作答的情形,故各项数据总和不为100。"平均值"根据每行对应的实际选择人数与总样本量之比算出。

对于农村土地所有权主体虚位的原因,李永安认为有两个方面,客观原因:农村经济体制改革后,农村土地经营现状改变,尤其是人民公社、生产大队和生产队这些农村土地所有者的取消,造成了农村土地没有所有者的假象;主观原因:农民集体不仅不是一个内涵十分清楚的约定俗成的概念,而且在理论认识上有分歧。但这并不是立法上的法律漏洞,而是立法者根据我国国情所使用的

---

[1] 毛科军.中国农村产权制度研究[M].太原:山西经济出版社,1993:356.
[2] 丁关良.农民集体土地所有权多元行使主体研究[J].淮阴师范学院学报(哲学社会科学版),2007(3).
[3] 高飞.集体土地所有权主体制度运行状况的实证分析——基于全国10省30县的调查[J].中国农村观察,2008(6).

一种立法技术。立法者为了使农村土地所有权主体立法规范适应中国农村土地制度客观变化而使用了"类概念"。①

王小莉则认为,集体所有权之所以存在所有权主体虚位现象,是因为代表机构的成员在为集体利益进行判断和选择时,责、权、利不是一体的,权利由该成员享有,责任和利益却由集体承担,这就难免导致机构成员滥用权力,产生代理成本。当没有有效的监督机制进行制约的时候,集体的所有权主体被虚置,负责机构成员取代了集体的权利主体地位。②

有学者认为,我国农村集体土地产权主体不明晰,既缺乏激励,又没有约束。中国大部分地区农民集体经济组织已经解体或名存实亡,缺乏行使集体所有权的组织形式和程序,农民也缺乏行使集体所有权的内在动机,因此,极易造成上级政府少数人替代下级集体经济组织行使土地所有权的现象。③ 茆荣华也认为,农村集体土地所有权主体虚位,使得村干部利用土地谋取私利和利用土地的支配权欺压农民的现象屡见不鲜。④

（三）集体土地所有权权能残缺

自20世纪80年代中国实行家庭承包责任制以来,关于集体土地所有权的争论一直没有中断,很多学者认为,中国集体土地所有权因为缺乏完整的处分权,且使用权和收益权也受到一定的限制,因此中国集体土地所有权的权能是不完全的。按照传统民法物权理论,所有权应包含四项权能,即占有、使用、收益和处分权能,但我国立法对集体土地所有权过于严格致使其权能残缺。

一方面,集体土地处分权能受到限制。表现如下:第一,集体土地所有权不得转让,但国家却可以根据"公共利益"对集体土地所有权进行强制征收,集体土地的所有权实际上由国家掌握;第二,集体所有的土地不得出让;第三,农村集体公共设施、公益设施建设用地,仍须由县级以上政府批准,集体经济组织没有批准权;第四,农村集体经济组织的成员无论是利用原有宅基地、村内空闲地建房,还是申请新的集体土地建房,均由县级以上政府批准,集体经济组织没有批准权。⑤

另一方面,农村集体所有权的收益权能难以保障。主要表现在:一是国家

---

① 李永安.中国农户土地权利研究[M].北京:中国政法大学出版社,2013:36-39.
② 王小莉.土地法[M].北京:法律出版社,2003:64.
③ 曲福田,田光明.城乡统筹与农村集体土地产权制度改革[J].管理世界,2011(6).
④ 茆荣华.我国农村集体土地流转制度研究[D].华东政法大学博士学位论文,2009.
⑤ 解玉娟.中国农村土地权利制度专题研究[M].重庆:西南财政大学出版社,2009:27.

侵占农地流转收益。国家垄断了土地一级市场,对农村集体所有的土地实行"先征后让",这就使得农民集体作为农地的所有人对其所拥有的农地进行房地产开发等使用不享有收益权。此外,在征地补偿价款方面,数额远远低于土地市场交易的价格。二是在征地补偿的程序上,实际操作中一般由乡镇政府受领补偿款再往下分发,农民个人无权直接受领,增加了补偿款被截留的环节和可能性。[1]

郑和平、段龙龙认为当前中国集体土地产权权能弱化趋势凸显,主要体现在农村集体土地终极所有权主体虚置导致的产权权能弱化和所有权裂变情境下农民土地承包经营权权能保障不足两个方面,根本动因主要源于政治制度变迁与政策变革的双重影响、农村集体土地所有权权能体系残缺和产权保障政策不全、行政强权侵犯产权三个层面,因而必须从强化土地产权、确权改革、构筑新型集体经济治理机制,推进行政体制改革、规范政府公权力运行三个方面重构农村集体土地产权权能在生产、流通与分配三个环节所体现的排他性职能。[2]

李明秋等认为我国集体土地所有权是相对完全的所有权,一方面,集体土地无论是农地还是非农用地,其收益权都是完全的;另一方面,由于集体土地所有权客体的特殊性,国家土地征收权和土地管理权的存在并不构成对集体土地所有权完整性的损害,因而其处分权也是相对完整的。[3]而张照栋、刘舵则认为,我国集体土地所有权本质并非民法上的所有权,由其权能体现出来的集体土地所有权是名不符实的所有权,应当通过构建法人土地所有权制度,以具有物权性质的使用权为核心来完善我国农村集体土地所有权的权能。[4]

二、农村集体土地所有权主体的改革模式

针对目前农村集体土地所有制的缺陷,众多学者提出了改革模式的主张,主要包括四种观点:第一,取消集体土地所有权,实行农村土地国有化;第二,取消集体土地所有权,实行农村土地私有化;第三,部分取消集体土地所有权,实行农村土地国家所有、集体所有和农民私人所有三者并存,或者集体所有和农民私人所有二者并存的多元土地所有制;第四,保留集体土地所有权,对其进行改革和完善。

---

[1] 李凤梅.中国城市化进程中农地保护法律制度研究[M].北京:知识产权出版社,2011:113.
[2] 郑和平,段龙龙.中国农村土地产权权能弱化论析[J].四川大学学报(哲学社会科学版),2013(6).
[3] 李明秋,孙海燕,牛ensen鹏.论集体土地所有权的完全性[J].中国土地科学,2013(4).
[4] 张照栋,刘舵.中国集体土地所有权权能探析[J].贵州警官职业学院学报,2002(4).

（一）农村集体土地国有化

有很多学者主张农村集体土地国有化，由国家作为发包人将土地发包给农民或从事农业经营的经济组织，同时，国家赋予土地使用权人以永租权，有学者总结此种模式为"国家所有＋承包权永佃化"模式[1]。如张全江认为应建立社会主义初级阶段新型的永佃权制度，即土地经营者（永佃人）以支付地租为前提，具有在国家所有的土地上永久耕种的权利的法律制度。在这一制度下，土地经营者在现有土地承包关系的基础上取得永佃权以后，土地所有权属国家，国家通过永佃合同统一安排种植计划，征收地租与农业税合一的地租，土地经营权属永佃人，永佃人根据永佃合同，可以长期经营土地，并可对佃权进行继承和转让。[2]

支持农村集体土地国有化的原因有：①与主流意识形态契合，符合我国的实际情况和民众意愿；[3]②具有制度基础，现行农村土地集体所有权有名无实，处于权力顶端的仍然是国家所有权，一方面可以通过农村土地国有化路径使集体所有权淡出，另一方面可以防止土地双轨制所带来的历史性局限，实则使国家所有权从"幕后"走向"前台"；[4]③有利于国家宏观调控的需要，具体包括保障国家的粮食安全，维护国家的生态平衡和经济的可持续发展。[5]

反对观点：①不可预知的成本和政策风险；②效果尚不可知；③还需要建立相关配套制度相衔接。[6] 对比私有化，国有化似乎更为可行，但是仍然需要回到是否对农民实行剥夺，国家如何组织土地租赁业务和落实土地的管理以及是否可能导致土地实质上被农民占为己有等问题。[7]

（二）农村土地私有化

农村土地私有化的方案，简单地说，就是把现有的农村土地统统分配给农民个人所有。改革开放以来，国内外一直有人主张土地私有化，主张土地私有化的理由如下：①实现农民的愿望，保护农民的根本利益；②优化土地资源配

---

[1] 陈柏峰. 农地的社会功能及其法律制度选择[J]. 法制与社会发展, 2010(2).
[2] 张全江. 应建立农村土地国有制下的永佃权法律制度[J]. 现代法学, 1988(6).
[3] 刘海云. 边缘化与分异——失地农民问题研究[M]. 北京: 中国农业出版社, 2007: 149.
[4] 刘海云. 边缘化与分异——失地农民问题研究[M]. 北京: 中国农业出版社, 2007: 150.
[5] 颜运秋, 王泽辉. 国有化: 中国农村集体土地所有权制度变革之路[J]. 湘潭大学学报(哲学社会科学版), 2005(2).
[6] 刘海云. 边缘化与分异——失地农民问题研究[M]. 北京: 中国农业出版社, 2007: 149.
[7] 曲福田, 田光明. 城乡统筹与农村集体土地产权制度改革[J]. 管理世界, 2011(6).

置,实现农民富裕,从根本上解决"三农"问题;③促进工业化和城镇化;④消除土地管理和征地拆迁上的腐败、暴力和矛盾冲突,维护社会稳定;⑤适应市场经济的要求,再造中国经济政治制度的产权基础。①

反对农村土地私有化的理由如下:①历史事实证明土地私有制并非万能;②土地私有化可能严重损害农民利益;③土地私有化不能保证"耕者有其田";④土地私有化不可能使得大部分农民通过卖地致富;⑤土地私有化会使中国农民丧失最后一条保障线;⑥土地私有化不一定能消除土地抛荒,不利于规模经营和农田水利等基础设施建设;⑦土地私有化不能完全消除与土地有关的腐败现象;⑧土地私有化会提高工业化和城镇化的成本,不利于土地配置效率提高;⑨土地私有化可能导致城市贫民窟化;⑩"三农"问题存在的根本原因不是土地公有制,出路也不是土地私有化;⑪土地私有化不利于保障中国的粮食安全;⑫土地私有化不利于维持社会稳定和坚持社会主义方向。②

(三) 农村土地多元所有制

党国英认为农村土地应该采取多元所有制,这样的制度更有效率。③ 徐国元则对多元所有制进行了具体展开,他认为:全民土地国有制,就是要在法律的基础上,对事实上的国有土地和应划为国有的土地,在制度创新中进一步明确和规范;集体土地农民共有制,就是每个农民都依法拥有相同一份土地所有权。在法律上把土地农民集体所有权明晰到每户或每个农民身上,并在此基础上以行政村为范围,创建农民土地合作社,由土地合作社代表农民来管理农民共有的土地所有权、使用权和流转权;农户家庭所有制,主要是把宅基地和自留地进行私有化,归农民家庭所有。④

(四) 复合所有制

钱忠好认为我国农村土地宜采用复合所有制,即农村土地社会(国家)占有基础上的农民(农户)个人所有制。理由如下:第一,从农村土地特性的角度来看,从我国实际出发,农村土地的部分社会劳动成果特性要求由社会占有土地,在当前,社会占有土地的合适所有制方式是国家所有制;另一方面,农村土地又

---

① 简新华.中国土地私有化辨析[J].当代经济研究,2013(1).
② 简新华.中国土地私有化辨析[J].当代经济研究,2013(1).
③ 建立和维护多元土地所有制[EB/OL].[2013-01-21].财经网 http://www.caijing.com.cn/2013-01-22/112453124.html.
④ 徐国元.建立多元化的土地产权制度[J].中国改革,2005(7).

具有部分的农民个人劳动成果特性,因此农民要求拥有农村土地的部分所有权也是应该的,这样国家和农民都会对农村土地产生所有权要求。第二,我国农村土地所有制的历史变迁可以归纳出两条主线:其一是农地的国家或社会所有权的变迁;其二是农地的个人所有权的变迁。由于沿着原有的制度变迁路径和既定方向前进可以比另辟蹊径来得方便,它至少可节省大量的制度设计成本,因此我们在设计农村土地制度创新方案时不能不考虑到制度变迁路径带来的成本。具体说,既要承认国家拥有农村土地的部分所有权,又要承认农民是农村土地的又一所有权者。第三,从我国农村社会经济生活中非正式制度安排对农村土地所有制创新的影响来看,农村土地制度的创新不能不考虑农村的非正式制度安排,因此,就公私观念对农村土地制度创新的影响而言,在公的方面,国家的权益必须在土地制度中能有所体现,在私的方面,家庭的权益也应该在土地制度中得到体现,并使土地制度安排中公私关系的处理能为整个社会承认和接受。第四,对农地复合所有制所做的进一步研究表明农村土地复合所有制既不同于土地私有制,也不同于一般意义上的土地国有制。在农地复合所有制制度安排下,国家和农民都是农地所有者主体,这使国家和农民之间的关系不再是领导与被领导者之间、整体与局部之间、宏观与微观之间的关系,而是两个平等的农村土地所有权主体之间的关系,为农村土地利用真正按照市场规则进行运作创造了良好的条件。①

(五)坚持农村土地集体所有制,对其进行深化改革

集体土地所有权改革备受争议,但总体说来,坚持现行农村集体土地所有是农村土地所有制改革的主要观点。持此观点的人认为,虽然现行的农村集体土地制度存在一定的缺陷,但是土地国有化或私有化都是不可行的。国有化可能形成对农民的剥夺,而私有化与我国的社会主义公有制不符。陈柏峰认为中国农村土地的法律制度应当充分考虑农村土地的社会功能。从农民生活结构等微观层面来看,农村土地生产收入占有不可或缺的地位,缺之则农民的基本生活和劳动力再生产都难以有效维持;从城乡二元结构和城镇化发展等宏观层面来看,农村土地给农民提供了稳定就业及生活意义,有效维持了城乡社会稳定。因此,当前的农村土地集体所有制应当得以维持,并可在此基础上加以完善。②

---

① 钱忠好.中国农村土地制度变迁和创新研究[J].中国土地科学,1998(9).
② 陈柏峰.农地的社会功能及其法律制度选择[J].法制与社会发展,2010(2).

在坚持农村土地集体所有制的前提下,不同学者提出了不同的改革方案。

1. 明确所有权或使用权主体

沈开举等认为当下土地制度深化改革的首要工作,应该是重启20世纪80年代中断的"政社分离"改革,让行政村真正成为一个政治自治和公共服务组织,然后按照"按份共有——股份合作"的原则让集体经济组织成为一个产权明晰、治理结构完善的合伙企业或者法人组织。①

李晓冰认为农户拥有产权的土地股份制是较好的制度安排,集体所有的土地通过股权化,折股量化到农民个人头上,而且其股权可以转让、可以抵押,同时农民个人又不能完全与集体相脱离。农民集体是土地股份制的董事会,它由股东构成,同时又可以决定单个股东对土地所拥有的产权的流转和最终处置权。在这种新的土地集体共有制的实现形式中,其集体已经不再是原来的以行政村委会或自然村民小组为代表的最基层的政权组织,农民在土地上的切身利益不再是由村支书说了算,而是真正交给农民集体讨论投票决定;农民也已经不再是原来的仅仅是在土地承包关系上的生产经营者,而是拥有土地股权的,对自己所拥有的土地股权可以在一定范围和一定程度上进行自由处置的股民,是自己土地的真正的所有者。②

2. 明确村民小组为农村土地所有权主体

有学者认为,将土地界定给村民小组,由村民小组拥有土地产权;在无村民小组的社区界定为行政村,而在由行政村行使土地承包的前提下,农户承包的土地地域范围应与村民小组相对应。③ 针对实践中乡镇集体经济组织名存实亡,"村民小组"没有自己的组织机构,村委会原本作为村民自治组织的角色异化为基层政权组织代表等情况,张先贵认为,对于村民小组,应该从健全组织机构,配备其印章,赋予其独立地位等方面完善;对于村委会,应该从完善集体土地所有权行使程序层面来限制其滥用权力,以实现民主决策,保障集体成员的合法权益。④

3. 明确集体土地所有权的行使主体

林和明等建议对原来属于乡(镇)集体所有的土地,可以依照土地来源,将

---

① 沈开举,程雪阳.论中国集体土地所有制改革的底线[J].公民与法(法学版),2014(6).
② 李晓冰.论公有制框架内的农村土地制度改革问题——农村集体土地所有制实现形式:土地股份合作制探索[J].中国集体经济,2011(16).
③ 张红宇.中国农村土地产权政策:持续创新——对农村使用制度变革的重新评判[J].管理世界,1998(6).
④ 张先贵.集体土地所有权改革的法理思辨[J].中国土地科学,2013(10).

其确定为村民委员会或者村民小组所有;对原来属于村农民集体所有的土地,可以直接确定为村民委员会所有;对原来属于村内两个以上农村集体经济组织的农民集体所有的土地,可以直接确定为各村民小组所有。为实现土地的集体所有,在赋予村民委员会和村民小组集体所有权主体地位的同时,应当成立村民代表会议和村民小组代表会议,分别行使所有者职权。此外,为提高管理效率,降低交易成本,可以构建一种委托代理机制,由村民委员会负责其所有土地及所属村民小组所有土地的日常经营管理活动。①

4. 淡化所有权,强化使用权

在现阶段,有学者认为过于纠缠文本意义上的土地所有权并无太大意义,在中国大的政治环境没有改变的情况下,就算制定了法律把产权落到个人头上,也不能立马改变运行了多年的非正规制度,因此李昌金认为应当摒弃二元思维模式,以动态逻辑思维取代静态逻辑思维,即淡化所有权、强化使用权。长期的、完整的土地使用权其实就是所有权。②

陈柏峰总结道,"集体所有+承包权永佃化"与"国家所有+承包权永佃化",在本质上高度类似,它们共享着相同的理论逻辑,都是所有权被虚化了,因此都是变相私有化的措施。③

张银定等认为对农地集体所有制进行改革,应该弱化农地所有权,变使用权为独立和完整的产权,归农民所有。理由如下:第一,从理论上说,所有权和使用权分离符合现代企业制度理论;第二,农民拥有完整的土地使用权符合现代市场经济建立明晰的产权制度的一般要求;第三,农村土地农民私有还可以提高农民的收入;第四,实行土地所有权和使用权相分离在操作上不会出现太大的困难。④

第三节 集体土地使用权问题研究

集体土地使用权流转可分为农村土地使用权流转和集体建设用地使用权流转,前者指土地承包经营权流转,后者指包括宅基地使用权在内的集体建设

---

① 林和明,李永涛.农村集体土地产权管理引发的社会问题与制度创新[J].广东农业科学,2006(10).
② 李昌金.淡化所有权,强化使用权[J].中国改革,2007(8).
③ 陈柏峰.农地的社会功能及其法律制度选择[J].法制与社会发展,2010(2).
④ 张银定,沈琼,刘志雄.论我国农地集体所有制存在的问题及对策[J].农村经济,2004(12).

用地使用权流转。

有学者认为现行的集体土地使用权在不同层面影响着城镇化的进程:①由于农村土地流转制度不健全,农村土地生产难以实现规模效益,生产效益得不到提高,既不能为农民进城提供资金积累,也不能解决承包土地的后顾之忧,结果同时抑制了农业现代化建设和城镇化进程。②乡镇企业基本上是无偿或是低价使用土地,为节省土地成本,各村选择本村土地办厂,结果造成乡镇企业分散布局的现象。这种高度离散的分布,限制了人口、土地、资金等城镇化要素和资源的有效配置,难以形成规模,不仅抑制了乡镇企业对城镇化的促进作用,也抑制了乡镇企业自身的进一步发展提高。③农村宅基地使用基本处于一种无偿使用状态,宅基地使用的权、责、利不明,不仅造成农村宅基地利用效率低,而且难以形成农村宅基地的流通市场,进一步激化了城镇化与用地之间的矛盾。①学者针对集体土地使用权在现实中的问题与改革建议从不同角度提出了各自的研究成果。

一、土地承包经营权流转

(一) 土地承包经营权的现状

我国农村土地的流转主要存在以下几个特点:

1. 全国缺乏统一的农村土地流转市场

由于经济、政治、环境等相关因素的影响,农村的土地流转还局限于小范围的人员之间。

2. 农村土地流转交易行为不规范

当前,农村尚未全面建立规范的土地流转机制。据有关信息,截至2008年年底,全国累计有27个省份、229个县份建立了农村土地承包纠纷仲裁试点。在许多地方,农村土地流转双方大多是以口头协议的方式确立流转关系,鲜有书面协议,即使签订了书面协议,也存在条款不规范、不齐全、不具体的情况。②

3. 农村土地流转引发的纠纷较多

王茜通过研究发现,中国的农村土地流转自20世纪80年代逐步加快,但是到了2008年,国际金融危机导致大量的农民工失业返乡,其中相当一部分人

---

① 孙正林.破解中国农村城镇化的体制性障碍[M].哈尔滨:东北林业大学出版社,2006:104-105.

② 李跃.新农村建设中的土地流转问题分析[J].农业经济问题,2010(4)。

面临着土地已被流转而无地耕作的窘境。以重庆市黔江区为例,截至2008年11月,当地已返乡的3.57万名农民工中有8.23%表示,因为土地已经流转,无法开展农业生产。农民工返乡后没有收入来源,欲索回土地使用权。而武冈市的调查则显示,2009年以来,该市涉及农民工的土地流转纠纷较去年同期增长了33%。①

4. 农村土地流转的地区差异较大

由于我国地区经济发展不均衡,导致我国农村经济在南部与北部,中西部与东部的差异很大。这种地区之间的差异引发在土地流转方面也同样存在这样的区域差异。一般而言,在经济发达地区,土地流转率相对较高,土地流转规模也相对较大;反之,在经济欠发达地区,土地流转率就比较低,土地流转规模也比较小。②

5. 农村土地流转的模式多元化

各地积极探索和创新农村土地经营制度,发现了一些新的组织形式和形态,如"农村土地信用合作社""土地托管",地上附着物抵押贷款、土地折价入股等。③

6. 农村土地集中度和集中率都非常低

农业现代化需要土地集中规模经营,而我国的土地呈现细碎化特点,有学者期待通过土地流转实现土地集约化、规模化经营。李跃通过对浙江土地流转情况进行分析,认为要把土地从分散的农户手中成片流转,没有较好的利益导向或出台新的政策措施将很难获得土地承包户的同意。④

(二)影响土地承包经营权流转的因素

1. 所有权模糊和承包关系不稳定

商春荣、王冰认为,产权主体不明、权利束残缺等造成土地使用权交易成本高昂,构成了土地流转的主要障碍。⑤祝金甫、冯莉认为集体土地所有权的行使主体不明,致使村委会不经村民同意、违法买卖土地的情况非常普遍,而我国集

---

① 王茜. 当前农村土地流转存在的问题及对策——基于农民工返乡潮计划土地流转纠纷的视角[J]. 中国房地产,2009(8).
② 祖彤,杨丽艳. 法律视角下农村土地流转面临的困境与出路[J]. 特区经济,2012(2).
③ 祝金甫,冯莉. 农村土地流转存在的问题及对策[J]. 宏观经济管理,2011(8).
④ 李跃. 新农村建设中的土地流转问题分析[J]. 农业经济问题,2010(4).
⑤ 商春荣,王冰. 农村集体土地产权制度与土地流转[J]. 华南农业大学学报(社会科学版),2004(2).

体土地所有权受限过多,未能体现出土地的财产特性,从而不能提高土地利用率。①

2. 使用权不稳定

村集体常常会根据人口变动,在农户之间调整土地。杨学成等对山东农户调查结果表明,第二轮土地承包以来,有近一半的村做过土地调整,调地的最主要原因是人口变化,调地的决定权一般掌握在村干部手里。② 村集体的土地调整一方面把土地重新分配到土地资源较少的农户手中,代替了土地市场的作用,另一方面导致土地承包经营权不稳定,对农村土地流转产生了抑制。有学者在 2008 年对 17 个省份农村土地调查数据发现,30 年土地使用权不变政策的落实对农户土地投资、农村土地流转市场的发育以及农民地权稳定性的信心等具有显著影响,因此建议采取有力举措(如赋予农民土地的永久使用权,禁止土地调整并进行配套改革,立法给予农民更多决策权以解决征地难题等),以进一步提高农民地权的稳定性,激励农民土地投资,加快农村土地流转,并促进城乡统筹发展。③

3. 农村社会保障体系不完善

有学者认为我国现行的社会保障体制难以在短时期内覆盖农村,农村土地在相当长的时间内仍是大部分地区、大部分农民获取收益和维持生存的保障。④ 邓海峰、王希扬认为农村土地对农民具有生存保障与投资的双重作用,土地承包经营权的流转具有多重功能:其一,打破原有的静态财产权分布格局,盘活农村土地资产,刺激土地投资价值的实现,促进土地作为生产要素功能的进一步市场化;其二,为打破城乡二元化的社会结构奠定经济基础,为农民的自由流动创造制度可能;其三,为实现土地所承载的农民社会保障功能的货币化提供制度支撑。现行户籍制度的身份差异引发了更为深层次的就业制度、社会保障制度的城乡差别,导致土地承包经营权流转的三项功能难以实现。⑤

---

① 祝金甫,冯莉.农村土地流转存在的问题及对策[J].宏观经济管理,2011(8).
② 杨学成,赵瑞莹,岳书铭.农村土地关系思考——基于 1995—2008 年三次山东农户调查[J].管理世界,2008(7).
③ 叶剑平,等.2008 年中国农村土地使用权调查研究——17 省份调查结果及政策建议[J].管理世界,2010(1).
④ 祝金甫,冯莉.农村土地流转存在的问题及对策[J].宏观经济管理,2011(8).
⑤ 邓海峰,王希扬.户籍制度对土地承包经营权流转的制约与完善[J].人口中国.资源与环境,2010(7).

4. 农村土地市场不完善

我国土地市场价格被扭曲,土地价值无法实现;土地流转市场中介组织发育严重滞后,全国除浙江等少数省份存在少量的土地流转中介机构外,其他省份的土地市场中介组织严重匮乏;缺少农村土地评估机构、土地法律咨询机构、农村土地融资、保险等服务性机构,导致我国农村土地流转基本上是在一种信息不对称的双边垄断市场中运行。①

5. 非农就业因素

多数学者认为农民非农就业有助于促进农村土地流转。刘洋、邱道持的研究指出非农就业率是影响农户参与农村土地流转意愿最重要的因素,并且其影响方向为正。② 但钱忠好认为尽管存在家庭成员的非农就业,但并不一定会发生土地流转,这取决于农户整体经营兼业化程度与家庭成员内部分工。③

二、农村土地承包经营权流转的改革建议

针对农村土地承包经营权流转过程中出现的问题,学者纷纷提出了自己的建议,黄祖辉、王朋认为,应该完善农村土地产权关系,明确土地流转利益主体;完善农村土地治权结构,保障土地流转合法利益;完善土地流转中介组织,促进土地高效有序集中;消除土地社会保障功能,推进土地完全自由流转。④ 杨光认为应该清理、修改关于农村土地承包经营权流转的法律文件,制定《农村土地承包经营权流转法》,并且完善土地承包经营权流转登记制度。⑤ 温世扬认为应该构建完整的农村土地权利,完善农村土地流转规则,加强农村土地流转市场的构建,对农村社会保障制度进行完善。⑥

(一) 农村集体建设用地使用权流转

1986年的《土地管理法》中正式提出"农村建设用地"概念,并与城市建设用地概念相对应。"农村建设用地"主要包括农民宅基地、乡镇企业用地、公共

---

① 祝金甫,冯莉.农村土地流转存在的问题及对策[J].宏观经济管理,2011(8).
② 刘洋,邱道持.农村土地流转农户意愿及其影响因素分析[J].农机化研究,2011(7).
③ 钱忠好.非农就业是否必然导致农村土地流转——基于家庭内部分工的理论分析及其对中国农户兼业化的解释[J].中国农村经济,2008(10).
④ 黄祖辉,王朋.农村土地流转:现状、问题及对策——兼论土地流转对现代农业发展的影响[J].浙江大学学报(人文社会科学版),2008(3).
⑤ 杨光.我国农村土地承包经营权流转制度的缺陷与完善对策[J].当代经济研究,2011(10).
⑥ 温世扬.农村土地流转:困境与出路[J].法商研究,2014(2).

设施和公共事业用地以及经依法办理了合法的农村土地转用手续的农用地四个部分。农村集体建设用地使用权流转,是指在集体建设用地所有权不变的前提下,集体建设用地使用权以有偿方式发生转移、再转移的行为,包括出让、出租、转让、转租、作价入股、抵押等流转方式,其实质是使用主体发生有偿变动。①针对集体建设用地使用权流转的研究主要体现在几下几点:

1. 农村集体土地使用权流转现状

(1) 集体土地使用权流转的制度现状

我国现行法律对于集体建设用地使用权流转的对象、方式及范围等方面都进行了严格的限制。大部分农村集体建设用地如果想要流转必须通过征收,使其变为国有后才有流转的可能。张善斌通过对《物权法》《土地管理法》《宪法》等法律和政策进行分析,认为我国现有法律规定制约了农村集体土地使用权流转,并且相关法律之间存在冲突。②王晓霞、蒋一军在分析中国集体建设用地使用权流转政策背景的基础上,从流转的限制条件、价格确定、收益分配、宅基地、商品房开放及直接入市6个方面综合归纳了中国农村集体建设用地使用权流转的基本政策,他们认为虽然从法律和政策可以看出,国家对农村集体建设用地使用权流转的立法控制在逐步放开,集体建设用地使用权的主体范围有所扩大,但是目前仍然没有建立起配套的集体建设用地使用权流转的办法或规定,使各地在具体操作上仍困难重重。③

(2) 集体土地使用权流转的实践现状

喻文莉等认为,立法的限制并没有阻碍集体土地商品化的趋势。工业化水平的快速递增和城镇化规模的急剧扩张使得农村集体建设用地使用权的流转在广大农村已是十分普遍的现象,且流转规模不断扩大,一个庞大的隐形市场正在悄然形成。④

2. 是否应该严格限制农村集体建设用地使用权的流转

一种观点是支持现有法律的限制性规定。他们认为,在任何国家和地区,土地的流转土地是农民的生存保障,如果允许土地权利的自由流转,农民在转

---

① 刘巧芹,等.农村集体建设用地使用权流转及其收益分配问题分析——以河北省M村为例[J].农业经济,2014(3).
② 张善斌.集体土地使用权流转的障碍排除与制度完善[J].法学评论,2014(2).
③ 王晓霞,蒋一军.中国农村集体建设用地使用权流转政策的梳理与展望[J].中国土地科学,2009(4).
④ 喻文莉,陈利根.困境与出路:城市化背景下的集体建设用地使用权流转制度[J].当代法学,2008(3).

让土地权利后就丧失了生存的保障。① 由于农民集体所有的土地主要是耕地、林地、草地、山地,因而成为生态环境保护以及粮食安全生产等的基本前提。若准许集体建设用地使用权入市流转,将会严重威胁国家的粮食安全和生态安全,损害社会公共利益。由于国家进行宏观调控的一种基本方法就是调控土地市场,所以国家垄断土地一级市场有利于宏观调控手段的实施。②

另一种观点认为应该改革现行法律,允许农村集体建设用地使用权流转。张善斌主张为现行法律制度的弊端进行开脱的种种理由都是站不住脚的,修改现行法律,完善农村集体土地使用权流转制度势在必行。③ 陶镕认为,我国农村集体建设用地使用权的现行规定已经造成农村土地利用制度和耕地保护目标受到严重挑战,农民缺乏可靠的权利保障,收益分配关系十分混乱,以及集体土地资产流失严重等后果。④ 有学者认为,一方面,农村集体建设用地使用权流转符合公平与效率原则,允许农村集体建设用地使用权流转,形成了相互竞争的建设用地供给市场,进而促进统一的城乡建设用地市场形成,使得农村土地资源得到了合理有效的配置,而且农民的土地收益得到增加,社会效益也得到了提高;另一方面,我国现在处于市场经济时期,在城市建设用地现存量日益减少的情况下,允许利用农村集体建设用地来平衡市场需要,不失为一种更有效的解决方法。并且,在市场化的今天,市场机制要求农村集体建设用地作为市场经济的一种资源要素参与流转,实现土地资产价值,符合市场经济效率原则。⑤

3. 对农村集体建设用地使用权流转试点地区的研究

陶镕博士将试点地区在实践中形成的集体建设用地使用权流转模式归纳为三种:一是权利转让模式。该模式的特点是采用征收的方式将集体土地变为国有土地,这样的话,集体建设用地使用权流转就必须办理国有土地使用权出让或国有土地租赁,而对于流转所获收益则大部分返还给集体经济组织。采用这种模式的地方主要有宁波、温州、常州和无锡等。二是保权分利模式。在该模式下,集体建设用地使用权可以直接进入市场,而集体所有权并没有改变自身性质,国家、农民集体以及土地使用者、农民都能享有其应有的土地收益。上海嘉定、安徽芜湖等地采用了这一做法。三是综合模式,又称为区别对待模式。

---

① 孟勤国.物权法开禁农村宅基地交易之辩[J].法学评论,2005(4).
② 陶镕.集体建设用地使用权流转的法律规制研究[D].南京师范大学博士学位论文,2014.
③ 张善斌.集体土地使用权流转的障碍排除与制度完善[J].法学评论,2014(2).
④ 陶镕.集体建设用地使用权流转的法律规制研究[J].南京师范大学博士学位论文,2014.
⑤ 雷兰,张晓怡.集体建设用地使用权流转法律问题新探[J].人民论坛,2013(20).

在这种模式下,转权让利方式适用于城市规划区和建制镇规划区,保权分利方式则适用于规划区外。杭州、湖州等地采用了此种模式。① 亓宗宝对各地集体建设用地使用权的流转探索实践进行研究,发现实践中施行的集体建设用地使用权流转方式呈现以下特点:一是不再区分流转主体,而是按流转主体的不同,分别设置不同的流转权限;二是各种流转方式对现行法律流转制度做出了重大突破;三是流转对价能较充分地体现出集体建设用地使用权作为土地资产的真实市场价值。②

(二)农村集体建设用地使用权流转的改革

多数学者针对目前的农村集体建设用地使用权流转提出了改革的建议。梁亚荣认为,在市场经济体制下,应本着权利本位理念重构集体建设用地使用制度,赋予集体建设用地使用权人充分的土地权利,实现集体建设用地使用权与国有建设用地使用权的平等,使集体建设用地和国有建设用地能在统一的市场内进行优化配置,并通过土地规划、土地税收、农村土地补偿等制度实现公私利益和不同用途、不同区域间土地利益平衡。③ 高林远等提出了四种改革途径:一是在农村集体建设用地的权利制度和流转体系上进行创新,两者必须建立在《土地管理法》的全面修改和完善的基础之上;二是优先出台有利于集体建设用地使用权流转的相关条例;三是以国务院或国土资源部规范性文件的方式明确集体建设用地使用权流转的改革路径和架构;四是由地方试点做出过渡性的解决安排。其认为进行《土地管理法》的个别条款的修改,采用分步骤的方式逐步建立中国的集体土地管理制度更为有效。④

第四节 农村集体土地征收问题研究

城镇化的进程必然会涉及对农村集体土地的征收,学界对这个问题进行了大量探讨,这一节我们主要研究农村集体土地征收中出现的问题及相应的解决对策。

---

① 陶镕.集体建设用地使用权流转的法律规制研究[D].南京师范大学博士学位论文,2014.
② 亓宗宝.集体建设用地使用权流转探索实践及执行问题研究[J].山东社会科学,2013(6).
③ 梁亚荣.集体建设用地使用制度的异化与重构[J].法学杂志,2013(6).
④ 高林远.制度变迁中的农民土地权益问题研究[M].北京:科学出版社,2010:102.

一、农村集体土地征收出现的问题

《土地管理法》规定:"国家为了公共利益的需要,可以依照法律规定对土地实行征收或征用并给予补偿。"《物权法》第42条也规定:"为了公共利益的需要,依照法律规定的权限和程序可以征收集体所有的土地和单位、个人的房屋及其他不动产。"目前,我国农村集体土地征收制度存在的缺陷具体在以下三个方面:

(一)征收目的不明确

土地征收的目的不论是立法还是理论均认为应当是为了公共利益,但是并没有对"公共利益"给出法律标准和详细范围,致使实践中以"公共利益"为借口的滥征农村土地现象严重。调查显示,我国农村集体土地征收中有80%是基于商用目的进行的。[①]

(二)征收补偿过低

我国集体土地征收补偿的"产值倍数法"的标准为大部分学者所诟病,李集合、彭立峰认为现行土地征收补偿的不完全性和非公平性,相当程度上造成和加剧了滥用土地征收权,侵犯土地权利人合法权益,危及国家粮食安全、土地合理利用以及社会安定和谐等一系列问题。[②]屈茂辉、周志芳针对地方立法文本中关于征收补偿标准的立法权行使状况和内容构成进行了统计分析,认为我国征地补偿的立法层级很低,地方立法文本的补偿条款具有高度不确定性,年产值倍数法仍然是占主导地位的补偿模式,补偿倍数总体不高,政策性文件和立法存在冲突。[③]

(三)征收程序不完善

我国的《土地管理法》对土地征收程序几乎没有规定,具体的征收程序主要依据国务院以及国土资源部的相关文件。目前土地征收程序领域主要存在三个方面的问题:

1. 公共利益认定程序缺失

《土地管理法》规定了征地分级限额审批制度,但对其审批内容并未明确规

---

① 孔祥智,王志强.我国城镇化进程中失地农民的补偿[J].经济理论与经济管理,2004(5).
② 李集合,彭立峰.土地征收:公平补偿离我们有多远?[J].河北法学,2008(9).
③ 屈茂辉,周志芳.土地征收补偿标准研究——基于地方立法文本的分析[J].法学研究,2009(3).

定,对拟批准的征地项目是否属于公共利益项目不做明确要求,有关主管部门关注更多的是是否在其审批权限范围之内。①

2. 公告、听取意见程序不合理

第一,告知时间过晚,缺乏征地预告知程序;第二,公告程序的设置存在问题,现有的告知是一种事后公告,且是一种既定事实的告知,没有提供有效救济渠道;第三,告知方式不合理,由于我国对告知的规定模糊导致实践中告知方式仅采用张贴公告的方式,无法保证每户农民均能够获得征地信息;第四,告知的内容不够详实,与信息制度不符。②

3. 被征收人参与程度低

集体和农民参与的程度有限,主要表现在两方面:第一,被征收人在征地行为确定之后才有参与的机会,只能对征地补偿和安置方案提出意见或要求组织听证,而对根本性的征收目的合法性的认定方面没有任何发言权,更没有提出异议的权利;第二,即使是征地补偿和安置方案,集体和农民参与的程度也很有限,缺乏相应的制度保障。③

二、应对农村集体土地征收问题的解决措施

(一) 合理界定公共利益

学界对于如何限制公共利益的范围得出了丰富的成果。范进学教授从方法论的角度提出了界定"公共利益"的方法,即公共利益的一般学理特征、程序原则的限定以及法律列举与概括式方式。还有很多学者从土地征收的角度,对公共利益进行探讨。王利明教授认为有必要在法律上对公共利益进行类型化,除了正面列举之外,还可以通过采用反面排除的方式,对不属于公共利益的情形予以直接排除。此外,应着重将公共利益的判断纳入程序控制的范畴,由司法机关解决公共利益的争议。④ 刘国臻认为,界定我国土地征收领域公共利益的边界,既不能完全照搬西方发达国家也没有完全界定清楚的公共利益,也不能因城镇化、工业化的需要就对土地征收的内容范围规定得太宽泛,甚至不加以规定,而应当针对我国的具体国情,从实体法和程序法上进一步将《宪法》《物

---

① 周秋琴. 冲突与协调:我国农村土地制度变革中农民权益的保障[M]. 镇江:江苏大学出版社,2011:224.
② 符启林. 征收法律制度研究[M]. 北京:知识产权出版社,2012:402.
③ 梁亚荣,刘燕. 构建正当的土地征收程序[J]. 中国土地科学,2008(11).
④ 王利明. 论征收制度中的公共利益[J]. 政法论坛,2009(2).

权法》《土地管理法》所规定的公共利益目的细化或具体化,以防止土地征收权的滥用。①

(二) 完善土地征收程序

学界关于土地征收的研究成果,主要集中在与国外征收程序的比较、正当程序在土地征收中的适用。有学者通过研究正当法律程序原则在各国征地制度中的应用,认为应该从促使征地程序公开、保障集体和农民参与、引入征地目的合法性、征地补偿的司法审查程序、实现程序内在价值等方面对土地征收程序进行完善。② 胡戎恩认为,集体土地征收应当顺应参与式行政的发展趋势,进一步强调程序参与和程序平等原则,保证被征地人提前、全面和深入介入土地征收流程,强化其在土地征收中的话语权。在制订土地利用规划方案、认定公共利益、设计补偿安置方案、分配土地补偿款项、争议解决程序和司法救济机制等各个环节,都应当拓宽被征地人顺畅、平等的参与渠道。③

(三) 提高征地补偿

靳相木、陈箫总结学界提出的征地补偿制度改革思路主要有:

1. 完善产值倍数法。如有学者提出把人均耕地面积的分布考虑到征地补偿计算中来④,把土地的投入产出比、年产值增长率和被征地农民使用征地补偿安置款能够获得的年收益率等指标引入产值倍数法的测算中来⑤。

2. 增加补偿范围。如征地补偿要同时体现农村土地实际效用价值中的生产性收益和非生产性收益⑥,补偿时要将被征收土地的区位差异和征地后的用途差异、残余地和相邻土地损害、经营损失以及其他各种因征地所致的必要费用等可确定的财产损失⑦和土地潜在收益损失、土地增值的价格损失等间接损失纳入补偿范围。

3. 基于土地市场价值进行补偿。学者认为应当界定公共利益,限定征地范

---

① 刘国臻.论我国土地征收公共利益目的之边界[J]中国行政管理,2010(9).
② 梁亚荣,刘燕.构建正当的土地征收程序[J].中国土地科学,2008(11).
③ 胡戎恩.集体土地征收中的主要程序问题研究[J].河南财经政法大学学报,2013(4).
④ 丁成日.中国征地补偿制度的经济分析及征地改革建议[J].中国土地科学,2007(5).
⑤ 陈标金,李大胜.征地补偿标准与失地农民的利益保护[J].华中农业大学学报(社会科学版),2007(4).
⑥ 钱忠好.土地征用:均衡与非均衡——对现行中国土地征用制度的经济分析[J].管理世界,2004(12).
⑦ 鲍海君,吴次芳.关于征地补偿问题的探讨[J].价格理论与实践,2002(6).

围,以体现土地最高最佳利用的市场价值为基础进行补偿。①

4. 基于农村土地非农化增值收益分配视角重塑补偿标准,即把发展权作为一项补偿名目引入我国土地征收改革领域,借此解决征地补偿标准偏低的问题。②

靳相木、陈箫引入"被征收人的所失""征收人的所得"两个概念刻画了我国本土实践过程中集体土地征收"公正补偿"内涵界定及实现的困局,指出"公正补偿"内涵界定必须引进社会的、政治的解决途径,必须坚持和完善由上级政府制定征地"公正补偿"客观标准的制度。③

第五节 结 语

城镇化进程中的土地问题涉及的领域十分广泛,能否处理好土地问题关系着城镇化进程的成败。在农村集体土地所有权、使用权和土地征收这三个问题中,完善农村集体土地所有权的种种缺陷是有效解决农村集体土地使用权流转及农村土地征收这两个问题的基础。土地归谁所有,必须立足中国现阶段的基本国情去探索。针对农村土地使用权的流转问题,需要法律和其他相关配套制度先行,为土地流转创造良好的社会环境。针对农村土地征收问题,必须切实保障农民平等的参与权,切实保障农民的利益不被任意剥夺。

---

① 刘向民.中美征收制度重要问题之比较[J].中国法学,2007(6).
② 黄祖辉,汪晖.非公共利益性质的征地行为与土地发展权补偿[J].经济研究,2002(5).
③ 靳相木,陈箫.土地征收'公正补偿'内涵及其实现——基于域外经验与本土观的比较[J].农业经济问题,2014(2).

第十四章 城镇化发展中的权利问题研究综述

城镇化是经济社会发展的必然趋势,在长期城乡二元的经济体制之下,城镇化不仅改变了农民在空间上的生存环境,也对农民权利体系的发展产生了重大影响。在城镇化的发展中产生了一系列权利流失及权利缺失的问题,本章着重对城镇化发展中失权问题方面的研究进行综述,综述在城乡服务一体化、社会福利权的平等化方面的研究成果,进而提出切实可行的应对方案。

第一节 农民权利的内容

农民权利是一个具有复杂内涵的概念,中国现有法律制度中,农民权利虽然已有一些规定,并且以"农民权利"为主题的文献非常多,但如何从理论上厘清农民权利体系并在社会发展的基础上寻求农民权利体系的进一步完善仍旧是一个亟须探讨和解决的问题。① 在目前关于农民权利的理论中,主要有这样几种观点:

一、政治权利、经济权利、社会权利

有学者认为农民权利是基于农民的身份所享有的受宪法和法律保护的基本权利。在其权利体系的构成上突出基本权利的同时,着重考虑了农民的身份特点而非职业特点。因此将农民的政治权利、经济权利和社会权利作为其权利体系的基本构成部分。政治权利包括村民自治权、迁徙自由权、发展权、结社权等。经济权利包括土地承包经营权、集体企业资产受益权、宅基地使用权、公平

---

① 牛玉兵,杨力.农民权利体系的逻辑构造与制度创新——以城镇化空间转型为视角[J].学习与探索,2014(2).

交易权。社会权利包括劳动权、社会保障权、受教育权、环境权。①

二、公民权利、政治权利、经济社会和文化权利

这是根据国际人权法理念进行的分类,有研究认为公民权利主要包括农民的自由权、人身权和财产权;政治权利主要包括农民的自治权、农民参与国家管理的权利;经济社会和文化权利主要包括农民的工作权、受教育权、健康权以及享受社会保障的权利。②

有学者根据国际人权宪章将农民权利区分为两大类权利:一是公民权利和政治权利,二是经济、社会和文化权利。认为在中国公民权利与政治权利通常混合使用,并不加以明确区分。农民的公民权和政治权利包括人身权、迁徙自由权、结社权、参政权、自治权、信访权。经济、社会和文化权利包括土地财产权、受教育权、社会保障权、健康权、文化权、环境权。③

还有学者认为公民权利是一个外延广阔的概念,其中农民政治权利、教育权利、社会保障权利、土地财产权利和迁徙自由权利与中国城镇化的关系非常密切。其中政治权利的二元性造成了城乡分离制度的累积效应;教育权利、社会保障权利和土地财产权利限制了农民选择的能力;迁徙自由权利限制了农民选择的空间。④

三、生存型权利、保障型权利和发展型权利

赵万一教授根据农民权利生成的原因及其作用范围进行分类,根据权利作用的不同,将农民的基本权利区分为生存型权利、保障型权利和发展型权利三种类型。

生存型权利是以满足农民的基本生存需要为实现目标和关注点的一类权利。主要包括作为人的最基本要求的平等对待权;满足日常生活需要的财产权;选择生存方式的迁徙自由权;传递利益诉求的政治参与权。其包括平等对待权、财产权、迁徙自由权、政治参与权等。

---

① 刘云升,任广浩.农民权利及其法律保障问题研究[M].北京:中国社会科学出版,2004:12-30.
② 杨春福,胡欣诣.江苏新农村建设中农民权利的法理学研究[C]//江苏省法学会,江苏法制报社.江苏法学研究[M].南京:南京师范大学出版社,2008:91-105.转载于:牛玉兵,杨力.农民权利体系的逻辑构造与制度创新——以城镇化空间转型为视角[J].学习与探索,2014(2).
③ 张英洪.农民权利论[M].北京:中国经济出版社,2007:6-21.
④ 张顺.农民公民权利缺失对中国城市化的制约[J].学术交流,2011(3).

依照保障的方式不同,保障型权利可以分为正向保障和逆向保障两种类型。正向保障型权利是指确保农民获得基本生活水平的权利,即社会保障权;逆向保障型权利是指当农民理应获得的权益受到侵害时要求否定这种侵害行为的权利,即司法救济权。保障型权利包括社会保障权和司法救济权等。

发展型权利包括了参与发展的权利和自我发展的权利两种类型。前者强调每个人都有权积极、自由和有意义地参与发展的进程、决策与管理,并公平分享由此带来的各种利益。后者强调个体在社会中的健康发展所需要的各种权利,诸如保证物质发展的就业权、保证精神发展的受教育权以及抵御发展风险的结社权等。具体到农民而言,就业权、受教育权、结社权是最重要的发展型权利。①

四、农民的应有权利、法定权利和现有权利

王佳慧博士通过对农民权利保护问题方面的论著进行研究后认为,原有关于农民权利的研究存在以下问题:

一是不少学者将"权利"与"权益"和"利益"等同。王佳慧博士对这几个概念做了必要的区分。权利是一个抽象的概念,是与法律和正义紧密相联的,利益则多关涉具体的物质,而不论这种利益合法、合理与否。权利不是真实的利益,而是创设利益的可能性,是一种主张或者行动的可能性。② 它一般只是一种允许或能力,允许人们去追求符合法律的正当利益,不符合法律的的利益不能上升为权利。"权利"也不同于"权益","权益"意指权利之上的利益,或解释为受法律确认的利益,是基于权利而实现或应获得的利益,而"权利"则是这种利益之所以受法律确认和保护的根据。"权益"重点指称"利益",而"权利"重在指称"正当"。③

二是学者们对农民权利是农民的哪些具体权利并未形成统一的观点,有的认为是平等权、选举权等政治权利,有的认为是工作权、劳动报酬权等社会经济文化权利,更多的是认为平等权、迁徙自由权、土地财产权等政治、经济权利综合在一起的权利的总和,但对"总和"内容的界定却视说明问题的需要而各不相同。是应有权利还是法定权利也不统一。因此,对农民问题的研究形成了一种

---

① 赵万一.中国农民权利的制度重构及其实现途径[J].中国法学,2012(3).
② 强世功.基本权利的宪法解释——以齐玉苓案中的受教育权为例[C]//赵晓力.宪法与公民[M].上海:上海人民出版社,2004:12.
③ 王佳慧.当代中国农民权利保护的法理[D].吉林大学博士学位论文,2007.

零敲碎打、各自为解的研究局面,同样不利于农民问题的分析和解决。

因此王佳慧博士提出农民权利包含农民的应有权利、法定权利和现有权利,即农民享有人权意义上的应受到平等对待的权利,农民作为公民享有的权利和作为弱势群体应受到重视的权利。从性质上看,农民权利是一种群体权利、类人权。①

第二节 城镇化进程中的农民失权问题

中国城乡二元的公共服务体制,容易让人做出城镇化进程会提高居民社会福利水平的逻辑判断。王伟同针对中国数据的实证研究发现,中国居民公共服务水平的改善主要得益于政府提供公共服务能力的提高,而城镇化进程本身并没有带来居民社会福利水平的提高,相反甚至出现了阻碍居民福利改善的现象。这一结论表明,与民生福利相脱节的城镇化道路,固化了原有的城乡二元公共服务体制下的差异化福利分配结构,无异于阻碍了社会福利水平的提高。②因此城镇化过程中的失权问题引起了学者们的关注。

在我国城镇化进程中,我国城乡之间人口的流动性逐渐增强,农民群体的内部结构发生了重要变化,传统意义上的农民逐渐分化为三类群体,即"农民工""失地农民""留守农民"。城镇化给这三类群体的权利造成了不同程度的影响,谈到城镇化中的农民失权问题,应该分为两个阶段研究,第一个阶段是城镇化进程中的权利流失,即"留守农民"通过土地征收之后转变为"失地农民"的过程中,原本拥有一定权利的农民因为城镇化的冲击而造成权利受损;第二个阶段是城镇化后的权利缺失,即"失地农民"和"农民工"进入城市后,在与城市居民对照后发现权利不平等而产生的新的权利诉求。

一、土地征收过程中的农民权利受损

城镇化进程必然涉及土地征收问题,有学者指出,在这个过程中会对农民的权利进行剥夺,农民权利的损失主要表现在农民自主选择权受损。这种自主

---

① 王佳慧.当代中国农民权利保护的法理[D].吉林大学博士论学位论文,2007.
② 王伟同.城镇化进程与社会福利水平——关于中国城镇化道路的认知与反思[J].经济社会体制比较,2011(3).

选择权主要指失地农民在户籍转换、人员流动、土地征用、就业协商等方面自由选择、平等协商以及获得同等对待的权利,如政府强行推进农民进城等现象。①

(一)土地收益权受损

在城镇化进程中,大量土地被征收,由于土地制度不完整,土地市场化功能未能充分发挥,农民难以全面享受土地资产增值带来的收益。有资料显示,在土地用途转变增值的权益分配中,地方政府大约得 60% ~ 70%,村集体组织得 25% ~ 30%,失地农民只得到 5% ~ 10%,甚至更少。② 根据《土地管理法》第47条的规定,土地补偿费和安置补助费的总和不得超过土地被征收前3年平均产值的30倍。这既没有体现土地的潜在收益和长期使用价值,也没有考虑实际的土地市场供求状况,更不用说解决大量失去耕地农民的生产和生活问题了。③此外,在土地征收过程中,国家通常会采用一次性买断的补偿方式,但是这种一次性补偿资金并不能切实解决失地农民的未来就业和社会保障等问题,与土地的潜在收益以及家庭失业损失相比,失地农民因失去土地而获得的补偿收益严重缩水。④

(二)征地知情权被屏蔽

作为土地的使用者和经营者,农民在征地过程中应该拥有参与权、知情权、谈判权等政治权利。然而,现行的征地制度只规定了对被征地农民的告知权,如《土地管理法》第48条仅规定了"征地补偿安置方案确定后,有关地方人民政府应当公告",并没有规定农民在征地补偿中的平等参与权、谈判权等。⑤

(三)利益表达权受限制

征地行为侵害农民的权益时,失地农民缺少合理的申诉渠道,正常利益表达不断受阻。我国现行的征地制度没有规定明确的解决征地纠纷的法定机构和程序,导致失地农民在面对征地行为给自身权益造成损害时,无法通过法律诉讼途径进行维权。⑥

---

① 张利国.论城市化进程中失地农民权益的保护[J].河北法学,2012(1).
② 任峰.农村集体资产变身"股票"[N].山东商报,2010 - 06 - 22(B2).转引自:赵万一.中国农民权利的制度重构及其实现途径[J].中国法学,2012(3).
③ 赵万一.中国农民权利的制度重构及其实现途径[J].中国法学,2012(3).
④ 张等文,管文行.城镇化进程中失地农民的权利流失与保护路径[J].湖北社会科学,2014(6).
⑤ 张等文,管文行.城镇化进程中失地农民的权利流失与保护路径[J].湖北社会科学,2014(6).
⑥ 张等文,管文行.城镇化进程中失地农民的权利流失与保护路径[J].湖北社会科学,2014(6).

二、土地征收结束后的权利流失和权利缺失

土地征收结束后造成农民失去土地,很多学者都认为,农民失地是表象,农民失去与土地相关的权利才是实质,因此针对这一问题的研究非常多。有些学者全面分析了具体有哪些权利流失,如白呈明认为,失地后,农民的生存权、经济权、就业权、财产权以及政治经济文化、教育等方面的权利和利益,均因失地而受到不同程度的损害和影响。[①] 还有一部分学者主要针对社会权利展开研究,如刘华珍、雷洪认为,失地农民的社会权利缺失,比如就业权、补偿权、基本生活权、子女平等接受教育权以及发展权等权利缺失。[②]

相比较这些学者仅仅从农民单向的角度论述农民失去的权利类型,还有很多学者通过农民和城镇居民两种权利体系的不同,从双向的角度论证农民的失权问题。魏建着重研究农民现有权利体系以及城镇居民现有权利体系,通过分析两种权利体系的不同,发现失地农民在向城镇居民转化的过程中,原来较为完整的以土地为基础的农民权利破碎化、分别被嵌入城镇居民的分散的权利实现系统中。这个转换不仅因为嵌入而破碎,而且因为各方利益主体通过选择性适用法律对期待利益的激烈争夺而破碎。[③]

魏建认为农民的政治权利主要是村民自治权,这种基层政治权是基于村民的身份来实现的。农民经济权利的核心是土地权利。至于社会权利,农民的社会保障是建立在土地之上,依靠农民自我提供和实现。从养老的角度看,虽然农民会选择社会化的养老方式,这些养老保障尽管有些并不直接依赖于土地收入,但源自土地的收入和信心无疑是可靠的。教育、医疗保障权利通过农村的义务教育和医疗卫生体系来保障。处在不同地区的村民虽对应着不同的教育和医疗权利实现水平,但实现基本上还都是依赖于农民自身的财力。[④]

农民权利体系是以土地为基础综合实现的,相比较而言,城镇居民权利体系是以个体为基础分散实现的。城镇居民的基层政治权利是通过其自治实现的,但是与村民自治相比,城镇居民自治是关注和参与度更低的政治民主。这是因为居委会选举权只是一个独立的纯粹的政治权利,并不与城镇居民的经济权利、社会权利有必然的联系;城镇居民的经济权利是通过雇佣就业实现,并且

---

① 白呈明.农民失地问题的法学思考[J].人文杂志,2003(1).
② 刘华珍,洪雷.失地农民的社会权利贫困[J].大连干部学刊,2005(10).
③ 魏建.嵌入和争夺下的权利破碎——失地农民权益的保护[J].法学论坛,2010(6).
④ 魏建.嵌入和争夺下的权利破碎——失地农民权益的保护[J].法学论坛,2010(6).

还可以通过财产性收入获取收益。城镇居民自身的人力资本水平不仅影响着工作种类,而且直接与收益水平密切相关;城镇居民社会权利的各个方面都有相应的制度通道来保障和实现。社会保障分别由城镇居民养老保险、企业职工养老保险、失业保险、工伤保险等体系来满足。教育通过城镇教育体系实现,城镇教育体系不仅完整而且整体水平远高于农村。医疗通过医疗保险体系等城镇居民拥有的保障体系来实现。文化权利的实现与城镇的文化供给水平密切相关,水平较高。①

在农民向城镇居民转换的过程中,农民的权利体系破碎然后嵌入到城镇居民的权利体系中,具体表现在三方面②:

（一）政治权利的转换

由村民自治转变为城镇居民自治。与村民自治将直接影响村民权利获取和实现水平不同,城镇居民自治几乎与城镇居民权利的获取和实现没有关系。并且与村委会相比,居委会不论是选举还是运作,行政化性质更为显著,与自治的差距更大。因此,居委会基本上不具有村委会那样的保障村民权利实现的功能。

（二）经济权利的转换

农民经济权利的实现都是围绕着"土地"展开的,自我雇佣是实现土地权益的主要途径。进入城镇系统后,经济权利的核心权利由土地权转变为就业权,权利的实现由自我就业向雇佣就业转换。这个转变是否顺利决定着失地农民经济权利的实现水平。转变后经济权利的实现完全依赖于失地农民的人力资本水平,很难再获得来自类似村集体组织的保障和支持。

（三）社会权利的转换

农民的社会保障是通过"土地"经济权益以及自身的努力来完成的。当从农民转变为城镇居民后,社会保障的实现方式也发生了改变。首先,自我保障转向个人、单位、政府共同保障。其中单位和政府负担的份额远超过个人承担的份额。不过单位和政府的保障支付要以个人支付到位为前提;其次,由综合保障向分散保障、单独实现转换。养老、医疗、失业、低保等各个制度独立存在、

---

① 魏建.嵌入和争夺下的权利破碎——失地农民权益的保护[J].法学论坛,2010(6).
② 魏建.嵌入和争夺下的权利破碎——失地农民权益的保护[J].法学论坛,2010(6).

单独进入;第三,户籍、教育、文化、医疗等全面由农村体系转变为城镇体系。①

张琳琳博士也是从农民权利与城镇居民权利的双向角度研究农民权利问题,其研究重点不在农民失去了哪些权利,而在于农民转换成城镇居民的时候,相较于城镇居民缺失了哪些权利,从而产生哪些权利诉求。在张琳琳看来,原有的农村其内在结构非常坚固,农民权利意识尚未被唤醒。这主要是村庄拥有三个铁律:第一,农村结构及其功能的复合型。即农村在政治、经济、文化和社会等方面的一体性,能够全方面地满足农民生活的需求。第二,农村的相对封闭性和稳定性,农村的非契约性带来的封闭性却阻塞了资源、技术、人才在城乡之间的自由流动,无法激发农民的生产活力,这也就抑制了农民的权利诉求的发生。第三,农村对农民的控制性,也可以说是农民对农村的依赖性。当农民试图离开农村时,无法带走其拥有的村落赋予他们的土地以及土地之上的利益。虽然村庄铁律为农民的权利意识的增长砌起高墙,城镇化却催生着农民各种权利的诉求迅速增长,表现在两个方面:第一,城镇中市场经济的发展促使农民要求与城镇居民有平等的权利;第二,集体权利向个体权利的转变,促使农民的主体意识提高,个体权利诉求增多。②

第三节 城镇化应当保障农民实现的权利

城镇化给农民造成了失权,因此有必要弥补流失和缺失的权利,这就使得原有的农民权利体系需要被重新构造。涵盖了上文两位学者的观点,朱信凯认为,城镇化需要实现农民的权利,不仅包括农民本身具有的权利,而且包括农民应平等地享有的城镇居民权利,具体总结为十大权利:农民本身具有的权利有土地承包经营权、宅基地使用权、集体资产收益分配权;农民成为城镇居民应享有的权利有户籍平等权利、进城就业权利、平等就医权利、社会保障权利、体面居住权利、公平教育权利、民主诉求权利。③

隋欣、刘彤则认为城镇化进程要从三重维度来实现农民的权利,主要包括自由维度、财产维度和平等维度。自由维度要求实现生命生存权、迁徙自由权、

---

① 魏建.嵌入和争夺下的权利破碎——失地农民权益的保护[J].法学论坛,2010(6).
② 张琳琳.中国城市化进程中的农民权利诉求[J].法制与社会发展,2011(3).
③ 朱信凯.切实保障"人的城镇化"进程中的农民权利[N].农民日报,2014-02-08.

参政自治权;财产维度要求实现土地承包经营权、宅基地使用权和集体资产收益权;平等维度要求实现平等的户籍身份权、平等的社会保障和福利权、平等的文化权。①

牛玉兵、杨力从城镇化空间转型视角为出发,他们认为空间利益成为农民权利体系构造的逻辑核心,而空间利益的法律化与权利化、空间正义的维护与实现则构成了城镇化进程中农民权利体系发展的逻辑路径与最终目标。从村民自治到社会自治的权利构筑、与空间利益相关的财产权利的维护、以空间利益共享为核心的其他实体权利的构建以及与空间利益保障相关的程序性权利的完善是城镇化过程中农民权利体系制度创新的重要内容。②

因为每位学者对于农民权利的分类标准不同,因此会出现农民权利重叠交叉的现象,但是具体说来农民的权利诉求不外乎分为政治权利、经济权利、社会权利,总结如下:

一、经济方面的权利

农民的经济权利主要依托于土地,而城镇化进程主要涉及土地用途的变更。在我国农民土地财产权存在一些问题:农村集体土地主体虚位;征地补偿费用偏低;土地增值利益难以分享。③ 关于农民经济方面的权利诉求主要包括:

(一) 土地承包经营权

保持农村土地承包关系长久不变,不仅能够增强农民增加农业投入的动力,同时也能解除农民工落户城镇的后顾之忧;农村土地经营权的公开流转,不仅为实现农村土地适度规模经营、增加农民收入创造了条件,同时也为"四化"同步协调发展、促进农业现代化发展提供了保障。④

(二) 宅基地使用权

目前,我国城乡不平等的深层次表现之一就是,农民和城镇居民所享有的财产权利不平等。例如,城镇居民购买的房屋具有完整产权,可以抵押、担保、买卖,而农民在宅基地上合法建造的房屋却不具有完整产权。因此,应该赋予

---

① 隋欣,刘彤.城镇化背景下农民权利的实现[J].税务与经济,2014(6).
② 牛玉兵,杨力.农民权利体系的逻辑构造与制度创新——以城镇化空间转型为视角[J].学习与探索,2014(2).
③ 刘俊.中国农村土地法律制度创新研究[M].北京:群众出版社,2012:195-196.
④ 朱信凯.切实保障"人的城镇化"进程中的农民权利[N].农民日报,2014-02-08.

农民宅基地使用权,给农民平等的财产权利,让广大农民平等参与现代化进程、共同分享现代化成果。①

(三) 集体资产收益分配权

"保障农民公平分享土地增值收益",这是促进城镇化过程中城乡要素平等交换和公共资源优化配置的重要决策。保障农民集体资产收益分配权,需要允许集体经营性建设用地出让、租赁、入股,逐步实现城乡土地在开发进程中的同价乃至同权;建立兼顾国家、集体、个人的土地增值收益分配机制,提高农民在土地增值收益中的分配比例,让农民平等地分享现代化的发展成果。②

二、政治方面的权利

公民政治权利的内涵指的是公民参与并影响政治生活从而得以在社会生活领域取得自我实现的权利,除选举权外还指公民对公共事务的参与权,包括表达权、参与社会的管理权等。③ 随着城镇化的发展,农民的权利诉求不单局限在如何通过劳动后获取经济利益,他们也需要在公共事务、企业经营、社区发展等方面发出自己的声音,例如希望获得对公共事务的决定权、担任公职权、对公权力的制约权、获得知情权等权利。④ 然而农民成为城镇居民后,不仅在经济上处于弱势地位,而且在法律和社会实践中,在权益表达和行使基本政治权利方面也缺乏足够的空间,存在被有效的政治话语所摒弃的风险。苏昕认为掌握话语权有四种渠道:推举自己的代表人进入代议,掌握或影响舆论工具,直接参政,个人或组织直接向权力部门表达意见。对刚刚来到城镇的农民来说四个渠道都与其无缘或是不畅通,农民参与城镇公共事务管理权的缺失导致其在资源配置上处于弱势地位,难以融入城镇政治生活。⑤ 因此,农民的政治权利诉求主要有:

(一) 社会自治权

城镇化使得传统的乡村村落逐步演变为现代化的居民社区。原本在乡村

---

① 朱信凯. 切实保障"人的城镇化"进程中的农民权利[N]. 农民日报,2014-02-08.
② 朱信凯. 切实保障"人的城镇化"进程中的农民权利[N]. 农民日报,2014-02-08.
③ 苏昕. 中国"城市新移民"公民权缺失及国外经验的启示[J]. 山西大学学报(哲学和会科学版),2012(5).
④ 张琳琳. 中国城市化进程中的农民权利诉求[J]. 法制与社会发展,2011(1).
⑤ 苏昕. 中国"城市新移民"公民权缺失及国外经验的启示[J]. 山西大学学报(哲学和会科学版),2012(5).

社会关系调整中发挥重要作用的村民自治权利如何在新的空间形态中继续发挥作用,对于农民权利体系的发展具有重要意义。一方面,村落通常建立在地缘、血缘的基础之上,具有自然而然的相对封闭性,而社区更强调业缘、学缘、趣缘的重要性,因此具有明显的开放性。另一方面,农民自治权利关注的重点是村落之中公共产品的供给问题,以内向的自我整合为指向;而在新型城镇社区之中,居民权利关注的重点实际已经转向社区共同体的整体利益,以外向的权益维护为指向。基于此,农民自治权利有必要实现从村民自治权利到社会自治权的发展,重点完善农民的结社权,以形成与城镇空间相适应的自主社团。从而使农民的利益和权利诉求更容易表达,也为农民排斥公权力的恣意妄为提供支撑。①

（二）迁徙自由权

迁徙自由是人们追求幸福、实现人生价值和目标的"复合性"权利。以限制迁徙自由为实际内容的户籍制度,造就了不公正的城乡二元社会结构,阻隔着人们以自由迁徙的方式完成"地缘的结合"和"从身份到契约"的转变,并直接形成了与宪政精神的抵牾。迁徙自由为农民自身的全面自由发展及其权利的拓展提供了广阔的空间,为瓦解传统的城乡二元社会结构并去除由此而生的城乡歧视、城乡差别提供着制度上的契机与可能。② 但是农民的迁徙权存在一些不足的地方:一是迁徙权利的宪法保障不足;二是迁徙权利的制度保障不足,国家还没有对影响农民迁徙权利的制度尤其是户籍制度和劳动用工制度从根本上进行改革;三是迁徙权利的实现还带有前置条件。③

三、社会方面的权利缺失

学者们关于农民社会权利的研究是最多的,农民的社会权利诉求主要是指有关社会保障方面的利益要求。在广大的农村,由于农民享有土地的使用权,其社会保障权利通常是寄托于土地之上,因此在农村内部很少出现农民社会权利缺失现象。而农民社会权利缺失现象通常发生于城镇化进程中,例如失地农民的社会权利缺失现象、农民工在城镇中的社会权利缺失现象。进入城镇的农

---

① 牛玉兵,杨力.农民权利体系的逻辑构造与制度创新——以城镇化空间转型为视角[J].学习与探索,2014(2).
② 苗连营,杨会永.权利空间的拓展——农民迁徙自由的宪法学分析[J].法制与社会发展,2006(1).
③ 易承志.城市化加速与农民权利保障:基于新世纪以来中国的实证分析[J].理论与改革,2013(3).

民针对社会权利主要有以下诉求:

(一) 就业权

就业权的内容应包括四项:自主择业权、平等就业权、安全就业权、工作获得权。工作获得权是指劳动者在用尽能力依旧不能实现就业的情况下,享有要求国家和社会提供就业机会的权利,如若还是不能实现就业就可以免费获得失业救济金的权利,此外,还包括获得免费的就业服务和就业培训权,促使国家行使保护劳动者就业的义务。① 然而,目前我国失地农民和农民工的就业情况不容乐观。具体表现为:

1. 失地农民无业者数量巨大

2006年失地农民调查数据显示,被调查家庭平均常住家庭人口是4.05人,劳动年龄人口2.58人,户均就业人口为1.18人,平均每一名就业者负担人数达3.43人(含就业者本人),而2005年城镇居民家庭平均每一名就业者负担人数仅为2.22人,失地农民就业者的平均负担人数比城镇居民高1.21人。②

2. 就业受到歧视

中国的城镇化促进了大量失地农民向城镇流动,但在人口流动中职业转换先于地域迁移,形成了城镇户籍人口与实际居住人口的人户分离现象,农民并没有随着职业的转换完成相应的身份转换。这导致用人单位对农民等外来劳动力仍然采取的是一种差异化、歧视化的就业政策,失地农民的就业权益得不到应有的尊重和保障。③

3. 就业行业相对集中,劳动权益保障薄弱

受制于户籍制度、某些岗位的地方保护等原因,失地农民和农民工的自由择业权受到限制。许多城市人为制造"就业壁垒",提高就业准入门槛,使农民工在城市的就业受到严格限制。④ 李亦楠等通过数据分析,发现农民工就业行业主要集中在建筑业和制造业,劳动强度大,工作时间长、薪酬普遍偏低。此外,吸纳农民工就业的企业以中小企业为主,这些企业的抗风险能力较弱,不签劳动合同、不缴社会保险情况较为普遍。农民工普遍存在工作时间长、工作环

---

① 刘锦城.“两分两换”背景下的失地农民就业权研究——以浙江嘉兴为例[J].当代法学,2012(2).
② 舒小庆.论失地农民权利的制度保障[J].江西社会科学,2009(11).
③ 张利国.论城市化进程中失地农民权益的保护[J].河北法学,2012(1).
④ 郭建,张玉霞.城市化进程中农民权益的法律保护[J].中南民族大学学报(人文社会科学版),2006(1).

境恶劣等问题。①

4. 文化技能偏低，就业竞争力弱

2012年全国农民工调查监测报告显示，2012年我国农民工文化程度构成中初中占比最大为60.5%，其次是小学和高中，分别占14.3%和13.3%，中专和大专及以上占比很少，分别为4.7%和5.7%，不识字或识字很少占比最小，仅为1.5%。可见，农民工受教育水平整体偏低，而且以初中程度为主，初中及初中以下文化程度的农民工比重超过75%，大专及以上文化程度的农民工比重仅为5%左右，农民工群体享受教育保障的整体状况不容乐观。此外，农民工的技能培训也十分不足（见表14-1）。② 刘锦城还比较了失地农民与未失地农民以及农民工的就业能力，他认为失地农民的就业能力最弱，与未失地农民相比，他们已经失去了土地这一赖以生存的就业保障，必须重新开启一片自己不熟知的领域。与农民工相比，农民工是主动离开土地的人，对于城市更加熟悉，即使无法在城市生活下去，还可以返回农村，还有一份可以保障就业的土地。③

表14-1 2012年不同年龄组农民工参加培训情况统计表

农民工年龄组	参加过农业技术培训	参加过非农职业技能培训	两项培训均未参加过	两项培训均参加过
16—20岁	4.0%	22.3%	76.0%	2.3%
21—30岁	6.2%	31.6%	66.0%	3.8%
31—40岁	11.0%	26.7%	68.0%	5.7%
41—50岁	14.0%	23.1%	69.5%	7.5%
50岁以上	14.5%	16.9%	74.5%	5.9%

资料来源：2012年全国农民工监测调查报告[EB/OL].载国家统计局网，http://www.stats.gov.cn/tjsj/zxfb/201305/t20130527_12978.html.

（二）农民社会保障权

尽管我国农民工数量众多、贡献巨大，但城镇在社会保障和公共福利等方面对农民工存在排斥现象，农民工很难真正融入城镇生活，享受城镇即成体系的社会保障和公共福利。从我国农民工的社会保障情况来看，农民工社会保险参保率

---

① 李亦楠，邱红.新型城镇化过程中农村剩余劳动力转移就业研究[J].人口学刊，2014(6).
② 李亦楠，邱红.新型城镇化过程中农村剩余劳动力转移就业研究[J].人口学刊，2014(6).
③ 刘锦城."两分两换"背景下的失地农民就业权研究[J].当代法学，2012(2).

非常低,全社会各行业的农民工社会保障问题相当严重(见表14-2)。①

表14-2 2012年不同行业农民工参加社会保障的比例统计表

参保范围	养老保险	工伤保险	医疗保险	失业保险	生育保险
全国	14.3%	24.0%	16.9%	8.4%	6.1%
制造业	15.2%	28.9%	18.5%	8.1%	5.3%
建筑业	3.8%	14.0%	6.0%	2.2%	1.5%
交通运输、仓储和邮政业	24.1%	30.6%	26.7%	15.6%	11.3%
批发和零售业	14.3%	17.1%	15.7%	9.3%	7.2%
住宿和餐饮业	7.0%	12.4%	8.8%	3.9%	2.9%
居民服务和其他服务业	12.1%	16.9%	13.3%	6.9%	5.2%

资料来源:2012年全国农民工监测调查报告[EB/OL].载国家统计局网,http://www.stats.gov.cn/tjsj/zxfb/201305/t20130527_12978.html.

(三)子女受教育权

有学者对农民工子女受教育权问题进行实证研究发现,一方面,农民工在子女教育方面的实际花费较高。57%的农民工认为城镇学费太贵。同样的工作岗位,农民工的平均工资比城镇居民低20%以上,但往往被迫要缴比城镇居民高得多的赞助费、各种名目的补课费,每个学生年平均教育花费为945元,这对于经济收入不高的农民工来说是个沉重的负担。另一方面,农民工子女不能享受到与城镇同龄人同等的"城镇居民待遇"。由于义务教育实行逐级划片管理,24%的农民工担心孩子将来的升学问题。由于城乡教育资源的不平等,有些农民工子女考不上初中,面临失学问题。②

(四)医疗保障权

城镇化进程中的农民工及失地农民的医疗保障权益问题一直受到诸多学者的关注,尽管多数地区在积极探索农业转移人口医疗保障权益市民化的实现路径,但总体而言进展比较缓慢。具体的问题主要有③:

第一,绝大多数地区的新农合制度严格限定了就医地点,尽管农民工多数已经参加了原籍地的新农合,但经常性流动和长期在外打工使得农民工很难享

---

① 李亦楠,邱红.新型城镇化过程中农村剩余劳动力转移就业研究[J].人口学刊,2014(6).
② 刘敏,等.农民工权益保障问题的实证研究——以江苏省为例[J].农业经济问题,2007(6).
③ 代宝珍.新型城镇化进程中农业转移人口医疗保障权益市民化研究[J].中国卫生经济,2014(9).

受到原籍地新农合带来的医疗保障权益。

第二,绝大多数地区城镇职工医疗保险转移接续尚不成熟,农民工频繁地流动和更换工作同样是其参加城镇职工医疗保险制度的一大障碍。不仅如此,绝大多数农民工以非正规就业为主,个体、私营业主主观不愿意或客观由于资金困难等无法出资供其参加城镇职工医疗保险。这也是农民工参加城镇职工医疗保险的比例相对比较低下的主要原因。

第三,对于农民工打工所在地的城镇居民基本医疗保险或新农合管理机构而言,农民工在欠发达的原籍地已经参加了新农合,相当于已经享受了中央及地方各级政府的参合补贴。除个别地区(如江苏省丹阳市)外,绝大多数地区尚未将外地农民工纳入当地城镇居民基本医疗保险制度或新农合。

有些地区,特别是新农合和城镇居民基本医疗保险并轨运行的地区,将失地农民户口直接转化成城镇居民,同时将相应的农村基层医疗机构(乡镇卫生院、村卫生室等)相应转变成城镇社区卫生服务机构。事实上,失地农民更关心的是能否同等享受与城镇居民同等的医疗保障权益。

第四节 农民失权问题的影响

张顺认为,农民权利缺失影响城镇化的进程,具体说来:①政治权利的缺失,使农民无法很畅通的维护和申诉自己的权利;②受教育权利的缺失,影响了农民工子女人力资本的形成,限制了公民选择的能力,影响劳动力的迁移;③社会保障权利和土地财产权利的缺失,使一些农民不敢也不愿离开农村;④迁移自由权利的缺失,限制了公民选择的自由,直接影响城镇化进程。①

张琳琳也认为农民权利诉求满足与否规定着城镇化的动态平衡发展。但是阐述理由的角度有所不同:第一,长期以来城镇居民和农村村民之间获得的利益差距较大,这种差异的存在极易使农民群体产生被剥夺感;第二,农民面对利益上的不平等、权利上的差异时,容易产生不平衡感,而这种不平衡的社会心理常常成为影响社会秩序的重要诱因,无形地制约着城镇化进程的动态平衡发展;第三,农民权利的确认和保障是城镇化进程中社会整合的最重要手段。②

---

① 张顺.农民公民权利缺失对中国城市化的制约[J].学术交流,2011(3).
② 张琳琳.中国城市化进程中的农民权利诉求[J].法制与社会发展,2011(1).

除了上述影响外,张琳琳还提出农民权利诉求是城镇化进程中制度设计的核心,即有什么样的农民权利意识和权利诉求,就必须有与之相适应的权利确认保障制度。在城镇化进程中,关于城镇居民和农村村民的制度设计的一般规律是不同的:因为城镇居民的权利供给与权利诉求是随着市场经济的逐步发展而逐渐得到满足,权利诉求与权利供给是同步发展、平衡发展的;而农民的权利诉求和权利供给之间有着很大的落差,农村经济长期受到小农经济的影响,而权利意识、平等意识等都是市场经济的产物和表现,因此农民的权利意识一直没有被唤醒,随着城镇化的不断发展,农民得以接触到城镇以及城镇的市场经济运作模式。所以,农民权利诉求的发生存在着特殊性,即农民的权利诉求的发生往往是比照城镇居民的权利实际拥有状况而产生的,而并非是随着市场经济的实际发展需求应运而生,所以农民权利诉求主要是对于平等权的追求。①

第五节 城镇化进程中农民失权的根源

从国际城镇化和社会发展的客观规律看,一般来说,农村的城镇化必然带来农民的市民化,相应地,在制度上确认和保护失地农民享有与城镇居民同等的权利和利益成为工业化、城镇化进程的必然结果。而在我国,很多农村在实现城镇化的同时并没有带来农民权益的市民化,造成的原因是多方面的:

一、中国独特的城镇化道路选择②

西方国家城镇化的发展道路,是一种由市场力量诱导的自发型的诱致性制度变迁模式。一般表现为经济社会的发展,推动农村剩余劳动力向城市,特别是向大城市转移和集中,之后,大城市所具有的巨大的功能优势逐渐向外扩散和延伸,从而带动周边地区的发展。与西方的城镇化道路不同,我国的城镇化具有自身的特点,主要表现为:

一是中国的城镇化的发展动力主要以政府政策调控为主导,是一种政府包办型的强制性制度变迁模式。一些政府出于政绩考虑和土地财政的需要,强力推进城镇化,甚至出现了违法圈地、暴力拆迁等严重侵犯农民合法权益的事件,

---

① 张琳琳.中国城市化进程中的农民权利诉求[J].法制与社会发展,2011(1).
② 张利国.论城市化进程中失地农民权益的保护[J].河北法学,2012(1).

这直接导致农民自主选择权的丧失和受救济权利的孱弱。

二是中国的城镇化道路不仅包括城镇向农村扩散的方式,也包括农村自身城镇化的方式。特别是农村自身城镇化的方式,是在"家庭—乡村"的地域空间内展开的,长期的村落管理制度、集体产权作用以及体制性障碍,使得农民的社会空间流动的凝固状态并没有得到实质性的改变。农民短期内难以摆脱自身的乡土意识和传统思维模式,以及长期以来城乡分治、城乡二元结构等制度性障碍所带来的消极影响。此外,中国的城镇化速度远远快于世界平均水平。由于城镇化的快速发展,我国关于失地农民的相关配套制度未能及时跟进,农民权益缺失难以避免。

二、城乡二元结构体制的缺陷

长期以来,我国人口是按照户籍制度以农业人口和非农业人口来区分的,并以这种区分规定了城乡居民不同的工资、住房、社会保障、公共资源分配等政策和制度,这种经济结构农民在城镇化过程中失权严重:第一,城乡二元结构体制造成城乡居民征地补偿的巨大差距;第二,城乡二元结构体制阻碍了城乡公共服务均等化,使得城乡之间的户籍制度、土地制度、教育制度、医疗制度、社会保障制度、就业制度以及公共财政投入制度有明显的差别。

三、农村集体土地产权制度缺陷[①]

农村集体土地产权制度存在缺陷,致使失地农民利益受损,具体表现在两方面:

一是集体土地所有权主体模糊,导致主体多元,却又造成了事实上的主体缺位和虚化。我国现行《宪法》《土地管理法》《物权法》《农村土地承包法》等相关法律法规规定农村土地归"农民集体"所有,具体来说,属于村农民集体、村内集体经济组织(如村民小组)以及乡(镇)农民集体。然而这三类主体并不清晰,第一,就"农民集体"而言,"农民集体"是全体农民的集合,不是法律关系的主体,也很难成为实践层面上的市场主体;第二,大多数农村集体经济组织已经解体或者名存实亡,而村民委员会是基层群众自治组织,不是农村集体经济组织,因而它不能成为农村集体土地所有权代表;第三,乡农民集体经济组织事实上已不存在。因为主体的不明确,造成两个后果:第一,土地实际使用者农民不

---

① 郑涛. 城镇化进程中失地农民利益诉求问题研究[D]. 华东师范大学博士学位论文,2013.

是产权主体,而村委会也不是法律意义上的土地所有者,所以村委会代言失地农民利益诉求的动力缺失,致使失地农民利益受损时无明确主体代言失地农民利益诉求局面的出现;第二,集体土地所有权主体模糊,使得土地所有权实际上经常由乡镇政府和村委会代为行使,造成部分乡镇政府和村委会甚至是其中的个别干部以土地实际所有者身份对失地农民权益侵害的可能,而农民无法对侵犯他们利益的行为进行制止,又造成多元主体参与土地补偿款项的分配是否合理的认识分歧。

二是农民对农村集体土地所有权权能不完整,在我国集体土地所有权中,所有权中的占有、使用、收益和处分四项权能都受到了不同程度的规制。占有权权能不完整致使农民无法抗拒征地行为,收益权权能缺陷,造成土地征用过程中失地农民利益受损成为可能,处分权权能缺陷造成土地征用过程中失地农民利益流失。

四、农村集体土地征用制度缺陷①

我国的农村集体土地征用制度存在如下缺陷:第一,土地征用程序制度法律依据欠缺,部分规定不合理;第二,征地补偿标准低;第三,征地补偿支付不及时;第四,土地征用补偿费用分配不合理;第五,征地就业安置制度缺失。这五个缺陷使得农民的权利行使在土地征用过程中容易受到侵害。

五、农民权益的非市民化②

农民的城镇化(市民化)不仅指农村人口向城镇人口的转移、农业生产方式向非农业生产方式的转变,更重要的是农民在向城镇居民身份转变的同时,能否享有与传统城镇居民一样平等的、充分的、具有发展性和保障性的社会权利,能否共享改革与发展的成果。在我国,很多地方的城镇化并没有带来农民的市民化,根本性原因在于农民的平等权没有得到切实的保护。具体表现在三方面:一是在法律渊源上,农民社会保障权的法律渊源体系构成不完善、立法层次低、尚未形成城乡统一的社会保障法;二是在权利范围上,农村社会保障与城镇社会保障相比,存在着受保障的权利范围窄、项目内容残缺等问题;三是在资金来源上,筹资渠道较窄,资金短缺严重。

---

① 郑涛.城镇化进程中失地农民利益诉求问题研究[D].华东师范大学博士学位论文,2013.
② 张利国.论城市化进程中失地农民权益的保护[J].河北法学,2012(1).

第六节　失权农民的保护路径

一、宏观层面的措施

（一）加强立法和制度建设

国家要加强城镇化进程的相关立法和制度建设，夯实农民权利实现和保障的制度基础。具体包括以下三种机制建设：

第一，制度供给机制。指国家在宏观层面上就城镇化进程中涉及农民权利的户籍制度、就业制度、社会保障制度等国家层面的制度进行顶层设计和改革，建立符合农民权利实现和保障需要的制度框架。应尽快破除城乡二元分割的藩篱，实现制度供给上的城乡无差别，这是农民权利实现和保障的基础，也是解决农民权利缺失困境的必要措施。

第二，权利确认机制。国家要从宪法和基本法律的角度对农民拥有的相关自由权利、平等权利、财产权利、社会保障权利等给出明确的界定，并保证各项法律的协调一致，明确农民各项权利的界限和范围、各相关利益主体的相互关系，并从公共政策的制定和执行上确保农民所有合法权利都有法可依，并严格执法。

第三，权利保障机制。农民权利实现和保障过程中的物质与非物质条件的输送和交互机制，国家要为农民权利的实现和保障创造各种条件、提供各种便利，这些条件包括物质层面的财政支持、基础设施建设，也包括非物质层面的政策支持、文化理念转变、公共服务的均等化，等等。①

（二）调整城镇化发展目标、进程②

第一，树立以人为本的城镇化推进战略，实现人的城镇化而非只是土地的城镇化；

第二，统筹好城镇化进程的推进速度与公共服务的承载能力，尽量避免城镇化进程与公共服务体制相脱节，避免不顾民生福利而盲目推进城镇化的开发建设行为。

---

① 隋欣,刘彤.城镇化背景下农民权利的实现[J].税务与经济,2014(6).
② 王伟同.城镇化进程与社会福利水平——关于中国城镇化道路的认知与反思[J].经济社会体制比较,2011(3).

二、微观层面的措施

(一) 土地征收过程中的农民权利保护

1. 集体土地产权清晰化

第一,厘清现有宪法、法律等对农村集体土地产权的规定,消除法律规定方面的模糊性。①

第二,界定和确认农民集体土地的范围与数量是明晰土地产权的基础。②

第三,探索农村集体土地产权下的土地使用、收益、处分等权利的赋予和享有。③

2. 征用补偿标准市场化

发挥土地市场机制的主导作用要不断健全和完善现有的土地市场,发挥市场机制的作用,使农村土地非农化价格充分反映土地稀缺性和土地供求关系。将农村土地的非市场价值逐步纳入农村土地价值核算,计算出能体现生态价值、经济价值和社会价值于一体的农村土地总价值,依此确定出公平合理的农村土地征用的补偿标准。④

3. 农村土地收益分配合理化

首先,土地征用的过程应该"透明化",让各权利主体都参与进来并彼此具有平等的谈判权利。通过谈判,农民、集体以及土地需求者便可对农村土地城市流转后的增值收益分配形成一致意见。其次,改革和完善农村土地流转过程中的土地税费体系,强化土地税费的政策功能,通过运用经济手段调节土地增值收益分配,增进社会公平。再次,建立严格的财务公开与监督机制。⑤

4. 农村土地征收程序健全化

第一,完善公开程序。应当进一步扩大征地公告的内容和对象范围,完善告知方式。

第二,强化参与程度。政府应当采用各种可能形式,广泛征求各方代表的

---

① 郑涛.城镇化进程中失地农民利益诉求问题研究[D].华东师范大学博士学位论文,2013.
② 徐远明,刘远.农村城镇化中农民权益保障缺失研究[J].现代经济探讨,2010(11).
③ 郑涛.城镇化进程中失地农民利益诉求问题研究[D].华东师范大学博士学位论文,2013.
④ 彭开丽,张鹏,张安录.农村土地城市流转中不同权利主体的福利均衡分析[J].中国人口·资源与环境,2009(2).
⑤ 彭开丽,张鹏,张安录.农村土地城市流转中不同权利主体的福利均衡分析[J].中国人口·资源与环境,2009(2).

意见,利害关系人可以在公告期间就征地计划提出自己的意见或者建议,必要时可以要求召开听证会。

第三,现行土地征收程序规定,征收土地的决定经依法批准后才予以公告,而补偿安置程序被设置为最后一个环节。相反,应该先告知,再补偿,最后征收,这样才能够化解纠纷。①

5. 政府权力运行法治化

为失地农民权益的保护提供重要保障。在城镇化的进程中,农民权益频繁受损,重要原因在于不少地方政府基于理性全能的自负以及逐利心理的驱使,无视私人诉求和私人利益的充分表达与保护,凭长官意志、主观擅断而侵害甚至剥夺农民的合法权益。为此,建立有限政府,加强对公权力的监督和制约非常必要。主要应做到两点:第一,在经济民主的基础上设定政府的行为,避免经济专制;第二,建立公权力的制约机制,防止政府权力滥用。②

6. 争议解决途径司法化

农民权利意识增强,但却缺少利益诉求的渠道,司法救济应该是保护被征收人权益的最后一道防火墙,法院应该在征收制度中发挥中间裁判者的角色。③

(二)农民转换为市民过程中的权利保护

孔祥利、王娟娟针对农民市民化需要进行的制度改进做了很好的归纳,具体包括④:

1. 改革现有的户籍制度

首先,真正落实宪法规定的包括失地农民在内的公民应享有的迁徙、择业和自由选择居住地的权利,对在经济社会转型期出现的失地农民向城镇居民角色的转换,制定相应的法律规定。

其次,在全国范围内取消农业户口和非农业户口的管理办法,实现全国统一的居民户籍管理制度,实行属地化管理,动态化监控。

再次,新的户籍管理制度要与国际上科学、先进的人口管理制度接轨,从人口的居住空间、定居时间和从业内容来界定户口的类别,户口的类别可随人口居住空间、时间与职业的变动而变动。

---

① 王书娟. 功能主义视角下我国土地征收程序之完善[J]. 福建论坛(人文社会科学版),2014(8).
② 张利国. 论城市化进程中失地农民权益的保护[J]. 河北法学,2012(1).
③ 陈宋绯. 农村土地征收中的农民权利保护研究[J]. 农业经济,2013(5).
④ 孔祥利,王娟娟. 失地农民城市角色的定位与思考[J]. 云南民族大学学报(哲学社会科学版),2006(5).

最后,积极创造条件逐步实现城乡户籍一体化管理,进而以户籍改革为突破口,逐渐拆除就业、住房、医疗、教育等制度壁垒。

2. 将失地农民纳入城镇社会保障体系

政府应逐步建立起覆盖城乡所有劳动者、资金来源多渠道、保障方式多层次、权利和义务相对应、管理法制化、服务社会化的社会保障运行机制和管理体制。逐步将包括失地农民在内的社会各阶层的失业、医疗、养老、住房、保险统一而规范地建立起来,并在经济、财力可能的条件下,适当地提高标准。

3. 消除失地农民与城镇居民就业上的不平等

首先,要改革城市劳动用工制度。新的劳动用工制度,应面向包括失地农民在内的城乡居民,公开招收、公平竞争、全面考核、择优录取。其次,要改革劳动保护制度。为了给劳动力转移提供制度上的保障,政府必须建立和完善失业保险制度与工伤医疗保险制度,建立针对失地进城农民的劳动权益保护组织,加强对进城农民的合法权益的保护。再次,要建立城乡统一的劳动力市场。最后,还要大力开展多种形式的职业培训工作。

4. 给失地进城农民提供基本的住房条件

一是建立廉租房制度。二是建立购租房资金储备制度。三是提供购租房的金融支持。

5. 通过教育尽快使失地农民融入城镇社会与适应城镇生活

首先,要实现失地农民子女与城镇居民子女平等的教育权利。其次,要加强对失地农民自身的教育。

还有不少学者认为应该利用社会组织来帮助农民解决在城镇化后因不适应而造成的权利缺失问题。比如有学者以福建省某村为例,认为应该建立社会组织帮助失地农民度过征地后的升级问题,在社会管理制度上给失地农民相应的权利,促使他们成为真正意义上的城镇居民,并提供社会服务以帮助他们融入城市生活。①

严蓓蓓、杨荣均认为通过重塑失地农民的新的"社会连接"——城镇社区,重视发挥其在社会服务、人的社会化、社会参与和社会稳定等方面的功能,对于帮助失地农民完成市民化的历史性变革和促进失地农民向新市民的顺畅转变、维护其市民权利以及满足其精神需求,具有重要的实践意义。②

---

① 黄永青,张学军. 失地农民的城市化与社会管理——以福州 M 村为例[J]. 福建论坛(人文社会科学版),2012(2).

② 严蓓蓓,杨嵘均. 失地农民市民化的困境及其破解路径——基于江苏省 N 市 J 区的实证调查[J]. 学海,2013(6).

此外，还有很多学者针对解决农民在城镇化中失权问题的已有措施进行研究。如张士斌通过对失地农民"土地换保障"模式的回顾，发现在我国统筹城乡发展的过程中，原有的"土地换保障"模式的弊病日益凸显，失地农民的社会保障制度建设要与公民无偿享有基本生产权利以及农村社会养老保险的自愿参加机制相协调，与农村土地资本化和城乡最低生活保障制度相衔接，因此，需要逐步取消"土地换保障"模式，将失地农民纳入统一的城乡社会保障体系。①

郑美雁、秦启文通过对目前我国失地农民社会保障的三种路径模式进行分析（见表14-4），认为在城乡统筹背景下，将失地农民纳入城镇社会保障体系，既有利于社会保障政策的可持续发展，又有利于保障失地农民的公民权利。②

表14-4 失地农民社会保障模式比较

模式	全封闭模式	半封闭模式	与城镇对接模式
主要特征	独立、封闭、失地农民社会保障自成体系	可转移、城乡衔接性好	城乡一体化，直接纳入城镇社会保障体系
代表地区	上海市	成都市、重庆市	广东省、北京市和无锡市
评价	针对性较强，单独运行容易造成资金短缺	灵活性较好，运行程序复杂，管理成本较高	保障程度较高，体现社会公平，但需要一定的经济发展水平支撑才能运行

第七节 结 语

虽然我国对农民权利的研究较为丰富，但是专门研究城镇化过程中农民失权问题的文献相对较少。城镇化不仅带来了农民身份的转变，其权利体系也相应地发生了变化，城镇化的过程使得农民在经济、政治、社会等多方面的权利受损。造成这一结果的原因是多方面的，最主要的还是国家在相应的立法和制度方面欠缺对城镇化中农民权利的保护。因此，欲实现新型城镇化、提高城镇化的发展质量，国家必须切实保障农民权利不因城镇化而流失或缺失，并在城乡服务一体化、社会福利权的平等化等领域采取一系列有效措施为农民权利保驾护航。

---

① 张士斌.衔接与协调：失地农民"土地换保障"模式的转换[J].浙江社会科学,2010(4).
② 郑美雁,秦启文.城乡统筹背景下失地农民社会保障的路径分析与选择[J].西南大学学报(社会科学版),2008(4).

第十五章 城镇化发展中的新型社会关系研究综述

本章着重分析学界对于由传统农村社会的"熟悉人"向城镇社会的"陌生人"过渡的社会关系的构建成果,归纳城镇化进程中构建新型社会关系的思路与对策。

第一节 传统熟人社会与其社会关系

说到中国传统农村社会的社会关系,我们最先想到的肯定是费孝通先生在《乡土中国》中对中国传统农村社会及其社会关系的描述。他对中国传统农村社会的总结概括起来就是:中国传统农村社会是一个熟人社会。围绕着"中国传统农村社会是一个熟人社会"这一论点,费孝通先生通过多种渠道,多角度对中国传统农村社会进行了描述和论证。

一、长老统治与差序格局

费孝通先生把中国传统社会的人际关系形容为"差序格局",传统社会的"社会关系是逐渐从一个一个人推出去的,是私人联系的增加,社会范围是一根根私人联系所构成的网络","好像把一块石头丢在水面上所发生的一圈圈推出去的波纹"。在这个差序格局的网络中,"家庭"的边界是不清晰的,具有较强的"伸缩能力,自家人可以包罗任何要拉入自己的圈子,表示亲热的人物。自家人的范围是因时因地可伸缩的,大到数不清,真是天下可成一家"。"在乡下,家庭可以很小,而一到有钱的地主和官僚阶层,可以大到像一个小国"①。掌握各类

---

① 费孝通.乡土中国 生育制度[M].北京:北京大学出版社,1998:27.

社会经济资源的能力,决定了作为私人网络中心的某个人与其他人之间私人关系的紧密程度,甚至决定了"家"的边界。穷人往往"缺亲少故",富贵人家则"亲友如云、高朋满座"。古人云"穷在闹市无人识,富在深山有远亲"就是对这种社会关系的真实写照。一个人如果发迹,不但他的亲友必然受惠,甚至会惠及这个家的其他所属生物,正所谓"一人得道,鸡犬升天"。所以,传统中国社会的人际关系是"由己到家,由家到国,由国到天下,是一条通路。在这种社会结构中,从己到天下是一圈一圈推出去的"。在这个次序中,波纹最深、与每个人最切身而且最被看重的是每个人"己"的利益,其次是他的"家",然后是他所在的更大一个范围的团体,这样一层一层推出去,最后到"国"和"天下"。在中国传统社会中,"己"是一种"关系体","己"的成长过程也是人伦教化的过程。"己"是从属于家庭的,"己"不仅包括自己,还包括家中某些人。以"己"为中心实际上是以家庭或家族为中心。所以说,"差序格局"的逻辑起点,与其说是"己",不如说是家庭。形式上是以"己"为中心,实质上是无"己",是以家庭为中心的家庭本位主义。①

传统中国是以家庭为本位的宗族社会,因此家族中的长幼之序就决定了这个宗族社会的伦理原则。社会的无变迁决定了传统的至高无上,而富有生活经验的长者对于传统的理解和掌握使得他们对于年少者有着卓有成效的指导作用,这也决定了长者自然而然地对社会事务具有了理所当然的发言权。陆益龙认为在变化小的中国乡土社会中,很多问题是靠传统方法解决的,在这个意义上乡土社会可以说是无政治的,也就是"无为而治",或者说,乡土社会的权力更具有文化性,而非政治性。②"为政以德"的"政"并非现代意义上的政,而是教化性的道德教育。掌握教化权的正是那些由岁月积累出生活经验的长者。因此,费孝通把乡土中国的权力结构归之为教化权力,称为"长老统治"。

二、无变迁的社会与"礼治秩序"

中国长达几千年的封建社会一直保持一种超稳定的状态,两千年的中国传统社会发展极为缓慢。鸦片战争前,中国社会无论是政治、经济还是文化领域都几乎不存在现代性因素,从而使中国社会一直保持一种无变迁的传统状态。

---

① 陈占江.差序格局与中国社会转型[J].社会科学评论,2007(3).
② 陆益龙.农民中国——后乡土社会与新农村建设研究[M].北京:中国人民大学出版社,2010:30-38.

当然,这种无变迁并非指几千年以来社会结构完全不变,恰恰相反,改朝换代导致的周期性的动荡一直存在,然而这并不能掩盖中国社会一直以来是一种前现代的传统形式存在这一事实。"城头变换大王旗",然而不变的是依存于宗族与血缘关系下的礼治社会。按照费孝通《乡土中国》对中国乡土社会的经典分析,中国传统乡土社会秩序是一种礼治秩序。礼是社会公认合适的行为规范,是经教化过程而成为主动性的服膺于传统的习惯,它由世代累积性经验所维持。因此,"依礼而治"实即不加推究、习惯性地服膺于传统经验而自然累积形成的规范。传统乡土社会是农业社会,而以农为生的人,世代定居是常态,人口流动的停滞使社区间的往来疏少,社区间通常是孤立和隔膜的。这种孤立和隔膜促成了乡土社会的地方性,村民们在区域间的接触少,生活隔离,各自保持着孤立的社会圈子。社区间的孤立使被土地所困的乡民生活在一个狭小的圈子里,这个由礼而定的狭小的生活环境也决定了他们熟悉周围的生活环境和秩序,只要服膺于传统而定的秩序。这种服膺在长期而封闭的环境中也逐渐成为一种习惯,从而到达孔子所说的"从心所欲,不逾矩",生活就能一如既往地延续。代代相传的习俗也造就了代代如一的社会——无变迁的传统乡土社会。

正如费孝通所言,无变迁的社会状态成全了礼治社会的可能。在一个生于斯、长于斯、死于斯的社会里,"个人不但可以信任自己的经验,而且同样可以信任若祖若父的经验"①。在传统的中国乡土社会里,礼治秩序、宗族关系之所以有效力,在于乡土社会变迁的缓慢,传统经验和关系足以应付乡村日复一日极少变化的生活。在时间的长河中累积的应对乡土生活的经验,对代代如是的乡土社会总是有着预期的效果,因为前代生活已经证明这些经验的有效,因而对经验只需服膺而无需置疑。经验的积累在乡土的历史中沉淀成传统,这种传统也就成了人人要服从的"礼",乡土社会也就演化为礼治社会。虽然这种礼以现代人的视角而言未必人道、自由,但它却总能维持着社会的秩序与稳定,因而礼就被固定为社会规范,而维持这种规范的是传统。传统是社会累积的经验,是一代代人累积出来的一套帮助人们生活的行之有效的方法,这套方法使得每个人足以用它来应对自己人生路上所可能遇到的问题。社会的无变迁促成了传统经验的有效,传统经验的有效成就了"礼"这一社会公认的行为规范的地位。正是在这种"礼治秩序"下,乡土中国安逸于自身的传统模式。②

---

① 费孝通.乡土中国 生育制度[M].北京:北京大学出版社,1998:51.
② 宁克平.城市与人——中国城市化进程及其对策[M].北京:人民出版社,2009:120.

三、小农经济与家族观念

长期以来,自给自足的小农经济构成了中国经济的主体。黄宗智认为,近代中国之所以发展迟缓是与中国小农经济采用以过度密集劳动投入来获取生产量增长的生产方式直接相关的,提出了"过密化"生产这一核心概念。他的研究发现,由于大量廉价劳动的存在,经营地主甚至不愿投入多于满足该地区自然条件最低需要的畜力,更不用说机械化了。因此,其利润只能维持在较低的水平上。在以小农经济为主的社会结构下,经营地主的出现并不必然导致商品经济社会的产生;相反,20世纪上半叶,长江三角洲地区的经营地主倒是由于商品经济的进一步发展而衰落了。①

这种传统的、以家庭为单位的生产方式,使整个社会的生产处于简单的重复之中,大规模、社会化的大生产始终难以从这种生产模式中产生。同时由于简单的重复性生产模式所需要的人力、物力和资金条件是有限的,并不需要集中机器大生产所需的大规模的人、财、物,因此,人口的流动是十分缓慢的。这种独特的生产方式和经营模式,形成一种特定的家庭观念。

传统家族伦理关系以小农经济自给自足的生产方式为基础,其存在的形式是高度稳定的。小农经济的耕作方式决定了农民的生存方式,他们的生活空间限于家庭、村社,狭小的交往空间导致他们墨守成规。扩展型的家庭以及与之相适应的的伦理价值观念限制了人口的流动和迁移。与此相对应,传统社会中的农民很少有社会流动,浓厚的乡土观念使他们恐惧"背井离乡"而坚持"父母在,不远游",乡村生活处于超静止状态。于是,家庭具有多重功能,它为其成员提供感情、利益和庇护,传统农民的全部生活寄托就是家庭的稳定和睦,他们奉行"家和万事兴"的家庭本位观念。

正是这种简单的自给自足的生产方式"使人的头脑局限在极小的范围内,成为迷信的驯服工具,成为传统规则的奴隶,表现不出任何伟大的作为和历史首创精神"②。人们局限于血缘、亲情、宗教、伦理、等级所限定的各种身份之中,并在各自特定身份下循规蹈矩,安于现状。由于小农经济依靠的主要经济资源是自己的小块土地,他们的生产方式不是使他们相互交往,而是使他们互相隔离。规模狭小的自然经济决定了人们之间的互相依赖性,对土地的依赖,对土

---

① 黄宗智.长江三角洲小农家庭与乡村发展[M].北京:中华书局,1992:68-75.
② 马克思恩格斯全集(第2卷)[M].北京:人民出版社,1995:682-683.

地所有者的依赖,对保护他们不受其他阶级侵犯的君权的依附,因而小农经济难以成为独立的个人主体。可以这样说,传统的非法制社会里存在的是人对血缘群体的依附关系,它强化了由长幼尊卑秩序构成的血缘关系,使人们无法突破由以血缘关系为纽带、以家长权为核心构成的身份网络体系。这样,身份制度就达到了维护自然经济秩序的目的,又强化和巩固了自然经济存在与发展的基础。

第二节 城镇化对传统社会关系的冲击和改变

当前,中国乡村经历着剧烈的社会变迁。逐渐摆脱土地束缚的村民已完全不同于他们的祖祖辈辈,村庄也呈现出生活方式城镇化、人际关系理性化、社会关联"非共同体化"和村庄公共权威衰弱化的诸多特征。乡村社会的一切正在被重塑,它或被迫或自发地向现代社会迈进。①

贺雪峰认为,当前中国乡村的行政村,在经历了新中国成立以来的乡村体制变革后,已演变成"半熟人社会",他的一项研究进一步丰富了这一观念。他指出,随着改革开放的不断深入,农村社会流动增加,就业多样化,社会经济分化,农民的异质性大大增加,村庄私人生活和公共生活发生了重大变化,表现为家庭日益私密化,村民串门聊天大为减少,村民们更加需要公共生活的空间,越来越不适应过去那种针对性强而退出机制不足的串门聊天的闲暇消遣方式,需要更加公共化的自由进退的闲暇消遣方式,这些表明村庄正经历从"熟人社会"向"半熟人社会"的转变。②

一、冲击城乡二元格局

新中国在推进现代化建设的过程中,由于特定的历史环境和现实考虑,在城市和农村之间人为地设置了二元对立的结构。这种二元结构,在特定的时期,对于推进中国的现代化建设有着不容忽视的重要意义。但是,随着社会的进一步发展,其中的弊端逐步开始暴露,甚至成了社会进一步发展的严重束

---

① 陈柏峰.熟人社会:村庄秩序机制的理想型探究[J].社会,2011(1).
② 贺雪峰.农村的半熟人社会化与公共生活的重建[J].中国乡村研究,2008(6).

缚。① 城镇化的加速发展,最明显的社会特征就是社会流动的加快,社会流动的加速促进了社会结构的演变。改革开放以来,中国的城镇化进程,冲击着原有的城乡二元对立格局,使城乡关系出现松动,甚至在某些个别地区出现城乡一体化。城镇化对二元经济结构的冲击主要体现在以下几个方面:

首先,农民的社会流动和分化开始出现,并分裂出一个规模越来越大的农民工阶层,或者说是分离出了多种新的职业群体,像农民企业家、建筑承包商、乡镇企业工人、服务工、商贩、营销员等,使人力资源实现有效的配置成为可能,并带动其他社会资源的流动和有效配置。其次,农村乡镇企业与小城镇的迅速发展,工业化与城镇化的到来,以及农业人口从不发达地区向经济发达地区流动,打破了城乡之间的壁垒,校正了原本不公平的体制划分,形成了新体制雏形,推出了一个较为温和的人口疏导的新模式。再次,城镇化进程中的人口流动有助于实现人力、人才资源等社会资源的有效配置。改革开放政策的实行,对于我国城乡发展有巨大的推动作用,极为重要的表现就在于新的路线、方针和政策的推行,在很大程度上松动了原有的制度安排,打破了一些限制,激活了人力、人才等社会资源的自由流动和优化配置,从而大大改变了城乡社会的面貌,推进了城乡发展的进程。最后,城镇化进程中的人口流动也催生了社会分化,并对相对不公正的体制安排给予校正。社会流动的过程以及由流动所引发的结果,构成并实现着社会的分化。社会流动蚕食并化解旧的体制安排,在解构旧有体制的同时,又呼唤和勾画着新体制的雏形。②

二、从身份社会向契约社会的变革

城镇化的发展使个体在很大程度上消除了对原村落的依附,解构了传统的身份社会及其观念模式,而进入一个更为广阔的交往体系当中。人们之间的交往摒弃了传统的家族观念与礼治程序的约束,更多依靠独立的法律关系,而非行政的、道德的强制来进行。中国的城镇化进程,在很大程度上瓦解了原有的身份社会,促进了身份社会向契约社会的变革。

(一)自然经济条件下的身份制度

在传统社会中,人们依附性的身份地位是由封闭落后的自然经济基础造成

---

① 徐同文.城乡一体化体制对策研究[M].北京:人民出版社,2011:导言.
② 宁克平.城市与人——中国城市化进程及其对策[M].北京:人民出版社,2009.

的。一切形式的身份都起源于古代属于家族所有的权力和特权。① 在传统身份社会中,身份是一种人格状态,是人们赖以确定其权力和行为能力的基准。人们一旦从社会获得了某种身份,也就意味着他获得了与此身份相适应的的种种权力。所以,一个人的权利和义务的分配主要依靠身份关系而不是法律契约关系来调节,而身份关系的取得、变更和消灭又带有先赋性、人伦性与随意性的特点。因此,这样的等级观念和身份制度就严格限制了每一个人的身份地位与行为自由,时刻要求人们的一切行为必须与自己的社会地位相称,这就有力地保障了非法制社会的专制统治秩序。中国古代就有"天有十日,人有九等"的说法,孔子提出"名不正,则言不顺",汉代董仲舒也强调"治国之端在正名",之后历代的专制统治者都不断巩固和完善以"名分"为基础的等级制度与身份观念,进而形成了中国传统社会以家族为本位,家国相通、亲贵合一、长老统治森严的礼治身份社会。

身份是一种常驻不变的人格状态,是赖以确定人们权利能力和行为能力的基准。凭自己的意志和努力,任何人都不能摆脱这种来自家庭和群体为自己创设的权利与义务。这种伦理精神塑造出以不平等为基础的依附性个体道德人格,因而也没有任何多样的发展,没有任何不同的采纳,没有任何丰富的社会关系。②

(二)计划经济条件下的单位制

新中国成立以后,随着社会主义改造的进行,束缚人的生存和发展的旧的生产关系被打破,建立了新的社会主义生产关系,封建主义生产关系下的人身依附关系被彻底打破。但是,在打破这一旧的身份社会的同时,我们又以一种新的社会关系将人们重新缠绕起来。

计划经济时代,人们不再依附于家庭,而是依附于整个国家。以生产资料国家所有制为基础,国家机构几乎垄断了全部社会资源及其配置权,生产者唯有通过国家机构的中介才能与生产资料相结合。③ 与计划经济相配套的户籍制度、单位制度使这一时期呈现准身份特征。

中国于1958年开始实行的户籍制度将农村人口与城镇人口严格区分开

---

① 徐作辉. 身份社会及其个人权利辨析[J]. 学术论坛,2009(12).
② 伍俊斌. 公民社会建构的基础理论研究[D]. 中央党校博士学位论文,2007.
③ 张京祥,罗震东,何建颐. 体制转型与中国城市空间重构[M]. 南京:东南大学出版社,2007:37-38.

来。城乡户籍身份制度带有很强的先赋性、稳定性和职业范围的有限性[1],造成了我国城镇和农村相互分割的二元社会结构,控制了农村人口向城镇流动,将农民牢牢地束缚在土地上,失去流动的自由。在城镇社会中,绝大部分社会成员都是单位人,社会资源也被国家根据一定的目标配置在一个个具体的单位中,社会个体必须通过单位来获取自己必要的各种资源,这样,单位就依赖于国家(获取单位存在所需要的各种资源),个人依赖于单位(从单位获取个人生存与发展所需的各种资源),但同时国家也依赖于单位(通过单位实现对社会成员的控制及社会整合的目标),单位也要依赖于个人(消费国家配置的各种资源并通过资源的转移与再生来实现国家的既定目标)。

城乡户籍身份制度严格限制了两大阶层的自由流动,通过单位身份制度实现了对社会和个人的全面管理与控制,通过泛行政等级制度和各种政治运动使社会生活高度政治化。这极大地增强了政府的社会整合和政治动员能力。改革开放之前,中国由单位制所形成的特有身份社会构成了多重的二元社会体制:城里人与乡下人、干部与群众、国营与私营、单位与个人。不同的身份有不同的权利和义务,"公有"身份享有特权,"私有"身份却不被承认或受到歧视。各种身份所享有的差别性的权利和义务是预先给定的,个人没有选择的权利。[2]

（三）向契约社会蜕变

契约社会的经济基础是市场经济。契约关系是市场经济下自由、平等原则的派生物。市场经济是倡导自由、优胜劣汰的开放性经济,商品交换打破了狭隘的时空限制,斩断了传统的宗法血缘纽带[3],人们从熟人社会进入陌生人世界。市场竞争使社会从按权力分配财富的零和博弈或负和博弈(权力是排他的),走向按市场配置资源的正和博弈(市场是可以共享的)。发达的商品经济催生了一种迥然有别于身份社会的新形态。与身份社会相比,契约社会呈现出以下明显的特征:

首先,契约社会是每个人在法律形式上自主的社会。在契约社会里,契约取代身份成为设定权利义务关系的常规手段。当事人通过自由竞争,自己设定权利、履行义务和承担责任。社会关系契约化,从法律上解除了当事人对人的

---

[1] 孙立平,王汉生,王思斌,等.改革以来中国社会结构的变迁[J].中国社会科学,1994(2).
[2] 陈君武.转型期我国户籍制度的反思与重构[J].甘肃政法学院学报,2010(2).
[3] 许斌龙.从血缘走向契约——马克思实践观视野下的经济学、伦理学与法学分析[M].北京:法律出版社,2009.

依附,造就了独立自主的个人。

其次,契约社会也是在法律形式上人人平等的社会。契约社会反对专制、拒斥特权,把人们的平等要求普遍化。它既包括主体地位的平等、机会的平等、权益的平等,也包含主体及其权利受法律保护的平等。社会关系的契约化必然要求根除身份社会里形成的主人与奴隶、等级与特权、威权与依附等不平等的社会格局。

再次,契约社会是法制社会。契约精神与法治思想密切相关,现代法治所内含的人们对正义之法的渴望、对至理之法的认同、对至威之法的道德服从、对至信之法的信赖,正是源于契约当事人对公平利益的期待、对合理条款的认同、对合同义务的履行、对有效合同的信守的契约精神。社会关系契约化是步入法制社会的必由之路。①

(四) 新型交往方式

随着城镇化进程加快,人口流动频繁,同时由于聚居方式的变化和产业结构的升级,一方面使人们的土地依附性减弱,传统家族血缘关系弱化;另一方面与传统的建立在封闭的自然条件下狭窄的活动范围相比,人们极大地扩大了交往范围,改变了传统的以情感和地域为联络纽带的社会交往方式,从以土地和人情维系的交往转向以经济活动维系为主的交往。② 在此基础上,人们之间形成日益丰富多样的、建立在次属关系基础上的新型人际关系和社会关系。在城镇这种多元异质的复杂共同体中,更多的是间接形成的次属关系,而非传统的直接的亲属关系的交往类型。在这种新型人际关系中,传统的人情伦理原则日见其弊。人们不再局限于传统的人际关系交往范围,体现普遍主义特征的广泛的"物的联系"代替"人的依赖关系",并渗透到社会生活的一切领域。③ 因此,利益在很大程度上取代了情感而成为人际关系的桥梁和纽带。

这样随着"社会生活愈发达,人和人之间的往来也就愈繁重,单靠人情不易维持相互间权利和义务的平衡。于是'当场清算'的需要也增加了"。因此,随着人们行为选择的转变和利益取向的加强,城市繁华生活中的范示和启发,消弭了人们对求利行为的贬抑与道德谴责,同时激活了人们世俗主义的成就动

---

① 宁克平.城市与人——中国城市化进程及其对策[M].北京:人民出版社,2009:311.
② 许斌龙.从血缘走向契约——马克思实践观视野下的经济学、伦理学与法学分析[M].北京:法律出版社,2009.
③ 马克思恩格斯全集(第1卷)[M].北京:人民出版社,2009:294.

机,这一切都使传统人情和礼俗受到挑战,从而必然要求人们以具有普世性的契约理性来面对现实复杂的人际关系,以此来增强处于陌生人社会中人们彼此的信任和交往的确定性。也正是在这种新型复杂人际关系中,新的伦理秩序正在孕育与长成。

（五）个体独立与自主

处于城镇化进程中的农民,开始向能使他们致富的一切领域进军,从而促使农村劳动力等生产要素自由流动,动摇了传统家族聚集方式,使家庭传统的农业生产功能弱化,从而削弱了家长在生产生活中的权威。同时也使个体摆脱了对血缘家族的依附而在流动中获得了独立自由的人格。正如列宁所言:"外出到城市,可以提高农民的公民身份,使他们跳出乡村根深蒂固的、宗法式的与人身依附关系及等级关系的深渊。"①正是由于个人独立获得经济收入机会的增加,在进一步削弱家长控制力的同时,强化了人们对自身利益与权利的觉醒,使传统血缘家族伦理秩序所蕴含的人际道德地位发生了实质性的变化。家长权威和经验地位退化,为伦理运行机制增添了平等与民主的价值内涵,这样传统的大家庭就不存在了,家庭的利益分配功能逐渐退化,传统家族伦理关系运作的核心内涵还原为天然的人伦关系和家人的亲情,家长从原先统治者的地位还原为平常的人伦道德角色。

三、价值观念的嬗变

城镇化以其特有的流动性、社会分工以及契约性法理型关系模式,改变着人们的价值观念体系,同时也铸造出城镇生活特有的现代性素质。

传统农业社会由于高度同质化的、僵硬的身份壁垒和极低的社会流动率把农民束缚于土地之上,形成了"以农为本"的职业心理;同时,单一的社会身份角色体系也使人与人之间的家族伦理生活占据人们伦理生活的全部内容,五伦便囊括了人们的一切伦理关系。② 然而,城镇化在使农民走出土地向第二、第三产业的地域转移中,不但实现了角色的"解冻"与转化,拓展了视野,开辟了较为广阔的社会活动空间,而且新的城镇生活方式也使他们以自己现实的多元选择,冲破了传统农本社会单一狭窄的职业结构,从而使血缘关系的"脐带"被产业升级与发展所带来的业缘关系剪断,职业成为人们社会地位的主要标志。正是处

---

① 列宁选集(第1卷)[M].北京:人民出版社,1995:216.
② 费尚军.论城市化进程中的伦理嬗变[J].柳州师专学报,2002(2).

于分化与流动中的人们,在他们改变了自身职业观念而实现职业选择多元化的同时,丰富了人与人之间的关系①。正如"城镇化社会学之父"路易斯·沃斯所说,城市改造着人性……城市生活所特有的分工和细密的职业划分,同时带来了全新的思想方法和全新的习俗姿态,这些变化在不多几代人的时间内就使人们产生巨大改变。因此,城镇化进程是现代性渗入与生长的过程,也是心灵秩序的重整与社会规范整合的过程。

第三节 构建新型社会关系的思路和对策

一、中国城镇文化的转型

随着中国城镇化进程的深入和健康发展,实现公民文化心理的转型不仅是必然的,而且是必要的。就社会而言,社会的变迁要通过人格转型来体现。从计划经济社会向市场经济社会的转变以及城镇化的新特点,必然反映在人的文化心理的变化上。就个人而言,在社会变迁的同时,如果不能实现文化心理的转型,个人就无法与社会融合和适应。在当代中国城镇化进程中,只有实现人格的现代转型,才能达到个人发展与社会发展的统一。

(一)实现从依附型人格向独立人格的转变

自给自足的自然经济社会,由于分工和交换的不发达,个体之间在经济上是一种相互排斥的关系,因而社会关系基本上是一种机械组合的无机关系。国家和社会是同一的,社会结构处于以政治为核心的领域合一的状态。个人在社会中、在狭隘的血缘共同体中处于一种被束缚、被约束的状态,形成了一种依附型的人格。②以市场经济为主导的城镇化进程,需要消除主奴依附关系,强调和倡导交换者之间的等价交换关系,这种交换关系必然要求交换者之间的主体性自由。在这种新的社会关系当中,每个人都是以主体的身份与对方发生关系,每个人都处于自主的活动状态中。这种建立在分工和交换基础上的人际关系,是以契约为纽带的相互依赖、相互制约、相互影响的有机体。从社会方面看,由

---

① 张云武.城市化度与生活结构[M].北京:中国社会科学出版社,2011:207.
② 许斌龙.从血缘走向契约——马克思实践观视野下的经济学、伦理学与法学分析[M].北京:法律出版社,2009.

于市场经济是实现个人为自由发展而联合创造的"以物的依赖性为基础的人的独立性"社会①,因而社会的价值应定位在:以社会形式培育自由个性的主体精神,从而为更高级的"自由个性全面发展"的社会奠定基础。② 这样,市场经济的社会制度的理想价值功能就应该是:积极肯定个人在市场经济中的主体地位。它首先要承认主体对合法财产、知识、技术的实际占有权,以及相应的使用权和支配权;其次应充分肯定和尊重个人在市场经济中的自由选择权利。个人财产占有权与自由选择权是市场经济条件下个人人格独立、责任感和道德感得以生成的根本前提与重要保证。在市场经济社会中,个体从传统共同体的诸种约束中独立、分化出来,因而具有独立判断能力和行为能力的人格,这是一种独立的人格。独立的人格是在实践活动中实事求是的分析问题、解决问题的真正开始,是人类有意识地自觉改造自身、创造历史的重要里程碑。只有具有独立的人格,人才可以自由地追求美好生活。

现代社会不再是金字塔式的身份等级结构,而是拥有同样权利、平等地位的独立社会个体的联合。在这样的社会结构下,社会成员以独立个体的姿态参与社会生活。

(二)促进伦理型人格向法制型人格的转变

伦理型人格是指以伦理道德为支点的人格类型。伦理人格形成的社会基础是以非市场经济为主体的伦理型社会。在伦理中,人与人的关系是以人对人的依赖关系为基础的,表现在人格塑造上也是以伦理道德作为个人的价值取向,从而最为深刻地反映出个人的伦理生存形态。所谓法制型人格,是指以法律法规为支点的人格类型。法制型人格形成的社会基础是市场经济为主体的法制型社会。在法制社会中,人与人之间的关系普遍表现为法律关系,法律法规成为调节社会生活的主要手段,整个社会呈现出一种理性的规范特征。在法制社会中,人对人的依赖关系以人对物的依赖关系为基础,社会的人伦化色彩就趋于淡薄,以法律法规为保障的理性的秩序和规范成为市场经济有效运作的基本前提。③

人是社会文化变迁诸因素中最基本、最重要的裂变力量。人的素质的提高直接关系到文化的发展水平。而文化层面的变革,又对社会和经济的发展与进

---

① 马克思.1844年经济哲学手稿[M].北京:人民出版社,2002:6.
② 马克思恩格斯全集(第46卷上)[M].北京:人民出版社,1979:104.
③ 徐强.人格与社会[M].南京:南京师范大学出版社,2004:16.

步起到至关重要的作用。从中国现在的城镇化发展来看,只有建立起与现代化城市特征相匹配的现代城市文化,才能消除城镇化的深层文化障碍。现代城市文化应该是"一种以市民性为核心,以工业化、市场化、城市化为其结构底蕴,以成熟的市场交换为其生存法则,并以一套与之相适应的组织制度和人文观念为其社会体系和价值体系的现代文化形态"①。通过分析我们可以看出,现代城市文化代表了一种新的工业文化,它是对原有的传统农业文化的一种扬弃。与这种文化相伴随的,是人们理性水平的不断提高,自我反思、自我决定和自我意识水平的不断进步。人们在以市场经济为基础的城镇化进程中,会摆脱对原有特定生活群体的依赖,来到一个更为广阔的生活环境之中。因此,这种新的城市文化和新的城市生活,将会把人们的主体性人格提升作为一项重要的发展内容。处在这场变革中的每一个人都面临着文化适应问题,都必须实现心理和人格上向现代城市社会的转变。②

二、新型信任关系的构建

在历史的视野中,我们看到三种类型的信任关系,它们分别是习俗型信任、契约型信任和合作型信任。习俗型信任发生在农业社会和熟人社会中;契约型信任是一种异化了的信任关系,它是工业社会和陌生人社会得以存续的重要支持力量;合作型信任是一种正在生成的社会关系,它是后工业社会制度设计和制度安排必须充分考虑的重要因素。在农业社会和熟人社会中,人们之间的信任基本上属于一种习俗型的信任;在工业社会和陌生人社会中,发展出了一种契约型信任;而在走向后工业社会这种新的陌生人社会的过程中,正在生成一种合作型信任。在今天,具有现实意义的信任关系建构活动就是积极地促进合作型信任的生成。③

(一) 习俗型信任

农业社会是分散的、相对封闭的、局部性的熟人社会。在这个社会中,首先,人际关系在血缘和地缘的框架下基本上是一种自由的人际关系;其次,人际关系是发生在人口密度较小的条件下的,人们是因为人口密度较小而能够在一个较大的范围内相互熟知;再次,人际关系也较为简单,爱、恨、情、仇都非常明

---

① 徐晖.论城市化进程中社会文化机制的更新途径[J].上海社会科学院学术季刊,2000(3).
② 宁克平.城市与人——中国城市化进程及其对策[M].北京:人民出版社,2009.
③ 张康之.在历史的坐标中看信任——论信任的三种历史类型[J].社会科学研究,2005(1).

朗。由于具有这三个方面的特征,我们倾向于把这种人际关系称作为"自由的稀薄人际关系"。

在熟人社会这个概念中,还包含着一层含义,那就是人们之间的关系是直接的,是不需要任何中介的。熟识是交往的前提,或因为交往而熟识,不相识就是没有交往。因此,熟人社会具有信息共享的优越性,由于人际关系无间隔、稀薄和简单,某些信息的传播会有着"长波"效应,能够以较小的失真度而迅速传遍生活圈子。但是,由于某些文化和价值观念上的原因,或由于认知水平、社会心理、情感等方面的原因,这种社会必然会对某些信息加以封存,而往往只对那些普遍感兴趣的信息加以传播。所以,这又是一种部分信息共享的社会。而且,熟人社会中各种各样的非理性因素也不允许人们实现信息全面共享。

但是,这种发生在熟人中的、满足于稀薄人际关系需求的信任主要从属于习俗的规范和满足于习俗需要,在很大程度上是不具有直接的功利目的的。正如费孝通先生所说:"乡土社会里从熟悉得到信任。……乡土社会的信用并不是对契约的重视,而是发生于对一种行为的规矩熟悉到不假思索时的可靠性。"①因而,这种信任是直觉的、感性的和习俗性的。

总的说来,在现实生活中,习俗型信任表现出逐渐衰减的趋势。一般说来,在农村,习俗型信任仍然坚守在人际关系之中,陆益龙指出就村落内部关系而言,其熟人社会及相应的社会信任体系似乎没有太大的变化②;在城市,这种信任关系则逐渐退缩到一些极其边缘性的社会群体及其生活中,主流社会群体中也会存在着一定程度的习俗型信任,但其发挥作用的途径和强度都是极其有限的。在较为宏观的视野中,在那些实现了工业化和现代化的国家或民族中,习俗型信任关系受到了极大的冲击,基本上被完全驱逐到了主流社会生活之外,而在那些具有较强农业社会特征的后发展国家或民族中,习俗型信任在人际关系和社会整合中的作用依然是非常强大的。

(二) 契约型信任

与农业社会相比,工业社会是一个"陌生人社会"。熟人社会中那种由于血缘和地缘关系而结成的社会群体走向瓦解,取而代之的是由于社会化生产过程而结成的社会群体,特别是在社会政治化的过程中,人们往往是因为特定的利益而结成短暂的群体。人们之间的交往关系主要是以物质的或成文的规则为

---

① 费孝通.乡土中国 生育制度[M].北京:北京大学出版社,1998:10.
② 陆益龙.乡土中国的转型与后乡土社会特征的形成[J].人文杂志,2010(5).

中介而建立起来的。

工业社会的陌生人社会在交往关系上具有间断式的特征,因而,我们也把这个陌生人社会称为"间断式陌生人社会"。在这个陌生人社会中,从一个平面上看,人与人之间的关系往往是通过某些中介环节而联系起来的,即使是有着血缘关系的人们,也会在他们之间楔入法律的、物质的等各种因素,从而使直接的血缘关系由于介入了其他社会因素而变得陌生起来。在普遍的意义上,这个社会中的人是由无数有形的和无形的契约而联系起来的,人们本来都是一群陌生的人,借助于契约而成了"熟人";同样,本来是"熟人"的一群人,由于在他们之间出现了契约而成为"陌生人"。

陌生人社会中是缺乏信任的,可是,没有信任,交往就会是非常危险的活动。在陌生人社会,一切交往活动在原则上也都需要得到信任的支持,只不过这种信任在表现形式上是根本不同于熟人社会中的那种习俗型信任的。就间断式陌生人社会交往而言,用一种契约型信任取代了习俗型信任。

间断式陌生人社会中的信任是由契约造就的和通过契约来加以维护与维持的。所以,我们把这种信任称作为契约型信任。契约型信任具有非人格化的特征,虽然它也被看作是一种信任关系,但是,它抽象掉了人的非理性存在的方面,而且恰恰是出于防范人的非理性因素的需要。因为在这个社会中,人的非理性因素往往会引发与理性规则体系相冲突的行为。所以,契约型信任又是一种积极的不信任。

由于契约型信任在本质上是对契约以及维护契约的规则的信任,所以,这种信任具有匿名的性质。契约型信任具有工具性的特征,因为它是可计算的。这是它与习俗型信任最根本的区别,因为,习俗型信任的感性特征决定了它是不可计算的,属于一种不可计算性的信任。也就是说,习俗型信任是基于情感的,是发生在熟人社会中的,因而,从这种信任中是不可能发展出行为选择的策略的。契约型信任是基于理性的,是从属于利益谋划和发生在陌生人社会中的,所以,是可以被视作一种工具而加以利用的。就此而言,契约型信任必然会发展出人的行为选择策略。

在工业社会,契约型信任虽然也会侵入家庭、亲戚和邻里之中,但在这个交往范围中,习俗型信任依然处于主导地位,或者说,这个交往范围是习俗型信任的保留地。因此,我们在工业社会能够看到信任关系表现出复杂的状况:一方面,在社会层面上,是契约型信任在护卫人们之间的交往,使人们结成共同体和采取共同行动;另一方面,在家庭、亲戚和邻里之间,习俗型信任依然在发挥作用。

（三）合作型信任

在后工业社会，我们面对的同样是一个陌生人社会，但这一陌生人社会在根本性质上不同于工业社会中的那种间断式陌生人社会，而是一种网络式的陌生人社会。

在网络式陌生人社会中，交往关系中的中介因素依然会发挥作用，但直接的多向度交往越来越频繁，那些使人成为陌生人的因素开始从发挥使人分离的作用而转向发挥使人连接起来的作用。从根本上看，陌生人之间的网络结构告别了交往主体间的单向联系，代之以主体间的多向联系。如果加以必要的制度安排，不仅交往主体获取交往活动必要信息的成本会大大下降，而且交往风险也会最小化，即使出现了交往风险，预警及其补救也都是非常容易的。因为，网络结构是一种立体的结构，它在每一个层面上都会表现出网络关系的特征，或者说，网络关系是由多种关系构成的网络复合体，是一种复合性的关系模式。对于这种网络关系来说，"关系网络中的他人能够在另一种关系中发挥直接作用。如果信任构成网络联系的基础，那么成员就会发挥作用维持他们和其他成员的关系。当事人会选择去惩罚那些不值得信任的行为"。

在人际关系方面，后工业社会也与以往各个历史阶段有着根本性的不同，或者说，网络式的陌生人社会在人际关系上的表现是"自由的稠密人际关系"。因为，后工业社会为人际关系的性质提供了彻底改变的条件，其中，最为重要的就是知识与认同。"随着知识与认同的增进当事人之间不仅相互了解及认同，而且逐渐清楚他们为了维系他们的信任应该做些什么。"这种人际关系冲破了格式化的状态，是一种重归自由的人际关系。就这种人际关系是自由的而言，使人们在交往活动中的行为选择机会和选择能力都得到了提升。促使人们必须以开放的心态面对他人，必须在与他人的交往中共存，如果封闭自己的话，甚至连生存下去的可能性也没有。这样一来，人与人之间只有合作才是唯一的出路。

同样是自由的人际关系，后工业社会中的自由的稠密人际关系与农业社会中的自由稀薄的人际关系在调整方式上会有很大不同。所以，关于后工业社会人际关系的调整需要基于自由稠密人际关系的网络结构特征进行，是服务于促进这种关系良性互动的目标的。也就是说，要防止和杜绝一切可能导向恶性互动的因素。实际上，决定网络结构中的人际关系能否走向良性互动的因素就是信任,信任与不信任是人际关系走向两极的关键因素。因而,关于人际关系的社会调整途径就是如何促进信任机制的形成。

可见,从人际关系的角度来看,后工业社会及其网络结构决定了它既是合作的,又是信任的。

网络化的陌生人社会既不能通过朋友和熟人来维护信誉与获得信任,也不能用成文的规则体系和形式化的制度结构来加以调整。因此,在后工业社会,需要基于信息技术等新的科学技术条件,设计出保证行为公开化的社会运行机制。通过这种机制而对人的信誉进行评估,甚至进行定量分析,形成一系列关于每一行为主体的信誉数据和信息资料,以方便于进入合作关系中的"陌生人"能够作为合作行为选择依据的参数。

其实,在网络结构中,每一行为主体都会与其他行为主体建立起全方位的交往关系,这种交往关系不是发生在两个或三个行为主体之间的,而是发生在众多行为主体之间的。在网络结构中,每一个行为主体作为网络中的一个结点,都与其他结点处于总体互动之中,每一行为主体对其他行为主体的影响都具有不可测定性。为了使这种不可测定性降到最低程度,交往关系系统中就必须有着充分的信息共享。所以,后工业社会的陌生人社会与以往不同,它不再是一个共享部分信息的社会,而是一个共享全部信息的社会。

网络结构已经打破了信息来源途径的单一化,它提供了无限的信息传播途径。处于网络结构中的每一行为主体所面对的都是一个整体的网络,而不是它挑选出来的个别的对象。所以,他的一切方面都会在网络结构中暴露无遗。也就是说,在以往的一切历史阶段中,信息都是有边界的,而网络结构则打破了信息的边界,使交往行为系统成为一个无边界信息系统。信息充分共享的直接效应就是信任关系的出现和合作行为的普遍化。可以说,并不是进入后工业社会后人们都一下子变得相互信任和愿意合作了,而是因为到了后工业社会,人们处于网络结构中了,尽管他们还是陌生人,但网络结构决定了他们必须相互信任和合作,而且也能够相互了解、相互信任和相互合作。因此,我们说,正是稠密人际关系中的网络结构,决定了人们之间的交往关系是信任的和合作的关系。

实际上,网络式陌生人社会的网络结构提供了这样一种可能,那就是以制度化的方式把熟人社会中传播信息的路径确定下来。从而使人的信誉能够公示在一切合作行为主体面前。虽然他们是陌生人,但他们可以在需要相互了解的方面和需要相互了解的时候实现相互了解,而且可以达到"熟人社会"中无法达到的理性化的了解。所以,后工业社会将是一个全面信息共享的社会,一切对人们交往关系有价值的信息,都被要求共享。而且,稠密人际关系及其网络结构也决定了这个社会必须实现全面信息共享,如果制度和法律阻止这种全面信息共享的话,就会失去合法性。

总之,合作是交往行为和交往关系的正向价值得到充分实现的过程,是人们之间的信任充分发挥作用的过程,而且,合作从根本上改变了陌生人的性质,把相互利用、互为自我利益实现工具的陌生人改造为通过合作互惠互利的陌生人。合作是与信任联系在一起的,而且合作又是促进信任和增强信任的基本途径。这样一来,我们在后工业社会中又看到了一种全新的信任类型,即合作型信任。

与契约型信任不同,合作型信任不是从属于工具理性的,而是从属于实质理性的,不仅如此,合作型信任的实质理性特征还包含着情感的因素。一方面,合作型信任由客观的社会网络结构决定,反映了社会网络结构的客观要求;另一方面,合作型的信任也同时满足信任主体的情感需求,无论是在个体还是群体那里都是这样。所以说,合作型信任是理性与情感的统一,基于合作型信任的合作行为也同时满足这两个方面的需求。①

三、农民市民化

城乡一体化的最终目标是使城乡居民在各方面达到平等,消除因城市与农村之间不同的生活区域所导致的差异,而只保留因个人选择而存在的差异。

就目前的情形而言,长期存在的户籍制度一直分割着城市与农村,是城乡之间形成巨大鸿沟的主要原因。由于存在着城镇居民与农村居民、城镇户口与农村户口的区分,农村居民、农村户口显然低人一等,甚至在诸多公共生活中处于一种道德上的弱势。② 因此,农民市民化的第一步就是要取消分割城乡的户籍制度,使城乡居民在城镇与农村之间的流动不再受户籍的限制,加速城镇与农村之间的交往,促进城乡居民的流通。城镇人居住在农村,农村人居住在城镇,完全出于他们各自的选择,而不是其他因素的结果。与户籍制度的消除相应,还应彻底消除对农民的各种歧视政策,进一步在观念上改变城镇居民对农民的"另眼相待",从来使农民不仅在政策上,而且在社会生活中获得真正的平

---

① 张康之. 在历史的坐标中看信任——论信任的三种类型[J]. 社会科学研究,2005(1).
② 李强. 城市化进程中的重大社会问题及其对策研究[M]. 北京:经济科学出版社,2009:93-108.

等。具体而言,在就业上,农民到城镇就业应与城镇居民享受平等权利;就受教育而言,取消农民孩子在城镇入学的诸种障碍,使其在入学和学校的选择上与城镇居民享有平等的权利;就医疗卫生而言,农民应享有城镇居民同等的医疗保障;就社会保障而言,城镇与农村也应该平等,诸种社会保障应面向全体公民,而不仅仅是面向城镇居民;就公共设施的享有上,城镇中不应该存在抵制农民进入的歧视性措施,使农村人与城市人享有同样的机会。①

四、建设富有家园归属感的城镇社区

在城镇化进程中,培养人们的社区意识,增强彼此之间的关怀,可以有效地解决人们因城镇化进程所带来的心理上的不适和生活上的不便,进而可以有效地解决人们精神的归属问题。

人是社会的动物,总是处在一定的社会关系网络之中,有着相互依靠、相互支持的群居本能。人们需要在变动的社会生活中,寻找一种家园感和归属感,让漂泊的心灵找到一种依托。在这种情况下,城镇社区的作用是显而易见的。社区,是人们基于生活的需要,由人们居住地点集中而形成的生活地理空间。从人们心理需求的角度来看,社区归属感是是社区的一个最主要的功能。社区归属感是指社区的居民把自己归入本社区地域或人群集合体的心理状态。这种心理感受既有对自己社区身份的确认,也带有个体的感情色彩,包括对社区的认同、投入、喜爱和依恋。社区成员的社区归属感,是社区最本质的特征,离开了社区成员的归属感,社区的地域性和群体性将变得毫无意义;社区归属感是社区形成的纽带,也是推动社区发展的动力,同时,还是实现社区整合功能的关键;此外,社区归属感可为社区居民提供各种社区支持,满足社区居民的身心需要。

但在现代化的潮流之下,我国的城镇社区呈现出了人际交往的"冷漠化""原子化"现象,极大的影响了人们之间的交流,造成了人们心灵的孤独,城镇社区归属感日益淡薄。结合我国社区的具体情况,我们可以发现,影响我国居民社区归属感的因素,主要有以下几个方面:首先,我国社区先天发育不良,后天又存在着社区自治制度的不足,这是导致我国社区居民归属感淡薄的首要原因。其次,社区无法提供给社区居民强有力的社会支持网络,或者说社区功能发挥不足,这也是影响我国居民的社区归属感的原因。再次,社区居民关联度

---

① 楚成亚.当代中国城乡居民权利平等问题研究[M].济南:山东大学出版社,2009:219.

低,同样是我国居民社区归属感淡薄的重要原因。最后,社区归属感的形成,要求社会必须具有信任、互惠与合作的文化环境。

从传统社会向现代社会的转变,是一个重要的心理转变过程。在这一过程中,必然伴随着人们心理上的波折和痛苦的转型。伴随着原有的、初级的人际关系的解体,人们需要在社区当中重建一种新的人际关系。在新的条件下,人们需要实现从"单位人"向"社区人"的转变。社区需要也必定会成为人们越来越依赖的生活空间的一部分,并由此而增加对它的归属感。从我国目前城镇化发展的进程来看,要增强社区的凝聚力和向心力,增进人们的归属感,至少可以从以下几个方面着力。

其一,对于政府的角色要重新定位。在计划经济条件下,政府的作用是无所不在的。市场经济使人们的自主性大大提高,人们的自由选择能力大大增强。在市场经济条件下,让政府无所不包是不可能的,政府也没有这样的人力和物力。在关系到人们的情感需求、价值关怀的领域,政府部门应该从中撤出,让更多的非政府组织来行使。在城镇当中,社区应该在这一方面发挥积极作用。社区应该是具有非行政性、非营利性和非竞争性即具有自治性质的从事社会公益事业的,由民众自愿参与、合作共享的民间组织与团体。地域性和以人为本以及自治,是它的最主要特征。社区服务具有福利性、群众互助性、无偿或低偿服务性、地域性。社区发展的最终目的是要建立一个以个性发展、社会整合和文化繁荣为标识的,具有相对独立性并与国家、市场保持良性关系的现代社区。

其二,政府从管理体制上应该明确社区的地位及它的职责和工作范围。社区建设必须遵循从行政到自治的原则,在社区成员民主参与意识还比较薄弱的情况下,保留政府的行政行为,并努力明确社区建设的操作单元是"基层法定社区",即区、街道、居委会辖区共同体,并理顺三大管理系统即政府行政管理系统、社会自主管理系统和生活服务管理系统之间的关系,以提高社区的整合能力。

其三,社区应通过解决人们面临的实际情况以增进人们的归属感。居民对社区的满意程度与居民的社区归属感之间有着非常紧密的联系。如果社区不能满足居民的希望和要求,就会影响居民留在该社区居住的意愿。因此,社区建设需要切实解决当前中国存在的一些社会问题,主要以解决城市化进程相伴生的各种现实社会问题为重点,选择那些有群众性的、关系居民生活的急、难、愁问题,比如,下岗职工、流动人口的工作安置问题等。

其四，现代城镇社区应该积极进行文化精神生活的建设。例如，社区可以通过开展丰富多彩的文化娱乐活动，可以增进人们之间的融洽感，使人们工作之外的业余生活变得丰富多彩。

其五，社区应努力增进人们的社区公共生活参与程度。现代城市人归属感的匮乏，在很大程度上来自于人际交往关系的日益冷淡。在传统的熟人社会当中，人们之间的交往更多地停留在血缘关系和自然形成的地缘关系之中。人们可以通过与亲朋好友的交往，排解内心的压力，解决归属感匮乏的问题。但是，在当代城市生活中，由于工作和生活的需要，血缘性的人际关系被特定的生存空间所打破。在新的人际关系没有建立之前，人们的亲密化的交往圈子越来越小。人们之间往往也隔着一层面具进行交往。为解决这一问题，社区建设必须解决各成员公共生活的参与度问题。通过居民对公共生活的参与来增进彼此之间的交流与沟通，消除彼此间的隔膜感。为此，必须激活社区成员对社区的兴趣，激活人们的相互需要，从而增强支持性社会关系。社区要经常组织一些吸引社区成员共同参与的活动，增强社区成员间、不同群体间和代际之间的社区团结。只有社区团结产生后，人们才会共同建设社区，创造社区生活的和谐品质。①

李强认为新型小区是城市管理的微观领域之一，在微观社区层面上就要处理好小区内各个管理主体和参与主体之间的关系，建立起协调机制和矛盾处理机制，并从法律上探讨进一步改善和规范当前各方关系的途径，用法律法规规范和约束各个管理者、参与者的行动，做到有法可依、有法必依。②

---

① 宁克平.城市与人——中国城市化进程及其对策[M].北京：人民出版社，2009：101-103.
② 李强.城市化进程中的重大社会问题及其对策研究[M].北京：经济科学出版社，2009：74-92.

第十六章 城镇化问题的法律对策研究综述

本章评述面对城镇化所产生的城市问题,评述学界关于法律在应对经济变化、人口变化、社会变化、文化变化、政治变化等方面的对策建议,强调法律在城镇化进程中的突出地位。

第一节 法律是解决城镇化问题的主要手段

一、运用法治思维和法治方式推进城镇化

当今城镇化问题是伴随着城镇化的进程而产生的,是城镇化发展过程中所产生的一系列的附属问题。这些问题并不是我们希望出现的,但却实实在在地影响着我国城镇化的健康可持续发展。因此,必须解决这些问题,否则城镇化的进程必然会受到极大的影响。如何解决这些问题是保障我国城镇化建设健康发展的关键,以何种方式、何种手段解决这些城镇化进程中出现的问题决定着未来城镇化的发展能否顺利的进行。在当今提倡民主法治的时代,以法治的方式解决城镇化建设中出现的问题成了推进城镇化建设健康可持续发展的最好选择。

柯尊全在总结城镇化问题产生的原因时,他认为,城镇化建设中出现不良现象的原因是多方面的,但从法治的角度看,主要有三大诱发因素:第一是法律制度供给不足;第二是执法不严、不当;第三是公民法治意识不强。针对这些诱因,柯尊全认为:"只有真正运用法治思维和法治方式推进我国新型城镇化建设,才能保证城镇化建设的正当性、合法性,促进城镇化建设有序、有效地开展,最终实现格局优化、模式科学、机制完善等城镇化建设目标。"他提出应从强化法治理念、完善法律制度、营造良好的法律氛围等几个方面有针对性地解决上

述影响城镇化建设的三大诱因。

关于强化法治理念,他认为"所谓强化法治理念,就是要以法治思维贯穿城镇化顶层设计和综合治理,树立以法律调节城镇化过程中各种利益关系的理念"。首先,法律可以通过赋予社会主体权利与义务而实现社会和谐。其次,法律可以通过详尽的程序性规定而保障城镇化和谐进行。

关于完善法律制度方面,他认为要立足于新型城镇化的需求,加强立法建设,以良好的法律制度推进我国城镇化建设。首先,要改革户籍制度,加强户籍立法,把目前主要由政策调整的户籍管理改变为主要由法律调整。其次,要完善土地制度立法。再次,要推进社会保障制度改革,完善城乡统一的社会保障立法。

关于营造良好的司法、执法和守法氛围方面,他认为在城镇化建设中营造良好的司法、执法和守法氛围,就是要维护法律的尊严和权威,确保契合新型城镇化要求的法律能够得到贯彻、实施和遵守。司法机关和行政机关在行使公权力的时候,要坚守法律底线,恪守"法无授权即禁止"的基本信条,将自身行为严格限制在法律的轨道内。国家要加强公民的法治教育,使公民明晰自己的权利与义务并能通过合法的途径行使权利、承担义务。①

前建设部部长俞正声也高度重视法律在城镇化进程中的重要作用,认为要用法律来制约市长的权力。他在《要从战略的高度认识城镇化问题》一文中指出,"如果城镇化的问题没有提到足够的高度来重视,对市长们没有足够的关于城镇化快速发展期的一系列政策、方针的教育,没有足够的法律上的制约,那么前几年已经存在的严重问题,在今后若干年还会继续存在下去。"②从他的言论中我们可以看出以法治的思维推进城镇化建设的重要性。要高度重视法律在城镇化建设中的作用,增强市长的法律意识,用法律来限制市长的权力,从而保障城镇化的顺利进行。

二、城市规划的法治化

解决城镇化进程中出现的问题,除了在指导思想上要以法治思维和法治方式来指导城镇化的决策外,还要在其他方面以法治的方式来进行城镇化建设。这其中最主要的就是在城镇化建设之前要以法治的方式进行城镇化的规划。

---

① 柯尊全.城镇化发展中的不良现象及其法律规制[J].中州学刊,2014(6).
② 俞正声.要从战略的高度认识城镇化问题[J].城市规划,1998(3).

城市规划的起草、表决和通过都要严格按照一定的法定程序进行,不能随意通过或更改。因此,要实行城市规划的法治化,从源头解决城镇化可能会出现的问题。

柯尊全认为,在城市发展中,规划处于龙头地位,具有重要的战略引领和先导作用。在他看来,城市规划其实就是一部关于城市发展建设的法律,因此,遵守和贯彻城市规划的过程就是一个守法、执法的过程。既然城市规划是法律规范,那么从它的编制、审核到具体实施、监督,就都应该有明确的权责界定和严格的规范要求。此外,城市规划是为民规划,旨在不断改善人们的生活空间,因此需邀请公民参与到政府的规划决策中,并在法律制度要明确公民参与规划决策的具体形式,为公民参与提供程序保障。①

关于城市规划的法治化,俞正声强调,"区域规划应该是法律性的"。必须用法律将区域规划固定下来,才能避免城镇化进程中出现的重复建设现象,保障城市之间、城市群之间的协调发展。因此,区域规划到底怎么办、怎么编制、怎么实施需要很好地研究。他指出,建设部虽然开展了一些城镇体系规划工作,但是管理体系、制度和办法基本上没有完善,没有用法律的办法加以固定。他认为"不搞区域规划我们是要犯错误的,只搞规划,没有法律,同样也解决不了问题"。他在文中指出,目前城市规划的主要问题是,规划、规划,变成了鬼话。

关于怎样解决规划的制约问题,俞正声认为,第一步是要搞详规;第二步,人大要成立规划委员会,详规要组织听证会,社会各界有意见都来讲,然后人大来审批。他认为,市长当然要有一定的权限,但在规划问题上,要授权有限,要有制度。如果制度不突破,规划的问题解决不好。制度问题不突破,规划的制约、监督、检查和处理问题的能力就不够,规划还是起不了多少作用。因此《城市规划法》要修改。规划法应规定违反了规划怎么制约,市长违反了规划怎么处理,甚至要制定出详细、具体的规定。②

胡序威在《有关城镇化与城镇体系规划的若干思考》一文中也指出要健全有关地域空间的规划法规和加强依法管理。他认为要充实其中有关城镇体系规划、市域与县域规划的内容,并突出其对城乡建设空间布局的指导作用。同时还要为建立综合协调各类空间规划的《区域规划法》或《国土规划法》积极创

---

① 柯尊全.城镇化发展中的不良现象及其法律规制[J].中州学刊,2014(6).
② 俞正声.要从战略的高度认识城镇化问题[J].城市规划,1998(3).

造条件。应在逐步完善地域空间规划系列法规的基础上,严格依法加强对地域空间开发建设的规划管理。应赋予经各级人大常委会讨论通过并报经上级政府批准的规划以较高的权威性,正在执政的领导人也都应受其约束,对做出违反规划的决策者应追究其法律责任。不能因政府领导人的换届而任意改变原规划。当由于客观形势的变化而必须对原规划进行某些必要的修订和调整时,亦应遵循正常的法定程序进行操作。①

面对学者的呼吁以及为了解决我国城镇化进程中出现的问题,我国于 2008 年对《城市规划法》进行了大范围的修改,颁布了《城乡规划法》。虽然 2008 年《城乡规划法》的颁布实施将我国城乡规划初步带入了法治轨道,该法基本规定了在城乡规划中公民的参与权利,对规划行政部门的监督以及违反规划所承担的责任,是新中国成立以来相对完善的一部规划法律。但是,随着该部法律的实施,其不足之处也有显现,如公众参与的程度问题,没有完善城乡规划督察员制度,未明确公民对规划能够提起的救济要求,等等。关于城镇化建设规划中公众参与法律制度的不足问题,主要表现在以下几个方面:①立项阶段公众参与的缺失;②政府与公众沟通互动的渠道和方式少;③没有对非政府组织介入城乡规划做相关规定。

针对上述的不足之处,杨达青提出了自己关于完善公众参与城乡规划的法律制度的构想。② 首先是完善公众全程参与城镇化建设规划制度。建议可以制定城乡规划法实施条例,对公民在规划决议阶段,规划决定完成阶段及规划实施阶段的参与权做出具体规定。其次,针对现阶段公民参与不积极的状况,可以采取一定的奖励和激励措施,以此来提高公众参与的积极性。增加政府和公众互动的相关规定。城乡规划法应在对公众的告知、听证、说明理由等方面规定得更加具体和完善。再次,建构规划听证程序和监督制度体系。城乡规划领域有关听证程序的规定过于笼统,相关法规需要对听证方式、听证代表人选、听证信息的对称、听证的审查监督和救济制度进行细化,形成可操性强的制度体系。最后,对公众组织非政府参与规划予以规定。与公民个人相比较起来,非政府组织更加专业,所掌握的资源也更丰富。而城乡规划法中并未涉及这样的非政府组织或公众组织,也未对他们在城乡规划中所处的地位和应发挥的作用做规定,这是一个遗憾。

---

① 胡序威.有关城镇化与城镇体系规划的若干思考[J].城市规划,2000(1).
② 杨达青.城镇化建设规划中公众参与制度法律问题研究[J].法制与社会发展,2013(1).

城市规划在经过法定的程序通过后,并不是不可以改变的,有时候因为某些特殊的原因必须变更已经通过的城市规划,但城市规划的变更也必须遵循法律的规定,不可随意变更。换句话说,城市规划的变更也需要有专门的法律规定进行规制。为此齐建东在《城镇化进程中规划变更的法律规制》一文中对规划变更的理由、所应遵循的原则、所要遵守的法律程序、规划变更的救济方式以及政府违法变更规划的问责机制进行了论述,并提出了自己的观点和建议。

关于规划变更的理由,齐建东认为,从理论上看,规划变更的理由只能是公共利益的需要。但公共利益是一个抽象的概念,如果不加以明确,在实践中可能会被滥用。他认为,《城乡规划法》第47条第(四)、(五)项的规定非常原则,尤其是第(五)项,实际上赋予了有关行政主体在公共利益认定方面过大的裁量权。对这一过大的裁量权应该加以限制,应该进一步详细列举,取消概括性的授权。他指出,可以学习2011年1月21日公布施行的《国有土地上房屋征收与补偿条例》第8条——因公共利益需要进行房屋征收的各种情形进行的详细列举,其兜底条款为"(六)法律、行政法规规定的其他公共利益的需要",将公共利益的确定限于法律、行政法规的明确规定,力求避免这一概念的滥用。

关于规划变更应遵循的原则,齐建东认为行政法上的信赖保护原则应用于规划变更领域,应赋予行政相对人规划存续请求权,规划执行请求权,过渡措施和补救措施请求权,补偿、赔偿请求权。这样通过信赖保护原则的制度化,让变更规划所追求的公共利益与相对人的信赖利益衡量法定化、规则化,可以从实体上限制规划变更权的行使。

关于规划变更的程序规制,齐建东认为未来的制度建设应该扩大规划变更的公开范围,使规划变更的公开范围与规划制定时的公开范围保持一致。另外,作为公众参与重要手段的听证制度,也应该引入规划变更程序。

关于规划变更的救济机制,他认为当前行政诉讼的受案范围非常有限,实践中仅将规划许可作为行政许可的一种而纳入行政诉讼的受案范围,至于影响力更大的规划确定、规划变更,也应将其纳入行政诉讼的范围,给因规划变更而利益受到损失的公民、法人或其他组织提供更加广泛的救济途径。

除以上几点,还需要对规划变更行为人的责任做出具体的规定。对违法变更规划的政府工作人员要追究相应的法律责任。齐建东认为虽然《城乡规划法》的第六章"法律责任"部分中,第58条有明确规定,但是在实践中,政府工作人员因为违法变更规划而受到处分的情况很少,这也成为现实中规划变更乱象的重要原因。只有进一步细化规则,加大违法变更规划的问责力度,才能最大限度地避免和减少违法变更规划行为的发生。①

三、城市管理的法治化

城镇化的问题有些是由于城市规划的不合理造成的,但更多的城镇化问题是由于城市管理不善造成的。由于城市管理手段和管理方式的随意性和非法定性导致城镇化问题不断涌现。为此,解决这些问题的关键首先是要依法管理城市,用法律的手段规范人们的行为和解决城市管理中出现的问题。

卞建平在《香港城市管理的启示》一文中对香港的城市管理措施进行了介绍。香港城市美观、整洁,交通舒畅,人流、物流井然有序,给到香港的外地人留下很深的印象。他指出这是长期坚持依法、从严管理城市的结果。多年来,香港坚持依法治城,在城市管理方面出台了一系列键全配套的法律、法规,如《建筑物条例》《城市规划条例》《空气污染管制条例》《废物处置条例》等几百项,在城市各项管理中都能做到有法可依。其次,在城市管理中严格依法按章办事,通过强约束,严惩处,增强市民的自律意识。如按香港的有关法律规定,行人闯红灯发生交通事故,驾驶员不负任何责任。按《1991 年城市规划(修订)条例》的规定,政府规划署对违法建筑有直接执行管制的权力,任何人士若进行或继续进行违例建设(改变规划用途或未取得规划署的规划许可)即属违法,首次定罪处罚款 50 万港元,而第二次及其后再度定罪,则处罚款 100 万港元。

在卞建平看来,上述的这些法律手段是保障香港城市有序运行的必要条件。因此,要解决内陆城镇化中出现的问题必须要加快依法管理城市步伐。他认为,抓好法治建设是提高城市管理水平的基础和关键。首先要健全完善城市管理法规体系。认真贯彻实施国家、地方在城市建设和管理中的法律法规,同时,充分利用自行制定地方性法规的条件,在城市管理中制定科学配套的地方性法规,在城管工作中做到事事有法可依。在各种法规制定出台的过程中,通过公示,召开人大代表、政协委员和专家座谈讨论等形式,注重听取广大市民和社会各界的意见,将法规形成的过程变为广大市民参与的过程,提高广大市民的法规意识。其次严格依法管理城市。城市管理既需要政府职能部门尽职尽责的工作,更需要广大市民的共同配合和参与。人的习惯既靠教育,正面引导,也靠严惩、负激励才能养成。凡到过香港的人都会很自觉地遵守不在公共场合吸烟、不随地乱扔杂物、不随意横过马路的规定,其中一条重要原因是香港严格

---

① 齐建东.城镇化进程中规划变更的法律规制[J].苏州大学学报(哲学社会科学版),2011(2).

依法进行管理,法律面前人人平等,人人都必须遵守法律规定。因此在城市管理中,只有坚持有法可依,有法必依、执法必严、违法必究,才能使城市管理水平不断提高。①

第二节　法律在应对经济变化中的对策建议

两千多年来中国一直实行"重农抑商"的政策,刻意抑制商业的发展,导致中国历史上一直实行以自给自足的小农经济为主的经济模式,商业极不发达。近代,随着鸦片战争的爆发,西方资本主义敲开了中国的大门,中国被迫卷入商品经济的大潮,中国的商业开始在西方自由资本主义的压迫下艰难发展,促成了近代中国民族资本主义的发展。但新中国成立之后,国家进行社会主义改造,实行计划经济,将所有民族资本家的产业收归国有,由国家按计划发展经济。计划经济有其严重的弊端,因此1978年邓小平开始实行改革开放的政策,努力推进社会主义经济改革,鼓励发展商品经济。特别是1992年之后中国的市场经济有了长足的发展。

一、市场经济就是法治经济

关于市场经济,法学界提出了"市场经济是法治(或法制)经济"的口号。表面看来,这种观点强调了法治的重要性,然而其要旨是,不相信市场本身作为一种制度对于社会秩序形成和规则形成将起到基本的作用,而更相信政府的作用,相信国家立法机关或行政机关以立法形式对市场的干预和规制。② 换句话说,市场经济不是完全放任自由的经济模式,它也需要法律的规制,但这些法律并不是随意制定的,而是立法机关和政府依照法定的程序制定的。

江平教授认为,计划经济本质是权力经济,市场经济本质是权利经济。权力经济主要靠行政命令、长官意志,而权利经济主要靠主体平等、意思自治的法律规范调整。要发展市场经济,就必须限制权力经济、发展权利经济。他指出,计划经济是人治的最好土壤,可以说,计划经济内在地、本能地要求人治。人治就是行政权力和首长权力的不受限制的膨胀,而法治则是行政权力和首长权力

---

① 卞建平.香港城市管理的启示[J].中国人力资源开发,2000(2).
② 苏力.二十世纪中国的现代化和法治[J].法学研究,1998(1).

的制约与监督。正是由于行政和个人权力希望不受或少受制约与监督,所以经济领域内的一些宏观调控法律迟迟不能出台,经济领域内的人治现象得不到有力制止和控制。

江平教授认为,限制权力经济是根治"人治"顽症的釜底抽薪办法。要发展市场经济,要给市场的生产者、企业以真正独立自主的权利,就要改"审批经济"为自主经济。现今经济管理制度中动辄审批,无审批寸步难行的作法,已经大大阻碍了经济的发展,特别是影响市场竞争机制的形成和健康发育。市场经济呼吁建立真正以权利为本位的经济和真正以法制为本位的经济。只要公司本身行为不违法,符合法律的规定,任何政府部门或个人都不应享有以行政命令撤销其存在的权力。公司领域如此,其他经济管理领域也应如此。经济领域中人治现象的另一种恶性表现就是利用手中的权力进行市场的垄断、操纵和封锁。要发展必须要有竞争,要竞争必须平等、公平,而市场的垄断、操纵和封锁行为是市场经济的大敌。例如,国有企业利用独占生产经营权对市场的垄断、行业管理部门利用行业管理权力实行的控制和操纵、地区之间为保护地方利益而实行的封锁等。我们应该看到,只要实行市场经济,私有制经济下存在的反市场、反自由的行为,在公有制经济下也会存在,仍然需要用健全法制的方法去限制与制止这类行为。市场经济需要靠法治,但法律规范也有不同的性质,依它与当事人自主意志的关系,可以分为强制性规范和任意性规范。在他看来,计划经济强调前者,市场经济则更应强调后者。

江平教授认为,经济领域内的人治现象部分是由于不重视程序法而引起的,也可以说,正是经济宏观决策方面的人治现象造成了程序规范的欠缺,因为决策程序的规范化自身就意味着它的法治化。由此可见,经济领域法治化的关键是重视和完善有关程序化的规范。程序法是实体法得以正确实施的保障。市场经济必须有序,这个"序"同时是指实体法的"序"和程序法的"序"。怎么能设想一部公司法只规定实体法而不规定严格的公司设立程序?只有严格地设立程序,才能保证公司的资本真实,就是这个道理。一部证券法也只有具备周密的证券发行和交易的程序性规定,才能保障证券交易的有序运行。程序法的规定必须十分具体,不能过于抽象原则。强调程序法的作用,也可以改变我国立法过于原则、难于操作的弊端。①

---

① 江平.完善市场经济制度的法律思考[J].中国法学,1993(1).

二、市场经济法律需要解决的几对关系

市场经济是法治经济,市场经济的法律是保障市场经济健康发展的重要保障,没有这些法律的保障,社会主义市场经济不可能健康有序地发展。江平教授在论及市场经济的法律时指出市场经济的法律要解决好以下几个方面的问题:

(一)实体法和程序法问题

经济领域内的人治现象部分是由于不重视程序法而引起的,也可以说,正是经济宏观决策的人治现象造成了程序规范的欠缺,因为决策程序的规范化自身就意味着它的法治化。由此可见,经济领域法治中的关键是重视和完善有关程序化的规范。程序法是实体法得以正确实施的保障。

(二)法律的确定性和灵活性问题

法律具有较大的稳定性,尤其是宪法,更应具有稳定性。稳定性是权威性的需要,法律若缺少稳定性,也就缺少相应的权威性;但另一方面,经济活动又是极活跃的,生产力每日每时都在发展,都会要求生产关系经常做出相应的改变,因此,经济方面的法律一般又要求具有较多的灵活性。这就引起现实生活的矛盾,主要表现在改革开放的进一步深化,要求突破原有法律的约束;而法律的稳定性、权威性则要求不能任意突破法律的约束,这二者之间就产生了巨大矛盾。怎么来解决我国经济建设发展的这一突出矛盾呢?

对此,江平教授指出市场经济立法应有预见性,无论是立一部新法或是修改一部已颁布的法律,预见性可以减少实践中任意突破法律所导致的违法甚至违宪的现象。①

(三)法律的意志性与规律性的关系

法律是统治阶级意志的体现,是立法者意志的体现,但这只是一方面;另一方面,经济方面的法律,尤其是市场经济方面的法律,又是经济规律的体现。离开经济规律,一味地按着主观意志去制定经济法律,结果必然要碰壁。

在市场经济机制下法律能够较容易地正确反映市场经济规律,尤其是价值规律和市场供求规律。因此,完善市场经济法律制度的核心是要求立法必须符合经济规律要求,要求立法者不能随心所欲地立法。

---

① 江平.完善市场经济制度的法律思考[J].中国法学,1993(1).

就国内市场经济法律来看,它应当具有统一性,因为市场是不能用地区来分割或封锁的;就国内市场经济与国际市场经济关系来看,只要我们继续搞改革开放,就必然要与国际市场发生紧密联系。这样,我们在制定市场经济法律时就必须富有前瞻性地考虑到加入关贸总协定及有关国际公约时法律的衔接问题,这也是必须充分考虑国外法律的原因。在制定与国际市场经济衔接的有关经济法律时,我们主要应考虑使它具有国际特色,而不是中国特色。

(四)主体法和行为法问题

根据不同的主体地位来分别制定不同的法律,这是主体不平等性的表现。市场经济要求必须根据同一种经济活动适用统一法律规范的制度,这是一种确认主体地位平等的制度。从世界法律制度发展的历史和潮流来看也是如此。越是市场经济不发达、市场被分割并在很大程度上受特权的影响和作用,法律就越具有身份性。反之,法律就越具有平等自主性。

"法律面前人人平等"是法律的精义,这不仅指执法而言,同样也是指立法而言。制定一般的法律需要"法律面前人人平等",制定市场经济的法律尤其需要如此,市场经济法律是市场经济内在本质和规律的体现。要发展我国的市场经济立法,就必须逐步地从原有的主体立法转变到行为立法。①

三、构建完善的市场经济法律制度

漆多俊指出,虽然我国自改革开放以后,加强了经济法制建设,陆续制定了大量经济方面的法律法规,但经济法律体系仍不够完善。特别是在当前国家经济体制发生重大转变的情形下,原有的许多立法需要修正或废除,许多新的法律需要制定。建立和完善与我国社会主义市场经济体制相适应的法律体系的任务繁重而紧迫。为此,漆多俊教授从加强国家宏观调控立法、改善和完备各种微观经济立法、完善民事立法、加强行政法有关经济管理的规定、建立和完善我国法律体系的规划与步骤等几个方面对完善我国社会主义市场经济法律体系提出了建议。②

关于加强国家宏观调控立法。漆多俊认为,现代市场经济体制要求国家对社会经济的管理应重在宏观调控,而我国过去在这方面比较薄弱。加强宏观调控立法,从立法内容上说,包括以下几个主要方面:①关于国家对国民经济总体

---

① 江平.完善市场经济制度的法律思考[J].中国法学,1993(1).
② 漆多俊.论现代市场经济法律保障体系[J].中国法学,1994(5).

结构和运行管理(即宏观调控)的基本指导思想、目标、方针、政策、基本原则和基本法律制度的规定;②关于宏观调控各种手段和方式的规定;③关于各种宏观调控对象的规定。

宏观调控的立法形式,大量表现为各种单行法规。为了加强宏观调控,统一宏观调控的指导思想和基本原则,很有必要使各种宏观调控法律规范系统化,可以考虑制定一部综合性的国家宏观调控基本法。该法集中规定国家对国民经济管理总体性的指导思想、方针政策、基本原则和各种基本法律制度。在宏观调控基本法之外,还有许多关于宏观调控各个具体方面的单行法规,但它们遵循和贯彻宏观调控基本法的原则性规定。这样一部宏观调控基本法,实际上起着经济法典总则的作用。在目前人们对于制定经济法典尚存在不同意见的情况下,制定一部宏观调控基本法是一种可行的替代办法。

关于改善和完备各种微观经济立法。所谓微观经济立法,是指对各个经济活动主体及其各种经济行为的法律规定。

关于完善民事立法,加强行政法有关经济管理的规定。漆多俊认为,当前国家实行市场经济体制,市场调节成为社会经济运行的基本机制,民商法是其基本法律保障。现有的民事立法,特别是作为民法基本法,仅有156条的民法通则已经严重不能适应当前正在扩展的民事活动领域和不断出现的新的民事关系的需要。应当大力完善各种民事立法,并抓紧制定新的民法典。

关于建立和完善我国法律体系的规划和步骤。由于我国的改革还在逐步深入,市场经济体制还未完全建立,国家立法需要反映这种变革时期的现实,保障改革朝着市场经济方向发展,因此需要制定有关改革的过渡性立法。这一类立法同前面所说的稳定性的基本法律在方向和基本精神上是一致的,但其内容和功效有所不同。如果说那些基本性法律是直接构造市场经济法律体系框架的施工,那么,反映当前改革的过渡性立法则好比为最终建造大厦进行准备的材料加工改制工作。一旦加工改制符合建筑要求,便直接用于建造大厦的施工。反映改革进程的过渡性立法,不要求它们具有较强稳定性,而往往需要多次性的废、改、立。①

---

① 漆多俊.论现代市场经济法律保障体系[J].中国法学,1994(5).

第三节　法律在应对人口变化中的对策建议

一、引导人口合理流动,促进城镇化健康发展

改革开放以后,随着中国城镇化进程的迅速发展,中国的人口流动日益频繁。但目前我国的人口流动并不是自由流动,而是受制于我国的户籍制度,这严重影响了我国城镇化的进程。在计划经济体制下,中国城镇化道路是一条由城乡隔离的户籍制度严格控制城镇规模扩张的道路。改革开放以来,由于国家在很长一段时期实行控制大城市规模的城市发展政策,户口迁移政策和现实的人口迁移规模存在着巨大的反差,这已严重影响城镇化进程。多年的城镇化实践表明:小城镇的道路并不适合于中国城镇化,中国国情决定了应该把体系化城市发展作为城镇化战略。政府在推动人口迁移、城镇化进程中,要从法律、政策、措施方面,保证市场主导型城镇化战略的实施。

张爱华在《未来人口迁移、城市化发展战略》一文中论述未来人口迁移、城镇化发展战略的构想时指出,为了城镇化的发展首先要改革城乡二元户籍制度。从社会发展的角度考虑,政府在处理人口迁移流动与国家全面发展,特别是与经济社会发展关系时,应将科学发展观落实到户籍制度改革的价值内涵里,为消除城乡二元经济社会结构做出努力。

在给出具体的建议时,张爱华指出,在法律方面,要联系中国目前的实际并借鉴国外经验,不断健全和完善人口迁移流动的法律体系。首先,在宪法中恢复公民居住和迁徙自由的条文。其次,健全完善户籍法规,以宪法为基础,在明确公民有居住和迁徙的原则下确认具体化的居住迁徙自由,取消城乡之间、地区之间的迁徙行政限制,还户口迁移管理的本来面目。

除此之外,还要重新修订城市规划法中的城市发展方针。这一方针在理论上它无视城市体系的规模结构、功能结构、地域结构和整体规律,在实践中早已受到各级城市成长因素及大城市超先发展规律的挑战。这一方针的存在,始终让户籍制度担负着控制非农业人口、城镇人口机械增长的重任。改革开放以来,虽然约束人口迁移流动的政策有所松动,但由于限制城市人口规模的规定并没有完全消除,户籍制度仍然约束着人口迁往大中城市尤其是农村劳动力向大中城市的空间转移的自主行为。这一方针对人口迁移、城镇化是没有推动促

进作用的,应该通过法律程序对其重新修订。

张爱华在文章的最后呼吁,中国国情决定了应该把体系化城镇发展作为城镇化战略,政府部门在推动人口迁移、城镇化进程中,要尊重城镇化本身的规律性,实施市场主导型的城镇化战略,重新思考城镇发展方针,加快人口迁移、城镇建设与管理的立法,有效地将人本主义体现在人口迁移、城镇化发展战略中:以人为本,尊重人们的自我意愿和选择。①

二、农民工权利保障问题的法律对策

(一) 建立和完善农民工社会保障体制的应该遵守的原则

曲丽丽、徐嘉辉、马国巍在《农民工社会保障的路径选择与制度重构》一文中提到了建立和完善农民工社会保障体制应遵循以下五个原则:

1. 坚持社会公平原则

社会保障制度本身是一种公共品,从其建立之日起,就有着互助互济、保障公平的固有特性。社会保障就是为了满足社会公平的目标而采取的一种社会机制,用以弥补市场分配的不足。社会保障需要公平的理念作为前提和条件,没有社会公平,不坚持社会公平的原则,农民工的社会保障问题难以得到解决。

2. 坚持保障水平与经济发展相协调原则

社会保障制度作为上层建筑的组成部分,不能脱离本国的经济发展水平,否则在实践中就不能满足人们的生存需要并且促进社会经济的发展。因此,应当立足实际,贯彻社会保障水平与经济发展相适应的原则,并使社会保障水平随着经济发展水平的提高而逐步提高。

3. 坚持分类、分层次、分重点、逐步进行原则

从减小个人风险的角度来看,应该努力扩大社会保障覆盖面,尽可能广泛地覆盖各个地区、各个层次、各个职业、各个年龄段,从而建立涵盖所有农民工的社会保障体系。应当对农民工进行适当的分类,对达到规定居住年限及有相对固定住所和单位的农民工,给予其享受本市居民权益的资格条件,并将其正式纳入当地的社会保障体系,而对不符合条件的则另选方案加以解决,并视情形逐步纳入。应当根据现有的条件,有重点地、分层次地建立农民工的社会保障制度,也就是说,建立以农民工工伤保险、医疗保险和养老保险等社会救助制

---

① 张爱华.未来人口迁移、城镇化发展战略[J].经济地理,2006(1).

度为核心,同时兼顾农民工社会救助和社会福利的社会保障制度。

4. 坚持切实可行的操作原则

在制度设计上要有弹性,不能简单地把农民工社会保障的构建纳入城市社会保障体系或农村社会保障体系,而只能在农民工的社会保障制度与城镇职工的社会保障制度之间预留"接口",在条件成熟时使两者能够实现对接。在账户转移上,要坚持保证农民工社会保障账户能够自由转移的原则。我国目前已经形成全国范围的农民工劳动力市场。因此尤其要注意的是迁出地与迁入地的有效接续问题。

5. 坚持着眼于整体,配套措施推进原则

建立农民工的社会保障制度是一项复杂的系统工程,涉及许多方面,这就需要从其相关方面给予配套推进。①

(二) 以法律为视角对农民工社会保障的路径选择与制度构建

曲丽丽、徐嘉辉、马国巍对此的建议是,从社会保险制度、社会救助制度和社会福利制度三方面着手建设农民工社会保障体系:

1. 社会保险制度

(1) 工伤保险

在法律上,2004年我国已经发布《关于农民工参加工伤保险有关问题的通知》,明确规定:"各用人单位招录的农民工均有享受工伤保险的待遇。"但是从执行情况来看并不乐观,因此应制定一套完善的法律法规,采用强制性的手段要求各用人单位为农民工缴纳工伤保险,明确规定农民工的工伤保险缴纳措施,否则即使农民工参加了工伤保险也会因为流动性强而随时中断保险关系。

(2) 医疗保险

农民工的医疗保险基金宜采用社会统筹与个人账户相结合的模式,个人账户由财政支持、企业缴费、个人缴费三方面来支撑,三方的缴费比例可以由当地政府根据本地的实际情况来确定。同时,要为农民工确定医疗保险缴纳底线,所有农民工都要按此标准缴纳,并允许和鼓励多缴纳费用,按照权利和义务相统一的原则,到发生医疗支出时,缴费多的农民工享受的待遇要比仅缴纳最低缴费额的农民工要高。

---

① 曲丽丽,徐嘉辉,马国巍. 农民工社会保障的路径选择与制度重构[J]. 苏州大学学报(哲学社会科学版),2009(6).

(3) 养老保险

针对现存的城镇养老保险缴费率过高这一问题,应按照农民工的收入状况设计多个缴费基数档次,可以由农民工自愿选择,而且用人单位必须根据农民工所选择的档次缴纳基本养老费,享受待遇与缴费档次相对应,同时,劳动者之间实行风险共济,充分实现效率与公平原则。提高农民工养老保险统筹层次,实行便携式的养老保险账户。对农民工社会养老保险实行全国统筹,统一管理,农民工不论转移到什么地方,都可以凭个人账户缴纳社会养老保险费,从根本上解决因农民工流动而造成的社会保险关系难以转接的问题。

2. 社会救助制度

最低生活保障应处于社会保障制度的核心地位。长期生产生活在城镇而已经市民化的农民工大多已放弃农村土地使用权,可以直接将这部分农民工纳入城市的最低生活保障体系,并以农村土地使用权适当折算为几年的个人账户积累额,促进农民工从传统土地保障到社会保障的平稳过渡。与此同时,还应当建立紧急救助和法律援助制度,当农民工出现劳资纠纷或处于困境时,应该有专门的援助机构或法律咨询中心提供一定的社会救助或法律援助,保证农民工的救济权利。①

3. 社会福利制度

曲丽丽、徐嘉辉、马国巍认为,当前我国面向农民工的社会福利建设应该重点着眼于农民工的住房保障问题和农民工子女的教育问题。

(1) 农民工的住房保障

要改善农民工的居住条件,最根本和最重要的就是完善住房供应体系。首先,应当制定相关法律法规,将已在城市居住达一定年限,与城市居民有同样住房需求的农民工,纳入公积金、经济适用房、廉租房等供应体系,让其享受国家优惠政策。其次,应大力调整住房供应结构,充分发挥市场机制的调节作用,引导房地产市场供应与农民工需求相适应的商品住房,并尽可能将社会闲置房改建为管理规范、租金低廉的农民工公寓,提供给农民工集中居住,并给予其税费减免等优惠政策的支持。再次,应责令有关部门加强住房信息系统建设,有针对性地收集适用农民工居住的房源租赁信息,为农民工租赁住房提供优质服务。

---

① 曲丽丽,徐嘉辉,马国巍.农民工社会保障的路径选择与制度重构[J].苏州大学学报(哲学社会科学版),2009(6).

（2）农民工子女的受教育权

对于进行了暂住登记和有合法住所及职业的农民工，当地的政府应当为其子女提供受义务教育的机会，既要取消额外收费，又要保证教学质量。应将农民工子女上学问题纳入我国教育发展的总体规划，对于流入地政府来说，要根据区域人口变化情况，合理配置城镇义务教育资源，保障以公办学校为主接纳农民工子女受义务教育。对于农民工流出地政府来说，要把农村"留守儿童"教育纳入农村教育中长期发展规划，为"留守儿童"提供良好的教育条件。①

三、流动人口的市民化的法律对策

从政治学的角度看，大量农民迁入城镇所带来的最大挑战是"公民身份"的不平等。中国是一个城乡二元结构的社会，城镇居民与农村居民有着不同的社会身份，事实上享受着不同的国民待遇。在城乡居民没有流动的静态格局下，城乡居民各自按照城乡两个不同的参照体系进行身份识别和角色认同，公民身份问题并不显得十分突出。但当大量农民流入城镇转变为城市工人后，他们就不再按照农村的参照体系进行身份认同，而是转向城市的参照体系。这时，他们就发现，他们与生活和工作在同一城市的户籍居民之间存在着公民身份差异及权利不平等，尤其表现在劳动权、居住权、福利权、教育权、医疗权方面。

要维护这些新移民的公民权益，其根本途径是重塑这些新移民的公民身份，使这些进城的农民工市民化。为此，政府必须对传统的社会管理制度进行大刀阔斧的改革。

为此，俞可平先生从土地法律制度、户籍管理法律制度、劳动就业法律制度、社会保障法律制度、教育法律制度以及住房保障法律制度等方面提出了促进流动人口市民化的改革建议。②

（一）土地法律制度方面

首先要建立并完善城乡规划立法，保障土地合理利用的总方向。将全国主体功能区规划、全国土地总体利用规划修订上升为《国家主体功能区规划法》《国家土地总体利用规划法》；修订《城乡规划法》，尽可能详尽地规定出科学、

---

① 曲丽丽，徐嘉辉，马国巍.农民工社会保障的路径选择与制度重构[J].苏州大学学报(哲学社会科学版)，2009(6).

② 俞可平.新移民运动、公民身份与制度变迁——对改革开放以来大规模农民工进城的一种政治学解释[J].经济社会体制比较，2010(1).

民主地制定和执行城乡规划的制度与程序,强化城乡规划刚性,为我国城市城镇新农村等人类居住区以及工业和农业区域的规划提供法律依据。

其次要修改完善《土地管理法》《农村土地承包法》,加快制定出台《不动产统一登记法》《农村集体土地征收补偿条例》,依据中央一号文件提出的权属清晰、权能完整、流转顺畅、保护严格的要求,按照守住底线、试点先行的原则,推进土地制度改革。

(二) 户籍管理法律制度方面

首先要修改《户口登记条例》,改革户口迁移制度。要积极调整户口迁移政策,渐次放宽户口迁移限制,引导人口合理有序流动,最终实现人口自由迁徙的目标。借鉴国际上通行的按居住地登记户口的原则,实行以居住地划分城镇户口与农村户口,以职业划分农业人口与非农业人口;实行以固定住所和稳定收入为申报城镇户口主要依据的政策。

其次要还户籍制度单纯人员管理的功能,去掉其福利资源分配功能。彻底清理对农业转移人口的歧视性立法,消除对人立法,清除一切以户籍为标准决定权利资源获取的法律政策文件。具体操作可以按照《立法法》的有关规定,由最高立法机构制定统一规划,对现行法律行政法规部门规章地方性法规和地方政府规章以及相应的命令决定等规范性文件进行清理,做好对农业转移人口的歧视性立法的废除与修改工作。

(三) 劳动就业法律制度方面

首先要制定专门的《反就业歧视法》,遏制劳动力市场上的就业歧视现象。对招录工作人员的条件程序等做出明确规定,并且对歧视的含义表现及如何认定做出可操作的清晰的细化规定,以避免出现就业歧视现象,同时也能对社会其他主体出现同类行为起到警示作用。

其次要尽快出台劳务派遣若干规定和工资条例,消除同工不同酬等严重有违公平原则的行为。

(四) 社会保障法律制度方面

首先要进一步完善城乡社会保障体系的政策设计。改变社会保障体系城乡分立的现状,建立城镇与农村社会保险相互衔接、城乡一体的社会保障体系,将城镇企业职工、城镇居民、农村居民和外来农民工纳入统一的社会保障平台。

其次要逐步提高社会保障的覆盖面和保障水平。在统一的社会保障平台下,设计多档参保标准,同时,政府应当给予不同档次参保人员以相应的财政补贴,尤其是针对农民工低保户等低收入群体进行补贴,以鼓励他们参保,从而提高社会保障的覆盖面。

再次要修改《社会保险法》,提高社会保险统筹层次,解决跨地区转移接续问题。建立全国统一的账户管理系统,创新跨地区社会保险管理的转接机制,实现包括农民工在内的流动人口社会保障的对接,同时尽快提高社会保障统筹层次,逐步由地(市)级、省级统筹提高到全国统筹的层次。

(五)教育法律制度方面

首先要完善高考考试和录取方面的法律规定,增强教育的公平性。修改《高等教育法》,增加高等院校学生录取方面的规定,对高考招生计划确定的原则、程序等做出规范,确立按照人口、考生等比例分配招生计划的基本原则。

其次要明确义务教育经费投入责任主体,强化中央的责任。修改《义务教育法》,明确各级政府的财政投入比例,加大中央财政的承担份额。由于教育投资回报的长期性、受教育者未来就业地域的不确定性等,现行体制中,教育尤其是义务教育资金主要由地方政府负担就显得不尽合理。

(六)住房保障法律制度方面

首先要出台《住房保障法》以作为基本住房保障方面的法律制度,对全国住房信息的调查统计和公布,住房供地建设规划,各类保障性住房的享受主体程序条件以及退出等做出规定。

其次要在保障性住房方面对现行保障性住房政策进行改进和完善。应明确农业转移人口是保障性住房的最主要目标群体之一,切实发挥保障性住房改善农业转移人口住房条件的作用;明确农业转移人口与原住民享有同等住房保障权利,探索非正式就业农业转移人口的住房保障管理模式;提高公租房在保障性住房中的比重,将其他保障性住房逐步向此并轨;参照国际经验,切实降低公租房的租金水平。

再次要推进土地和住房制度改革,建立城乡统一的住房保障体系。推进农村土地方面的制度改革,探索建立宅基地及农村住房的自由交易市场,使计划在城镇定居的农业转移人口家庭可以有渠道将闲置的农村资产变现,从而提高农业转移人口家庭在流入城镇时的住房支付能力,实现农民带资进城。

第四节 法律在应对社会变化中的对策建议

一、传统乡民社会向现代市民社会的转变

随着改革开放和城镇化的发展中国的社会结构发生了巨大的变化,这一变化主要表现在中国城镇人口比重的不断增加,农村人口比重不断减少,这导致了中国社会从传统社会中以血缘关系为纽带的乡民社会逐渐过渡到以契约为纽带的现代市民社会的转变。

著名学者谢晖教授认为,中国在追求"政治国家"与"市民社会"两分的过程中,首先现实地面临着"城市社会"(一定意义上的"市民社会")和"乡民社会"的分野。于是,强大的"政治国家"、微弱的"市民社会"以及底蕴深厚的"乡民社会"之间形成中国社会"三元结构"的独特景观。事实上,"政治国家"与"市民社会"的两分乃是基于功能而言的,而"城市社会"与"乡民社会"的分野则是基于结构而言的,只有中国的城镇化发展达到相当程度以后,这两种不同视角的社会结构组合才可能被同一视角(功能视角)的社会结构组合即"政治国家"与"市民社会"的结构组合所取代。但是,毫无疑问,这是一个长远的过程。①

谢晖教授认为,在中国的传统社会中有两种最基本的依赖关系,其一是血缘或亲缘依赖关系,其二是土地依赖关系。对血缘或亲缘的依赖,构成其独特的血缘或亲缘文化共同体;而对土地的依赖,又使其具有某种意义上的地缘文化共同体的特征。如果说家庭是血缘共同体的基本单位,那么,"村庄"则是地缘共同体的基本单位。中国的乡民社会正是这种血缘文化和地缘文化的结合体。血缘文化的突出特征表现为中国的村落一般是以"姓"为主导的,地缘文化的特征则集中表现为中国乡民们安土重迁、择土而居。血缘或亲缘文化构织着中国乡民社会的内核;地缘文化则延伸拓展着中国乡民社会的范畴。前者使乡民社会得以稳固,后者则令乡民社会从一般的血缘关系中溢出,通达、渗透并整合为整个中国农村的普遍性存在。在他看来,上述这种存在就是乡民社会。

但随着社会的发展,数千年来一以贯之的乡民社会也在近十数年内悄然生

---

① 谢晖.当代中国的乡民社会、乡规民约及其遭遇[J].东岳论丛,2004(4).

变,主要表现为乡民对土地的依赖关系明显减弱,对血缘或亲缘的依赖程度也明显不如从前。前者是因为改革开放以来的大规模社会流动,出现了数以亿计的"离土不离乡"的农民,他们几乎全年在外做工,相当一部分甚至还带着其全体核心家庭成员在外做工,如果不是现行户籍制度限制了其向市民成员的发展,则他们完全有可能融入市民社会中。上述情形使其对乡村的土地即使不陌生,也在态度上不再积极。与此同时,长期以来在外乡生活,使其对仍在家乡的血缘或亲缘关系不再像以往那样倾注其全部的热诚。尽管在中国的媒体上,逢年过节总能看到全国各地交通拥挤、客流居高不下的状况,但昔日那种"父母在,不远游,游必有方"的情形正在彻底改变,大量在外做工的农民不再把春节回家过年看成是必须的道义责任和制约。这也意味着中国乡民的观念、行为方式乃至其交往行为的规则模式发生着明显的改变。

首先,在生活方式上,乡民社会和乡规民约被城镇化浪潮所激荡。乡民社会通过两种方式急剧向城镇化方向发展:其一是大批农民进城务工,尽管相关的国家户籍法律还不认可其市民的身份,但事实上,其中相当一部分人已经融入城市市民的生活中。其二是在不少地方,特别是东、中部地区,原先的乡村小镇迅速地向小城市方向发展,从而使长期以来和土地及农业打交道的农民也很快地向市民身份转化。如果说前者因为"迁徙自由权"尚未被宪法所肯定而存在一些问题的话,那么后者正好补救了因迁徙尚未自由而带来的城镇化的迟缓问题,从而使城镇化浪潮在中国迅速兴起。随着中国进一步向工业化国家的迈进,城镇化的推进可能更为迅速,在可预见的未来二十至三十年,应是中国迅速城镇化的关键时期。

我们知道,城镇化常常意味着人们的生活方式从熟人结构向陌生人结构的转化。在熟人结构的乡民社会中,尽管国家的法律也原则性地调整相关的社会关系,但人们日常秩序的形成主要靠温情脉脉的血缘或者亲缘关系。即使在村际之间"陌生人"中,人们也要竭力将"陌生人"关系置于熟人架构中来处理,于是,辈份就显得格外重要。辈份关系事实上就是人们处理熟人世界的框架结构,一切陌生人关系经此过滤,也就成了熟人关系。可见,固有的熟人规则——各种各样的乡规民约会很好地调整相关熟人关系。但在城镇化的陌生人社会中,一方面,固有的熟人关系规则已然坍塌;另一方面,人们又习惯性地运用既有的熟人规则,想方设法把"人生地不熟"的陌生社会改造成为在一定范围内的熟人社会,其典型表现就是城镇社会中所存在的各式各样的"圈子",如老乡圈、同学圈、战友圈、同事圈等,于是,乡民社会熟人间的行事规则又顽强地转化成为陌生人之间的行事规则。初入城市社会的乡民在根本上缺乏处理陌生人关系的规则意识和习惯,因此,把乡民社会的固有规则照搬于此也就成为必然。

然而,应该说明的是,这种对陌生人关系的熟人化改造和处理,尽管可以比较方便地以固有的熟人规则调整陌生人关系,但城市社会永远主要是一个陌生人社会,人们更多地面对的是陌生人关系。而且,以熟人规则调整陌生人的关系,终究会影响城镇化的质量,从而无法形成公民理念,而只能形成熟人间的关系理念。正因为如此,在城镇化过程中,既有的熟人关系规则已经明显地成为公民社会形成的阻碍力量。城镇化自身发展的内在要求必然会削弱、化解、改造甚至抛弃熟人社会的关系规则——乡民社会的规则。

其次,在经济运作方式上,乡民社会和乡规民约受市场化趋向左右。在传统的乡民社会,奉行着"父母在,不远游,游必有方"的精神和原则。因此,以血缘为内含、以熟人为外延的乡规民约就能得到更好的贯彻和落实。直到今天,凡是乡规民约(特别是其中的习惯法和家族法)起作用更大的地方,往往是自给自足的自然经济比较稳固的乡村。反之,乡规民约的作用就大为受限的地方,则是市场经济比较发达的地区。

市场经济的基本特征是人、财、物的流动,是劳动、资本和原材料在流动中的结合。因此,流动中的人们更多地受流动社会之统一规则的支配。这样,画地为牢、崇尚血缘的乡规民约就很少有其发挥调整作用的社会基础。当下中国所奉行的经济运作样式不仅使大量的中国城市人进入广阔的市场流通领域,而且随着城市和乡村相互依赖关系的深入开展,牵引着成千上万的中国农民进入市场流通领域,从事商业化的市场交易活动。这样,乡民社会的乡规民约就受到市场化浪潮的严重冲击。一方面,置身流动社会中的乡民日渐疏远了自己曾经熟悉并且须臾不能离开的温情脉脉的乡规民约,反而在一定程度上接受了市场社会的运作法则。因为市场运作法则的基本目的就是通过市场交易而求取利润。如果在交易行为中公开违背市场交易规则,转而求取乡民社会的规则,在最终只能是市场利益的损耗和失去。因而,尽管乡民的选择对其固有的乡规民约而言意味着某种失落,但任何时候,利益规则的强制性更具根本性。当市场把人们都带入利益关系体系中时,寻求市场的利益动机便会大大地削弱人们对固有的乡规民约的持守。于是,市场化本身就在不断解构着固有的乡民社会的规则系统。

再次,在价值选择上,乡民社会和乡规民约因全球化而发生转向。全球化使得长期处于封闭的乡民社会发生了质的转变,昔日偏僻的乡村利用现代信息技术和实际的贸易活动、文化技术交流活动以及旅游活动等,已经和丰富多彩的外部世界——甚至和全球任何一个角落的人们进行对话、合作和交流。它使人们的视界得以急剧地扩展,也使乡民们的规范生活发生着明显的变迁。因此,全球化事实上在塑造着全新的乡民社会及乡民的行为规范选择。总的说来,全球化是乡民社会及其乡规民约发生急剧变革的一种重要的外在力量。这一外在力量也因为乡民走向世界的内在要求而业已转化为其追求行为规范变革的内在动因。重要的是,当下中国对乡村社会具有重要作用的国家法律主要是根据国际标准和全球化的要求而制定的。尽管在不少学者看来,国家法律对乡民社会的影响是相当有限的,谢晖也认为国家法律在乡村社会的运行面临着种种难题,但这绝不意味着国家法律在乡民社会中无效。正如前述,在当下中国的政治体制下,国家通过各种方式(包括通过法律)作用于乡民社会的内容是全方位的,其事实效力也绝对高于本土性的乡规民约。与此同时,由于近代以来,特别是新中国成立以来,中国也不可避免地融入当代世界体系中,成为世界体系中的重要一员,因此,国家立法必须考虑全球化和世界性的内容。在此情形下,国家法律在乡村地区的推行和运作,客观地促进了传统乡民社会乡规民约的变革。今天,这一变革趋势正在迅速地、前所未有地展开,并且随着国内统一市场的发展和向世界贸易体系的融入,该进程还在加剧。

二、市民社会、(市)民法及其构建①

市民社会观念从其产生的那一刻起就与民法产生了极其密切的联系。民法是整个社会法律的基石,对调整私人生活具有十分重要的意义。作为市民社会存在基础的商品经济和市场经济是开放性的经济形态,它所要求的价值观、平等观、效益观、竞争观既是市民社会思想观念的主要内容,也必然会在民事立法上有所反映。民法在反映市场经济规律的基础上,会形成一系列以公平与自由为核心的科学,如自愿、公平、等价有偿、诚实信用等原则。这些原则不但会在商品交换的领域发挥作用,而且势必影响到社会的政治、经济、文化、道德及意识形态的各个方面,影响市民社会的发展。对此,马克思曾精辟地指出,平等和自由不仅在以交换价值为基础的交换中得到尊重,而且以交换价值为基础的交换是一切平等和自由产生的基础。② 可见,一定类型的民法不仅作为直接调

---

① 章礼强,汪文珍.市民社会、(市)民法及其构建论略[J].安徽大学学报(哲学社会科学版),2007(6).
② 马克思恩格斯全集(第46卷)[M].北京:人民出版社,1979:197.

整市场经济关系的规范形态而存在,而且还作为一种文化现象渗透于社会生活的各个领域。民法文化是构成一定社会文化源流的重要组成部分。传统民法文化不过是市民社会人本主义思想和"天赋人权"思想在法律上的表现,是"私权神圣"原则的充分体现。

市民社会(或私人领域)与政治国家(或公共领域)的分离,导致了两种不同的权利形态,一是私权,一是公权,并以此为调整对象分别形成了大陆法系国家法律制度特有的基本结构和相对独立的两大法律部门,即私法和公法。一般认为,公法是指宪法、行政法及刑法等。民法是市民社会中的法,市民社会是民法产生和成长的原生地,市民是民法的主体,对市民权利的保护是民法的使命。民法是市场经济的基本法,但并非民法调整的范围都是市场经济关系,民法也非市场经济所需法律的全部。民法是私法,民法中的主体是私人,是市民社会中的市民,是为个人利益而奋斗并在法律的规范下理智地为自己谋福利的人。

中国传统社会是一个以家族为本位而不是以个人为本位的社会。中国传统社会不过是家族的外化和延伸,是"家天下"的别称。黑格尔曾指出,中国纯粹建筑在这种道德的结合上,国家的特性便是客观的"家庭孝敬",中国人把自己看作是属于他们家庭的,而同时又是国家的儿女,在家庭之内,他们不具独立的人格,因为他们在里面生活的那个团结的单位,乃是血统关系和天然义务。在国家之内,他们一样缺乏独立的人格,因为国家内大家长的关系最为显著,皇帝犹如严父,为政府的基础,是治理国家的一切部门的总代表。家族主义实际上是带着家庭伦理色彩的专制主义,这种伦理色彩不但未削弱专制主义,反而强化专制主义。以家族为本位所构建的社会,其结果就是个人独立人格的丧失,使人不成其为人。中国传统社会是一个任公而不任私的社会。中国社会有一条重要的戒条就是笃志于义而不屑于利,视私利为万恶之源。"钱财如粪土,仁义值千金"和"千金万典,孝义为先"以及"君子喻于义,小人喻于利"成了亘古说教。在德与财的关系上,以德为本,以财为末。《管子·任法篇》对公与私做了经典的论述,提出了"任公而不任私"的主张。管子认为"舍公而好私,故民离法而妄行",因此"禁民私而收使之"是维持长治久安的秘诀之一。相反,如果群臣百姓"以其私心举措,则法制毁而令不行矣"。因此,法治的推行在于追求"官无私论,士无私议,民无私说"乃至"天地无私"的目的。这种"不利己的思想与民法的本质是相背的"。因为民法是利益的准则而不是道德的训条,它鼓励人们对私权利的努力追求和允许人们对私利的斤斤计较。凡是少有私利的地方,就鲜有近现代意义上的民法。中国传统社会是一个隆礼抑法的礼治的社会。正如《礼记》所言:"夫礼者,所以定亲疏、决嫌疑、别同异、明是非也……道德仁义,非礼不成;教训正俗,非礼不备;分争辩讼,非礼不决;君臣上下,父子兄弟,非礼不定;宦学事师,非礼不亲……官行法,非礼威严不行,祷祠祭祀,供给鬼神,非礼不诚不庄。"可见,"礼"成了调整一切社会关系的准则,约束着人们的言谈举止,以至于"非礼勿视、非礼勿听、非礼勿言、非礼勿动"。"礼"的实质就是讲究君君、臣臣、父父、子子、兄兄、弟弟,讲究贵贱、尊卑、长幼、亲疏等名分,也就是讲究差别,反对平等。因此礼的内容和精神,与讲究平等、追求平等的民法精神是相背的。中国传统社会是一个重农抑商的社会。中国历代统治者都把农业视为立国之本,劝民农桑是其基本国策。与此同时,视商品经济如洪水猛兽,大举抑商也是其重要措施。这种重农抑商的政策从根本上导致了中国传统社会与西方社会的重大不同,其中之一就是城市的不发达。马克斯·韦伯考察了中国城市和西方城市的不同,认为"在严格意义上,城市仅仅属于西方的制度"。①

传统中国城镇化的不发达导致的直接后果之一就是民法的不发达。这正如马克斯·韦伯研究认为的:"中国法令被系统地收集在《大清律例》法典中。但它们仅间接地涉及与商业有重要关系的法律,此外几乎都没有提到。个人的基本自由根本未受到保护。"②没有工商业的发展,没有城市和尊重个体的市民社会因素的形成,就没有近现代意义的民法。现今,中国市场经济的建立与健全、大面积城镇化引致了市民社会的逐步形成与成熟,亟须民法高扬市民权利本位之大旗。

第五节　法律在应对文化变化中的对策建议

一、我国文化在城镇化进程中发生的巨大变化

理查德·李翰指出:"近三百年来,城市决定了我们的文化命运——它也与

---

① 马克斯·韦伯. 文明的历史脚步——韦伯文集[M]. 黄宪起,张晓玲,译. 上海三联书店,1988:174.
② 马克斯·韦伯. 文明的历史脚步——韦伯文集[M]. 黄宪起,张晓玲,译. 上海三联书店,1988:93.

我们个人和民族的命运不可分。"[①]在这个意义上,对城市的关注代表了对人类文明发展核心问题的把握。

伴随着城镇化的迅猛发展,我国在文化方面也发生了巨大变化。例如,随着城镇化进程的加快,越是现代化的城市,其地方传统文化越淡化,城镇化不仅是一种经济社会现象,更是一个"城市文化、城市生活方式和价值观念在农村的地域扩展过程"[②]。城镇化所带来的社会变迁不可避免地强烈冲击着传统民族文化。许多古村落被开发改造得面目全非,近郊村庄的传统文脉被征地拆迁搞得支离破碎,造成了我国传统文化尤其是少数民族传统文化的没落,城镇化以无法阻挡的穿透力渗透到民族文化的刚性结构中,并逐渐取代民族传统文化在乡村社会形成的地位和作用,使少数民族的传统文化面临着被代替的境地[③]。传统文化的生存和发展面临着一系列严峻挑战;因人口流动、外来文化影响、公民素质等因素,在我们为互联网及网络文化的迅速发展感到欣慰的同时,却不得不正视伴随着网络文化兴起与繁荣而出现的另一问题,即糟粕文化、低俗文化在网络虚拟空间和现实社会中肆意流播,严重侵蚀着人们的思想,人肉搜索、网络暴力等网络侵权事件也随之产生并日趋严重,这在很大程度上直接导致了犯罪的产生,严重影响社会的和谐稳定;盗版文化愈发猖獗,屡禁不止;等等。

二、法律在应对文化变化中的对策建议

(一) 保护民族传统文化、尊重文化多样性的法律对策

作为拥有五千年文明的多民族国家,我国优秀的传统文化蕴藏着巨大的经济、科学价值,是维系中华民族、保持中华民族特性的重要纽带。其不但是过去中华文明的见证,而且也是后续中华科技文化创新的源泉,对我国社会的发展具有不可估量的作用。越来越多的城市开始重视和保护传统文化或者民俗文化,但多数还是停留在"文化搭台、经济唱戏"的阶段,文化仍然要为经济发展让路,文化建设只是经济建设的一个手段,而没有把文化传承和文化保护纳入城市发展的本身来考虑,城市规划中缺少对文化的重视,导致随着城镇化进程的加快,城市老建筑、老街道的消失,城市传统文化正逐渐被人们遗忘。然而,一

---

① 刘士林.2007 中国都市化进程报告[M].上海:上海人民出版社,2008:49.
② 郭岚.国家中心城市建设的路径与战略研究——以重庆为例[M].上海:上海社会科学院出版社,2013:118.
③ 崔燕.论城市化进程中少数民族传统文化的保护机制[J].西北民族大学学报(哲学社会科学版),2009(6).

个城市区别于其他城市的独特之处,正是这个城市历史堆积下来独一无二的传统文化。传统是一个城市的独特魅力之所在,只有文化这一内在的灵魂能使城市脱颖而出。像世界上著名的城市,都延续着城市的历史,传承着城市的文化。例如维也纳以其音乐艺术出名,巴黎以其浪漫主义的文化特色闻名于世。

《国家新型城镇化规划(2014—2020年)》指出,在新型城镇化进程中,要坚持"文化传承,彰显特色"的基本原则,"根据不同地区的自然历史文化禀赋,体现区域差异性,提倡形态多样性,防止千城一面,发展有历史记忆、文化脉络、地域风貌、民族特点的美丽城镇,形成符合实际、各具特色的城镇化发展模式。"对此,全国政协副主席卢展工指出,传统文化的保护与传承是新型城镇化中的应有之义。

优秀传统文化是中华文化在新时期创新和发展的重要源泉,是不可再生的文化资源。所以加大对传统文化的保护力度是我们亟待解决的问题,要本着对历史负责、对子孙后代负责的精神和态度,怀着"敬畏之心",在城镇化进程中将传统文化保护好、传承好。

1. 加强传统村落保护,发扬优秀传统文化

2014年在全国政协第十二届二次会议上,全国政协委员、浙江省政协副主席陈小平提交了《关于城镇化过程中加强我国传统村落保护对策的提案》。他在提案中指出,古村落亦称传统村落,是我国农耕文明的精粹和中华民族的精神家园,蕴藏着丰厚的历史文化信息和自然生态景观资源。然而,长期来伴随着"农业现代化、乡村城镇化、郊区城镇化、新农村建设"的多重挑战和冲击,不少传统村落快速消亡;"千村一面、万村一貌"的"特色危机"已成为共性问题;而且不少传统村落仍在遭受"持续性破坏",甚者濒临消亡。据调查统计,我国在2000年拥有363万个自然村,但2010年只有271万个,10年共消失90万个自然村,可见自然村落(包括传统村落)消亡势头迅猛之惊憾。到2012年传统村落调查,全国有230万个村庄,又减少41万个,而31个省共登记上报具有传统村落条件仅11567个,其中公布为第一批中国传统村落仅646个。未来10年,我国新型城镇化将出现快速发展的趋势,在这特殊历史时期,切实加强"传统村落乡土建筑保护、非物质文化遗产抢救,自然环境生态资源保护",迫在眉睫,意蕴深远。2013年7月,习近平同志在湖北考察时强调:实现城乡一体化,建设美丽乡村,不能大拆大建,特别是古村落要保护好。这对于建设美丽中国、建设文化强国,传承中华优秀传统文化,增强民族自豪感和心灵归属感,提升国家文化软实力和国际影响竞争力,都具有重要的现实价值和深远的历史价值。

陈小平提出科学制订《传统村落保护发展规划》，建立专家审批巡查制度，加强实施规划的动态监控。一是科学制订《传统村落保护发展规划》，并纳入本区域"城镇化""城乡统筹""文化发展"等总体规划中；县级传统村落保护规划应纳入省、市级保护规划的管理范围。二是建立保护规划的专家审批、巡查制度。规划要批前公示，长期公开，接受公众监督；主要保护开发项目要事先征得文物部门同意，报城乡建设规划部门批准；未经文物行政部门同意的，不得立项，更不得开工建设。三是职能部门要建立传统村落保护开发的监控制度，及时监测控制规划实施的各种动态，确保有效保护与可持续发展。

陈小平还认为可以制定出台《传统村落保护管理条例》以完善保护管理的政策体制机制和创新保护制度安排。一是保护条例要明确"整体保护、活态传承、合理利用、兼顾发展、科学管理"的五方针，强化"整体性保护、原真性传承、民众性参与、延续性发展"的四原则。二是要改变传统村落管理体制。完善农村"一户一基"的土地置换政策；建立"政府为主、企业为辅、社会参与"的保护机制。三是要创新设计传统村落称号浮动制、项目审核制、公示听证制、公众监督制等制度安排，并发动社会各界参与传统村落保护利用等。

全国政协教科文卫体委员会副主任王全书同样认为法律法规的制定应加快跟进。应尽快出台全国性的法律法规，厘定城镇化进程中传统文化保护与传承的原则性标准、基本制度措施和各方应负的法律责任。他指出，传统文化具有很强的地域差异性和形态多样性。各地应根据本地传统文化保护传承的现状与城镇化的实际，抓紧制定并完善具有特色的地方性法律法规，确保在城镇化进程中不脱离"根脉"、不失去"个性"、不丢掉"味道"，使美丽自然景观和传统文化特色得到有效保护，在历史传统与现代文明的珠联璧合中铸造充满文化智慧的城镇之魂。①

2. 探索适合中国国情的历史文化遗产保护思路

梅联华在其《对城镇化进程中文化遗产保护的思考》一文中提出要构建文化遗产保护的法律体系。他认为，无论是国际组织，还是各个国家或地方，建立一个更加完善、具体的法规体系都是文化遗产保护的基本前提。国外遗产保护先进国家如英国、法国、日本等已建立起一套涉及立法、资金、管理等方面较为完整的保护制度。这些制度最重要的特点之一就是以立法为核心。我国已初步形成了以《文物保护法》为核心，行政法规、部门规章和地方性法规相配套的

---

① 王全书.在城镇化进程中保护与传承好传统文化[N].人民日报,2014-07-14.

文物保护法律框架,但文化遗产保护法律体系还不够健全,良好的法治环境尚未形成。健全的法律制度能够为文物保护提供良好的法治环境,建议从以下几方面着手完善法律保护:

(1) 立法保证

尽快出台《遗产法》《历史文化名城法》《民族民间文化保护法》等全国性法律,建立起中国文化遗产全方位保护的法律体系。

(2) 依法行政

切实加大执法力度,完善执法程序和执法监督,尽可能减少执法的随意性和人为因素的干扰。

(3) 强化管理

改革现有的管理体制,建立国家遗产管理部,统一负责全国的遗产资源管理。

(4) 规划先行

所有文物保护单位都应制定保护规划,没有批准规划以前,不能实施日常保养和抢救性工程以外的保护工程。①

杨剑龙则认为,中国城镇化进程中对于历史文化遗产造成破坏的一个重要原因就是,对于酿成破坏文物遗址的责任人员,缺乏具有法律规范和效应的严厉惩处措施,对于损害与破坏文物的事故缺乏应有的惩罚力度,尤其对行政处分与法律惩处缺乏严格的区分,以致在城镇化进程中损坏与破坏文物的现象屡屡发生,对一些重大事故的责任人往往仅仅以行政处分来处置,甚至调动岗位却又委以重任,对一些酿成文物破坏事故的当事人,也缺乏严厉的法律惩处,既没有达到法律惩罚的目的,也没有能够引起社会广泛的重视。所以我们要加大对破坏文物事故责任人的惩处力度,将行政处分与法律惩处严格区分,强调事故责任人的法律责任。②

3. 城镇化冲击下对少数民族传统文化的保护

崔燕教授指出可以建立立法保障机制,她认为城镇化进程作为我国少数民族地区步入现代化的必由之路,对少数民族文化的冲击是不可避免的。在依法治国的基本方略指引下,要对少数民族文化实行确切有效的保护,只能通过立法方式填补我国少数民族文化的立法空白。民族民间文化的法律应该包括民

---

① 梅联华.对城镇化进程中文化遗产保护的思考[J].山东社会科学,2011(1).
② 杨剑龙.论中国城镇化进程中的文化遗产保护[J].中国名城,2010(10).

族民间文化的普查机制、民族民间文化的重点保护和传承机制、民族民间文化的使用与开发机制、文化生态保护机制、民族民间文化的保障措施等。对于少数民族传统文化保护而言,立法保障较之其他手段更稳定、更直接有力。

当我们讲到保护少数民族传统文化时,首先应该明确哪些内容应当纳入立法保护范围。显然,少数民族传统文化中优秀的部分是现代经济发展的人文资源和智力资源,值得我们保护。而那些在特定的背景下,反映落后思想和理念的文化,崔燕教授认为它们同样值得保护,只是保护的目的应该更多地放在保留其作为文化历史研究资源上。因此,对于少数民族文化的保护应分为两个不同的层次。一方面,对于反映特定时代的落后思想和理念的文化主要以保存为主;另一方面,对于少数民族传统文化中优秀的、"活的"部分应给予充分保护,并在不改变其原有特色的基础上,赋予其新的时代内容。①

(二) 规范网络文化的法律对策

随着经济的发展,网络应用愈发普及,已经成为继报纸、杂志、电视和广播等传统媒体之后又一重要的新型传播媒介,逐渐成为信息发布平台、舆论辐射平台和民意表达平台,在广大民众的生活中占据重要地位。随着网络的发展和广泛普及,网络与社会文化生活的结合日益紧密,催生出全新的文化形态——网络文化。

在城镇化进程中,网络文化正以前所未有的速度从基础应用渗透到教育、经济、政治、科技等众多领域,新生的网络文化代表着新的价值理念,对于交流信息、学习科技、传播文明发挥了很大的积极作用。但值得注意的是,一些腐朽落后的不良文化和反动言论借机传播,有害网络产品和虚假信息毒害网民等,都对我国的文化建设产生了极大的负面影响。

党的十八大报告提出,要"加强和改进网络内容建设,唱响网上主旋律";习近平同志在2013年8月19日的全国宣传思想工作会议上强调,"要依法加强网络社会管理,加强网络新技术新应用的管理,确保互联网可管可控,使我们的网络空间清朗起来",2014年2月27日他在主持召开中央网络安全和信息化领导小组第一次会议上提出:"做好网上舆论工作是一项长期任务,要创新改进网上宣传,运用网络传播规律,弘扬主旋律,激发正能量,大力培育和践行社会主义核心价值观,把握好网上舆论引导的时、度、效,使网络空间清朗起来。"网络

---

① 郭岚.国家中心城市建设的路径与战略研究——以重庆为例[M].上海:上海社会科学院出版社,2013:118.

文化建设日渐成为党委、人大、政府报告中的"座上宾"。很多学者也关注到网络文化发展中出现的问题,纷纷提出必须以完善的法律手段来加强对网络文化的监督和管理,杜绝违法乱纪、败坏道德的网络行为和网络产品的产生与传播,保证公民使用网络不受各种有害和虚假信息的侵扰,积极引导网络舆论朝正确方向发展,营造健康有序的网络环境。

为确保网络文化安全,我国在网络安全管理方面已出台了一系列相关法律、法规,如《中华人民共和国国家安全法》《全国人民代表大会常务委员会关于维护互联网安全的决定》《互联网信息服务管理办法》《中华人民共和国计算机信息系统安全保护条例》《互联网药品信息服务管理办法》《最高人民法院、最高人民检察院关于办理利用互联网、移动通讯终端、声讯台制作、复制、出版、贩卖、传播淫秽电子信息刑事案件具体应用法律若干问题的解释》,等等。这些法律法规在保障网络文化安全方面发挥了极为重要的作用。但是,与层出不穷的危害网络文化安全的行为相比,这些法律法规仍然难以确保疏而不漏,因此,国家还应该加大力度完善法律体系,强化网络文化安全的立法监管。①

毫无疑问,在相关法制的层面上,政府为保持网络秩序所必须执行的社会行动,应包括:建立人人都能享有的互联网基础设施,保障人们上网自由的基本权利,限制网络空间中的不当行为,消除犯罪与欺诈以及虚拟世界的数字鸿沟,等等。②

陈鑫峰、陈少平、张志忠、钟英雄在其《网络文化管理机制探析》一文中也对此持相似观点。他们提出在立法方面要及时跟踪网络文化发展的最新动态,注重深入调研,掌握网络文化发展和管理中出现的新问题,做到适时调整相关法律法规;参考联合国及有关国际组织、欧美国家网络立法的经验,加快立法进程,制定完整健全、可操作性强的网络安全法律规范,根据实践的需要,把互联网发展过程中确立的国际、国内共同遵守的合理科学的原则上升为法律,重点将微博、博客、视频网站和网络支付类工具等网络载体、电子商务及传播媒介的管理制度建设上升为法律,建立起与我国网络发展相适应的网络文化安全法律体系。

同时陈鑫峰等人也提出要加强执法,通过法律严惩网络犯罪者,以此对社

---

① 徐德刚,李军师,周秋云,等.网络文化安全体系存在的问题及对策——来自长株潭十所高校的调查[J].当代世界与社会主义,2014(6).
② 白淑英.网络自由及其限制[J].哈尔滨工业大学学报(社会科学版),2014(1).

会大众起到警示作用,防范新的网络犯罪行为的发生。还可以广泛发动人民群众参与网络违法行为的举报工作,通过增加举报途径并落实举报奖励办法来调动人民群众的积极性和主动性。①

在立法模式上,须以战略性和前瞻性的眼光加快我国网络立法工作,因有学者而提出了以统一立法的模式来开展我国网络立法的方法。华东政法大学林凌教授认为看来,虽然世界上大多数国家目前采用分散立法模式立法,但弊端已显而易见,无论从立法角度还是司法角度,都容易造成法治矛盾和冲突。网络立法涉及刑法、民法、行政法、经济法、国际法等领域,超出了一部部门法所能调整的范围,因此,有必要制定一部基本法意义的网络法,进一步指导和规范网络部门法立法工作。实践证明,统一立法模式更有利于政府各部门之间协调网络监管工作,提高执法效率。②

(三)打击盗版文化,保护知识产权的法律对策

盗版是21世纪最难以解决、亦是最重要的跨国问题之一。改革开放以来,中国的知识产权保护工作取得了显著成就,逐步建立起一套符合中国国情和国际规则的版权保护法律体系,法律制度不断完善,执法机制不断健全,社会公众的版权保护意识不断提高,为有利于文学、艺术和科学作品的创作与传播提供了坚实的法律支持,为加快版权相关产业的发展提供了良好的法律保障。然而长期以来,在知识产权领域,侵权盗版问题一直是中国及全球普遍关注的事情。特别是近几年来,在我国新闻出版行业图书侵权盗版现象比较严重。整顿清理文化市场,形成尊重与保护知识产权的良好社会氛围,以适应社会主义市场经济发展的需要,是时代对我们的要求,也是中国版权进入国际市场参与竞争的必然。

1. 完善知识产权法律法规,规范立法体系

姚远、徐和平提出在知识产权文化建设过程中,良性制度的构建是一个关键环节。目前,我国虽已建立起比较完备的知识产权法律体系,但与国际条约的新发展仍存在不少差距,一些具体制度的规定原则性较强,操作性不强,在现实生活中难以高效率实现,直接导致人们对知识产权法律制度认识产生偏差,进而影响法律的公正与权威。因此,应根据当前我国经济、科技、社会环境的发

---

① 陈鑫峰,陈少平,张志忠,等.网络文化管理机制探析[J].福州大学学报(哲学社会科学版),2013(4).

② 林凌.网络立法模式探析[J].编辑之友,2014(1).

展趋势,进一步完善现有立法内容,增加可操作性,尽快形成符合现代"良法"要求的知识产权法律体系,确立法律制度的权威地位,促进知识产权文化的良性循环。①

2. 完善市场准入法律制度

罗丽娅在《反盗版行为的法治对策》一文中认为,当前我国盗版行为之所以猖獗,在很大程度上与出版行业尤其是印刷行业的运行不规范有关。如果没有这些以从事盗版图书为主业的印刷企业和发行商,盗版行为就可以在很大程度上得到遏制。因此,反盗版还要建立严格的图书印刷、发行市场准入制度,加强对印刷和图书发行行业的监督与管理,从源头上杜绝盗版图书走向市场。

(1) 提高印刷发行、企业的设立门槛

我国很多印刷企业都是采取个体户或个人独资经营形式,只要购买一台或几台印刷机器就可以从事图书印刷业务,这种低成本的生产方式,使得印刷企业泛滥成灾,遍布城市的各个角落,从而为盗版图书的产生创造了条件。罗丽娅认为,应该从企业形式、注册资金、生产设备、生产经营场所等方面提高印刷、发行企业的设立条件。如规定印刷企业必须采取有限责任公司形式,而且规定高于《公司法》所确定的"3 万元"注册资本要求;在生产设备方面,要求具备图书印刷、发行所必需的生产条件,防止低质量印刷产品流入市场。

(2) 建立健全发行中介市场准入制度

很多盗版产品是通过发行中介在发行者与印刷企业之间建立联系,并最终流入市场的。与印刷企业的泛滥相比,发行中介机构有过之而无不及。正是在不法发行中介和印刷企业的同流合污下,盗版制品市场才如火如荼。因此,建立健全发行中介的市场准入法律制度,对于打击盗版、堵截盗版制品源头具有重要意义。罗丽娅认为,应该对那些名目繁多、遍地开花的所谓"文化传播公司""图书发行工作室"等中介机构加强监督和管理,使其合法经营,健康发展。②

3. 加强对盗版行为的惩罚力度

保护知识产权工作是一项长期而艰巨的任务,也是一个全球性的问题。盗版经营活动猖獗,主要是盗版经营可获暴利,文化行政处罚金额偏低,有些法规操作性不强所致。目前在处理盗版经营活动的法律法规中,一般是以非法所得

---

① 姚远,徐和平. 缺失与构建:知识产权文化的思考[J]. 湖南社会科学,2014(5).
② 罗丽娅. 反盗版行为的法治对策[J]. 中共山西省委党校学报,2012(6).

作为处罚基数,有的违法盗版者因为无法认定其非法所得金额,就难以进行行政处罚,使盗版经营者钻了政策的空子侥幸逃脱。仅没收非法出版物难以起到震慑效果,对打击盗版经营活动不利。对于盗版违法经营者要使其无利可图,真正从源头上杜绝侵权盗版的行为发生。我国现行法律规定的侵权惩罚手段及措施力度不够,因此还需要提高处罚标准,增加惩戒手段,严厉打击盗版,健全和完善保护正版的机制。改进市场管理方法,学习国外先进管理方法,建立严格有序的市场运行模式,不让盗版者有利润空间。

罗丽娅认为,我国的执法机关在打击盗版行为的过程中,存在执法不力的现象。对此,执法机关要严格执法,加大对盗版行为的惩罚力度,充分发挥行政执法的威慑力,彰显法律的权威性:

(1) 提高执法人员素质

版权法律制度的设计在某种程度上来说是僵硬的、框架化的,而人作为版权制度实施的主体,是具有主观能动性的,是不确定的可变因素。因此,无论版权法律制度设计得再完美无缺,如果人的因素无法保证,制度仍然无法得到有效实施和保障。围绕打击盗版所建立的一整套法律制度最终需要由执法人员来加以落实,因此,提高执法人员素质,大力加强执法队伍自身的建设,是版权法律制度最终得以有效运行的必要条件。

(2) 加强执法监督

建立良好的监督制约机制是规范打击盗版行政执法行为的重要途径。对打击盗版行政执法行为的行政监督包括一般监督和专门监督两种。一般监督是指由上级版权执法机关对下级版权执法机关的执法行为所实施的监控和督促,这种监督对规范版权执法行为发挥着重要作用。专门监督则是指由专门设立的监督机关对版权执法行为实施某一方面的监督。只有加强一般监督和专门监督,才能更好地打击盗版行为,维护市场稳定。①

4. 增强民众的反盗版意识

盗版是制约我国出版产业迅速发展的一个重要原因,而盗版屡禁不止的主要原因之一就在于其强大的市场需求。据中国出版科学研究所发布的"第五次全国国民阅读调查"显示,有76.6%的调查对象表示曾经购买过一些盗版音像制品,另有36.9%的人群表示购买过一些盗版图书,10.6%的人群表示购买过

---

① 罗丽娅.反盗版行为的法治对策[J].中共山西省委党校学报,2012(6).

盗版的教辅和教材。① 因此,必须加大对企业及个人知识产权相关法律的普及,让更多的人了解知识产权的概念以及法律规定,增强自己的维权意识,同时也避免侵犯他人的知识产权。之前由于我国的文化企业缺少相应的维权意识,给侵权者钻了空子。另外,由于法律的不健全与人们意识的淡薄,许多纠纷未能解决,所以普及相关法律,对解决侵权行为意义重大。另一方面,保护别人的知识产权是对人最起码的尊重,侵犯别人的知识产权是社会与法律所不能容的,会受到人们的唾弃。只有在全社会形成一种良好的风气,才能打消不法分子的念头,使知识产权得到很好的保护。

罗丽娅也认为,反盗版的彻底解决要依赖于全民族知识产权保护意识的提高,仅靠打击盗版很难完全杜绝。要营造尊重知识、尊重人才的社会氛围,要在舆论上造成使用盗版可耻的观念,要使人们从小就尊重知识,尊重知识产权。如果没有人使用盗版产品,盗版也就没有市场了。同时也要增强知识产权普法教育方面的宣传,加强对人民群众的教育,提高人民群众的版权保护意识。②

第六节 法律在应对政治变化中的对策建议

一、城镇化进程中的政治发展

中国社会经济现代化转型的标志性现象——城镇化,正处于快速发展进程中,必将对社会生活的各方面产生巨大的影响,政治发展也概莫能外。③ 政治本身的发展依赖于时代的发展和进步。随着经济结构的转型,政治结构也必然发生相应的变化,这实质上就是政治逐步现代化的问题。④

城镇化进程中的政治发展就是通过国家和政党组织化的力量,在宪法的基础上,在中国共产党的领导下,通过对城镇化有效的宏观引导和政策支持,动员并实现多种形式更广泛的政治参与,不断完善与城镇化社会相适应的严密的法律法规体系,保证城市社会中各层次、各利益团体之间有效的政治沟通,实现政治行为的民主化、法制化,使党的方针政策在城市社会中得到全面贯彻,使城市

---

① 王志刚.出版企业版权战略管理[M].北京:社会科学文献出版社,2012:5.
② 罗丽娅.反盗版行为的法治对策[J].中共山西省委党校学报,2012(6).
③ 黄湘怀,余树林.城镇化与社会主义民主政治建设[J].中国特色社会主义研究,2003(4).
④ 孙晓莉.中国现代化进程中的国家与社会[M].北京:中国社会科学出版社,2001:117.

的公共利益得到最大限度的实现和最大范围的表达,并对由此而引发的政治体系、政治行为、政治文化采用不同的方式,使之发生变化并在不同程度上进步与完善,以实现对传统的社会主义体制和农业社会形态的结构性改革。①

改革开放以来,伴随着一次次的政治体制改革以及城镇化的逐步推进,公民的权利意识觉醒了,党和政府的法治意识不断增强,我国社会逐渐由人治转为法治,实现了由集权社会向民主社会的转变,民主政治得到了长足的进步与发展。但也须注意的是,有所进步并不意味着趋于完备,我国的政治发展还有许多不足的地方,与西方发达国家相比存在着一定的差距,有很多这样或那样的问题亟待解决。例如,如何进一步提高党和政府执政理念与执政水平,如何完善法律体系保障公民的政治权利,等等。

二、依法治国,高效行政的法律对策

党的十一届三中全会开创了我国改革开放和社会主义现代化建设的新时代,同时也开启了我国法治建设的新纪元。袁曙宏和杨伟东指出,在这次改革大潮中,我国的政治社会秩序从十年"文革"的无民主、无法治状态转到保障人民民主、健全社会主义法制、维护社会稳定上来,逐步走上了依法治国、依法行政,建设社会主义法治国家的道路,实现了由人治向法治的改变。各级行政机关逐步习惯运用法治的方式解决社会矛盾、促进社会和谐,社会公众逐步学会运用法律手段维护自己的合法权益。②

党的十八届三中全会《关于全面深化改革若干重大问题的决定》提出:"全面深化改革的总目标是完善和发展中国特色社会主义制度,推进国家治理体系和治理能力现代化。"进一步明确了全面推进依法治国的总体思路,显示了新的法治思维、法治理念和法治方略,对加强和创新社会治理、推进社会主义法治建设具有重大指导与促进作用。而十八届四中全会以依法治国为主题,是历史上的第一次,通过了《中共中央关于全面推进依法治国若干重大问题的决定》,提出:"各级政府必须坚持在党的领导下、在法治轨道上开展工作,加快建设职能科学、权责法定、执法严明、公开公正、廉洁高效、守法诚信的法治政府。"对法治政府的定位,不仅明确了法治政府的内涵,也揭示了法治政府的内在品质。

---

① 李兵弟.中国城镇化进程中的政治发展[J].城市发展研究,2000(2).
② 袁曙宏,杨伟东.我国法治建设三十年回顾与前瞻——关于中国法治历程、作用和发展趋势的思考[J].中国法学,2009(1).

（一）维护宪法权威，树立法治观念，坚持依法行政

李成林在其《论提高国家治理能力法治化水平的路径选择》中认为提高国家治理的法治化水平，建设社会主义法治国家，任重道远。首先要强化依宪治国的观念，依照宪法推进国家治理的现代化。在当代中国，公民对宪法的认知大多还处于较低的水平，宪法作为国家的根本大法，有时候往往还只停留在表面上，宪法实施的保障制度尚未形成有机的体系，可操作性还不强。习近平同志指出："依法治国，首先是依宪治国。"十八届三中全会《决定》提出，宪法是保证党和国家兴旺发达、长治久安的根本法，具有最高权威。宪法的生命在于实施，应积极稳妥地修改宪法，将全面深化改革的有关决议通过国家根本大法固化下来，通过宪法的权威来确保改革不因政府换届或人员变动而出现停滞或倒退。要不断健全宪法实施监督机制和程序，把全面贯彻实施宪法提高到一个新水平。①

柏巍也倡议执法者要增强宪法和法律至上的意识，自觉摒弃传统权大于法的潜在意识，更为准确地把握法律至上与党的事业至上、人民的利益至上的一致性，严格遵循"法无授权即禁止"的原则，严格依照法定的权限和法定的程序行使权力、依法履职尽责，使宪法、法律所规定的公民的政治权利、社会权利和文化权利都得到高度尊重、充分的保障和有效的落实。②

罗元兰在《全面推进依法行政加快建设法治政府》中提出要提高行政机关工作人员依法行政的意识和能力。行政机关工作人员，尤其是领导干部要带头学法、尊法、守法、用法，牢固树立以依法治国、执法为民、公平正义、服务大局、坚持党的领导为基本内容的社会主义法治理念，自觉养成依法办事的习惯，切实提高运用法治思维和法治方式深化改革、推动发展的能力。同时要加强普法和法制宣传，增强全社会成员尊重法律、遵守法律的观念，积极引导公民、法人和其他组织依法维护自身权益，逐步形成与建设法治政府相适应的良好社会氛围。③

郜爱红也赞同要提高各级领导干部和公务员的以法治思维与法治方式处理问题的能力。她在《依法行政与政府管理方式转变》中提到，对于领导干部，要强化其依法行政意识的培育，增强其法律思维能力，要善于以法治的思维和

---

① 李成林.论提高国家治理能力法治化水平的路径选择[J].大连干部学刊,2014(10).
② 柏巍.社会管理法治化体系的多维视角研究[J].法制与社会发展,2014(2).
③ 罗元兰.全面推进依法行政,加快建设法治政府[J].湖北省社会主义学院学报,2014(4).

法律的形式化解社会矛盾。对于执法人员,要强化其"法大于权"的意识,同时提升他们的执法水平。在行政活动中要坚持法律至上,当政策或行政首长的命令与法相抵触时,执法机关应执行法而不是执行政策和命令。面对行政实践中的各种冲突与矛盾,在选择解决方式时,各级领导干部和公务员要坚守法律至上的法治精神,在行政实践中要以法治的标准和精神审视自己的行为。①

(二) 加强立法,完善行政法体系,规范行政执法程序

鄯爱红提出依法行政首先要有法可依,要进一步制定和完善法规,健全完善行政法体系。许多损害、侵犯群众利益的问题,都是由于不按程序办事或程序不规范造成的。我们现在有行政复议法、行政诉讼法、行政处罚法,但还没有行政程序法。政府的决策如何制定,应有一个严格的程序,只有这样,才能保障决策的科学性和民主性。十八届四中全会强调要完善行政组织和行政程序法律制度,健全依法决策机制,一个重要的前提就是要加快制定行政程序法,为行政决策提供法律程序和权限依据。② 罗元兰同样要求进一步完善我国的行政组织法体系,建立健全行政组织法和行政程序法。抓紧制定行政程序法,为国家行政机关依照法定权限和程序行使权力、履行职责提供法律保障。③

蔺玄耀在《浅论当前政府如何完善依法行政》一文中提到了要规范行政执法程序,保证行政执法的程序的正当性。他认为行政程序规定了行政行为过程中应该遵循的步骤、时限、顺序等要求,赋予了行政行为形式上的合法性。目前我国行政程序法制化的程度较低,大量的行政行为缺少必要的规范措施和标准。要充分发挥行政执法程序的限权作用,提升行政程序的法制化程度,落实行政程序法规定的基本制度,完善行政回避制度、行政听证制度,对做出的影响行政相对人合法权益的行政行为进行合理的解释和说明,听取各方的意见。④

李成林则提出了树立程序优先的观念,确保在法治建设中的机会公平、中立公平和权利救济。行政机关在执行法律、处理具体社会事务时,都必须无条件地遵守法律上的正当程序。政府在做出社会治理决策、实施社会治理行为时,要严格遵循法定程序,做到决策科学合法。⑤

---

① 鄯爱红.依法行政与政府管理方式转变[J].前线,2014(12).
② 鄯爱红.依法行政与政府管理方式转变[J].前线,2014(12).
③ 罗元兰.全面推进依法行政,加快建设法治政府[J].湖北省社会主义学院学报,2014(4).
④ 蔺玄耀.浅论当前政府如何完善依法行政[J].法制与社会发展,2014(5).
⑤ 李成林.论提高国家治理能力法治化水平的路径选择[J].大连干部学刊,2014(10).

(三) 切实落实各项法律,加大执法力度,违法必究

"天下之事,不难于立法,而难于法之必行。"[①]在已经强化了执法者的法律意识、增强其法律观念,且立法情况也有一定改善、有了较完善的法律体系的情况下,接下来最重要的就是要做到严格执法,切实加强宪法和法律的实施。对于一切违反法律的行为,执法机关在执法的过程中应当统一标准,不因社会地位、经济实力等而有所差异,做到法律面前人人平等。彻底解决执法困难的问题,要求执法人员杜绝任何人情关系,打击地方保护主义。

鄀爱红也提出要严格执法,依法办事。法律的生命力在于实施,法律的权威也在于实施。严格依法办事,就是要做到"有法必依、执法必严、违法必究"。必须建立高效的法治实施体系,坚持严格执法、公正执法、全民守法,使法治具有最坚实的支撑力量。[②]

习近平同志在中央政法委工作会议上指出"政法机关要完成党和人民赋予的光荣使命,必须严格执法、公正司法"。严格执法,首先要加强执法人员职业道德和专业素质的培养,建设一支高素质的法制队伍。通过教育,引导执法人员用职业道德约束自己的行为。其次要健全严格执法的法律监督机制,权力如果没有限制,就很容易被滥用,所以健全法律监督机制是严格执法的必然要求。再次要大力推行司法公开,将权利公开在阳光下,规范执法人员的行为,减少腐败、滥用职权等现象的发生。

蔺玄耀则针对行政执法中存在的问题,提出了要将行政执法监督制度作为解决问题的最后一道防线,对行政执法过程中的违法现象坚决予以查处和纠正。要对现行行政执法方面的法律文件进行整理和汇编,形成内容详实、形式完备、协调互补的法律规范体系,明确行政执法主体的责任,为行政执法监督提供标准和依据。[③]

三、公民政治权利的法律保障

根据宪法、法律的规定,公民有参与国家政治生活的权利。它是公民的经济要求在政治上的集中反映,是公民权利的重要组成部分,也是公民其他权利的基础。

---

① 张居正.张文忠公全集[M].北京:商务印书馆,1995.
② 鄀爱红.依法行政与政府管理方式转变[J].前线,2014(12).
③ 蔺玄耀.浅论当前政府如何完善依法行政[J].法制与社会发展,2014(5).

在当代中国,通过宪法、法律保障,公民不但可以通过各级人民代表大会行使自己的民主权利,依法享有选举权和被选举权、言论、出版、集会、结社、游行、示威的权利以及监督权等,而且还可以通过社会提供的诸如公职平等竞争、择优录取制度、社会协商制度等多种形式,直接参与管理国家事务、管理经济和文化事务,监督一切国家机关和国家机关工作人员。2004年3月14日,第十届全国人民代表大会第二次全体会议通过的《宪法修正案》增加了"国家尊重和保障人权"的条款,这充分说明了我国对公民基本权利的关注和重视。依据宪法的基本原则和精神,我国已经制定和颁布了大量与公民基本权利关系密切的法律法规,特别是近几年来制定并实施的一些法律,都体现了宪法保障公民基本权利的价值追求,如《道路交通安全法》《治安管理处罚法》《劳动合同法》《律师法》等。但是,由于受政治、经济、社会发展水平和立法技术等方面的限制,对公民基本权利的法律保障还很不足,权利内容规定还很不完善,对权利的限制条款、矛盾条款较多,缺乏对政府权力的制约,"没有救济就没有权利"的理念还没有完全贯彻,还有很多基本权利处于立法保障的真空状态,如公民言论、出版、结社自由等方面的立法以及公民监督权方面的立法等。①

(一) 选举权的法律保障

选举权是宪法规定的一项公民基本权利,是公民最重要的民主权利之一。但是,在我国现行法律中,只有少数几部法律对选举权做出了规定,我国选举制度还不完善,如直选范围过窄、选举方式单一、选举中缺乏竞争机制、对选举的监督和保障不力等。在实际的选举过程中,侵犯公民的选举权和被选举权、片面追求参选率,以及滥用选举权的现象还存在。当公民的选举权受到侵害时,不能得到有效的法律救济。为了更充分地实现公民的选举权,就需要不断完善对这一权利的法律保障。

1. 完善有关选举的法律法规

虽然我国《选举法》已历经数次修改,但仍尚未解决所有存在的问题,在实现公民选举权平等的过程中,伴随着经济社会的发展,我们应不断地完善选举法及相关规定,进一步推动社会主义民主和法治的完善。魏阳建议从以下方面着手完善我国选举法:

第一,改变划分选区的方式,实行地域代表制,取消职业代表制的划分

---

① 崔云风.论选举权的法律保障[D].内蒙古大学硕士学位论文,2010.

方式。

第二，人大代表专职化。推行专职代表制，在国家提供薪俸和福利的前提下，使人大代表有充裕的时间和精力开展代表工作。

第三，增加农民工等流动人口选举权实现的规定。在现有法律规定的基础上，伴随着国家户籍的改革，将公民选举权、社会保障等权利与户籍脱钩，选民登记实行城乡统一，流动人口在居住地登记选民并参加选举活动，各级人大代表名额按照常住人口来划分。①

龚文龙、黄通菊则提出了选举诉讼法制化的要求。他们指出，世界主要国家都制定了专门的选举诉讼法律，如英国的《国会议员选举及舞弊治罪法》《防止舞弊及非法选举治罪法》《自治市选举舞弊及非法选举治罪法》；美国的《联邦选举舞弊行为法》以及各州选举法。因此，我国要构建完整的选举诉讼体制，首先应完善我国选举诉讼的法制化、规范化，明确选举诉讼的基本原则和选举争议的诉讼范围。在选举诉讼的分类上，包括选民资格的案件、选举无效案件、当选无效案件、罢免无效案件、破坏选举无效案件、候选人提名争议、选举违法舞弊争议、计票方法的争议、对选举组织人员违法行为的诉讼等，对选举权提供较为全面的司法救济。②

2. 完善我国的选举监督制度

目前，学界围绕中国选举监督制度展开的探讨较多，学者们普遍认为，建立和健全中国选举监督机制是防范与纠正选举违法行为的制度保障，也是中国选举制度改革的主要内容。

陈书笋认为，中国的选举监督机构缺乏独立性、选民监督有名无实、选举监督的对象不全面。这些不足已经成为阻碍中国选举监督制度进一步完善的主要因素。他提出，这三个不足可以通过一个手段来予以解决，即设立专门的选举监督机构。该专门选举监督机构的设立模式可以分为如下两种。一种设立模式是在人大中设立地位中立的选举监督委员会，建立以选举监督委员会为主，选民监督、新闻媒体监督、社会组织监督等为辅的监督体系，并以法律明确规定选举监督的原则，监督的对象、范围、程序、效力，选举监督委员会的地位和权限等。另一种设立模式是在中国设立专门的宪法监督机构（其名称可以是宪

---

① 魏阳. 论我国公民选举权平等的价值及其实现——兼析城乡公民同权的民主价值[D]. 华中科技大学硕士学位论文，2011.

② 龚文龙，黄通菊. 论完善我国选举诉讼制度[J]. 四川师范大学学报，2013（4）.

法委员会、宪法监督委员会、宪法法院等),由宪法监督机构来担负选举监督的职责。[1]

滕亚为、朱钊则提出要建构多元化的选举监督机制。

(1) 建立独立的选举监督委员会

在这一方面,他们与上述陈书笋的看法相同。他们认为我国目前采取的选民自下而上的选举监督机制效果并不理想,仅仅在形式上发挥作用。所以,在这之外,他们建议建立自上而下的监督机制即在全国人大常委下设置一个与法律监督委员会、民族委员会相平行的选举监督委员会,同时在市级以上的人大常委会中设立选举监督委员会,由选举监督委员会对人大代表候选人进行审查,对不符合资格的候选人及时剔除。

当然,选举监督委员会的设立及作用应是对整个选举过程的监督,包括选举前、选举过程中以及选举结果进行监督,选举监督委员会不仅注重对事后有问题的人大代表的责任追究,更加注重选举事前的预防。在选举前,选举监督委员会若发现有问题的代表候选人,可直接终止其选举资格;选举结束后,若发现人大代表通过不合理的手段取得资格,可以对其进行调查,必要时可转至检察机关,追究其刑事责任。

(2) 建立人大代表的事后监督制度

事后监督制度是指在当选人大代表后的一段时间,由该选区的选民对其提出问题,人大代表须在一定时间内答复,再由选民对其满意度进行调查,若满意度不能达到要求时,则须由选举监督委员会对该人大代表进行审查,决定其人大代表的资格。需注意的是这种制度背后需要有一定的物质保障。

(3) 健全选民的保密举报和奖励机制

不可否认,建立独立的监督机构有其必要性和可行性,但也不能忽视选民在监督机制中的作用。受选民自身素质的限制,同时,因为现实中选民举报不能给自身带来利益,并且部分人大代表在当地势力大,选民有所顾忌,所以当前的选民监督机制不能发挥其应有作用。所以必须确立选民的保密举报和奖励机制,通过保密,消除其后顾之忧,通过奖励调动选民举报的积极性,进而消除选举中的不合理现象,实现选举的公平公正。

3. 完善我国的选举诉讼制度

选举诉讼的法律性和政治性使得选举诉讼案件的影响比其他案件更加广

---

[1] 陈书笋.中国选举制度中的权利救济研究[D].华东师范大学博士学位论文,2010.

泛。建立起系统和独立的司法救济渠道不但有助于确保我国公民选举权平等地实现,也利于维护政府的信用。

魏阳认为,为建立选举权司法救济渠道,应确立以下制度:

首先,设立专门审理选举诉讼案件的审判机构。基于选举诉讼案件的专业性和政治性,魏阳认为,我们可以参照专门法院如海事法院的制度,设立选举法院。或者先在现有法院组织的基础上,在各级法院设立专门的选举法庭,待我国确立宪法诉讼制度和设立宪法法院之后,再转至由宪法法院审理。①

周密对此也持相同观点,认为为了保障选举诉讼案件的公正性,有必要设置专门的管辖机关。结合我国的现实情况,在中级人民法院和高级人民法院设置专门的选举法庭更为合适。一方面可以充分发挥现有的司法资源,另一方面也有利于实现选举诉讼机构的独立性、权威性与专业性。②

龚文龙、黄通菊同样认为可考虑在我国的基层人民法院、中级人民法院、高级人民法院和最高人民法院内部设立专门的选举法庭,并建议该选举法庭不仅应当审理各级人大代表选举中发生的纠纷,也应包括村民委员会选举中发生的侵权纠纷。由于我国各级人民法院是根据有关法律规定由同级人民代表大会选举产生,如果由基层法院审理基层人大代表的当选效力案件,可能会导致同级法官决定同级人大代表人选的问题,有违组织法的机制构建及立法精神。中级法院管辖基层人大代表的当选效力案件不仅在法官的业务水平上要高于基层法院,也因其管辖案件较少,从而能够及时地审结选举案件。而基层法院可以审查基层群众自治组织的村民委员会与居民委员会的选举。③

其次,确立独立和系统的选举诉讼制度,拓宽选举诉讼的受案范围。魏阳认为选举诉讼案件有着广泛的影响和独特的性质,不同于刑事案件和民事案件,应当在确立专门审判机构的基础上,确立系统、独立的选举诉讼制度,统一规定选举诉讼案件适用的诉讼程序,在单独的选举诉讼程序的框架内审理相关案件。与此同时,魏阳还提出应拓宽选举诉讼的受案范围。他认为狭窄的受案范围制约着选举权内容的实现,应将选举中其他一些重要的问题纳入选举诉讼

---

① 魏阳.论我国公民选举权平等的价值及其实现——兼析城乡公民同权的民主价值[D].华中科技大学硕士学位论文,2011.
② 周密.论我国公民选举权利救济制度的完善[D].湖南师范大学硕士学位论文,2013.
③ 龚文龙,黄通菊.论完善我国选举诉讼制度[J].四川师范大学学报,2013(4).

程序规定,拓宽选举权的救济渠道,更加全面地保护公民平等的选举权。①

周密在其《论我国公民选举权利救济制度的完善》一文中也提到了这一点。他指出我国目前的选举诉讼分别使用民事和刑事诉讼程序,不但在实践上操作困难,还容易导致当事人对案件性质的误解,特别是在扩大选举诉讼的受案范围后,民事和刑事诉讼的程序已经不再适合如此多的与民事或刑事性质有显著差异的案件。因此,根据选举诉讼的特点重新设计具体的诉讼程序较为合适,具体来说,可以这样进行规定:

(1)采取二审终审制

如果当事人对一审判决不服,可以提出上诉。

(2)规定合理的起诉期限

由于选举诉讼案件的特殊性,起诉期限应短于其他性质的选举诉讼案件,具体的期限设置,可以在参考日本和台湾地区的相关规定。

在受案范围方面,他指出我国的选举诉讼受案范围只涉及了选民资格案件和故意破坏选举案件。然而现实情况是选举过程中发生的问题远超过前面两类的范围。例如选民登记过程中的错登、漏登、重登以及漏发选举证的问题,划分选区不合理的问题……这些在选举诉讼制度中都没有对应的程序予以规定,因而扩大选举诉讼受案范围是必要的。②

龚文龙、黄通菊在选举诉讼程序的制度设计方面,则是提到了五点:

第一,扩大选举诉讼受案范围,将对选民资格、选举效力置疑之诉,对罢免议案无效之诉以及破坏选举的违法行为之诉等纳入选举诉讼受案范围之中。

第二,在选举程序方面,应当采取二审终审制,当事人对一审判决不服,可以提出上诉。在上诉审理期内,选举结果暂时中止。

第三,在审判组织的模式选择上,二人倾向于设立专门的选举法庭。建议在中级人民法院以上设立专门法庭;在最高法院则可以设立临时组成的专门法庭,以节约审判资源。若将来我国设立宪法法院,可以将选举法庭纳入宪法法院的编制。

第四,在级别管辖方面,应当区分案件类型,对选举人民代表大会代表的案件,一审应当由相当于中级人民法院的专门法庭管辖。

---

① 魏阳.论我国公民选举权平等的价值及其实现——兼析城乡公民同权的民主价值[D].华中科技大学硕士学位论文,2011.

② 周密.论我国公民选举权利救济制度的完善[D].湖南师范大学硕士学位论文,2013.

第五,在法律责任方面。采取人身罚、行为罚、财产罚、精神罚四罚并用,可以并处剥夺政治权利的制裁措施,以取得补救和威慑之效。①

(二)言论自由的法律保障

言论自由权是公民不可或缺的最基本宪法权利之一,我国宪法第 35 条规定了中华人民共和国公民有言论、出版、集会、结社、游行、示威的自由。在宪法条文中明确规定了公民享有言论自由权这一基本权利,但我国目前对公民言论自由的保障还未尽如人意。吕颖锋在其《论言论自由及其宪法保护》一文中提到言论自由是我国宪法所赋予公民的一项基本权利,任何机关、组织或者个人未经正常的法律程序,不得限制或者剥夺任何人的言论自由。但是,基于中国目前对言论自由保护的现状,他认为是非常不完善的。所以,为了更好地保护宪法所赋予的这项基本权利,就有必要对言论自由的保护方法进行改进,具体包括以下四点:②

第一,我们的政府必须改变对公民言论的态度和看法,用一个公开透明、积极支持的态度去面对公民的言论行为,坦然接受公民对于国家和政府行为的批评与建议,让广大公民能够知无不言、言无不尽。

第二,必须明确立法原则,具体落实宪法所确立的言论自由的权利。我国宪法虽然规定了我国公民有言论、集会、结社、游行、示威的权利,并且也规定了行使言论自由权利时不得损害国家、集体或者他人的合法权益。但是对于这些权利却没有做出具体明确的规定,对损害他人利益的判断标准没有一个固定的尺度,以至于哪些言论行为是违法的,怎样判断言论是否损害了他人的合法权益,在公民和国家工作人员当中都没有形成清楚地认识,这就使得国家机关在处理言论自由的案件时,没有明确的法律条文可依,从而变得想当然了。所以,作为赋予公民言论自由的宪法,必须明确规定并落实保护公民言论自由的标准。

对于这一点,《论言论自由的宪法保护》一文的作者也提出要通过对言论自由界限的确定以保护公民的言论自由权。她认为世上无绝对的自由,现实中的自由必定是有界限的,法律要对言论自由加以保护,首先必须明确言论自由的界限,法律对符合法律规定范围内的言论自由加以支持和鼓励,对超越法律底

---

① 龚文龙,黄通菊.论完善我国选举诉讼制度[J].四川师范大学学报,2013(4).
② 吕颖锋.论言论自由及其宪法保护[J].今日湖北,2013(10).

线的行为施以惩罚。①

郑丽思同样认为应当完善宪法条文的表述,在宪法条文中明确对言论自由的界定,明确规定公民的言论自由的范围、种类和言论自由的限度以及应明确对言论自由行使的具体限制性规定,这样在实践过程中将会缩小司法机关的自由裁量权,有利于对公民自由权利的保护。

第三,制定相关旨在保护言论自由的专门宪法性法律,在宪法的统一领导下,更好地保护公民的言论自由。这样既可以减轻宪法修正的压力,又可以和宪法相互补充,更好地保护公民的言论自由。然后,建立和完善我国的违宪审查制度,对违反宪法精神、限制公民言论自由的法律性文件进行审查,给予撤销。

杨晓莉提出国家通过颁布单行法的方式保护言论自由的看法。她认为宪法往往是一个国家的基本法,具有高度的概括性与抽象性,宪法无法面面俱到,因而很多国家在宪法之下颁布了许多单行法律,对现实中的言论自由加以具体的保护。如美国于1952年,颁布《统一实施的单一出版物法》,加强对言论自由的保护,美国许多州的议会通过的《阳光法案》《记者保护法》等都以单行法的形式加强了对言论自由的保护。

如何完善言论自由的保护措施?可以从以下几个方面入手:

首先,完善言论自由保护的立法配置。宪法给予言论自由保护的根本大法地位,但是由于宪法本身的抽象性及与社会生活联系较为疏松,因此,言论自由的保护需要其他法律规范的具体规定将其具体化、特定化,从而使我国在对言论自由的保护方面能够建立起一整套法律规范,加强对我国公民言论自由保护的可行性。

其次,制定专门的单行法规,使不同领域的言论自由得到不同程度的保障。制定针对公民的言论自由的专门单行法规,针对不同时期出现的言论自由问题进行解决与改进,更好地与宪法及具体的法律部门对公民言论自由的保护一起形成完整的法律保护网。

第三,郑丽思则认为言论自由权作为一项基本自由,可能不易在具体法律中再行做出具体规定。所以她提出,可以完善具体法律中与言论自由有关的条文,以间接保护公民的言论自由权。

第四,增加保障公民言论自由的程序性条款,对肆意限制和剥夺公民言论

---

① 韦洪凤.论言论自由的宪法保护[D].苏州大学硕士学位论文,2009.

自由的行为,要运用正当的法律程序,予以制裁。

我们应积极探索切实有效的司法救济途径以保证公民的言论自由。在言论自由的司法救济方面,要注意借鉴吸收世界上不同宪法诉讼模式的合理成分,结合我国的实际,积极探索和推动宪法在普通诉讼中的间接适用,即公民若认为自己依据宪法享有的言论自由权利受到非法侵害,在其他手段救济不能奏效后,可以通过法院间接依据宪法的精神维护权利。

除了以上所提到的四个方面,杨晓莉还提出限制公权力以保护言论自由的看法。她认为对公民权利的最大威胁往往是来自公权力的侵害,宪法主要通过对公权力的限制以维护公民权利。例如美国宪法第一修正案规定:"国会不得制定法律,确立某种宗教信仰或禁止信仰自由,剥夺言论出版自由,剥夺人民和平集会以鸣不平并请求政府救济的权利。"这是对国会立法权的限制,成为保障人们通过自由讨论从各种对立的思想中寻求真理的法律基础。

(三)监督权的法律保障

监督权是我国宪法赋予公民的一项基本政治权力,目的在于让公民有效地监督国家机关和国家工作人员,保证国家各项事业顺利进行,同时保障公民权利,限制国家权力,促进社会主义法治社会的建设。然而,在实际生活中,公民监督权的行使却出现了很多这样或那样的不足,亟须修正与完善。

首先,完善公民监督权必须构建相应的法律机制。程竹汝博士在《完善和创新公民监督权行使的条件和机制》一文首要提及的问题就是"公民监督权法律保障欠充分"。任何权利只有获得法律的表现形式和保障,才具有现实性。并且,法律的表现形式和保障越具体,权利的现实性程度也就越高。迄今为止,我国有关公民监督权的法律规定仍然主要限于宪法第41条的原则性表达。这对于公民监督权的实现是远远不够的。宪法的规定具有原则性的特点,它通常需要其他法律将其具体化。因此,宪法对公民监督权的确认固然重要,但更重要的是法律必须接着解决公民如何行使监督权的问题。改革开发以来,我国公民权利的法律制度建设和现实发展取得了巨大的成就,但发展的不平衡也是显而易见的。相对于公民经济社会权利发展的巨大成就,作为基本政治权利之一的公民监督权已显得相当滞后。科学发展观的基本逻辑就是协调发展,这一点在法律制度建设领域也不例外。为此加强公民监督权的法律制度建设当是改变目前状态的一项基础性工作。①

除了要有完善的法律,学者们还提出要建立公民监督权的制度保障机制,一方面,法律要"武装公民",如"提高公民监督权行使的组织化程度","适时引入公益诉讼制度,充分发挥公民诉权监督的作用"和"强化公民监督同人大监督的结合,建立人大监督专员制度"②;另一方面,政府官员要提升被监督意识,让法律建立公民随访机制和严格的惩罚制度③,双管齐下。

从制度上保障公民能够安全地监督、批评政府及官员。只有善于倾听群众的呼声,勇于面对群众的批评,政府工作才能更加符合人民的意愿。但是近年来,我国公民因行使监督权,批评或检举揭发政府官员而遭报复的个案时有发生,所以有必要从法律和制度上对正确行使监督权的公民给予人身安全保障,否则"创造条件让人民批评政府、监督政府"就不能落到实处,公民对国家机关及工作人员的监督权就得不到有效保障。

刘江涛在其《论我国公民监督法制之完善》一文中也指出,近些年来,公民在实践中行使对国家机关及其工作人员的监督权时,愈来愈感到公民监督法律法规不健全、不完善给监督行为带来的困扰。因此,要进一步发挥公民监督的作用,迫切需要制定一部专门的公民监督法,对公民监督的范围、职责、权利、手段进一步具体化、规范化,使之科学合理并具有可操作性。制定公民监督法,应当认真总结公民监督的实践经验,把分散在各个层次、各个门类的法律、法规和规章中的有关公民监督问题的零星条款统辖在规范性的法律文件之中,集中规范公民监督主体和监督对象之间的权利、义务关系。一方面,应当对监督范围、职责、手段制定具体实施规则,形成一套完备的,具有权威性、强制性的法律机制;另一方面,应当把国家公职人员的行为准则、职责权限、组织协调、工作程序等,以法律法规的形式确定下来。④

唐杏湘在《论我国公民监督权的实现》一文中提出建立严格的惩罚制度的建议,她认为,我国宪法中虽然规定对于公民的申诉、控告或者检举,有关国家机关必须查清事实,负责处理,任何人不得压制和打击报复。但是宪法和相关法律中没有明确规定如果被监督的国家机关工作人员对公民的监督行为进行打击报复的,应当承担什么样的法律责任。所以有必要在相关法律中明确规定

---

① 程竹汝.完善和创新公民监督权行使的条件和机制[J].政治与法律,2007(3).
② 程竹汝.完善和创新公民监督权行使的条件和机制[J].政治与法律,2007(3).
③ 唐杏湘.论我国公民监督权的实现[J].武汉理工大学学报(社会科学版),2011(3).
④ 刘江涛.论我国公民监督法制之完善[D].湖南师范大学硕士学位论文,2009.

有关的惩罚措施,使违法者清楚地知道采取此类违法行为所要承担的法律后果有多严重,使其不敢以身试法,从而自觉自愿地接受公民的监督。

唐杏湘认为,可以在我国相关法律中进行规定,凡是以打击或报复等行为故意阻碍公民行使监督权的公务人员,造成严重后果的,可考虑开除其公职,终身不再录用。此外,如果受害人提起国家赔偿的,还应当要求违法行为人承担相应的赔偿责任,而不能只由国家财政来负担。因为国家财政是纳税人的钱,是要取之于民,用之于民的,而不是给那些故意违法的公务行为承担赔偿的。为此,必须要建立追偿制度,给故意违法的公务人员予以经济上的惩罚,才能真正起到惩罚的作用。如果其中有涉及犯罪行为的,还应当追究其刑事责任。①

---

① 唐杏湘.论我国公民监督权的实现[J].武汉理工大学学报(社会科学版),2011(3).

附录一

"城镇化"相关概念的词频分析

笔者使用 Google Trend 研究词语的使用趋势发现：2004 年以来，"都市化"一词在互联网媒体中的使用次数在全球范围内总体呈现下降趋势，从最开始的 100 次（2004 年）降为 26 次（2013 年）。

从使用的区域来看，全球范围内主要是日本、中国台湾地区和中国大陆在使用"都市化"一词，其中日本和中国台湾地区使用率高于中国大陆。如图I-1。

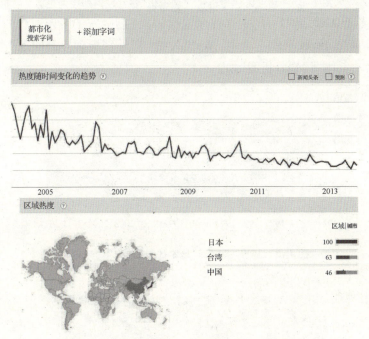

图 I-1　"都市化"在互联网搜索中的地域趋势

针对 2004 年以来，中国互联网媒体使用"都市化"和"城市化"及"城镇化"的趋势，笔者分析发现：第一，都市化的使用率极低，且几乎没有起伏；第二，"城镇化"的使用率也不高，但在不同时期略有起伏，特别是 2012 年以后，有了较明显的增长；第三，相比于前两者，"城市化"一直保持着一个较高水平的使用率，各个时期有所起伏,尤其是在2011年其使用达到高峰。如图Ⅰ-2。

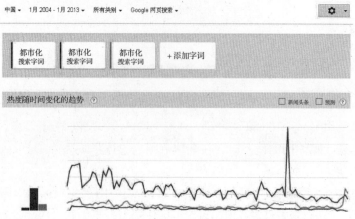

图Ⅰ-2 "都市化""城市化""城镇化"在互联网的搜索趋势

笔者于2013年11月16日登录中国知网,在这三十多年间(1981—2014年)中国期刊网所收录的论文中,按照"关键词"分别检索"城市化""城镇化""都市化",制作"词频分析图"如下:

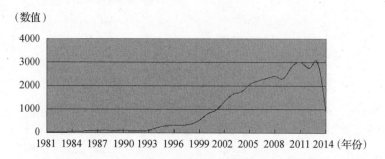

图Ⅰ-3 基于"关键词"检索的"城市化"词频分析

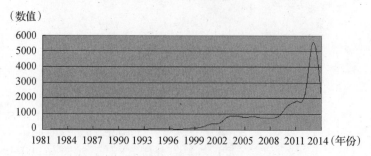

图Ⅰ-4 基于"关键词"检索的"城镇化"的词频分析

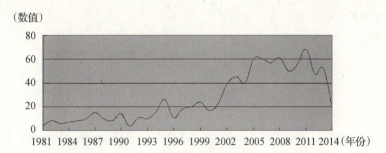

图 I-5 基于"关键词"检索的"都市化"的词频分析

数据来源:中国知网期刊库1981—2014年数据。

注:因数据存在变动,有些年份的数据在图表中无法显现。

按照"篇名"在这三十多年间(1981—2014年)中国期刊网所收录的论文中分别检索"城市化""城镇化""都市化",制作"词频分析图"如下:

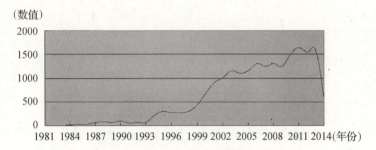

图 I-6 基于"篇名"检索的"城市化"的词频分析

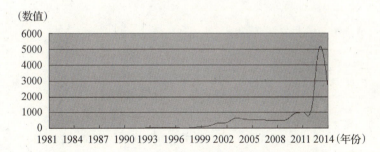

图 I-7 基于"篇名"检索的"城镇化"的词频

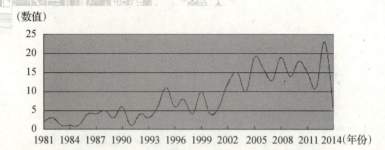

图Ⅰ-8 基于"篇名"检索的"都市化"的词频分析

数据来源：中国知网期刊库1981—2014年数据。

注：因数据存在变动，有些年份的数据在图表中无法显现。

按照"主题"在这三十多年间（1981—2014年）中国期刊网所收录的论文中分别检索"城市化""城镇化""都市化"，制作"词频分析图"如下：

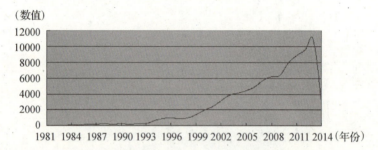

图Ⅰ-9 基于"主题"检索的"城市化"的词频分析

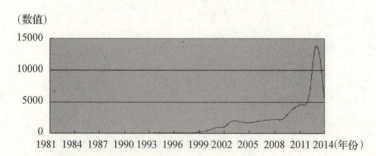

图Ⅰ-10 基于"主题"检索的"城镇化"的词频分析

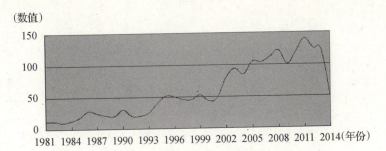

图Ⅰ-11 基于"主题"检索的"都市化"的词频分析

数据来源:中国知网期刊库1981—2014年数据。

注:因数据存在变动,有些年份的数据在图表中无法显现。

在按照"关键词"和"篇名"及"主题"分别检索"都市化""城市化""城镇化"的文献数量之后,笔者分别统计出一年内三类文章的数量,然后分别计算出各自的百分率,最后绘制成"词频百分率图"如下:

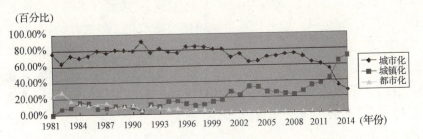

图Ⅰ-12 基于"关键词"检索的词频百分率分析

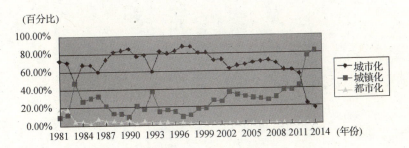

图Ⅰ-13 基于"篇名"检索的词频百分率分析

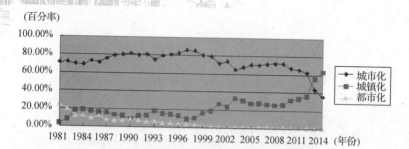

图 I-14 基于"主题"检索的词频百分率分析

数据来源：中国知网期刊库 1981—2014 年数据。

从"城市化""城镇化""都市化"反映的"词频分析图"来看，自 1981 年到 2014 年，"都市化"一词使用率一直很低，尤其是到了 2000 年以后，该词一直保持着 3%～4% 的使用率，总体来看，使用率低而且起伏不大；"城市化"一词的使用率居高不下，虽然有所起伏，但保持着绝对的优势；"城镇化"一词的使用率整体保持上涨的趋势，到 2009 年以来一直上扬，且"发生了井喷式的增长"；就趋势图所反映情况来看，如果计算出城镇化与城市化文献之差，再与两者中较小者相比，得出相差的倍数，就会发现一个具有周期性的规律——每 10 年就有一次明显的"城镇化"逆袭。① "城镇化"与"城市化"使用率存在逆转，其拐点是 2012 年，二者的使用率开始持平，到 2013 年"城镇化"使用率超过"城市化"，因为 2013 年是"新四化"（中国特色新型工业化、信息化、城镇化、农业现代化道路）提出后的第一年。

---

① 杜之枞.城镇化"中国特色"术语的发迹史[EB/OL].[2014-09-01].新浪网,http://history.sina.com.cn/cul/zl/2014-08-27/153998817.shtml.

附录二

征引书目

国学文献

《韩非子》。
《汉书·食货志》。
《战国策》。

马克思主义文献

《列宁选集》(第1卷),人民出版社1995年版。
《马克思恩格斯全集》(第26卷),人民出版社1972年版。
《马克思恩格斯全集》(第2卷),人民出版社1995年第2版。
《马克思恩格斯全集》(第46卷上),人民出版社1979年版。
《马克思恩格斯文集》(第1卷),人民出版社2009年版。
《马克思恩格斯文集》(第2卷),人民出版社2009年版。
《毛泽东选集》(第4卷),人民出版社1991年版。
马克思:《1844年经济哲学手稿》,人民出版社2002年版。
习近平:《城镇化过快过慢都不行》,载《人民日报》2013年3月9日。

中文专著(以作者姓名拼音为序)

安建:《中华人民共和国城乡规划法释义》,法律出版社2010年版。
包伟民:《宋代城市研究》,中华书局2014年版。
曹玉冰:《农村现代化进程中的社会保障问题研究》,中南大学出版社2006年版。

陈鸿彬:《农村城镇化研究、建设及管理》,中国环境科学出版社2005年版。
陈华彬:《物权法》,法律出版社2004年版。
陈为邦:《城市探索——陈为邦城市论述》,知识产权出版社2004年版。
陈一筠:《城镇化与城市社会学》,光明日报出版社1986年版。
陈宇飞:《文化城市图景:当代中国城市化进程中的文化问题研究》,文化艺术出版社2012年版。
陈玉梅:《东北地区城镇化道路》,社会科学文献出版社2008年版。
楚成亚:《当代中国城乡居民权利平等问题研究》,山东大学出版社2009年版。
董景山:《农村集体土地所有权行使模式研究》,法律出版社2012年版。
杜玉华:《马克思社会结构理论与当代中国社会建设》,学林出版社2012年版。

费孝通:《论小城镇及其他》,群言出版社2000年版。
费孝通:《乡土中国生育制度》,北京大学出版社1998年版。
费孝通:《小城镇四记》,新华出版社1985年版。
费孝通:《行行重行行(乡镇发展论述)》,宁夏出版社1989年版。
费孝通:《中国城镇化道路》,内蒙古人民出版社2010年版。
冯海发:《农村城镇化发展探索》,新华出版社2004年版。
冯奎:《中国城镇化转型研究》,中国发展出版社2013年版。
符启林:《征收法律制度研究》,知识产权出版社2012年版。
付晓东:《中国城市化与可持续发展》,新华出版社2005年版。
高林远:《制度变迁中的农民土地权益问题研究》,科学出版社2010年版。
高珮义:《城市化发展学原理》,中国财政经济出版社2009年版。
葛剑雄:《中国人口发展史》,福建人民出版社1991年版。
辜胜阻等:《当代中国人口流动与城镇化》,武汉大学出版社1994年版。
顾朝林等:《中国城市地理》,商务印书馆2002年版。
顾海兵:《非主流经济学研究》,天津人民出版社2002年版。
顾吾浩:《城镇化历程》,同济大学出版社2012年版。
关涛:《我国不动产法律问题专论》,人民法院出版社1999年版。
郭诰:《土地所有权一体保护立法研究》,知识产权出版社2011年版。
郭岚:《国家中心城市建设的路径与战略研究——以重庆为例》,上海社会科学院出版社2013年版。

郭濂:《中国新型城镇化的路径选择与金融支持》,中国金融出版社2014年版。

国务院发展研究中心课题组:《中国城镇化:前景、战略与政策》,中国发展出版社2010年版。

何一民:《城市发展史纲》,四川大学出版社1994年版。

黄升旗:《我国城市化发展问题研究》,湖南师范大学出版社2010年版。

黄贤金:《土地政策学》,中国矿业大学出版社1995年版。

简新华等:《中国城镇化与特色城镇化道路》,上海三联书店出版社2010年版。

江平:《中国土地立法研究》,中国政法大学出版社1999年版。

姜爱林:《城镇化、工业化与信息化协调发展研究》,中国大地出版社2004年版。

姜爱林:《城镇化与工业化互动关系研究》,载《财贸研究》2004年第3期。

蒋贵凰:《我国发展中地区城镇化的动力机制研究》,中国社会科学出版社2011年。

解玉娟:《中国农村土地权利制度专题研究》,西南财政大学出版社2009年版。

金观涛、刘青峰:《观念史研究:中国现代重要政治术语的形成》,法律出版社2009年版。

金其铭:《农村聚落地理》,科学出版社1988年版。

景春梅:《城市化、动力机制及其制度创新——基于政府行为的视角》,社会科学文献出版社2010年版。

康秀云:《二十世纪中国社会生活方式现代化解读》,中共党史出版社2007年版。

孔祥俊:《民商法新问题与判解研究》,人民法院出版社1996年版。

李从军:《迁徙风暴:城镇化建设启示录》,新华出版社2013年版。

李凤梅:《中国城市化进程中农地保护法律制度研究》,知识产权出版社2011年版。

李强:《城市化进程中的重大社会问题及其对策研究》,经济科学出版社2009年版。

李强:《转型时期的中国社会分层结构》,黑龙江人民出版社2002年版。

李强等:《城市化进程中的重大社会问题及其对策研究》,经济科学出版社

2009年版。

李蕊:《失地农民权益保障》,知识产权出版社2009年版。

李永安:《中国农户土地权利研究》,中国政法大学出版社2013年版。

李仲生:《发展中国家的人口增加与经济发展》,社会科学文献出版社2012年版。

刘爱梅:《转型时期我国城市化模式研究》,东北财经大学出版社2013年版。

刘传江、郑凌云:《城镇化与城乡经济发展》,科学出版社2004年版。

刘春成、侯汉坡:《城市的崛起——城市系学与中国城市化》,中央文献出版社2012年版。

刘海云:《边缘化与分异——失地农民问题研究》,中国农业出版社2007年版。

刘俊:《中国农村土地法律制度创新研究》,群众出版社2012年版。

刘士林:《2007中国都市化进程报告》,上海人民出版社2008年版。

刘星:《一种历史实践:近现代中西法概念理论比较研究》,中国政法大学出版社2008年版。

刘云升、任广浩:《农民权利及其法律保障问题研究》,中国社会科学出版社2004年版。

陆益龙:《农民中国——后乡土社会与新农村建设研究》,中国人民大学出版社2010年版。

吕来明:《走向市场的土地——地产法新论》,贵州人民出版社1995年版。

马晓河等:《中国城镇化实践与未来战略构想》,中国计划出版社2010年版。

马学强、郁鸿胜、王红霞:《中国城市的发展:历程、智慧与理念》,上海三联书店出版社2008年版。

毛科军:《中国农村产权制度研究》,山西经济出版社1993年版。

倪鹏飞:《中国城市竞争力报告——城市:让世界倾斜而平坦(NO.9)》,社会科学文献出版社2011年版。

宁克平:《城市与人——中国城市化进程及其对策》,人民出版社2009年版。

宁越敏、张务栋、钱今昔:《中国城市发展史》,安徽科技大学出版社1994年版。

宁越敏:《中国城市研究(第5辑)》,商务印书馆2012年版。
牛文元:《中国新型城市化报告2011》,科学出版社2011年版。
潘培坤,凌岩:《城镇化探索》,同济大学出版社,2012年版。
潘启云:《西部欠发达地区城镇化路径与模式》,经济社会科学出版社2012年版。
钱乘旦、刘金源:《环球透视:现代化的迷途》,浙江人民出版社1999年版。
钱穆:《中国文化导论》,商务印书馆1994年版。
乔依德:《中国的城市化:目标、路径和政策》,格致出版社2012年版。
秦润新:《农村城市化的理论与实践》,中国经济出版社2000年版。
荣玥芳、高春凤:《城市社会学》,华中科技大学出版社2012年版。
盛广耀:《城市化模式及其转变研究》,中国社会科学出版社2008年版。
盛来运:《大国城镇化:新实践 新探索》,中国统计出版社2014年版。
世界分行:《2008年世界发展报告》,胡光宇、赵冰译,清华大学出版社2008年版。
宋俊岭、黄序:《中国城镇化知识15讲》,中国城市出版社2001版。
宋俊岭:《中国城镇化知识15讲》,中国城市出版社2001年版。
孙晓莉:《中国现代化进程中的国家与社会》,中国社会科学出版社2001年版。
孙正林:《破解中国农村城镇化的体制性障碍》,东北林业大学出版社2006年版。
谭崇台:《发展经济学》,上海人民出版社1989年版。
童星:《社会保障与管理》,南京大学出版社社2002年版。
驼铃等:《城市化与农民》,西南交通大学出版社2006年版。
王家福、黄明川:《土地法的理论与实践》,人民日报出版社1991年版。
王景新:《现代化进程中的农地制度及其利益格局重构》,中国经济出版社2005年版。
王克忠:《城镇化路径》,同济大学出版社2012年版。
王利明:《物权法论》,中国政法大学出版社2003年版。
王利明:《物权法专题研究》(上),吉林人民出版社2002年版。
王梦奎、陆百甫、卢中原:《新阶段的中国经济》,人民出版社2002年版。
王明浩、安亚宁:《城市科学要览》,经济科学出版社2011年版。
王卫国、王广华:《中国土地权利的法制建设》,中国政法大学出版社2002

年版。

王卫国:《中国土地权利研究》,中国政法大学出版社1997年版。

王小莉:《土地法》,法律出版社2003年版。

王旭:《美国城市史》,中国社会科学出版社2000年版。

王仰文:《中国公共政策冲突实证研究——以城市管理行政执法领域为例》,中国社会科学出版社2012年版。

王义高等:《"两型"社会的理论与实践》,湖南人民出版社2008年版。

王永兴:《陈寅恪先生史学述略稿》,北京大学出版社1998年版。

王志刚:《出版企业版权战略管理》,社会科学文献出版社2012年版。

王志忠等:《论中国特色城镇化道路》,复旦大学出版社2009年版。

魏后凯等:《中国城镇化:和谐与繁荣之路》,社会科学文献出版社2014年版。

魏后凯:《走中国特色的新型城镇化道路》,社会科学文献出版社2014年版。

温世扬、宁立志:《房地产法教程》,武汉大学出版社1996年版。

吴良镛:《人居环境科学导论》,中国建筑工业出版社2001年版。

新玉言:《新型城镇化——模式分析与实践路径》,国家行政学院出版社2013年版。

新玉言:《新型城镇化——理论发展与前景透析》,国家行政学院出版社2013年版。

徐和平:《经济发展中的大国城市化模式比较研究》,人民出版社2011年版。

徐强:《人格与社会》,南京师范大学出版社2004年版。

徐同文:《城乡一体化体制对策研究》,人民出版社2011年版。

许斌龙:《从血缘走向契约——马克思实践观视野下的经济学、伦理学与法学分析》,法律出版社2009年版。

许欣欣:《当代中国社会结构变迁与流动》,社会科学文献出版社2000年版。

严新明:《失地农民的就业和社会保障研究》,中国劳动社会保障出版社2008年版。

杨宽:《战国史》,上海人民出版社1998年版。

杨宽:《中国古代都城制度研究》,上海古籍出版社1993年版。

杨奎松:《谈往阅今——中共党史访谈录》,九州出版社2012年版。

杨小凯、张永生:《新兴古典经济学和超边际分析》,中国人民大学出版社2000年版。

易善策:《产业结构演进与城镇化》,社会科学文献出版社2013年版。

于云瀚:《城居者的文明》,中国社会科学出版社2011年版。

喻新安:《中国中部地区发展报告》,社会科学文献出版社2013年版。

袁铖:《制度变迁过程中农民土地权利保护研究》,中国社会科学出版社2010年版。

岳树岭:《城市化进程中农民工市民化问题研究》,经济管理出版社2014年版。

张京祥、罗震东、何建颐:《体制转型与中国城市空间重构》,东南大学出版社2007年版。

张英洪:《农民权利论》,中国经济出版社2007年版。

张跃庆:《中国房地产市场研究》,经济日报出版社1996年版。

张云武:《城市化度与生活结构》,中国社会科学出版社2011年版。

章友德:《城市现代化指标体系研究》,高等教育出版社2006年版。

赵冈:《中国城市发展史论集》,新星出版社2006年版。

赵光瑞:《日本城市化模式与中国的选择》,中国书籍出版2007年版。

赵红军:《交易效率、城市化与经济发展》,上海人民出版社2005年版。

赵红梅:《房地产论》,中国政法大学出版社1995年版。

赵俊超、孙慧峰、朱喜:《农民问题新探》,中国发展出版社2005年版。

赵雪梅:《拉丁美洲经济概论》,对外经济贸易大学出版社2010年版。

郑思齐:《城市经济的空间结构》,清华大学出版社2012年版。

郑也夫:《城市社会学》,中国城市出版社2002年版。

中国城市和小城镇改革发展中心课题组:《中国城镇化战略选择政策研究》,人民出版社2013年版。

中国社会科学院新型城市化研究课题组:《中国新型城市化道路:城乡双赢(以成都为案例)》,社会科学文献出版社2007年。

中国物权法研究课题组:《中国物权法草案建议稿》,社会科学文献出版社2000年版。

钟金洪:《马克思主义社会学思想》,中国审计出版社2001年版。

钟秀明、武雪萍:《城市化动力》,中国经济出版社2006年版。

周秋琴:《冲突与协调:我国农村土地制度变革中农民权益的保障》,江苏大学出版社2011年版。

周一星:《城市地理学》,商务印书馆1995年版。

住房和城乡建设部课题组:《"十二五"中国城镇化发展战略研究报告》,中国建筑工业出版社2011年版。

外文译著(除古希腊、古罗马作品外,以国别为序)

[古希腊]亚里士多德:《政治性》,吴寿彭译,商务印书馆1965年版。

[德]斐迪南·滕尼斯:《共同体与社会——纯粹社会学的基本概念》,林荣远译,北京大学出版社2010年版。

[德]马克斯·韦伯:《非正当性支配:城市类型学》,康乐、简惠美译,广西师范大学出版2005年版。

[德]马克斯·韦伯:《文明的历史脚步——韦伯文集》,黄宪起、张晓玲译,上海三联书店1988年版。

[德]马克斯·韦伯:《中国的宗教:儒教与道教》,王容芬译,商务印书馆1999年版。

[德]斯宾格勒:《西方的没落》,陈晓林译,黑龙江教育出版社1988年版。

[法]H·孟德拉斯:《农民的终结》,李培林译,中国社会科学出版社1991年版。

[美]R.E.帕克、E.N.伯吉斯、R.D.麦肯齐:《城市社会学》,宋俊岭等译,华夏出版社1987年版。

[美]彼特·布劳:《不平等和异质性》,王春光等译,中国社会科学出版社1991年版。

[美]布莱克:《现代化的动力:一个比较史的研究》,景跃进、张静译,浙江人民出版社1989年版。

[美]费正清:《费正清论中国:中国新史》,薛绚译,正中书局1994年版。

[美]黄宗智:《长江三角洲小农家庭与乡村发展》,中华书局1992年版。

[美]霍利斯·钱纳里、莫伊思·塞尔昆:《发展的型式(1950—1970)》,李新华等译,经济科学出版社1988年版。

[美]兰德尔·柯林斯:《互动仪式链》,林聚任等译,商务印书馆2009年版。

[美]刘易斯·芒福德:《城市文化》,宋俊岭等译,中国建筑工业出版社

2009年版。

［美］钱纳里、［以］塞尔奎：《发展的型式1950—1970》，李新华等译，经济科学出版社1988年版。

［美］钱纳里、鲁宾逊、［以］赛尔奎：《工业化和经济增长的比较研究》，吴奇、王松宝等译，格致出版社2015年版。

［美］乔尔·科特金：《全球城市史》（修订版），王旭译，社会科学文献出版社2010年版。

［美］萨缪尔·亨廷顿：《变化社会中的政治秩序》，王冠华等译，生活·读书·新知三联书店1989年版。

［美］施坚雅：《中国（封建社会）晚期城市研究》，陈庭光等译，中华书局2000年版。

［美］沃尔特·威尔科克斯：《美国农业经济学》，刘汉才译，中国农业出版社1979年版。

［美］西摩·马丁·李普赛特：《政治人》，张绍宗译，上海人民出版社1997年版。

［日］富永健一：《社会结构与社会变迁》，董新华译，云南人民出版社1988年版。

［日］矶村英一：《城市问题百科全书》，王君健等译，黑龙江人民出版社1988年版。

［日］蒲岛耶夫：《政治参与》，解莉莉译，经济日报出版社1989年版。

［印度］阿玛蒂亚·森：《贫困与饥荒——论权利与剥夺》，王宇、王文玉译，商务印书馆2001年版。

［印度］贾瓦哈拉尔·尼赫鲁：《印度的发现》，向哲濬、朱彬元、杨寿林译，上海人民出版社2016年版。

［英］冯·哈耶克：《自由秩序原理》（上），邓正来译，生活·读书·新知三联书店1997年版。

［英］哈耶克：《法律、立法与自由》（第1卷），邓正来等译，中国大百科全书出版社2000年版。

［英］赫伯特·斯宾塞：《群学肄言》，严复译，商务印刷馆1981年版。

［英］亚当·斯密：《国民财富的性质和原因的研究》，郭大为、王亚南译，商务印书馆1972年版。

［英］约翰·里德：《城市》，郝笑丛译，清华大学出版社2010年版。

中文论文（以作者姓氏拼音为序）

安虎森、朱妍：《经济发展水平域城市化模式选择》，载《求索》2007年第6期。

白呈明：《农民失地问题的法学思考》，载《人文杂志》2003年第1期。

白国强：《城镇化需要多元均衡协调发展》，载《南方日报》2014年2月8日。

白淑英：《网络自由及其限制》，载《哈尔滨工业大学学报（社会科学版）》2014年第1期。

柏巍：《社会管理法治化体系的多维视角研究》，载《法制与社会发展》2014年第2期。

包智明：《论社会结构及其构成要素》，载《社会科学辑刊》1996年第5期。

鲍海君、吴次芳：《关于征地补偿问题的探讨》，载《价格理论与实践》2002年第6期。

北京联合大学应用文理学院调研实践团：《农民利益保护视角下的新型城镇化评价指标体系研究》，载《合作经济与科技》2013年第21期。

卞建平：《香港城市管理的启示》，载《中国人力资源开发》2000年第2期。

蔡秀玲：《中国城镇化历程、成就与发展趋势》，载《经济参考研究》2011年第63期。

曹宗平：《三种城市化发展模式述评》，载《改革》2005年第5期。

陈柏峰：《农地的社会功能及其法律制度选择》，载《法制与社会发展》2010年第2期。

陈柏峰：《熟人社会：村庄秩序机制的理想型探究》，载《社会》2011年第1期。

陈标金、李大胜：《征地补偿标准与失地农民的利益保护》，载《华中农业大学学报（社会科学版）》2007年第4期。

陈静：《中国四大区域城镇化比较及健康发展对策》，载《金融经济》2014年第12期。

陈君武：《转型期我国户籍制度的反思与重构》，载《甘肃政法学院学报》2010年第2期。

陈柳钦：《基于产业发展的城镇化动力机理分析》，载《重庆社会科学》2005

年第5期。

陈书笋：《中国选举制度中的权利救济研究》，〔博士论文〕，华东师范大学2010年。

陈宋绯：《农地征收中的农民权利保护研究》，载《农业经济》2013年第5期。

陈庭光：《再论汉译马克思著作中的"城市化"一词系误译》，载《城市问题》1998年第5期。

陈伟：《浅议我国户籍制度改革的若干问题》，载《福建农林大学学报》（哲学社会科学版）2007年第6期。

陈祥福：《关于我国农民身份的思考》，载《长白学刊》2005年第6期。

陈鑫峰、陈少平、张志忠、钟英雄：《网络文化管理机制探析》，载《福州大学学报（哲学社会科学版）》2013年第4期。

陈玉梅、张奎燕、金潮：《改革开放前东北地区城镇体系的形成及特点》，载《社会科学辑刊》2006年第1期。

陈占江：《差序格局与中国社会转型》，载《社会科学评论》2007年第3期。

陈哲、刘学敏：《"城市病"研究进展和评述》，载《首都经济贸易大学学报》2012年第1期。

陈仲常、王芳：《中国城市化进程中的滞后城市化、超前城市化与城市中空化趋势》；载《当代经济科学》2005年第2期。

成艾华、魏后凯：《中国特色可持续城镇化发展研究》，载《城市发展研究》2012年第1期。

成德宁：《城镇化与经济发展》，武汉大学博士学位论文，2000年。

程开明：《城镇化与经济增长的互动机制及理论模型述评》，载《经济评论》2007年第4期。

程瑞声：《印巴局势——深层原因和前景》，人民网强国论坛，2001年12月30日。

程竹汝：《完善和创新公民监督权行使的条件和机制》，载《政治与法律》2007年第3期。

仇保兴：《借鉴国外经验走资源节约型的城镇化发展道路》，载《住宅科技》2005年第3期。

仇保兴：《新型城镇化：从概念到行动》，载《行政管理改革》2012年第11期。

仇保兴:《中国特色的城镇化模式之辨——"C 模式":超越"A 模式"的诱惑和"B 模式"的泥淖》,载《城市发展研究》2009 年第 1 期。

崔俊贵、田心:《二维视角下的城乡规划法》,载《国际关系学院学报》2009 年第 3 期。

崔燕:《论城市化进程中少数民族传统文化的保护机制》,载《西北民族大学学报(哲学社会科学版)》2009 年第 6 期。

崔云风:《论选举权的法律保障》,内蒙古大学硕士学位论文,2010 年。

代宝珍:《新型城镇化进程中农业转移人口医疗保障权益市民化研究》,载《中国卫生经济》2014 年第 9 期。

单卓然、黄亚平:《"新型城镇化":概念、内涵、目标、内容、规划策略及认知误区解析》,载《城市规划学刊》2013 年第 2 期;

邓海峰、王希扬:《户籍制度对土地承包经营权流转的制约与完善》,载《人口中国·资源与环境》2010 年第 7 期。

丁成日:《中国征地补偿制度的经济分析及征地改革建议》,载《中国土地科学》2007 年第 5 期。

丁关良、周菊香:《对完善农村集体土地所有权制度的法律思考》,载《中国农村经济》2000 年第 11 期。

丁关良:《农民集体土地所有权多元行使主体研究》,载《淮阴师范学院学报》(哲学社会科学版)2007 年第 3 期。

丁渠:《城乡规划督察员制度可行性分析》,载《中国集体经济》2010 年第 36 期。

董秋红:《行政规划中的公众参与:以城乡规划为例》,载《中南大学学报》2009 年第 2 期。

杜刚:《现代化进程中的农民身份转化》,载《阜阳师范学院学报(社会科学版)》2007 年第 6 期。

杜雁:《深圳法定图则编制十年历程》,载《城市规划学刊》2010 年第 1 期。

杜玉华:《社会结构:一个概念的再考评》,载《社会科学》2013 年第 8 期。

段小梅:《城市规模与"城市病"——对我国城市发展方针的反思》,载《中国人口·资源与环境》2001 年第 4 期。

段占朝:《城乡规划权威与规划处罚的尴尬——从〈城乡规划法〉第六十四条说起》,载《云南大学学报法学版》2011 年第 6 期。

方亮:《过程视角下的国内城镇化研究综述》,载《昆明理工大学学报(社会科学版)》2013年第5期。

费尚军：《论城市化进程中的伦理嬗变》，载《柳州师专学报》2002年第2期。。

冯云廷：《两种城市化模式的对接与融合》，载《中国软科学》2005年第6期。

付少平：《农民社会地位测量指标初探》，载《西北农林科技大学学报（社会科学版)》2002年第1期。

傅晨：《城市化概念的辨析》，载《南方经济》2005年第4期。

干春晖、余典范：《城镇化与产业结构的战略性调整和升级》，载《上海财经大学学报》2003年第4期。

甘霖：《〈城乡规划法〉实施中的问题与对策初探》，载《北京规划建设》2011年第1期。

高飞：《集体土地所有权主体制度运行状况的实证分析——基于全国10省30县的调查》，载《中国农村观察》2008年第6期。

高强：《日本美国城市化模式比较》，载《经济纵横》2002年第3期。

葛先园、杨海坤：《我国行政规划中的公众参与制度研究——以〈城乡规划法〉相关规定为中心》，载《法治研究》2013年第12期。

龚文龙、黄通菊：《论完善我国选举诉讼制度》，载《四川师范大学学报》2013年第4期。

龚晓菊、郭倩：《第三产业发展与城镇化推进探析》，载《商业时代》2012年第11期。

顾海兵：《中国经济发展的路径：非农化》，载王振中主编：《展望21世纪中国经济》，宁夏人民出版社2001年版。

关涛：《我国土地所有权制度对民法典中物权立法的影响》，载《法学论坛》2006年第2期。

管清友：《能源——交通体系与城市化模式》，载《中国市场》2010年第50期。

郭斌、李伟：《日本和印度的城镇化发展模式探析》，载《首都经济贸易大学学报》2011年第5期。

郭建、张玉霞：《城市化进程中农民权益的法律保护》，载《中南民族大学学报（人文社会科学版)》2006年第1期。

郭强、郭根：《节约型城镇化模式的理论建构》，载《南阳师范学院学报（社会科学版)》2008年第2期。

郭庆珠:《论行政规划变更的正当性及其法律规制——兼及〈城乡规划法〉中规划修改制度的反思》,载《河北法学》2009年第4期。

郭小燕:《城乡统筹视角下中部地区多元城镇化模式研究》,载《城市》2009年第6期。

国家发展改革委宏观经济研究院课题组:《加快城镇化的政策措施研究》,载《中国经贸导刊》2004年第14期。

国家发展改革委政策研究室:《城镇化的国际模式及其启示》,载《宏观经济管理》2013年第4期。

国家统计局课题组:《我国城镇化战略研究》,载《经济研究参考》2002年第35期。

韩娇:《〈城乡规划法〉中行政许可与法律责任条款的优点与不足》,载《北京规划建设》2008年第2期。

韩松:《我国农民集体所有权的享有形式》,载《法律科学》1993年第3期。

韩兆州、孔丽娜:《城镇化内涵及影响因素分析》,载《南方农村》2005年第1期。

何帆:《对贫民窟的傲慢与偏见》,载《经济观察报》2004年7月27日。

何明俊:《作为复合行政行为的城市规划》,载《城市规划》2011年第5期。

何清涟:《从贫民窟的清除看贫民的社会权利》,载《华夏电子报》2004年9月8日。

贺雪峰:《农村的半熟人社会化与公共生活的重建》,载《中国乡村研究》2008年第6辑。

洪银兴:《城市功能意义的城市化及其产业支持》,载《经济学家》2003年第2期。

洪银兴等:《城市模式的新发展》,载《经济研究》2000年第12期。

胡必亮、叶雨晴:《积极探索新型城镇化道路》,载《中国社会科学报》2013年5月24日。

张占斌:《新型城镇化的战略意义和改革难题》,载《国家行政学院学报》2013年第1期。

胡静、苏楠:《城市化中非自愿失地农民权益保障问题初探——以湖北武汉为例》,载《农村经济与科技》2007年第6期。

胡美灵:《保障农民权利的价值分析》,载《湖南师范大学社会科学学报》

2008 年第 5 期。

胡戎恩:《集体土地征收中的主要程序问题研究》,载《河南财经政法大学学报》2013 年第 4 期。

胡童:《论利益保障视域下城市规划中的公众参与——基于德国双层可持续参与制度的启示》,载《研究生法学》2012 年第 2 期。

胡序威:《有关城市化与城镇体系规划的若干思考》,载《城市规划》2000 年第 1 期。

华生:《新型城镇化探寻》,载《中国青年报》2013 年 5 月 22 日。

黄翠:《浅析我国城市化进程中的城市病——以城市人情冷漠为探索基点》,载《湖南工业职业技术学院学报》2010 你年第 6 期。

黄和亮:《关于我国集体土地所有权主体和使用权主体明晰性的考察》,载《经济社会体制比较》2006 年第 6 期。

黄花:《我国农民身份转化问题的政治学思考》,载《延边大学学报(社会科学版)》2013 年第 2 期。

黄建初:《〈城乡规划法〉的立法背景和目的》,载《城乡建设》2007 年第 12 期。

黄湘怀、余树林:《城市化与社会主义民主政治建设》,载《中国特色社会主义研究》2003 年第 4 期。

黄永青、张学军:《失地农民的城市化与社会管理——以福州 M 村为例》,载《福建论坛(人文社会科学版)》2012 年第 2 期。

黄祖辉、汪晖:《非公共利益性质的征地行为与土地发展权补偿》,载《经济研究》2002 年第 5 期。

黄祖辉、王朋:《农村土地流转:现状、问题及对策——兼论土地流转对现代农业发展的影响》,载《浙江大学学报(人文社会科学版)》2008 年第 3 期。

季卫东:《法律程序的形式性与实质性——以对程序理论的批判和批判理论的程序化为线索》,载《北京大学学报》2006 年第 1 期。

季卫东:《法律程序的意义》,载《中国社会科学》1993 年第 1 期。

贾生华:《论我国农村集体土地产权制度的整体配套改革》,载《经济研究》1996 年第 12 期。

简新华、刘传江:《世界城市化的发展模式》,载《世界经济》1998 年第 4 期。

简新华:《论中国特色城镇化道路》,载《发展经济学研究》(第四辑),经济科学出版社 2007 年版。

简新华:《世界城市化的发展模式》,载《世界经济》1998年第4期。

简新华:《中国城镇化水平和速度的实证分析与前景预测》,载《经济研究》2010年第3期。

简新华:《中国土地私有化辨析》,载《当代经济研究》2013年第1期。

江必新、李春燕:《公众参与趋势对行政法和行政法学的挑战》,载《中国法学》2005年第6期。

江国华:《从农民到公民:宪法与新农村建设的主体性视角》,载《法学论坛》2007年第2期。

江平:《完善市场经济制度的法律思考》,载《中国法学》1993年第1期。

姜爱林:《城镇化、工业化与信息化的互动关系研究》,载《经济纵横》2002年第8期。

姜爱林:《加速发展阶段的中国城镇化——对中国城镇化水平的实证分析》,载《天府新论》2004年第2期。

姜爱林:《新中国成立以来城镇化发展的历史变迁》,载《河南大学学报(社会科学版)》2002年第5期。

姜爱林:《中国城镇化理论研究回顾与述评》,载《城市规划汇刊》2002年第3期。

蒋国平:《资源节约型城镇化发展道路探析》,载《改革与战略》2006年第8期。

金俭:《关于农村集体土地使用权制度改革的法律思考》,载《政治与法律》1995年第4期。

靳相木、陈箫:《土地征收"公正补偿"内涵及其实现——基于域外经验与本土观的比较》,载《农业经济问题》2014年第2期。

景普秋、张复明:《工业化与城镇化互动发展的理论模型初探》,载《经济学动态》2004年第8期。

康雄华:《农村集体土地产权制度与土地使用权流转研究》,华中农业大学博士学位论文,2006年。

柯尊全:《城镇化发展中的不良现象及其法律规制》,载《中州学刊》2014年第6期。

孔祥利、王娟娟:《失地农民城市角色的定位与思考》,载《云南民族大学学报(哲学社会科学版)》2006年第5期。

孔祥智、王志强:《我国城镇化进程中失地农民的补偿》,载《经济理论与经济管理》2004年第5期。

雷兰、张晓怡:《集体建设用地使用权流转法律问题新探》,载《人民论坛》2013年第20期。

李蓓蓓、徐峰:《中国近代城市化率及分布研究》,载《华东师范大学学报(哲学社会科学版)》200年第3期。

李兵弟:《中国城市化进程中的政治发展》,载《城市发展研究》2000年第2期。

李昌金:《淡化所有权,强化使用权》,载《中国改革》2007年第8期。

李陈:《境外经典"城市病"理论与主要城市问题回顾》,载《西北人口》2013年第3期。

李成林:《论提高国家治理能力法治化水平的路径选择》,载《大连干部学刊》2014年第10期。

李程骅:《科学发展观指导下的新型城镇化战略》,载《求是》2012年第14期。

李枫:《国外城镇化模式及其得失(三)——以美国为代表的自由放任式城镇化》,载《城乡建设》2005年第8期。

李集合、彭立峰:《土地征收:公平补偿离我们有多远?》,载《河北法学》2008年第9期。

李明:《城乡规划监督机制的创新研究》,载《福建建设》2010年第3期。

李明秋、孙海燕、牛海鹏:《论集体土地所有权的完全性》,载《中国土地科学》2013年第4期。

李培祥、李诚固:《区域产业结构演变与城镇化时序阶段分析》,载《经济问题》2003年第1期。

李圣军:《城镇化模式的国际比较及其对应发展阶段》,载《区域经济》2013年第3期。

李仙娥、刘惠敏:《国内外有关城市化模式的比较》,载《唐都学刊》2003年第3期。

李宪宏、任芝浩:《〈城乡规划法〉实施后上海规划面临的问题及其对策》,载《上海城市规划》2008年第1期。

李晓冰:《论公有制框架内的农村土地制度改革问题——农村集体土地所有制实现形式:土地股份合作制探索》,载《中国集体经济》2011年第16期。

李晓江、尹强等:《〈中国城镇化道路、模式与政策〉研究报告综述》,载《城市规划学刊》2014年第2期。

李秀霞:《资源约束条件下人口城市化模式研究》,载《生态经济》2008年第3期。

李雪飞、何流、张京祥:《基于〈城乡规划法〉的控制性详细规划改革探讨》,载《规划师》2009年第8期。

李扬:《中国经济发展新阶段的金融改革》,载《经济学动态》2013年第6期。

李亦楠、邱红:《新型城镇化过程中农村剩余劳动力转移就业研究》,载《人口学刊》2014年第6期。

李媛:《基于GPS数据的城市小汽车行驶特性研究》,北京交通大学硕士学位论文,2008年。

李跃:《新农村建设中的土地流转问题分析》,载《农业经济问题》2010年第4期。

李庄:《论我国城市化模式的战略选择》,载《求实》2006年第12期。

连季婷、王稚莉:《中国新型城镇化应走多元化发展模式》,载《中国管理信息化》2012年第4期。

梁亚荣、刘燕:《构建正当的土地征收程序》,载《中国土地科学》2008年第11期。

梁亚荣:《集体建设用地使用制度的异化与重构》,载《法学杂志》2013年第6期。

梁仰椿:《国外大城市发展模式的嬗变与可持续城市化的实践》,载《中国党政干部论坛》2010年第8期。

林和明、李永涛:《农村集体土地产权管理引发的社会问题与制度创新》,载《广东农业科学》2006年第10期。

林凌:《网络立法模式探析》,载《编辑之友》2014年第1期。

蔺玄耀:《浅论当前政府如何完善依法行政》,载《法制与社会发展》2014年第5期。

刘炳君:《农民具体权利的有效保护——一个法社会学的多维视角》,载《法学论坛》2007年第1期。

刘广栋、程久苗:《1949年以来中国农村土地制度变迁的理论和实践》,载《中国农村观察》2007年第2期。

刘国臻:《论我国土地征收公共利益目的之边界》,载《中国行政管理》2010

年第9期。

刘华珍、洪雷:《失地农民的社会权利贫困》,载《大连干部学刊》2005年第10期。

刘江涛:《论我国公民监督法制之完善》,湖南师范大学硕士学位论文,2009年。

刘锦城:《"两分两换"背景下的失地农民就业权研究——以浙江嘉兴为例》,载《当代法学》2012年第2期。

刘俊:《中国集体土地所有权法律制度改革——方向与出路》,载刘云生:《中国不动产法研究》(第五卷),法律出版社2010年版。

刘敏、李宗植、黄润龙、方荣军:《农民工权益保障问题的实证研究——以江苏省为例》,载《农业经济问题》2007年第6期。

刘巧芹、孙雪松、秦岭、郭爱请:《农村集体建设用地使用权流转及其收益分配问题分析——以河北省M村为例》,载《农业经济》2014年第3期。

刘同君:《新型城镇化进程中农村社会治理的法治转型——以农民权利为视角》,载《法学》2013年第9期。

刘文静、郭宁、李美荣:《我国内地城镇化模式对新疆城镇化的启示》,载《战略与改革》2009年第7期。

刘向民:《中美征收制度重要问题之比较》,载《中国法学》2007年第6期。

刘晓鹰、杨建翠:《欠发达地区旅游推进型城镇化对增长极理论的贡献——民族地区候鸟型"飞地"性旅游推进型城镇化模式探索》,载《西南民族大学学报(人文社科版)》2005年第4期。

刘雅静:《城镇化发展水平综合评估指标体系研究》,载《中共银川市委党校学报》2012年第2期。

刘洋、邱道持:《农地流转农户意愿及其影响因素分析》,载《农机化研究》2011年第7期。

刘玉、冯健:《中国区域城镇化发展态势及战略选择》,载《地理研究》2008年第1期。

卢海燕:《试论我国城镇化的内涵》,载《辽宁教育行政学院学报》2005年第9期。

陆铭、高虹、佐藤宏:《城市规模与包容性就业》,载《中国社会科学》2012年第10期。

陆铭:《贫民窟是"非典型性城市病"》,载《中国经济报告》2013年第7期。

陆益龙:《乡土中国的转型与后乡土社会特征的形成》,载《人文杂志》2010年第5期。

罗大蒙、任中平:《现代化进程中的中国农民权利保障——从国家与乡村社会关系的视角审视》,载《西华师范大学学报(哲学社会科学版)》2009年第5期。

罗丽娅:《反盗版行为的法治对策》,载《中共山西省委党校学报》2012年第6期。

罗元兰:《全面推进依法行政,加快建设法治政府》,载《湖北省社会主义学院学报》2014年第4期。

马怀德:《论听证程序的基本原则》,载《政法论坛》1998年第2期。

马庆斌:《新时期中国城镇化政策选择》,载《中国市场》2013年第4期。

马涛、李菊:《法治视阈中的农民与农民权利保障》,载《西南农业大学学报(社会科学版)》2011年第10期。

马晓河、胡拥军:《中国城镇化进程、面临问题及其总体布局》,载《改革》2010年第10期。

马裕祥:《日本城市化及其中心城市的空间结构模式》,载《浙江经济》1997年第3期。

毛蒋兴、薛德升:《世界城市化模式及其对珠江三角洲的启示》,载《规划师》2006年第5期。

毛丽芹:《中国西部特色城市化模式研究》,天津师范大学硕士学位论文,2004年。

茆荣华:《我国农村集体土地流转制度研究》,华东政法大学博士学位论文,2009年。

梅联华:《对城市化进程中文化遗产保护的思考》,载《山东社会科学》2011年第1期。

梅世文:《小城镇发展的国际经验与模式——兼论开发性金融对小城镇发展的支持》,载《社会科学辑刊》2006年第3期。

孟勤国:《物权法开禁农村宅基地交易之辩》,载《法学评论》2005年第4期。

孟祥林:《城镇化进程模式:从发达国家的实践论我国存在的问题》,载《广州大学学报(社会科学版)》2010年第4期。

苗连营、杨会永:《权利空间的拓展——农民迁徙自由的宪法学分析》,载

《法制与社会发展》2006年第1期。

宁越敏、李健:《让城市化进程与经济社会发展相协调——国外的经验与启示》,载《求是》2005年第6期。

牛文元、李倩倩:《中国新型城镇化战略的认识》,载《社会对科学的影响》2010年第1期。

牛玉兵、杨力:《农民权利体系的逻辑构造与制度创新——以城镇化空间转型为视角》,载《学习与探索》2014年第2期。

潘加涛:《关于我国〈城乡规划法〉实施的思考》,载《中国集体经济》2008年第9期。

潘久艳:《土地换保障:解决城市化过程中失地农民问题的关键》,载《西南民族大学学报》2005年第5期。

潘启云:《西部欠发达地区工业驱动型城镇化探析——以柳州市为例》,载《广西民族大学学报》(哲学社科版)2011年第3期。

潘孝军:《"URBANIZATION"之确切含义及中文译词选择》,载《城市观察》2011年第6期。

裴娜:《城乡规划领域公众参与有效性探究》,载《经济研究导刊》2013年第14期。

彭开丽、张鹏、张安录:《农地城市流转中不同权利主体的福利均衡分析》,载《中国人口·资源与环境》2009年第2期。

漆多俊:《论现代市场经济法律保障体系》,载《中国法学》1994年第5期。

亓宗宝:《集体建设用地使用权流转探索实践及执行问题研究》,载《山东社会科学》2013年第6期。

齐骥:《源于文化自觉的城镇化路径——中国城镇化新探索:来自西藏拉萨大北郊的启示》,载《城市观察》2013年第1期。

齐建东:《城镇化进程中规划变更的法律规制》,载《苏州大学学报(哲学社会科学版)》2011年第2期。

钱忠好:《非农就业是否必然导致农地流转——基于家庭内部分工的理论分析及其对中国农户兼业化的解释》,载《中国农村经济》2008年第10期。

钱忠好:《土地征用:均衡与非均衡——对现行中国土地征用制度的经济分析》,载《管理世界》2004年第12期。

钱忠好:《中国农村土地制度变迁和创新研究》,载《中国土地科学》1998年第9期。

强世功:《基本权利的宪法解释——以齐玉苓案中的受教育权为例》,载赵晓力编:《宪法与公民》,上海人民出版社2004年版。

秦震:《论中国政府主导型城镇化模式》,载《华南师范人学学报(社会科学版)》2013年第6期。

秦尊文:《小城镇偏好探微》,载《中国农村经济》2004年第7期。

曲福田、田光明:《城乡统筹与农村集体土地产权制度改革》,载《管理世界》2011年第6期。

曲丽丽、徐嘉辉、马国巍:《农民工社会保障的路径选择与制度重构》,载《苏州大学学报(哲学社会科学版)》2009年第6期。

屈茂辉、周志芳:《土地征收补偿标准研究——基于地方立法文本的分析》,载《法学研究》2009年第3期。

任峰:《农村集体资产变身"股票"》,载《山东商报》2010年6月22日B2版。

任太增、李敏:《中国粗放型城市化道路原因探析》,载《现代城市研究》2006年第3期。

鄢爱红:《依法行政与政府管理方式转变》,载《前线》2014年12期。

商春荣、王冰:《农村集体土地产权制度与土地流转》,载《华南农业大学学报(社会科学版)》2004年第2期。

尚启君:《论城市化模式的决定因素与我国的城市化道路》,载《经济经纬》2007年第4期。

沈开举、程雪阳:《论中国集体土地所有制改革的底线》,载《公民与法(法学版)》2014年第6期。

沈清基、顾贤荣:《绿色城镇化发展若干问题思考》,载《建筑科技》2013年第5期。

盛广耀:《关于城市化模式的理论分析》,载《江淮论坛》2012年第1期。

盛广耀:《中国城市化模式的反思与转变》,载《经济纵横》2009年第9期。

舒小庆:《论失地农民权利的制度保障》,载《江西社会科学》2009年第11期。

束景陵:《试论农村集体土地所有权主体不明确之克服》,载《中共中央党校学报》2006年第3期。

宋功德:《行政裁量控制的模式选择——硬法控制模式的失灵催生混合法控制模式》,载《清华法学》2009年第3期。

宋金平、李香芹:《美国的城市化历程及对我国的启示》,载《城市问题》2006年第1期。

宋翔宇:《我国〈城乡规划法〉的不足及完善对策——基于我国城市建筑"短命"现象的反思》,载《安徽农业科学》2012年第7期。

苏力:《二十世纪中国的现代化和法治》,载《法学研究》1998年第1期。

苏昕:《中国"城市新移民"公民权缺失及国外经验的启示》,载《山西大学学报(哲学和会科学版)》2012年第5期。

苏玉娥:《我国农民权利缺失与制度保障研究》,载《农民问题》2012年第1期。

隋欣、刘彤:《城镇化背景下农民权利的实现》,载《税务与经济》2014年第6期。

孙立平、王汉生、王思斌等:《改革以来中国社会结构的变迁》,载《中国社会科学》1994年第2期。

孙宪忠:《〈物权法〉基本范畴及主要制度的反思(上)》,载《中国法学》,1999年第5期。

孙雪、杨文香、何桂:《新型城镇化测评指标体系的建立研究》,载《地下水》2012年第2期。

汤卫华:《略论〈城乡规划法〉的缺陷》,载《北京规划建设》2010年第1期。

唐杏湘:《论我国公民监督权的实现》,载《武汉理工大学学报(社会科学版)》2011年第3期。

陶镕:《集体建设用地使用权流转的法律规制研究》,〔博士论文〕,南京师范大学2014年。

田静:《新型城镇化评价指标体系构建》,载《四川建筑》2012年第4期。

田莉:《我国控制性详细规划的困惑与出路》,载《城市规划》2007年第1期。

田雪原:《城镇化还是城市化》,载《人口学刊》2013年第6期。

万鹏龙:《中国集约型城镇化研究》,西南财经大学博士学位论文,2008年。

王春艳、李瑞林:《美国城市化的特点及其经验借鉴》,载《延边大学学报》(社会科学版)2005年9第3期。

王芳:《国际城市化发展模式与中国城市化进程》,载《求索》2010年第4期。

王刚:《保障农民权利的价值及路径》,载《河南社会科学》2011年第4期。

王桂新:《"大城市病"的破解良方》,载《人民论坛》2010年第32期。

王国平:《中国城镇化推进过程中的五个问题》,载《中国市场》2013年第15期。

王佳慧:《当代中国农民权利保护的法理》,吉林大学博士学位论文,2007年。

王佳慧:《当代中国农民权利保护的特殊性及其内容建构》,载《北方法学》2009年第4期。

王菊英:《集体土地所有权立法的妥当性分析》,载《行政与法》2006年第5期。

王军:《国际典型城市化模式与我国的比较及其启示》,载《江苏城市规划》2009年第4期。

王凯、李浩、徐泽、马嵩:《〈城乡规划法〉实施评估及政策建议——以西部地区为例》,载《国际城市规划》2011年第5期。

王利明:《论征收制度中的公共利益》,载《政法论坛》2009年第2期。

王琳:《城镇化评价指标体系研究——以济南为例》,载《价值工程》2011年第4期。

王梦奎:《实现区域协调发展的战略思路和政策措施》,载《城市经济·区域经济》2006年第9期。

王千、赵俊俊:《城镇化理论的演进及新型城镇化的内涵》,载《洛阳师范学院学报》2013年第6期。

王茜:《当前农村土地流转存在的问题及对策——基于农民工返乡潮计划土地流转纠纷的视角》,载《中国房地产》2009年第8期。

王青斌:《论行政规划的程序控制》,载《国家行政学院学报》2009年第6期。

王全民:《关于马克思著作中"城市化"一词的译法——与陈庭光同志商榷》,载《城市问题》1987年第2期。

王全书:《在城镇化进程中保护与传承好传统文化》,载《人民日报》2014年7月14日。

王书娟:《功能主义视角下我国土地征收程序之完善》,载《福建论坛(人文社会科学版)》2014年第8期。

王铁雄:《集体土地所有权制度之完善——民法典制定中不容忽视的问题》,载《法学》2003年第2期。

王伟同:《城镇化进程与社会福利水平——关于中国城镇化道路的认知与反思》,载《经济社会体制比较》2011年第3期。

王先锋:《"飞地"型城镇研究:一个新的理论框架》,载《农业经济问题》2003年第12期。

王小鲁:《中国城市化路径与城市规模的经济学分析》,载《经济研究》2010年第10期。

王晓南:《我国政府主导型城镇化道路的问题及对策》,载《福建党校学报》2014年第1期。

王晓霞、蒋一军:《中国农村集体建设用地使用权流转政策的梳理与展望》,载《中国土地科学》2009年第4期。

王修达、王鹏翔:《国内外关于城镇化水平的衡量标准》,载《北京农业职业学院学报》2012年第1期。

王勇、李广斌:《程序正义视角下的城乡规划公共利益实现初探》,载《规划师》2010年第2期。

韦洪凤:《论言论自由的宪法保护》,苏州大学硕士学位论文,2009年。

魏冬伍:《中国居民收入差距及其对消费需求的影响》,载《南华大学学报》2004年第5期。

魏建:《嵌入和争夺下的权利破碎——失地农民权益的保护》,载《法学论坛》2010年第6期。

魏津生:《应对古代城市与现代都市加以区别——都市化研究中一个值得注意的问题》,载《人口与经济》1981年第5期。

魏雪清:《重庆城镇化发展差异与极化研究》,重庆大学硕士学位论文,2007年。

魏阳:《论我国公民选举权平等的价值及其实现——兼析城乡公民同权的民主价值》,华中科技大学硕士学位论文,2011。

温世扬:《集体所有土地诸物权形态剖析》,载《法制与社会发展》1999年第2期。

温世扬:《农地流转:困境与出路》,载《法商研究》2014年第2期。

吴敬琏:《我国城市化面临的效率问题和政策选择》,载《新金融》2012年第11期。

吴琼、王如松、李宏卿等:《生态城市指标体系和评价方法》,载《生态学报》2005年第8期。

吴兴国、兰松:《略论农民权利的性质和表征——兼及实现农民权利的路径选择》,载《安徽农业大学学报(社会科学版)》2009年第1期。

伍俊斌:《公民社会建构的基础理论研究》,中央党校博士学位论文,2007年。

夏固萍:《物权视角的城乡规划立法创新》,载《江苏城市规划》2010年第9期。

夏鼐:《谈谈探讨夏文化的几个问题》,载《河南文博通讯》1978年第1期。

谢晖:《当代中国的乡民社会、乡规民约及其遭遇》,载《东岳论丛》2004年第4期。

邢乐勤、刘涛:《论农民的权利缺失与保护》,载《浙江工业大学学报(社会科学版)》2011年第3期。

徐丹:《依法规制与有效参与的统一》,载《华北水利水电学院学报》2010年第6期。

徐德刚、李军师、周秋云、李翠燕:《网络文化安全体系存在的问题及对策——来自长株潭十所高校的调查》,载《当代世界与社会主义》2014年第6期。

徐国元:《建立多元化的土地产权制度》,载《中国改革》2005年第7期。

徐和平:《当代美国城市化演变、趋势及其新特点》,载《城市发展研究》2006年第5期。

徐和平:《美国与欧盟城市化政策与模式比较》,载《城市发展研究》2009年第8期。

徐晖:《论城市化进程中社会文化机制的更新途径》,载《上海社会科学院学术季刊》2000年第3期。

徐勇、徐增阳:《中国农村和农民问题研究的百年回顾》,载《华中师范大学学报(人文社会科学版)》1999年第11期。

徐远明、刘远:《农村城镇化中农民权益保障缺失研究》,载《现代经济探讨》2010年第11期。

徐作辉:《身份社会及其个人权利辨析》,载《学术论坛》2009年第12期。

许经勇:《"三农问题"与工业化城镇化道路的内在联系》,载《广东社会科学》2003年第5期。

许云:《把以民为本要求落实到城镇化建设之中——学习习近平总书记系列重要讲话体会之七十五》,载《前线》2015年第2期。

薛风旋、阳春:《外资:发展中国家城市化的新动力——珠江三角洲个案研究》,载《地理学报》1997年第3期。

薛艳杰:《深度城镇化内涵特征及实现路径思考》,载《城市》2013年第1期。

严蓓蓓、杨嵘均:《失地农民市民化的困境及其破解路径——基于江苏省N市J区的实证调查》,载《学海》2013年第6期。

颜运秋、王泽辉:《国有化:中国农村集体土地所有权制度变革之路》,载《湘潭大学学报(哲学社会科学版)》2005年第2期。

杨春福、胡欣诣:《江苏新农村建设中农民权利的法理学研究》,江苏省法学会、江苏法制报社:《江苏法学研究》,南京师范大学出版社2008年版

杨达青:《城乡规划建设中公众参与制度法律问题研究》,载《法制与经济》2013年第11期。

杨达青:《城镇化建设规划中公众参与制度法律问题研究》,载《法制与经济》2013年第11期。

杨达青:《城镇化建设规划中公众参与制度法律问题研究》,载《法制与社会发展》2013年第1期。

杨光:《我国农村土地承包经营权流转制度的缺陷与完善对策》,载《当代经济研究》2011年第10期。

杨剑龙:《论中国城市化进程中的文化遗产保护》,载《中国名城》2010年第10期。

杨眉:《城镇化的发展规律、原则及路径》,载《城市问题》2012年第8期。

杨涛、施国庆:《我国失地农民问题研究综述》,载《南京社会科学》2006年第7期。

杨学成、赵瑞莹、岳书铭:《农村土地关系思考——基于1995—2008年三次山东农户调查》,载《管理世界》2008年第7期。

杨寅:《〈城乡规划法〉对城市发展资源配置的新突破》,载《上海城市管理职业技术学院学报》2008年第3期。

姚爱国:《从法的形式与实质层面认识和理解〈城乡规划法〉》,载《北京规划建设》2008年第2期。

姚爱国:《论〈物权法〉第八十九条在城乡规划管理中的理解与适用》,载《规划师论坛》2009年第2期。

姚士谋、王成新、解晓南:《21世纪中国城市化模式探讨》,载《科技导报》

2004年第7期。

姚远、徐和平:《缺失与构建:知识产权文化的思考》,载《湖南社会科学》2014年第5期。

叶继红:《失地农民就业的类型、路径与政府引导——以南京为例》,载《经济经纬》2007年第5期。

叶剑平、丰雷、蒋妍、罗伊·普罗斯特曼、朱可亮:《2008年中国农村土地使用权调查研究——17省份调查结果及政策建议》,载《管理世界》2010年第1期。

叶玲:《我国古代城市发展与唐宋城市经济的特征》,载《西安电子科技大学学报(社会科学版)》2002年第4期。

易承志:《城市化加速与农民权利保障:基于新世纪以来中国的实证分析》,载《理论与改革》2013年第3期。

尹田:《物权主体论纲》,载《现代法学》2006年第2期。

应巧艳、王波:《城乡规划中公众参与的有效性研究》,载《广西社会科学》2011年第1期。

俞可平:《新移民运动、公民身份与制度变迁——对改革开放以来大规模农民工进城的一种政治学解释》,载《经济社会体制比较》2010年第1期。

俞宪忠:《是"城市化"还是"城镇"化——一个新型城市化道路的战略发展框架》,载《中国人口.资源与环境》2004年第5期。

俞正声:《要从战略的高度认识城镇化问题》,载《城市规划》1998年第3期。

喻文莉、陈利根:《困境与出路:城市化背景下的集体建设用地使用权流转制度》,载《当代法学》2008年第3期。

袁建新、郭彩琴:《新型城镇化:内涵、本质及其认识价值——十八大报告解读》,载《苏州科技学院学报(社会科学版)》2013年第3期。

袁曙宏、杨伟东:《我国法治建设三十年回顾与前瞻——关于中国法治历程、作用和发展趋势的思考》,载《中国法学》2009年第1期。

苑林、李继峰:《洛阳城市化模式研究》,载《洛阳师专学报》1999年第1期。

曾宝凡、姜兵:《农地征用与农地保护法律制度构建的探讨》,载《中国土地科学》1996年第5期。

曾长秋、赵剑芳:《我国城市化进程中的"城市病"及其治理》,载《湖南城市学院学报》2007年第5期。

詹明云、田云飞:《传统城镇化和新型城镇化:量和质的差异》,载《经济研究导刊》2013年第27期。

张爱华:《未来人口迁移、城市化发展战略》,载《经济地理》2006年第S1卷。

张灿霞:《浅析农民分化的原因》,载《社会学研究》1991年第3期。

张翠凤:《当代中国农民弱势地位分析及对策研究》,载《兰州学刊》2010年第9期。

张等文、管文行:《城镇化进程中失地农民的权利流失与保护路径》,载《湖北社会科学》2014年第6期。

张光直:《关于中国初期"城市"这个概念》,载《文物》1985年第2期。

张红宇:《中国农村土地产权政策:持续创新——对农村使用制度变革的重新评判》,载《管理世界》1998年第6期。

张舰、刘佳福、邢海峰:《〈城乡规划法〉实施背景下完善规划行政许可制度思考》,载《城乡规划》2011年第9期。

张俊杰、张乐原:《对实施〈城乡规划法〉的几点思考》,载《西安建筑科技大学学报(社会科学版)》2009年第3期。

张康林、程黎明:《论农村土地集体所有权及其行使的主体:兼评〈物权法(草案)〉第六十二条》,载《法制与社会》2006年第22期。

张康之:《在历史的坐标中看信任——论信任的三种历史类型》,载《社会科学研究》2005年第1期。

张奎燕:《关于我国城市化与城镇化问题的思考》,载《城市问题》1995年第1期。

张利国:《论城市化进程中失地农民权益的保护》,载《河北法学》2012年第1期。

张琳琳:《中国城市化进程中的农民权利诉求》,载《法制与社会发展》2011年第1期。

张明霞:《新中国成立以来农民身份变迁论析》,载《求实》2012年第10期。

张平宇,马延吉,刘文新,陈群元:《振兴东北老工业基地的新型城市化战略》,载《地理学报》2004年10月增刊。

张谦元:《"城市病"与城市犯罪》,载《开发研究》1999年第6期。

张全江:《应建立农村土地国有制下的永佃权法律制度》,载《现代法学》1988年第6期。

张善斌:《集体土地使用权流转的障碍排除与制度完善》,载《法学评论》2014年第2期。

张士斌:《衔接与协调:失地农民"土地换保障"模式的转换》,载《浙江社会科学》2010年第4期。

张顺:《农民公民权利缺失对中国城市化的制约》,载《学术交流》2011年第3期。

张宛丽:《对现阶段中国中间阶层的初步研究》,载《江苏社会科学》2002年第4期。

张宛丽:《非制度因素与地位获得—兼论现阶段中国社会分层结构》,载《社会学研究》1996年第1期。

张文博:《现代化进程中农民身份构建》,博士论文,中央民族大学2012年。

张先贵:《集体土地所有权改革的法理思辨》,载《中国土地科学》2013年第10期。

张晓雯:《提高农民地位是解决"三农"问题的关键》,载《成都行政学院学报》2003年第5期。

张银定、沈琼、刘志雄:《论我国农地集体所有制存在的问题及对策》,载《农村经济》2004年第12期。

张友良:《深入理解城镇化内涵推进新型城镇化建设》,载《传承》2012年第2期。

张占斌:《李克强总理城镇化思路解析》,载《人民论坛》2013年第7期。

张照栋、刘舵:《中国集体土地所有权权能探析》,载《贵州警官职业学院学报》2002年第4期。

章礼强、汪文珍:《市民社会、(市)民法及其构建论略》,载《安徽大学学报(哲学社会科学版)》2007年第6期。

章民生、章黎:《农民社会地位是中国"三农"问题的内核》,载《中共浙江省委党校学报》2005年第5期。

赵保胜、许成坤:《关于农民地位与脱贫问题的思考》,载《学术交流》2004年第10期。

赵春音:《城市现代化:从城镇化到城市化》,载《城市问题》2003年第1期。

赵俊超:《论解决农民问题的基本思路》,载《经济体制改革》2006年第4期。

赵万一:《中国农民权利的制度重构及其实现途径》,载《中国法学》2012年第3期。

赵兴玲等:《可持续生计视角下失地农民长远生计问题研究》,载《云南地理环境研究》2009 年第 1 期。

郑和平、段龙龙:《中国农村土地产权权能弱化论析》,载《四川大学学报(哲学社会科学版)》2013 年第 6 期。

郑美雁、秦启文:《城乡统筹背景下失地农民社会保障的路径分析与选择》,载《西南大学学报(社会科学版)》2008 年第 4 期。

郑涛:《城镇化进程中失地农民利益诉求问题研究》,华东师范大学博士学位论文,2013 年。

郑彦妮、蒋涤非:《公众参与城乡规划的实现路径》,载《湖南大学学报(社会科学版)》2013 年第 2 期。

中国金融 40 人论坛课题组:《加快推进新型城镇化:对若干重大体制改革问题的认识与政策建议》,载《中国社会科学》2013 年第 7 期。

钟少颖、宋迎昌:《中国区域城镇化发展特征和发展对策》,载《中州学刊》2012 年第 3 期。

周范才、王玉宁:《城镇化演进 30 年》,载《福建农业》2014 年第 1 期。

周加来:《"城市病"的界定、规律与防治》,载《中国城市经济》2004 年 2 月刊。

周剑云、戚冬瑾:《〈物权法〉的权益保护与〈城乡规划法〉的权益调整》,载《规划师》2009 年第 2 期。

周剑云、戚冬瑾:《从法的形式与实质层面认识和理解〈城乡规划法〉》,载《北京规划建设》2008 年第 2 期。

周密:《论我国公民选举权利救济制度的完善》,湖南师范大学硕士学位论文,2013 年。

周淼:《〈城乡规划法〉实施后的控制性详细规划实践述评及展望》,载《规划管理》2012 年第 7 期。

周维松:《关于农民"弱势群体"地位形成的历史分析》,载《中共四川省委省级机关党校学报》2006 年第 1 期。

周彦珍、李杨:《英国、法国、德国城镇化发展模式》,载《世界农业》2013 年第 12 期。

周一星:《城市研究的第一科学问题是基本概念的正确性》,载《城市规划学科》2006 年第 1 期。

周一星:《关于我国城镇化的几个问题》,载《经济地理》1984 年第 2 期。

周毅、李京文:《城市化发展阶段、规律和模式及趋势》,载《经济与管理研究》2009年第12期。

周英:《城市化模式选择:理论逻辑与内容》,载《生产力研究》2006年第3期。

周英:《城市化模式研究》,西北大学硕士学位论文,2006年。

周永坤:《中国现代化进程中的农民问题》,载《河北学刊》2012年第1期。

朱文明:《中国城镇化进程与发展道路、模式选择》,载《云南财贸学院学报》2003年第2期。

朱文明:《中国城镇化进与发展模式》,载《国土资源管理》2003年第2期。

朱信凯:《切实保障"人的城镇化"进程中的农民权利》,载《农民日报》2014年2月8日。

朱蕾、张沛、李奕霏、张中华:《法治视角下〈城乡规划法〉完善思路初探》,载《现代城市研究》2011年第2期。

祝金甫、冯莉:《农村土地流转存在的问题及对策》,载《宏观经济管理》2011年第8期。

祖彤、杨丽艳:《法律视角下农村土地流转面临的困境与出路》,载《特区经济》2012年第2期。

外文论文(以国别为序)

[美]安娜·卡琼穆罗、蒂贝朱卡、拉斯·路德斯沃德:《新世纪可持续城市化面临的挑战与机遇》,载建设部外事司:《城市化与可持续发展:2003威海可持续发展城市化战略国际会议论文集》,中国建筑工业出版社2004年版。

[美]西蒙·库兹涅茨:《现代经济增长:事实和思考》,载《美国经济评论》1973年第6期。

[日]宫崎市定:《东洋的近世》,载刘俊文:《日本学者研究中国史论著选译》第1册,中华书局1992年版。

[日]内藤湖南:《概括的唐宋时代观》,载刘俊文:《日本学者研究中国史论著选译》第1册,中华书局1992年版。

[印度尼西亚]B·N·詹:《马来西亚的阶级斗争和种族冲突》,钱文宝译,载《南洋资料译丛》1976年第4期。

外文原著

Annez P C. 2008. Urbanization and growth: Setting the context. In: Annez P C, Buckley R M, ed. Urbanization and growth. Commission on Growth and Development, World Bank.

Black, Duncan and Vernon Henderson, A Theory of Urban Growth, Journal of Political Economy, 1999.

Blau, P. M. Inequality and Heterogeneity: A Primitive Theory of Social Structure, New York Free Press, 1977.

Durkheim, E. The Division of Labor in Society, New York: Free Press, 1964.

Hsiao-tung Fei, China's Gentry, Chicago University Press, 1953.

James C. Davis and J. Vernon Henderson, Evidence on the political economy of the urbanization process, Journal of Urban Economics 53 (2003).

L. Wirth, Urbanism as a Way of life, A. J. S. 44(1), 1938.

Levi-Strauss, C. Social Structure, in A. Kroeber (ed.) Anthropology Today. Chicago, University of Chicago Press, 1953.

Lucas R E. 2004. Life earnings and rural-urban migration. Journal of Political Economy, 2004.

Maier G. History, spatial structure, and regional growth lessons for policy making, in Theories of Endogenous Regional Growth Eds B Johansson, C Karlsson, R Stough (Springer, Heide ll berg), 2000.

Northam, R. M. Urban Geography. New York: John Wiley & Sons, 1975.

P. Hall. Urban and Regional Planning. London and New York: Routledge, 1992.

Peter K. Yu, Four Common Misconceptions About Copyright Piracy, Loy. L. A. Intl & Comp. L. Rev. Vol. 26:127, 2003.

Radcliffe-Brown, A. R. A Natural Science of Society, New York: Free Press, 1948.

Wu Hong, The Art and Architecture of the Warring States Period, in the Cambridge History of Ancient China: From the Origins of Civilization to 221 BC, Ed by Micheal Loewe and Edward L. Shaughnessy (Cambridge: Cambridge University Press, 1999.

附录三

写作分工

导论（胡玉鸿）

第一部分　城镇化研究的基础理论综述

第一章　城镇化概念的语源与发展综述（吴琪）
第二章　城镇化的内涵与评价指标体系综述（刘建文）
第三章　城镇化的正当性论证综述——以社会结构为视角（武彩霞）
第四章　城镇化的条件分析综述（刘建文）
第五章　城镇化的模式比较综述（董税涛）
第六章　城镇化的功能研究综述（武彩霞）

第二部分　中国城镇化化之路的探索研究综述

第七章　中国城镇化历史进程的研究综述（吴琪）
第八章　中国共产党人城镇化政策的历史演进（王春雷）
第九章　中国当代社会城镇化问题的法律推进（李文婷）
第十章　中国当代城镇化模式的研究综述（李文婷）
第十一章　中国城镇化的发展方向研究综述（王春雷）

第三部分　城镇化发展中的社会问题研究综述

第十二章　城镇化发展中的农民问题研究综述（王勇）
第十三章　城镇化发展中的土地问题研究综述（王勇）
第十四章　城镇化发展中的权利问题研究综述（董税涛）
第十五章　城镇化发展中的新型社会关系研究综述（李强）
第十六章　城市问题的法律对策研究综述（李强）